지리산권 저항자료 선집

지리산권 저항자료 선집

국립순천대 · 국립경상대
인문한국(HK) 지리산권문화연구단 엮음

도서출판 선인

| 발간사 |

　국립순천대학교 지리산권문화연구원과 국립경상대학교 경남문화연구원은 2007년에 컨소시엄을 구성하고 '지리산권 문화 연구'라는 아젠다로 한국연구재단의 인문한국(HK) 지원 사업에 신청하여 선정되었습니다.

　인문한국 지리산권문화연구단은 지리산과 인접하고 있는 10개 시군을 대상으로 문학, 역사, 철학, 생태 등 다양한 방면의 연구를 목표로 하였습니다. 이에 따라 연구단을 이상사회 연구팀, 지식인상 연구팀, 생태와 지리 연구팀, 문화콘텐츠 개발팀으로 구성하였습니다. 이상사회팀은 지리산권의 문학과 이상향·문화사와 이상사회론·사상과 이상사회의 세부과제를 설정하였고, 지식인상 연구팀은 지리산권의 지식인의 사상·문학·실천에 관한 연구를 진행하였습니다. 그리고 생태와 지리 연구팀은 지리산권의 자연생태·인문지리·동아시아 명산문화에 관해 연구하고, 문화콘텐츠 개발팀은 세 팀의 연구 성과를 DB로 구축하여 지리산권의 문화정보와 휴양정보망을 구축하였습니다.

　본 연구단은 2007년부터 아젠다를 수행하기 위해 매년 4차례 이상의 학술대회를 개최하고, 학술세미나·초청강연·콜로키움 등 다양한 학술활동을 통해 '지리산인문학'이라는 새로운 학문영역을 개척하였습니다. 또한 중국·일본·베트남과 학술교류협정을 맺고 '동아시아산악문화연구회'를 창립하여 매년 국제학술대회를 개최하였습니다. 그 과정에서 자료총서 32권, 연구총서 10권, 번역총서 8권, 교양총서 7권, 마을총서 1권 등 총 50여 권의 지리산인문학 서적을 발간한 바 있습니다.

이제 지난 8년간의 연구성과를 집대성하고 새로운 연구방향을 개척하기 위해 지리산인문학대전으로서 기초자료 10권, 토대연구 10권, 심화연구 10권을 출판하기로 하였습니다. 기초자료는 기존에 발간한 자료총서 가운데 연구가치가 높은 것과 새롭게 보충되어야 할 분야를 엄선하여 구성하였고, 토대연구는 지리산권의 이상향·유학사상·불교문화·인물·신앙과 풍수·저항운동·문학·장소정체성·생태적 가치·세계유산적 가치 등 10개 분야로 나누고 관련 분야의 우수한 논문들을 수록하기로 하였습니다. 그리고 심화연구는 지리산인문학을 정립할 수 있는 연구와 지리산인문학사전 등을 담아내기로 하였습니다.

지금까지 연구단은 지리산인문학의 정립과 우리나라 명산문화의 세계화를 위해 혼신의 힘을 다해 왔습니다. 하지만 심화 연구와 연구 성과의 확산에 있어서 아쉬운 점도 없지 않았습니다. 이번 지리산인문학대전의 발간을 통해 그 아쉬움을 만회하고자 합니다. 우리 연구원 선생님의 노고가 담긴 이 책을 통해 독자 여러분들이 지리산인문학에 젖어드는 계기가 되리라 기대합니다.

끝으로 이 책이 출간되기까지 수고해주신 본 연구단 일반연구원 선생님들, HK연구원 선생님들, 그리고 외부에서 참여해주신 필자선생님들께 깊이 감사드립니다. 또한 이 자리를 빌려 이러한 방대한 연구활동이 가능하도록 재정적 지원을 해주신 조무제 한국재단이사장님, 박진성 순천대 총장님과 이상경 경상대 총장님께도 고맙다는 말씀을 드립니다.

2016년 10월

국립순천대·국립경상대 인문한국(HK) 지리산권문화연구단

단장 남호현, 부단장 장원철

| 서 문 |

이 책은 여순사건 관련 신문자료를 망라하여 엮은 것이다. 경향신문,
서울신문, 세계일보, 자유신문, 조선일보, 평화일보, 한성신문 등 중앙일
간지와 강원일보, 대동신문, 남조선민보, 부산신문, 호남신문 등 지방일간
지를 대상으로 여순사건을 보도한 1948년 10월부터 1949년 6월까지의 기
사를 수집하고, 선별하여 주제별로 분류하였다.

주지하듯이 1948년 10월 19일, 제주4·3항쟁을 진압하라는 명령을 거부
하고 여수 제14연대 하사관이 주도하여 봉기하였다. 대한민국 정부가 수
립된 지 2개월여 만에 여순사건이 일어난 것이다. 여순사건은 전남 동부
지역으로 빠르게 확산되어 갔다. 군 내부에서 발생하였고, 지방 좌익이
이에 가담하였고, 광범위한 지역의 대중운동으로 변화되었다. 이승만 정
부에 대한 민심 이반, 군·경 사이의 갈등, 경찰에 대한 민중의 불만 등이
사건의 배경이었다.

유엔총회에서 대한민국정부를 승인받기 위해 노력하고 있던 이승만 정
권으로서 여순사건은 커다란 부담으로 작용하였다. 또한 국회 내 다수파
를 차지하고 있던 반(비)이승만세력의 대정부 공세로 시달려야 했다. 내
외적으로 어려움에 직면한 이승만 정부는 공산주의와 결탁한 극우진영의
반민족적 책동으로 일어난 것으로 규정하고, 초강경 진압작전으로 일관
했다.

진압작전으로 순천과 여수를 10월 23일과 27일에 각각 탈환하였지만
봉기군의 점령과정과 정부군의 진압과정에서 엄청난 피해를 입었다. 봉

기군이 여수와 순천을 비롯한 구례와 벌교, 보성, 광양 지역을 점령하는 과정에서 좌익에 의해 경찰과 민간인이 학살당했으며, 정부군의 진압과정에서는 이보다도 훨씬 큰 규모로 민간인들이 반란에 가담했거나 부역했다는 혐의로 희생을 당하였다.

민족사 최대 비극을 창출한 여순사건을 다룬 연구는 양적으로 질적으로 많은 편이며, 봉기군이 진압을 피해 입산하여 빨치산 활동을 전개한 양상을 밝힌 연구도 몇 편 나왔다. 그렇지만 이것으로 여순사건이나 빨치산 활동에 대한 연구가 완결된 것은 아니다. 보다 면밀하면서도 폭넓게 여순사건을 이해할 수 있도록 연구를 심화할 필요가 있다.

이를 위한 기초적인 작업으로 1차 자료의 수집과 정리, 분석이 절실히 요청되고 있다. 이에 지리산권문화연구원은 2015년 7월에 『여순사건 자료집』 I~IV권을 출간한 바 있다. 그런데 이 자료집은 "원문 그대로 수록하는 것을 원칙"으로 삼았기 때문에 가독성이 떨어질 뿐만 아니라 신문기사라는 특성으로 인해 날짜 단위로 내용이 끊어지기 때문에 맥락을 이해하는데 다소 불편한 점이 있다. 이러한 단점을 보완하기 위해 이 책을 기획하였다. 다시 말해 자료를 통해 여순사건을 쉽게 이해할 수 있도록 주제별로 분류하였으며, 기사내용도 원문을 최대한 살리면서 가독성을 높이기 위해 현대의 맞춤법에 의거하여 편집하였다.

이 책은 주제에 따라 ① 여순사건 발발, 그리고 정부의 대책과 군경(軍警)의 진압, ② 정당·사회단체와 국회의 대응, ③ 재산(在山) 빨치산의 유격대 활동과 군경의 진압, ④ 외지(外紙)에 반영된 여순사건, ⑤ 사설(社說)로 본 여순사건, ⑥ 기자와 문인의 눈으로 본 여순사건과 빨치산 활동 등으로 분류하여 개별적인 장(章)을 설정하였다.

제1장 '여순사건 발발, 그리고 정부의 대책과 군경의 진압'에서는 ① 이승만 대통령을 비롯하여 국방부, 내무부의 사건에 대한 인식과 대응책, ② 반란군토벌전투사령부 아래에서 진압작전에 동원된 군산 12연대, 광

주 4연대, 마산 15연대 등의 반군 진압 상황, ③ 사회부 구호반, 문교부 반란실정조사반, 내무부 시국대책 유세대의 활동, ④ 여순사건 관련자에 대한 검거와 재판 상황 등을 다룬 기사를 중점적으로 배치하였다.

제2장 '정당·사회단체와 국회의 대응'에서는 ① 국회의 민심 수습책 모색과 시국수습대책위원회 구성과 결의안 통과과정, ② 한독당이나 한민당의 담화 발표나 정당 대표로서 한독당 김구의 기자회견문, ③ 전국애국단체연합 비상시국대책위원회의 결성과 활동, 종교단체의 활동, 그리고 몇 개의 지역에서 조직된 시국대책위원회의 활동, ④ 순천 지역 국회의원 황두연 의원을 둘러싼 부역혐의 논란, ⑤ 전국학련, 대한청년단, 서북청년회 등 우익 청년·학생단체의 활동 ⑥ 국회 조사반 파견과 지리산지구를 시찰한 후 국회에서의 보고내용 등을 다룬 기사를 실었다.

제3장 '재산 빨치산의 유격대 활동과 군경의 진압'에서는 백운산과 지리산 일대에서의 무장유격투쟁을 다룬 기사, 그리고 빨치산 진압을 위한 군경의 활동을 다룬 기사를 집중적으로 다루었다. 봉기군은 정부군의 추격을 피해 입산하여 무장유격투쟁으로 전환하여 활동을 전개하였다. 이에 대응하여 정부군은 반란군토벌전투사령부를 개편하여 10월 30일에 호남방면전투사령부를 설치하였으며, 11월 1일을 기해 전남북 일대에 계엄령을 발포하고 빨치산 토벌에 나섰다. 이 장에서는 봉기군이 입산한 이후부터 1949년 6월까지 정부군과 빨치산의 교전상황을 다룬 기사를 정리하였다.

제4장 '외지에 반영된 여순사건'에서는 외국신문의 보도기사를 국내신문에서 소개한 것을 정리하였다. 이에 대한 기사가 그다지 많지 않지만 바깥세상에서 여순사건을 어떻게 보았는지를 살펴보는 데는 어느 정도 유용하리라 여겨진다. 주로 미국의 워싱턴포스트, 뉴욕타임즈, 크리스찬 사이언스 모니터, 소련의 타스통신 보도기사를 소개한 것인데, 이것이 사실 보도인지 왜곡 보도인지를 확인해야 하므로 국내신문과 외국신문을

교차 검토할 필요가 있다.

제5장 '사설로 본 여순사건'에서는 언론사가 여순사건을 어떻게 바라보았는지를 뚜렷이 파악할 수 있는 하나의 재료가 바로 사설이라고 보고 여순사건 관련 사설을 중심으로 배치하였다. 그런데 여순사건을 다룬 사설은 많지 않아 동아일보, 조선일보, 호남신문의 사설만을 실었다. 동아일보는 1948년 10월 28일에 「전남사태의 비극」, 11월 3일에 「강력정치에의 길」, 11월 5일에 「여수반란과 학도의 망동」, 11월 16일에 「동포여 반성하자」, 1949년 1월 20일에 「귀순 권유를 철저히 하라」 등의 사설을 통해 여순사건을 논평하였다. 조선일보는 1948년 10월 30일에 「수습대책과 진상규명」, 11월 2일에 「반란에 학도 참가를 보고」 등의 여순사건 관련 사설을, 호남신문은 1949년 2월 6일에 「계엄령의 해제」라는 제목의 사설을 실었다.

제6장 '기자와 문인의 눈으로 본 여순사건과 빨치산 활동'은 상당히 많은 지면을 차지한다. 특파원으로 파견된 기자나 문교부 파견 문인조사반이 현지에서 보고 듣고 겪은 것을 생생하게 기사화하였는데, 이 장에서는 이를 중점적으로 배치하였다. 각 신문사 특파원으로 현지에 파견된 기자로는 경향신문의 이수도·박흥섭, 동아일보의 백광하·김호진·김진섭, 조선일보의 윤고종, 서울신문의 조동훈·한규호, 남조선민보의 김진학, 동광신문의 기준산·김영국, 자유신문의 이혜복 등이었다. 문교부 파견 문인조사반의 일원으로 참여한 문인은 박종화, 김영랑, 이헌구, 정비석, 고영환, 김홍섭 등이었다. 문인들은 「남행록」(박종화), 「반란 현지 견문기」(이헌구), 「여·순낙수(麗·順落穗)」(정비석), 「여순잡감(麗順雜感)」(고영환), 「그 후의 여순(麗順)」(김홍섭)이라는 답사기를 각 신문에 연재하였고, 김영랑은 「새벽의 처형장」, 「절망」이라는 제목의 시를 남겼다.

이상과 같은 구성방식으로 여순사건을 다룬 신문자료를 주제별로 분류하여 정리하였다. 그런데 신문자료가 온전히 사실을 담고 있는 것은 아니다. 특히 여수사건을 다룬 기사는 사실의 왜곡이나 정부 당국에서 의도한 내용을 반복적으로 전달하는 역할을 했다. 따라서 이 자료집을 보면서 기사 내용을 그대로 받아들이는 태도를 지양하고 실사구시의 자세를 견지할 필요가 있다. 여러 가지 형태의 기초자료를 비교·분석함으로써 오류 관계를 밝히고, 사실관계를 체계적·입체적으로 파악하는데 역점을 두어야 한다. 이 책의 발간 목적은 여순사건에 대한 기초사실을 밝히고, 더불어 여순사건 연구를 종횡으로 심화하고 확대하는 데 일조하는 것이다. 이러한 목적에 부합할 수 있는 유용한 도구로 활용되기를 기대한다.

2016년 10월
임송자

| 일러두기 |

– 기사는 보도 일자를 기준으로 하였으며, 같은 날짜의 기사는 신문사명의 가나
  다순으로 배치하였다.

– 기사는 원문을 그대로 살리되 가독성을 높이기 위해 현행 맞춤법에 따라 띄어
  쓰기를 하였고, 현대어로 수정하였다.(예: ① 게렬 → 계열, ② 이르켰다 → 일
  으켰다, ③ 가진 → 갖은, ④ 모라넣은 → 몰아넣은, ⑤ 버러졌다 → 벌어졌다,
  ⑥ 이러나 → 일어나, ⑦ 압흐로 → 앞으로 등)

– 한자 표기가 잘못된 것을 정정하였으며(예: ① 忠成 → 忠誠, ② 批難 → 非難
  등), 신문 기사의 사소한 오탈자를 바로 잡았다(예: ① 시태 → 사태, ② 호시
  담담 → 호시탐탐, ③ 유감히 → 용감히, ④ 척 친구들 → 친척 친구들 등).

– 인명이나 지명, 직책, 기관명 등의 오류에 대해서는 [ ] 안에 표기하였다.

– 한자어로 표기된 날자, 시간, 연도, 부대명 등은 아라비아 숫자나 한글로 수정
  하였다(예: ① 二十日 → 20일, ② 二時 → 2시, ③ 수十명 → 수십 명, ④ 第十
  四聯隊 → 제14연대 등). 단, 표제는 그대로 표기하였다.

– 내용상 격조사가 잘못 표기되었거나(예: 韓國問題가 討議를 기다리고 있는 →
  韓國問題의 討議를 기다리고 있는), 주어와 목적어 관계가 잘못된 것을 바로
  잡았다(예: ① 전남 경관은 전부 사살할 계획 → 전남 경관을 전부 사살할 계획,
  ② 光陽 方面으로 退却 중인 반란군은 追擊하는 → 光陽 方面으로 退却 중인 반
  란군을 追擊하는, ③ 면목은 일신하기 위하여 → 면목을 일신하기 위하여 등).

− 한글로 표기되어 내용 파악에 혼란을 줄 것으로 판단되는 경우에는 한자로 바꿔 표기하였다(예: 해군 → 該 軍).

− 기사 내용 중에서 판독이 가능하지 않은 글자는 □로 표기하였고, 여러 개의 글자 판독이 어려운 경우에는 '판독불가'라고 표기하였다.

목차

제2장 정당·사회단체와 국회의 대응

제3장　재산(在山) 빨치산의 유격대 활동과 군경의 진압

제4장　외지(外紙)에 반영된 여순사건

제5장 사설로 본 여순사건

제6장 기자와 문인의 눈으로 본 여순사건과 빨치산 활동

—

제1장

여순사건 발발,
그리고 정부의 대책과
군경(軍警)의 진압

—

國軍 第十四聯隊 反亂 麗水占領 後 漸次 北上
國防部長官 21日 發表

【서울 21일 發 合同】지난 20일 전남 여수에 있는 국군 제14연대의 반란 봉기가 있어 방금 광주 등지에서는 폭도 측과 이를 진압하려는 국군 사이에 맹렬한 전투가 벌어지고 있는데 21일 상오 11시 반 국방부 장관 이범석 씨는 기자단과 회견하고 동 사건의 경과 및 군 당국의 조치를 다음과 같이 정식 발표하였다.

사건발생 경과: 전남 여수에 우리 국군 제14연대가 주둔하고 있는데 20일 상오 2시경 공산주의 계열이 오랜 동안의 책동과 음모로써 반란이 발생되었다. 처음에는 약 40명에 가까운 사병(士兵)이 무기고를 점령하고 그 다음에는 교묘한 선동과 위협으로서 일부분 병사를 선동시켜 야밤에 다른 병사를 무기로 위협하고 장교 대부분을 살해한 후 곧 여수에 있는 치안관계 철도경찰 지방경찰을 공격하였는데, 동일 상오 10시 경에는 여수를 거의 다 점령하였다. 그리고 반란군은 그 지방의 공산주의자들과 합하여 또 강제적으로 민중을 선동해서 양민을 학살하고 그 일부는 철도시설을 점령하여 순천행 학생통근차 6량에 탑승하여 순천으로 돌진, 동 역에서 철경과 충돌한 후 지방 경찰을 습격하였는데 이것이 반란 당일인 20일의 사태였다.

폭동 성질은 수삭 전에 공산주의자가 극우정객들과 결탁하여 반국가적 책동으로 수 명이 반란을 책동하였다. 불행하게도 군정이 이양 전에 그 중 1명은 교묘한 방법으로서 국군의 소령이 되어 정부 전복을 책동하였고 그 자가 여수 14연대장이 되었던 것인데, 그는 방금 심문을 받고 있는 오동기(吳東起)이다. 吳는 여수에 가서 사관 훈련의 기회를 포착하여 단순한 청년들의 심리를 선동하고 극우진영 혹은 대 내에서 국내에 있는 불평분자와 간접으로 연결을 취하여 러시아 10월혁명 전후를 계기로 전국적 기술적 반란을 책동하였던 것이다. 이것이 군정 이양을 받기 약 20

일 전에 오의 체포로 탄로되었던 것이며, 그 후 육속 관련자를 체포하고 있었던 것이다. 이상이 금번 반란의 배경인데, 이에 관련된 자들이 다소 공포심을 느끼고 있었으며, 그 중 혐의가 농후한 1개 대를 모종의 사명을 주어서 다른 곳으로 분리시키려고 하였는데, 출발 당일 동 대는 피동적으로부터 주동적 행동으로 발동하였던 것이다.

반란 경과

그리하여 정부는 여수 순천을 점령하고 학살 방화 약탈을 □□하였다. 전남 광주에 있는 3개 중대를 순천으로 증파하려 하였으나, 시간상 거리가 먼 관계로 순천 역시 지난 밤 [20일] 하오 10시 10분경에 들어온 정보를 보면, 반란군에 점령당하고 있지만 아직 전투 상태에 있다. 또 밤에 들어온 보고에 의하면, 순천의 대부분을 점령한 반란군은 오합지졸을 모아서 약 2천 명이 두 길로 나누어서 그 1중대는 남원으로 또 1중대는 광주로 전진하였던 것이다.

국군은 20일 하오 1시에 비행기로 전방 지휘부 인원을 광주에 수송해서 정보 거래 시간을 단축시키고 일방으로 정보 수집의 정확성을 기하여 사태 진정에 노력하고 있는 중인데, 그 일 부대의 보고에 의하여 급한 조치로서 광주 남원에 병력을 급파하여 내습하는 적 세력의 대부분은 격퇴되고 반군은 주동으로부터 피동이 되었으며 반군의 방향은 방금 지리산에 들어가고 있다.

군 당국의 조치

국군은 이것을 사전에 상상했기 때문에 산악지대에 강력한 군대를 배치하고 남원과 광주 전 이남의 폭도를 서남해안으로 압박하는 동시에 경남 하동(河東) 방면으로부터 적의 척배를 기습하고 있는 중이다. 그리하여 순천 여수의 폭도는 연락이 끊어졌는데 불원한 시간 내에 반란군을 박멸하고 치안은 회복될 것이다. 그리고 폭도들의 죄상은 아직 숫자적으로 들어가지 않았지만 최근 부임한 연대장 이하 수십 명의 장교를 학살하였고, 순천에서 경찰관 반 수 이상을 살상했고, 또 일부 양민과 수많은 청년을 살해하고 순천 시내에 인민재판소를 하여 갖은 잔혹한 형벌을 가하고 있으며 건물 파괴 민간의 모든 것을 약탈 강간을 강행하고 있는데, 여수도 순천과 같은 현상에 있다. 이 신인이 공노할 공산주의 도당의 죄악은 말할 것도 없거니와 극우진영이 시대를 몰각한 이 죄악적 행동을 조장하고 사리사욕을 채우려 함은 더욱 가증하다고 아니할 수 없다. 정의에 입각하여 세계사조에 배합해서 인민의 자유와 평화를 파괴하고 폭동으로서 정치적 기도를 달하려는 이와 같은 세력이 자고로 성공된 것이 없다. 이 죄상이 앞날에 전부 폭로되는 날 우리의 대중은 더욱 경계하게 될 것이며, 정부는 그 국가 민족과 자유평화를 교란하는 도배들의 행동을 결코 용인하지 않을 것이다. 지금 사태는 그 범위가 축소되고 진압은 속한 기간 내에 되리라고 확신한다. 이러한 불상사가 발생한 것은 본관의 책임적 입장에서는 건국 전도를 위하여서 대단히 미안하고 유감되는 바이지만 그 점에 있어서 극소수의 불순분자가 계획적으로 기도한 것인 만큼 군은 비교적 단순한 청년들로서 조직되어 있고 방종과 개인의 자유를 어느 정도 억압하고 있는 까닭에 선동에 민감성을 가지고 있다. 이와 같은 사태의 미연방지에 만전을 기하고 있으며 조속한 시일 내에 철저히 숙청할 것을 자신하는 바이다.

[2] 경향신문 1948.10.22.

凝視하자! 民族骨肉相殘의 이 慘劇을
麗水 國軍 一部 叛亂 惹起 反政府陣營의 謀略宣傳에 基因

國務總理 原因 發表

지난 20일 早曉 2시경 全羅南道 麗水 順天을 中心으로 한 地域에서 發生

된 某種 大事件에 關해서는 這間 關係 當局의 揭載保留의 示達로 因하여 一切 緘口되어 오던 바 21일 드디어 保留가 解禁되는 同時에 李 國務總理는 同日 記者團會見 席上에서 事件全貌의 眞相을 發表하였는데 背後經緯를 要略하면 다음과 같다. 이번 全南 麗水 順天地帶를 中心으로한 國軍 제14연대 일부 兵士의 叛亂事件은 本來 數朔 前 軍政移讓 前後에 걸쳐 共産主義者와 結託한 國家主義的 極右陣營의 反民族的 策動으로 因하여 招來하게 된 것이다. 바로 軍政 移讓 卽前의 無整頓 狀態의 間隙을 타서 此 陣營의 中堅分子인 吳東起 少領은 제14연대장으로 假裝 潛伏하고 以下의 士官兵卒을 操縱하여 露西亞 十月革命 記念日을 契機로 一大蜂起를 計劃 中이던 바 約 20일 前 此 陰謀가 綻露되자 事件 背後 兵士의 陸續되는 檢擧逮捕에 恐怖를 느낀 爾餘 兵士의 最後的 發惡의 所致라 할 수 있다.

[3] 경향신문 1948.10.22.
第14聯隊 突然 叛亂 共産系列과 野合 政府 發表
麗水 順天 各 機關을 거이 占領

지난 20일 전라남도 여수(麗水)를 중심으로 한 국군의 반란이 발생하였는데 이에 관하여 정부에서는 사건 내용의 신문 게재를 금지하고 있던 바 21일 오전 10시 반 이범석 국무총리(李範奭 國務總理)는 기자단과 회견하고 기사 게재 금지를 해제하는 동시에 사건 진상을 다음과 같이 발표하였다.

叛亂의 經過
전남 여수(麗水)에 주둔하고 있던 국군 제14연대는 20일 오전 2시경 돌연 공산주의 계열의 오랫동안의 책동과 음모로 반란을 일으켰다. 처음 약

40명에 가까운 사병이 무기고를 점령하고 교묘한 선동과 위협으로 일부분 병사를 선동하여 곧 야반에 다른 병사들을 무력으로 위협하고 장교 대부분을 살해하였다.

그런 다음 여수에 있는 지방 경찰서인 여수경찰서를 공격했고 오전 10시경에 이르러 여수를 거의 다 점령하였다. 여기에서 그 지방의 역시 공산주의 청년들을 합하여 무기를 공급한 다음 민중을 선동하여 양민을 허다히 학살하였다. 그들 일부분은 철도시설을 점령한 후 순천행 열차(順天行 列車, 通學列車 6車輛)를 증발 운전하고 순천으로 돌진하였다. 순천에 이르자 곧 순천철도경찰과 충돌 교전하였고 그 다음 지방(순천)경찰서를 습격하였다. 그동안 폭도들은 학살 약탈 방화 갖은 만행을 다하였다.

[4] 경향신문 1948.10.22.
良民을 使嗾코 殺人 · 放火 · 掠奪 等 恣行

그들의 죄상은 구체적으로 숫자는 들어오지 않았으나, 최근에 부임한 연대장(聯隊長) 이하 수십 명의 장교(將校)를 학살(虐殺)했고 순천에서 반수 이상의 경찰을 살상했으며, 일부는 양민과 수많은 청년을 사로잡아서 순천회관(順天會館)에서 인민재판소(人民裁判所)를 열고 갖은 악형과 잔악무도한 만행을 다하며 건물파괴(建物破壞), 방화(放火), 민간의 약탈(掠奪), 강간(强姦) 등을 자행하였다. 순천 여수는 비참한 도탄 속에 민중을 몰아넣은 신인공노(神人共怒)할 공산주의자의 죄악은 더 말할 필요도 없거니와 사상으로 반대하는 극우진영(極右陣營)의 시대에 몰각된 죄악적 행동을 조장시키고 정권욕과 사리사욕에 몰두하는 그들의 합치되는 행동은 가증하기 짝이 없다.

[5] 대동신문 1948.10.22.

國軍 第十四聯隊 叛亂 麗水, 順天을 占據
約 二千名이 激戰 展開 中
李 國防長官 事件 發表

全南 麗水에 주둔하고 있는 國軍 제14연대는 20일 밤 돌연 반란을 일으키고 麗水, 順天을 점거하는 한편 북상 전진 중에 있는데 □중대 사건 발생경위에 관하여 李 國務總理 겸 國防長官은 작 21일 기자단과 회견하고 그 진상을 다음과 같이 발표하였다.

全南 麗水에 주둔하고 있던 國軍 제14연대에서 지난 20일 오전 2시경 공산주의 계열이 오랫동안의 책동과 음모로써 반란이 발생하였다. 처음 약 40명의 병사가 무기고를 점령한 다음 교묘한 선동과 위정으로서 일부 병사를 유도해서 동 연대장 이하 간부 장교 대부분을 살해하고 곧 麗水의 철도 경찰 각 지방 경찰서를 점령한 후 동일 새벽의 順天발 학생 통학열차 6차량에 타고 반란군은 順天역에 돌입하게 되자 때마침 □역을 경비 중이던 경찰과 격렬한 전투가 벌어졌다. 그러나 양적으로 미약한 경찰은 수많은 희생자를 내게 되었으며, 順天은 동일 오전 10시경 반란군의 수중에 들어가게 되었다. 여기에서 □□ 각 지방의 좌익청년을 합하여 그들에게 무기를 주고 민중을 선동하여 지방 각 경찰서를 점령하고 수많은 양민을 학살하고 심지어 順天會館에 소위 人民裁判所를 설치하여 천인공노할 갖은 악형을 감행했던 것이다. 이것이 지난 20일 하루 종일 □□ □□ □였다. 그 후 光州□□ 아직 반란군의 점령 하에 있다하며 동 정보에 의하면 順天을 점령한 폭동군은 약 2천 명의 병력으로서 두 길로 나누어서 하나는 全北 南原으로 하나는 光州로 향하여 전진 중에 있다고 한다. 군에서는 20일 오후 1시경 비행기로 전선 지휘관 즉 참모 수 명을 光州에 수송하여 정보의 시간을 단축시키고, 한편 현 실정을 확실히 파악해서 사태진압의 급속한 방법을 강구했다. 전기 참모 중 일부 위원은 돌아왔는데

곧 급속한 조치로서 裡里, 群山으로부터 光州에 충원시켜서 반란군의 □
은 벌서 분쇄되고, 그네들의 주동적 세력은 피동적이 되고 산중으로 도피
하는 중에 있다. 군 당국은 그것을 미리 예상했기 때문에 산악지대에 먼
저 강력한 군대를 배치하고 南原과 光州와의 연결선 이남지대의 서남해
안으로 압박하는 한편 모처로서 강력한 병력이 적의 측면을 공격함으로
써 順天과 麗水 간의 폭도의 연락을 차단하면 곧 포위될 것이며 박멸될
것이고 치안은 회복될 것이다. 금번 반란의 성질을 보면 본래 수십 명의
공산주의자가 극우의 정객들과 결탁하고 반국가적 반란을 일으켜서 우리
정부를 전복시키려고 군에 책동한 것이다. 이것은 불행히도 군정 이양 전
이기 때문에 그 가운데 전 麗水 14연대장이며 지금 심문을 받고 있는 吳
東起라는 자는 麗水에서 하사관 훈련이라는 명목 하에 젊은 병사들에게
공산주의를 선전 고취하는 한편 극우진영의 혹은 국내 국외의 수많은 불
순분자들과 간접적으로 연락하여 露西亞의 10月革命 記念日을 기회로 전
국적으로 반란을 책동한 것이다. 이번 폭도의 죄상은 아직 미확정하□ 順
天에서는 반수 이상의 경찰관을 학살하고 일부분의 양민과 많은 청년을
죽이고 건물을 파괴하고 재산을 약탈하고 주택에다 방화하는 등 갖은 만
행을 감행하여 麗水나 順天이나 동일한 비참한 도탄 속에 민중을 도입하
였다. 이 천인공노할 공산주의자의 죄악은 말할 것도 없거니와 여기에 국
가 민족을 표방하는 극우분자가 이 죄악적 행동을 조장하고 자기의 사리
사욕을 채우기 위하여 갖은 행동을 취했다는 것은 절대 용서 못할 것이
다. 인민의 자유와 평화를 파괴하고 폭동으로써 정치적 기도를 행하는 것
이 자고로 성공된 예가 없다. 사태는 점점 축소되며 진압은 시간문제일
것이다. 나의 책임상의 입장으로서나 건군의 전도를 위해서나 미안하고
유감이다. 앞으로는 이와 같은 사태 발생의 미연 방지를 위하여 만전을
기하고 있으며 단시일 내에 해결될 것을 자신하는 바이다. 정부는 민간에
서 이와 같은 사건 진상을 선동하는 분자에 대해서는 엄중히 처단하겠다.

[6] 경향신문 1948.10.23.

麗水 完全 奪還 二十二日 午前 一時 現在
順天地區도 占據 焦眉!

22일 오전 11시 내무부 발표에 의하면 전남 여수는 완전 탈환 복구되었다고 한다.

즉, 22일 오전 2시 내무부에 들어온 무전보고에 의하면, 여수시(麗水市)는 잔류 경찰관, 잔류 국군장교, 응원 경찰관, 해군 등 합류부대를 편성하여 진격한 결과 22일 오전 1시 현재로 완전히 탈환 점령하였다고 한다. 그리고 순천(順天)시는 목하 교전상태에 있으나 수 시간 내에 점거될 것이라고 한다.

[7] 경향신문 1948.10.23.

麗水 叛軍 正體 革命義勇軍 事件과 關聯

한동안 세인의 이목을 끌어오던 혁명의용군 사건을 지난 19일 수도청에서 내란 음모죄로 소위 소청한 것은 기보한 바와 같거니와, 동 청에서는 동 혁명의용군 사건은 이번에 발생한 여수(麗水)반란군 사건과 관련성이 있다고 다음과 같이 진상을 발표하였다.

▲革命義勇軍의 眞相

소위 동 의용군 사건은 그 주모자 최능진(崔能鎭, 51), 오동기(吳東起), 서세충(徐世忠), 김진섭(金鎭燮) 등이 남북 노동당과 결탁하여 무력혁명으로 대한민국 정부를 전복하고 김일성(金日成) 일파와 합작하여 자기들 몇 사람이 숭배하는 정객을 수령으로 공산주의 정부를 수립하려고 공모한 후 그 목적달성을 위하여 수단과 방법을 가리지 않고 쿠데타를 감행할 직전에 검거 송청하였는데, 그 말단세포 분자들이 이번 여수(麗水)사건을 야기한 것은 유감으로 생각하는 바이다. 즉, 주모자 최능진은 5 · 10 총선거 당시 동대문 갑구에 출마하려고 할 때부터 공산분자와 해외에서 무정부주의로 활동하다가 귀국한 서세충(徐世忠) 기타 불평정객과 결탁하여 3천만 민족이 갈망하는 「유 · 엔」감시 하의 정부 수립을 방해하려고 하다가 그 목적을 달성하지 못하고 금후 남북협상도 수포로 돌아가자 최후수단으로 국방경비대를 이용하여 무력혁명을 감행하여서라도 소기의 목적을 달성할 계획으로 김진섭(金鎭燮)의 동지인 안종옥(安鍾玉) 외 7, 8명을 국방경비대에 입대시켜 원주(原州), 春川 각 연대에 분산배치하고 병사(兵士) 중에서 동지를 규합한 결과 원주(原州)연대 내에 약 2백여 명을 선동 가입케 하는 한편 오동기가 금년 7월에 여수연대장에 취임한 것을 기회로 동 연대에서 약 1천 명의 병사를 동지로 획득 가입하게 한 후 최능진이 제공한 거액의 현금을 군자금으로 하면서 누차 밀회를 하여 혁명방법의 세칙을 다음과 같이 토의하였다.

▲革命方法 細則

(1) 蜂起와 同時에 一般에 撒布할 革命趣旨書를 草案할 것 (2) 景武台 及 中央廳을 占領하여 各 國務委員을 處置할 것 (3) 國會를 占領하고 國會에 對하여 自己들이 企圖하는 政體와 政綱 等을 發表할 것 (4) 中央放送局을 占領 使用할 것 (5) 南北 完全 自主獨立을 爲하여 革命을 惹起하였다는 呼訴文을 作成 全 國民에게 放送할 것 (6) 首都廳을 接收하여 治安을 革命軍이 把握할 것 (7) 治安을 確保하여 破壞 殺傷을 防止할 것 (8) 南北統一을 時急히 實現하도록 努力할 것

등을 결의하고 「유 · 엔」총회 개최 중에 전기 각 연대의 병사와 공산분자가 합류 봉기하여 소기의 정권 야욕을 채우려고 만단준비를 다하고 있

던 차에 법망에 걸리어 주모자 및 중견간부급까지 검거 송청하였는데, 말단병사는 군부에서 분산배치 정도로 관대히 취급하게 하였던 것이 검거된 자 이외의 지도자가 선동하였는지 여수사건을 야기한 것이다.

[8] 경향신문 1948.10.23.
全南事態를 憂慮말라 地區戒嚴으로 今明間 鎭定
李 大統領과 問答

이(李) 대통령은 지난 22일 정례기자단 회견 석상에서 기자단과 다음과 같은 일문일답을 하였다.

問 전남(全南)사태에 관해서
答 여수(麗水)는 안정되고 순천(順天)에서도 금명간 치안이 수습될 것으로 그다지 우려될 바는 아니다. 그 지구에는 계엄령(戒嚴令)을 내리고 비상조치를 하였는데, 공산분자들은 지하공작으로 들어갈 것으로 보이나 앞으로 하나 빠짐없이 적출(摘出)해 낼 생각이다. 그런데 이번 이 사건에 관련된 반도들은 과거 군정시대와 같은 대우를 받을 것이라는 모호한 생각을 가지고 있다면 큰 오해일 것이다.
問 현재 남한에서는 밀주(密酒)로 말미암아 식량과 국고수입에 적지 않은 영향이 있는데 정부로서는 적당한 양조(釀造)정책을 세울 용의가 없는가.
答 밀주에 대해서는 철저히 단속할 것이며 양조정책은 국무회의에서 이에 적당한 방침이 작성되는 대로 공포될 것이다.

[9] 국민신문 1948.10.23.
革命義勇軍 正體
金泰善 首都廳長 談

전 경무부 수사국장 최능진(崔能鎭)을 비롯하여 현역 군인 오동기(吳東起) 등 무려 2천여 명에 달하는 소위 혁명의용군사건(革命義勇軍事件)은 지난 20일 일건 서류와 함께 송청되었거니와 이번 여수(麗水)의 대반란사건은 최능진 주모의 혁명의용군의 말단분자들의 소행으로 전 12연대장 오동기(吳東起)에게 북한으로부터 보내온 군자금을 제공한 것을 비롯하여 동 혁명의용군의 정체에 관하여 김 수도청장은 작 22일 다음과 같은 진상을 발표하였다.

소위 혁명의용군(革命義勇軍)사건은 그 주모자 최능진(崔能鎭), 오동기(吳東起), 서세충(徐世忠), 김진섭(金鎭燮) 등이 북한 노동당과 결탁하야 무력으로 대한민국 정부를 전복하고 김일성(金日成) 일파와 합작하여 자기 몇 사람이 숭배하는 정백(鄭栢)을 수령으로 공산정부를 수립하려고 공모한 후 목적달성으로 수단과 방법을 가리지 않고 "쿠데타"를 감행하려던 직전에 검거 송청하였는데, 그 말단 세포분자들이 이번 여수사건을 야기한 것은 유감천만이다. 주모자 최능진은 해외에서 무정부주의자로 활약하다가 돌아온 공범 서세충(徐世忠) 그 외 불평정객들과 결탁하였으며, 그 후 소위 남북협상(南北協商)이 공염불로 되자 최후수단으로 국군을 이용하려고 김진섭의 동지인 안종옥(安鍾玉) 외 8명을 국방경비대에 입대시켜 원주(原州), 춘천(春川) 각 연대에 배치 후 병사 중에서 동지를 규합한 결과 약 2백 명을 획득하였고, 일방 오동기는 지난 7월 여수연대장에 취임하자 동 연대에서 1천 명의 동지를 얻었고 최능진은 군자금(약 50만원)을 제공하는 한편 때때로 밀회한 결과

1. 보위와 동시에 일반에게 산포할 혁명취지서를 초안한 것.
2. 경무대(景武台) 급 중앙청을 점령하야 각 국무위원을 처치할 것.
3. 국회를 점령하고 국회에 대하여 자기들이 기도하는 정체(政體)와 정강(政綱)을 결의 발표케 할 것.
4. 중앙방송국을 점령 사용할 것.
5. 남북 완전 자주독립을 위하여 혁명을 야기하였다는 호소문을 전 국민에게 방송할 것.
6. 수도청을 접수하여 수도치안을 혁명군이 파악할 것.
7. 치안을 확보하여 파괴 살상은 가급적 방비할 것.
8. 남북통일을 급속히 실현하도록 노력할 것.

등을 결의하여 파리에서 개회 중인 유엔총회(UN總會)를 방해하려던 것으로, 이번 여수사건은 검거된 이외의 지도자가 말단분자를 선동으로 야기된 것이다.

[10] 대동신문 1948.10.23.

全南叛亂은 漸次 鎭壓 麗水市街는 奪回
關係 地域에 戒嚴令 實施

지난 20일 새벽 麗水에서 발생된 국군 제14연대의 반란은 順天으로 파급되어 麗水, 順天 양 시가가 점령을 당하는 한편 光州, 南原을 향하고 전진되고 있어서 동 사건이 일찍이 보지 못하던 중대 사건인 만큼 그 뒤 소식이 고대되고 있던 바, 작 22일 아침 공보처장 金東成 씨 발표에 의하면 22일 새벽 麗水시가는 완전히 회복되고 順天시가도 22일 중에는 완전히 진압 회복되리라 한다. 그리고 李 대통령 발표에 의하면 관계 지역에서는

戒嚴令이 퍼지고 이 사건을 계기로 한 지하공작은 철저 소탕하리라고 한다. 한편 내무장관 尹致暎 씨는 다음과 같이 공식발표하였다.

尹 內務長官 發表＝麗水 殘留 警察官 殘留 國軍將校 應援 警察官 海軍 等이 合流 部隊를 編成하여 進擊한 結果 22일 오전 1시경 麗水市街는 完全奪還되었다. 한편 順天市街도 殆半 奪還되었다.

[11] 대동신문 1948.10.23.
謀略煽動에 雷動말라 首都 治安 萬全에 超非常 警戒

金 廳長 告示文

수도청에서는 20일 여수, 순천지방의 일부 국군반란사건이 발생하자 지난 21일부터 초비상경계를 관하에 실시 중인데, 청장 金泰善 씨는 시민에게 고함이라는 고시문을 22일 다음과 같이 발표하였다.

全南 麗水에 駐屯 中이던 제14연대 兵士가 共産黨의 指令으로 叛亂을 일으킨 事件은 國軍과 警察部隊의 活動으로 不日 內에 完全鎭壓될 것이다. 本官은 萬一을 爲하여 全 首都管下에 超非常警備를 布陣하야 治安의 萬全을 期하는 同時에 「테러」 其他 破壞行動은 勿論 無許可集會 「삐라」 散布 또는 人心을 眩惑케 할 流言蜚語 等에 對하여는 嚴重한 非常措置를 取할 것을 管下 全 警察官에게 命令하였으니, 一般 同胞는 警察을 信賴하고 安心하여 各自 業務에 忠實히 할 것이며 共産分子 其他 惡質徒輩의 反國家的 謀略 煽動에 附和雷同하지 않기를 要望함.

[12] 서울신문 1948.10.23.

麗水事件 憂慮 金九 氏 歸京 談

지난 20일 大邱로 向發하였던 金九 氏는 21일 오후 6시 突然히 歸京하였는데 昨 22일 往訪한 記者團 質問에 對하여 다음과 같이 應答하였다.

問 이번 慶北에 向發한 目的은?
答 慶州 □□碑의 海印寺 □□□再□을 參觀할 目的이었다.
問 豫定보다 빨리 歸京한 理由는?
答 地方騷擾로 巡遊가 不便하였기 때문이다.
問 麗水에서 國軍이 叛亂을 일으킨 데 대하여 意見은?
答 濟州事態가 아직 鎭定되기 前에 麗水事件이 發生한 것은 國家民生을 爲하여 크게 憂慮되는 바이다.

[13] 자유신문 1948.10.23.

光州, 南原, 馬山 方面서 麗水半島를 壓迫
順天 周邊에 國軍 大兵力 集中

叛亂軍 事態에 蔡 參謀總長 談

국방부 參謀總長 蔡秉德 大領은 22일 오후 2시 국방부 출입기자단과 회견하고 麗水 제14연대 내의 반란사건 및 그 후 상태에 대하여 다음과 같이 말하였다.

국방부에서는 반란군을 진압하고자 光州, 南原, 馬山의 세 방면으로부터 일로 順天 방면을 향하여 막대한 병력을 집중시키고 이를 포위하였다. 한편, 22일 오후부터는 총공격을 개시하여 반란군을 麗水半島로 압박하고 있다. 폭동은 예상한 것보다 규모가 큰 것이었으나 출동부대는 각 부대로 분리하여 포위 집중태세를 취하고 있다. 이번 사건은 소위 10월革命을 계기로 일으킨 듯하나 아직 자세한 것은 알 수 없다. 현재 海軍은 麗水 인접 해안선을 차단하고 있으며 順天 麗水에는 아직도 人共旗가 꽂혀있다. 光州에 폭동이 발생 했느니 麗水가 함락되었느니 하는 풍설이 있으나 이것은 軍側에서 입수한 확보가 아니다. 현지 작전부대는 사기왕성하고 여유 있는 태세를 취하고 있다. 현재 順天을 포위하고 대기태세를 지속하고 있음은 폭도들의 협박공갈로 무고한 양민이 그들에게 본의 아닌 추종을 당하고 있음에 비추어 이러한 무고한 민중의 생명을 구하기 위해서이며 順天市 주변에는 야전병원과 포로수용소도 설치하였다. 2, 3일 내에 폭도진압은 완료될 것이며 智異山 방면으로 잠입하려던 폭도들은 완전히 차단되었다. 麗水 14연대장 朴勝勳 中領 이하 장교의 생사는 아직 알 수 없으나 사건 발생 당시 해상으로 또는 釜山으로 도피한 자도 있다. 더욱이 국군은 현재 하등의 동요도 없으며 또 군으로서 비상태세를 취하고 있으므로 어느 때 어디서 어떠한 사태가 발생하더라도 이에 응할만한 만반태세를 갖추고 있다.

[14] 경향신문 1948.10.24.

叛徒는 依法 處斷 民官 一致協力 邁進하라

大統領 警告文

李 大統領은 全南, 麗水, 順天地域 叛亂事件에 關하여 다음과 같은 警告文을 發表하였다.

共産分子들이 地下에 結黨을 扶植해서 內亂을 일으켜 全國을 混亂에 빠트리고 南北을 共産化시켜 他國의 拘束을 만들자는 計劃이 오래 前부터 濃厚해가는 것은 世人이 아는 바이다. 不幸히 蒙昧淺識한 分子들이 惑은 國軍에 惑은 어떤 團體에 섞여서 叛亂을 釀成하고 있다가 政府를 欺瞞하고 國權을 抹殺하려는 陰謀로 麗水, 順天 等地에서 亂을 일으켜 官吏와 警察을 虐殺하고 政廳을 占領하여 亂黨을 嘯招하여 形勢를 擴大함으로 國際問題를 일으켜 民國을 破壞하고 民族의 자살 殲滅을 鼓吹하려고 한다. 그래서 被害者가 約 3백 명 乃至 4백 명에 達한다는 報告를 接하였다. 이런 分子들은 個人이나 團體를 勿論하고 한 하늘을 이고 같이 살 수 없는 事情이다. 그동안 忠誠된 警察官吏와 國防軍이 決死的 戰鬪의 공헌으로 亂徒를 鎭壓하여 難局이 거의 整頓되었다. 이 亂徒들이 山谷으로 逃避하려는 것을 官軍이 豫測하고 機先을 制하여 마침내 그들은 進退維谷의 形勢에 이르렀다. 叛亂地域에서 不日 內로 안돈케 될 것이니 더 考慮할 것은 없으나 極少數의 殘在한 亂徒들이 或 逃避하여 潛在한 徒黨을 꾀여 殺人 放火와 破壞를 行動으로 害物傷害할 터이니 防禦하여 叛逆者의 隱匿 等의 弊端이 없게 하고 魁首된 者를 速히 捕縛케 하여 공분을 설하며 國法을 밝힐지니 官民一心으로 激勵 邁進하기를 警告하는 바이다.

[15] 경향신문 1948.10.24.
濟州行 途中 叛旗 콜터 美軍司令官 聲明

미군사령관 「콜터」 소장은 여수 순천에서 발생한 공산당 폭동에 관하여 다음과 같은 요지의 성명서를 발표하였다.

폭동은 10월 19일, 20일 간 야반에 여수에서 제주도 임지로 향하여 배 타려고 대기 중이던 경비대원 40명이 임명되지 않은 장교 지휘 하에 반란을 일으켰다. 반란군은 여수 경찰기관을 공격하고 일부 지지자를 규합하여 화물열차로 순천에 이르러 철도경찰서 시내 주요 경찰서를 공격하였는데 1개 중대의 경비대와 경찰은 이에 대전하였다. 한편 다른 경비대 1대는 순천 서방 하천 서안제방으로부터 폭도를 맞이하여 그 진출을 막았다. 또 한편 20일 오후에 약 1천 명의 폭도는 순천 북방 30마일 지점에 있는 남원방면으로 진격하였는데 남원 남방에 전개되어있던 경비대 1개 대대에 의하여 대전케 되었다. 동 대대는 그 후 증원되었는데 연대장은 최후의 일병까지 분전하겠다고 언명하였다. 그리고 다른 경비대는 증원부대로 대기하고 있다. 그리고 그 외 경비대는 아무런 동요가 없다고 보고하였다. 그 후 보고에 의하면 20일 야반에는 폭도들은 적기를 들고 적기가를 고창하고 있다고 한다.

[16] 서울신문 1948.10.24.
"白旗를 들고 歸順하라" 李 國防長官, 叛亂軍에 布告

여수(麗水), 순천(順天)지방의 반란군(叛亂軍)에 대하여 22일 국무총리 겸 국방장관 이범석(李範奭) 장군은 다음과 같이 『반란군에 고한다』는 포고문을 살포하였다.

諸君은 至今 不幸히도 民族的 良心과 軍紀를 無視하고 一部 그릇된 共産主義者와 陰謀政治家의 謀略的 利用物이 되어 實로 天人共怒할 罪過를 이미 犯하였고 또 아직도 犯하는 中에 있다. 諸君은 上官을 殺害하였고 官有物을 掠奪 又는 放火 燒失케 하였을 뿐만 아니라 無辜한 우리의 多數 同胞를 虐殺하였다. 諸君은 政府의 機關을 暴力으로 占領한 後 諸君 自身조차 信念이 없고 또 人民이 願치 않는 政治制度를 强要하고 良民과 어린 學生들을 武力으로 糾合하여 叛亂을 作成하였으니 그 叛逆的 罪狀은 國法이 到

底히 容赦치 못하는 바이다.

本官은 卽時 諸君의 叛逆的 行動을 短時日 內에 鎭壓키 爲하여 忠勇하고도 愛國的인 壓倒的인 兵力을 動員하여 北은 南原, 谷城, 西는 和順, 寶城, 東은 河東 方面으로부터 大部隊가 追擊 中에 있을 뿐만 아니라 智異山과 南海岸 一帶를 完全包圍 封鎖하는 同時 一部 兵力은 이미 南部 海岸으로부터 上陸 中에 있다. 麗水는 벌써 克服되고 諸君과 暴行을 같이 하던 數百의 叛軍이 生擒 又는 殺害되는 中이다. 殘餘 諸君의 運命은 時間的 問題이다. 諸君에게 내리는 國家의 斷罪는 必히 峻烈 嚴格할 것이며 秋毫의 寬容도 없을 것이다. 그러나 本官은 諸君의 大部分이 前途遙遠한 靑年이며 또 單純無知한 兵士이며 行動의 動機도 被動的이었음을 안다. 또 決코 全體가 叛徒가 아님도 잘 안다.

諸君의 大部分은 亦是 忠誠한 우리 國軍이므로 只今은 諸君들도 國家와 民族을 生覺하고 自己들의 行動을 反省 後悔하여 卽時 行動으로 이것이 表現될 것을 믿고 있다. 더욱 諸君의 運命을 故鄕에서 눈물로써 心慮하고 있는 諸君의 父母와 妻子와 또는 親戚을 生覺할 때 本官의 마음은 아프고 슬픈 바가 있는 것이다. 이제 本官은 諸君에게 最後로 한 번 諸君이 銃殺當하지 않을 機會의 餘裕를 주는 것이니 諸君은 卽時 反省하여 한 時間이라도 急히 左記의 手段을 取한 後 抗拒를 中止하고 謝過의 뜻을 表하라. 이것만이 諸君이 살아 나가는 길이요, 諸君의 家族이 바라는 方法이요, 우리 國家가 要求하는 態度이다.

1. 諸君은 同志와 相議하여 團體로든지 또는 個人 單獨으로든지 諸君의 良心이 許容치 않는 現在 叛亂의 指揮者를 卽時 銃殺하고 部隊에 白旗를 달아 歸順의 意를 表하라.

2. 前記의 不得已 한 時에는 叛軍의 暴行이 利用되는 銃器, 火藥彈 및 其他 軍用品을 卽時 破壞한 후 脫走하여 討伐 國軍에 投降하라.

檀紀 4281년 10월 22일
國務總理 兼 國防長官
李範奭

[17] 서울신문 1948.10.24.

今日 中 完全 鎭壓 現地視察코 參謀長 丁一權 大領 談

금번 여수사건으로 지난 20일 오후 1시 현지에 급히 출동하였던 국방부 육군참모장 정일권(丁一權) 대령은 22일 오전 6시 서울에 돌아왔는데, 22일 기자단과 회견하고 다음과 같이 말하였다.

관군은 광주에서 벌교(筏橋)를 거쳐, 또 하동(河東)에서 광양(光陽)을 거쳐, 남원(南原)에서 구례(求禮)를 거쳐, 여수(麗水)에서 또 마산(馬山)에서 순천으로 군력을 총 집중하였다. 그동안 약 6백여 명이 귀순하였다. 반란군의 수효는 약 1천 2, 3백 명 정도인 것 같은데 귀순하지 않은 반란군은 약 6백 명 정도로 광양(光陽), 보성(寶城)에 집결하여 있으나 대개 분산되고 귀순하여 아무 염려 없다. 현재 계엄령은 실시 안 하고 있으며 광주도 평온하고 기차도 남원까지 통하고 있고 민간 피해는 아직 확실히 모르겠다.

포로의 말에 의하면, 그들이 참가하게 된 동기는, 그들은 아무 것도 모르고 다만 직속상관의 명령인 줄만 알았다고 한다. 반란군의 완전 진압은 우선 내일(24일)이면 폭도들의 조직적 행동은 끝날 것이다.

[18] 서울신문 1948.10.24.

順天도 奪還 叛亂地區 一帶 秩序 回復 中

國防部 發表

國防部 23일 오전 10시 30분 發表

국방부에서는 23일 오전 10시 30분 전남 여수(全南 麗水)사건 상태에 관한 국방부 발표 제2호를 다음과 같이 발표하였다.

國防部 發表 第2號(10월 23일 오전 8시 現在)

1. 작 22일 16시 30분 제5여단장 김백일(金白一) 중령 이하 정예부대는 순천(順天)을 완전 점령하여 목하 사태를 수습 중에 있으며 순천시내는 질서를 회복 중에 있음. 포로는 순천시내에서 약 6백 명을 수용하였음.

2. 여수는 22일 오전 3시 30분 탈환하였다는 정보가 입수되었다.

3. 순천 여수지구(地區) 포위망을 누출(漏出)한 반란군은 보성(寶城)에 약 2백 명, 광양(光陽)에 약 4백 명이 방황하고 있는데 우리 국군은 이를 포촉하여 격파 중에 있다.

4. 전주(全州) 순천 간의 철도는 반란군의 북진(北進)을 저지하고자 우리 국군이 파괴하였던바 반란군 봉쇄작전 완성으로 복구 개통되었다.

5. 항공대(航空隊)는 반란군의 정찰수색, 권고문 살포 등으로 활약하고 있으며 그 공은 지대한 바 있다.

6. 해군 함정(海軍 艦艇)은 전남지구(全南地區) 해안선 일대를 완전히 봉쇄하고 있음.

[19] 호남신문 1948.10.24.

22日 總攻擊 開始! 地方暴動에도 萬全對策 講究

[서울 22일 발 합동] 여수주둔 제14연대의 반란소요사건에 대하여 22일 국방부 蔡秉德 참모총장은 다음과 같이 발표하였다.

22일 國防部 發表

항간에는 갖은 유언(流言)이 돌고 있으나 그것은 전부 사실무근이다. 현재 반란소요지구는 光州 順天간, 順天 南原간, 馬山 順天간인데 현재 군은 막대한 병력을 順天에 집결시키고 있다. 그리고 오늘 22일 오후부터는 총공격을 개시하고 여수 방면으로 압박섬멸전을 개시하고 있다. 그러니까 順天은 오늘 오후에 완전히 탈거할 것이다. 또 이번 사건의 발표 비밀히 한 것은 병력 집결을 기도하기 위한 것이요. 포위상태 □성을 견고히 하기 위함이었다. 그래 군으로서는 앞으로의 사태에 대비하고자 각 부대 자체의 엄중한 주의와 단속을 하는 한편 지방폭도에 만전의 책을 강구중이다. 군은 조금도 동요 없이 비상태세를 갖추고 있으니 국민은 안심하기 바란다. 그리고 해안선도 완전히 차단되어 있다. 그리고 이번 소요의 주동은 40명으로 결국 호응한 병력과 지방민의 가담이 컸을 뿐, 현재 군은 順天 3km 지점까지 육박 공격 중이며 머지않아 順天을 탈환할 것이다. 그리고 진압은 시간문제이다. 그리고 사태는 앞으로 계속적으로 발표하겠다.

[20] 호남신문 1948.10.24.
鎭壓態勢에 萬全! 제5旅團長, 警察廳長 共同聲明

제5여단장과 제8관구경찰청장은 지난 22일 요즘 도내 치안상태에 대하여 만반의 태세를 갖추고 있다고 다음과 같은 공동성명서를 발표하였다.

共同聲明

最近 道內 治安狀況에 비추어 國軍과 警察은 陣容을 加一層 强化하고 治安確保에 萬全을 期하고 있으므로 現在 治安은 平穩狀態로 恢復하였으며, 今後 如何한 事態가 發生한다하더라도 軍警은 一致協力하여 完全히 鎭壓할 萬般의 用意가 있사오니 道民 여러분은 絕對로 安心하고 軍警에 協力하여 주기를 바랍니다.

4281년 10월 22일

제5여단장 金白一

제8관구警察廳長 金炳玩

[21] 경향신문 1948.10.26.

寶城, 筏橋, 光陽도 奪回 分乘遁走하는 漁船 等 八隻도 拿捕

國防部 發表 第3號(25일 오전 4시 現在)

(1) 순천(順天)의 치안은 완전히 회복되었다.

(2) 보성(寶城)은 24일 오후 1시 30분, 벌교(筏橋)는 24일 오전 10시 20분, 광양(光陽)은 24일 오후 5시 20분 완전 점령하고 방금 치안을 수습 중에 있다.

(3) 24일 오후 4시 30분, 우리 해군은 여수(麗水) 해상에서 북조선인민공화국과 연락하려던 연락정(連絡艇) 2척을 나포하여 반군 9명을 체포하는 동시에 무기 기타를 다 압수하였다. 또한 반군이 민간 어선에 분승하여 도망 중임을 발견하여 6척을 나포하였다.

(4) 여수반도 일대의 반군은 여수 방면으로 남하함으로 아국군은 이를 급진 중으로 그 섬멸은 시간문제이다.

(5) 광양 부근 패잔부대는 도망하여 백운산(白雲山＝慶南郡 花開面)[경남 하동군 화개면] 부근에 집결 중에 있는데 국군은 계속 섬멸작전 중에 있다.

(6) 22일 오후 2시 현재, 광양 부근 전투에서 아군의 피해는 다음과 같다. (가) 전사 사병(士兵) 4명 (나) 부상 장교 1명, 사병 11명 (다) 행방불명 장교 3명, 사병 28명

(7) 여수 제1차 상륙작전에 있어 육군 중위「박타조」외 사망. 2명이 장렬한 전사를 하였고 2명이 부상하였다.

[22] 남조선민보 1948.10.26.

宋 將軍이 現地 掃蕩 指揮 麗水는 尙今 叛軍 手中에 解禁

【光州 24일 發 AP合同】約 3천 명의 國軍은 宋虎聲 將軍 指揮 下에 順天을

奪還하고 繼續하여 5일간에 걸쳐 約 2천 명으로 推算되는 反亂軍에 依하여 占領된 寶城 等 4都市를 奪還할려고 進擊 中이다. 大韓民國 側 官邊은 反亂軍 數爻를 約 2천5백 명으로부터 4천 명이라고 推算하고 있다. 麗水市는 아직도 反亂軍의 手中에 있는 듯한데, 今般 反亂에 依하여 주둔하였던 國軍이 共産主義 선동 下에 벌써 今年 初부터 「希랍」과 같은 「게릴라」戰이 벌어지고 있는 濟州道에 派遣되는 것을 反對하여 反亂을 일으킨 것이라고 韓國 側 報道는 傳하고 있다. 大韓民國 總理 이범석 氏는 今般 反亂은 共産派와 極右의 所行이라고 말하고 있다. 當地 韓國 側 報導에 依하면 反亂軍은 北韓 人民共和國旗를 順川順天警察署를 비롯하여 順天 麗水의 重要 建物과 反亂軍 車에다 揭揚하였다고 한다. 그리고 反亂戰鬪에 있어서 双方의 損害는 아직 確實치 않으나 150명의 損傷이 있다고 하고 있다. 그中에는 美軍은 하나도 없는데 當初부터 美軍은 今般 反亂에 參與하지 않았던 것이다.

[23] 남조선민보 1948.10.26.
順天 筏橋는 完全 掃蕩 逃走部隊 光陽서 全滅
叛軍 死亡 百 捕虜 千餘名

【順天에서 金鎭學 特派員 26일 發 合同至急報】戰鬪司令官 제5여단장 金白一 中領은 順天에서 25일 상오 11시 30분 다음과 같은 公式發表를 하였다.

國軍은 順天에 蠢動하는 反亂軍을 鎭壓하기 爲하여 22일 하오 3시 30분부터 順天 郊外로부터 總攻擊을 開始하여 同 4시에는 群山 12연대를 白仁燁 少領이 引率[引率]하는 大隊가 順天을 奪還하고, 翌 23일 상오 7시를 期하여 市內 소蕩과 同時에 反亂軍司令部를 一齊히 攻擊한 結果, 敵은 麗水 筏橋 光陽 寶城 地方으로 逃走하고, 順天 市內는 同日 11시에 完全히 소蕩을 終了함. 이날 戰鬪에서 反亂軍 側 損害는 死亡 100명, 捕虜 200명, 총기

150정, 彈丸 多數 國軍 側 損害 戰死 3명, 負傷 7명, 그리고 順天에 反亂軍이 官民을 殺場한 사체는 約 300여 명에 達하고 있다. 23일 順天에서 逃走한 一部 反亂軍은 光陽 地方으로 向하다가 마침 光陽에 待期 中인 羅正一 中領이 引率하는 國軍에게 거의 全滅되어 河東方面으로 逃走하였다. 寶城도 23일 國軍이 完全히 奪還함. 筏橋는 23일 상오 11시에 國軍이 鎭壓하여 寶城 筏橋 間의 連락이 完成됨. 麗水 一帶에 있는 反亂軍에 對하여 國軍은 24일 하오부터 進擊을 開始하여 25일 상오 11시 現在 麗水 北方 7粁 地点에서 包圍網을 壓縮하고 있는데, 同 12시 경에는 麗水 市內를 鎭壓할 豫定이다. 25일 상오 11시까지의 各 地方 綜合戰果는 反亂軍 捕로 800명, 反亂民 數 1,000명(이는 警察에 引渡), 총器砲 約 1,500. 國軍이 이미 進주한 各 地方은 避難民의 歸還으로 治安은 漸次 회복 中에 있다.

[24] 대동신문 1948.10.26.
寶城, 筏橋, 光陽도 奪還 連絡船 二隻을 捕捉
白雲山 集結 叛軍에 殲滅戰 展開

國防部 報道課에서는 작 25일 이번 全南 麗水에서 돌발한 국군반란사건 그 후 전황에 관하여 다음과 같이 발표하였다.

10월 25일 오전 4시 현재, 順天은 치안이 완전히 회복되었으며, 寶城은 24일 13시 30분, 筏橋는 동일 10시 20분, 光陽은 동일 17시 20분 각각 완전히 탈환하였으며, 방금 치안을 수습 중이다. 그리고 24일 16시 10분, 麗水 해상에서 北朝鮮人民共和國과 연락하려던 연락선 □척을 우리 해군에서 나포하고 반란군 9명과 무기 다수를 압수하는 동시에 반란군이 민간어선에 분승하여 도망 중인 것을 발견하고 6척을 나포하였다.

麗水半島 일대의 반란군은 麗水 방면으로 남하하므로 우리 국군의 □

□ 섬멸은 단지 시간문제다. 한편 光陽 패전부대는 도망하여 智異山과 연속되어 있는 白雲山(全南 河東郡 河東面)[전남 광양군] 부근에 집결 중이므로 우리 군에서는 계속 섬멸작전을 계획 중이다. 지난 22일 오후 2시 현재 光陽 부근 전투에서의 우리군의 피해는 다음과 같다.

▲戰死: 士兵 4명 ▲負傷: 將校 □명, 士兵 11명 ▲行方不明: 將校 3명, 士兵 28명

그리고 麗水 제1차 상륙작전에 있어서의 우리 군의 피해는 陸軍 中尉 박타조 외 士兵 2명이 장렬한 전사를 하였으며, 士兵 2명이 부상을 당하였다.

[25] 동아일보 1948.10.26.

內務部서 啓蒙隊 派遣

내무부에서는 점차 진압되어가는 全南반란사건의 뒷수습을 위하여 계몽, 위문, 조사, 구호, 보도의 각 반을 조직하여 26일 현지로 파견케 되었다.

[26] 경향신문 1948.10.27.

白雲山 叛軍은 右往左往
判明된 戰果 捕虜 千·機銃 千(麗水 除外)

국방부에서는 작 26일 오전 8시 현재의 반란진압 상황을 국방부 발표 제4호로 다음과 같이 발표하였다.

國防部 發表 第4號

1. 여수반도에 추격을 당한 반란군을 소탕할 임무를 띤 국군은 25일 오전 11시 반군에게 『3시간 여유를 주니 항복하라』는 권고문을 산포하고 장갑차를 선두로 최후 소탕전을 전개 중에 있다.

2. 백운산(白雲山) 부근에 집결 중인 반군은 국군의 철통같은 포위 속에 좌왕우왕하고 있으며 벌써 포로 288명, 소총 305정, 탄약, 기타 다수를 압수하였다.

3. 구례(求禮) 방면에 준동 중인 소수의 패잔군은 국군이 포촉하여 진압하고 있다.

4. 금일(26일)까지 판명된 국군의 전과는 다음과 같다.

　◇順天方面＝捕虜 592명, 機銃 450挺

　◇和順方面＝捕虜 40명, 機銃 52挺

　◇寶城方面＝捕虜 140명, 機銃 130挺

　◇筏橋方面＝捕虜 40명, 機銃 52挺

　◇光陽方面＝捕虜 288명, 機銃 52挺

그밖에 미군 대형 「트럭」 7대, 중형 「트럭」 2대, 해상에서 연락정 2척, 목선 8척을 나포하였으며 여수방면의 전과는 방금 조사 중에 있다.

[27] 경향신문 1948.10.27.

裝甲車部隊도 出動　內務部 發表

전남사건 그 후 진전에 관하여 내무부에서는 26日 다음과 같이 발표하였다(25일 오후 9시 現在)

1. 제6관구청(全北 全州) 정보＝남원(南原) 방면 적군은 백운산(白雲山), 지리산(智異山) 방면으로 탈주 중임.

2. 제8관구청(全南 光州) 정보＝보성(寶城)지구 반란군 패전군은 장흥

(長興) 고흥(高興) 방면으로 퇴각하므로 방금 국군은 동 방면으로 진격 중임.

3. 보성 방면 진격부대는 벌교서(筏橋署)를 24일 오후 12시 반 점령.

4. 순천지구 경찰부대는 순천 북국민학교를 본거로 하고 치안 회복과 폭도 수사에 전력하고 있음.

5. 25일 오전 7시 보성지구 분구 경찰부대 50명은 국군과 협력하여 벌교에 돌입, 동 10시 30분 벌교서를 접수함.

6. 고흥(高興)지구 25일 오전 4시 고흥 방면에 장갑차(裝甲車)부대가 출동하여 전투 중임.

[28] 경향신문 1948.10.27.

14聯隊長 九死一生 脫出
叛軍 麗水指揮者는 女中校長

丁 參謀長 談

국방부 참모장 정일권(丁一權) 대령은 26일 기자와 회견하고 다음과 같이 발표하였다.

반란군에 의하여 감금 중이던 여수 제14연대장 박승훈(朴勝薰) 중령은 호기를 얻어 구사일생으로 탈출하여 25일 목포(木浦)에 도착하였는데, 반란 당시의 실정을 다음과 같이 보고해 왔다.

1. 10월 19일 오후 9시 폭동 발생 당시의 실정은 14연대 내의 반군자는 병영에서 일부 경찰과 청년단은 경찰서와 시내에서 동시에 계획적으로 폭동을 일으켰다.

2. 여수의 지휘책임자는 여수여자중학교장이라 한다.

3. 이번 계엄령 실시는 작전 확대를 의미하는 것이 아니고 사후 처리를 적절히 하기 위한 것이다.
4. 국방장관은 참모총장과 막료 수명을 대동하고 일선 순시차 26일 아침 김포(金浦)발 비행기로 광주(光州)로 향하였다.

[29] 경향신문 1948.10.27.
孫郁[宋郁]의 來歷

여수(麗水)지구 반란 총지휘자가 여수공립여자중학교(麗水公立女中) 교장(校長)으로 발표되었는데, 이 사람의 이름은 손욱(孫郁)[송욱(宋郁)]=33, 일명 孫玉童[宋玉童]으로 고향은 전북(全北)이라 하며 전북 고창중학교(高敞)를 거쳐 1938년에 당시 경성 보성전문학교를 졸업한 후 지금부터 1년 전 동 여자중학교에 부임한 것이라 한다.

[30] 대동신문 1948.10.27.
白雲山으로 脫走 尹 內務長官 25日 戰況 發表
警察部隊(도) 追擊 中

내무장관 尹致暎 씨는 25일 9시 현재의 전남지방반란 전황을 25일 상오 11시 반 다음과 같이 발표하였다.
1. 제6관구청 續報＝南原方面 적군은 白山雲[白雲山] 智異山 方面으로 脫走 中임
2. 제8관구 情報＝寶城地區 叛亂軍 敗戰軍은 長興, 高興方面으로 退却하므

로 方今 國軍은 同 方面으로 進擊 中임

3. 寶城地方 進擊部隊는 筏橋署을 24일 하오 12시 半 占領

4. 順天地域 警察部隊는 順天北國民學校를 本部로 하고 治安 恢復과 □徒 搜査에 全力하고 있음

5. 25일 오전 7시, 寶城地區 分區 警察部隊 50명은 國軍과 合力하여 筏橋에 突入함. 同 10시 20분 筏橋署를 接受함

6. 高興地區＝25일 오전 4시, 高興方面에 裝甲車가 出動 中 하여 □爭中임

[31] 대동신문 1948.10.27.

叛軍 死亡 百餘名 現地 戰鬪司令官 發表

順天 戰況

【順天 26일 發 合同至急報】전투사령관 제5여단장 김학일[김백일] 중령은 順天에서 25일 상오 11시 30분 다음과 같은 공식발표를 하였다.

(1) 국군은 순천에 준동하는 반란군을 진압하기 위하여 22일 하오 3시 30분부터 순천 교외로부터 총공격을 개시하였다. 4시에는 군산 12연대의 「백인엽」 소령이 인솔하는 大隊가 순천을 탈환하고, 익 23일 상오 7시를 기하여 시내 소탕과 동시에 반란군사령부를 일제히 공격한 결과, 적은 麗水, 筏橋, 光陽, 寶城지방으로 도주하고, 순천시내는 동일 11시에 완전히 소탕을 종료함. 이날 전투에서 ▲반란군 측 손해는 사망＝1백 명, 포로＝2백 명, 총기＝1백50정, 탄환＝다수

국군 측 손해

전사＝3명, 부상＝7명 그리고 順天에서 반란군이 관민을 살상한 시체는 약 3백여 명에 달하고 있다.

(2) 23일 순천에서 도주한 일부 반란군은 光陽지방으로 향하다가 마침

광양에 대기 중인 「이정일」 중령이 인솔하는 국군에게 거의 전멸되어 河東 방면으로 도주하였다.

(3) 寶城도 23일 국군이 완전히 탈환함

(4) 筏橋는 23일 상오 11시에 국군이 집합하여 보성 벌교 간의 연락이 완성됨

(5) 여수 일대에 있는 반란군에 대하여는 국군은 24일 하오부터 진격을 개시하여, 25일 상오 11시 현재 여수 북방 10「킬키로」 지점에서 포위망을 압축하고 있는데, 동 12시경에는 여수 시내를 진압할 예정이다. 25일 상오 11시까지의 각 지방 종합전과는 반란군 포로=8백 명, 반란민=수천 명(이는 경찰에 인도), 총기 폭약=1천5백

국군이 이미 진주한 각 지방은 피난민의 귀환으로 치안은 점차 회복 중에 있다.

[32] 동광신문 1948.10.27.

群山의 第十二聯隊 先鋒 廿二日 本格 討伐 開始

△22일=우리 部隊는 22일 오후 3시경부터 順天地區 전투를 開始하여 同 4시 반경 敵의 兵力 1천에 대하여 我方은 6백의 兵力으로써 順天 市內에 突入하였다.

當時 敵의 主力은 順天에 있었고 그중 一部는 麗水를 비롯하여 筏橋, 寶城, 光陽에도 있었는데 이를 合한 敵軍의 總兵力은 叛亂軍 1천5백, 一般暴徒 5백으로 2천여 程度이었다. 順天의 敵 진지를 突破하고 市內에 돌입한 最先鋒部隊는 白仁燁 少領이 指揮하는 群山 第12연대의 約 2개 大隊(6백)의 兵力이었는데 本官도 同時에 順天에 進入하였다. 群山部隊는 順天 市內에 돌입하자 抵抗하는 敵軍과 2시간에 亘하여 接戰 後 빛나는 전과를 거두었다.

同 전투에 있어서 敵의 損害는 사망 100, 捕虜 200, 銃器 150에 達하였는 바 我方에도 貴重한 전사 3, 負傷 7의 損害를 입었다. 한편 同 午後 4시반 경 南原으로부터 宋錫夏 少領이 指揮하는 제3연대 1개 대대도 順天에 돌입하여 전투는 繼續되었으나 밤이 되어 市內 소탕전은 中止하고 順天 北方 入口를 占領한 채 2백 乃至 3백 미터를 사이에 두고 敵軍과 대峙하였다.

[33] 동광신문 1948.10.27.
麗水 掃蕩戰 展開 中 寶城은 光州部隊가 奪還

△24일＝白雲山 방면에 도주한 적의 主力을 捕捉코자 麗水 攻擊을 일시 中止한 我軍은 敵을 搜索하여 同日 저녁까지 包圍態勢를 完了하고 포위圈 內에 있는 敵軍에 대하여 25일 午後 掃蕩戰을 開始한다.

一部 後方 國民은 反亂 發生地인 麗水가 아직 完全 奪還되지 않음을 疑아히 여기는 模樣이나 事實上 麗水 敵軍 兵力은 微微한 것으로 敵軍의 主力을 분쇄하기 위한 戰略上의 不得已한 措置였다. 그러나 이러한 疑아를 一掃하기 위한 政治的인 目的에서 24일 午前부터는 麗水에 대한 總攻擊을 開始하였는데 現在 麗水地方 10K 地點에서 敵을 包圍하고 攻擊하였으나 夜時에 이르렀으므로 良民의 被害를 防止하기 위하여 同日에는 市內에 突入하지 않고 今 25일 아침 7시부터 市內에 突入 市街戰을 展開 中이다. 別方 寶城 方面의 적은 約 300인데 그中 100은 筏橋에 있다. 24일에는 이 적에 대하여 右便으로 제3연대 3개 中隊 左便을 제6연대 一部가 追擊하여 오전 11시 筏橋도 完全 奪還하였으며, 이에 앞서 寶城은 23일 밤 光州部隊가 占領하고 25일에는 寶城 筏橋 間의 連絡을 完成하였다. 이 戰鬪에 있어서 300의 적병을 捕虜로 하였으며 殘적은 現在 400-500 程度이다.

[34] 서울신문 1948.10.27.
叛軍 總指揮者 麗水女中校長

麗水聯隊長 報告

육군참모장 정일권(丁一權) 대령은 지난 26일 다음과 같이 발표하였다.

叛軍에 의하여 監禁 中이던 麗水聯隊長 朴勝薰 中領은 好機를 얻어 九死一生으로 脫出하여 昨日 木浦에 到着하여 叛亂 當時의 實情을 左와 如히 報告함.

1. 10월 19일 21시, 麗水暴動 發生의 實情은 제14연대 內 叛軍將兵은 兵營에서, 一部 警察 及 靑年團은 警察署 及 市內에서 同時 計劃的으로 暴動을 일으켰음.
2. 麗水叛軍 總指揮責任者는 麗水女子中學校長이라 함.
   今番 戒嚴令 實施는 作戰 擴大를 意味하는 것이 아니라 事務處理를 適切히 하기 爲한 것이다. 國防長官은 蔡 參謀總長 及 수 명의 幕僚를 帶同하고 一線 巡察次 今朝 9시 40분 金浦飛行場에서 光州를 向하여 出發하였다.

[35] 세계일보 1948.10.27.
麗水叛亂의 總指揮者는 麗水女中 宋郁 校長?

丁 參謀長 發表

지난 20일 발생한 麗水 방면의 일대 반란에 대하여는 그간 수차에 걸쳐 관계당국에서 그 진상을 발표한 바 있거니와, 금번 반란의 주동자에 대하여는 하등의 인명이 없어 이에 대한 일반의 의문은 날로 높아가고 있었는데, 麗水반란 총지휘자가 판명되어 일반에 크나큰 충격을 주고 있다.

즉, 국방부 육군참모총장 丁一權 大領의 26일 발표에 의하면, 반란 직전 麗水聯隊長 박승훈 中領은 該 軍에게 감금을 당하였다는 바, 동 朴 중령은 탈출할 「찬스」를 노리고 있던 중 요즈음 절호의 기회를 얻어 구사일생(九死一生)으로 탈출에 성공하여, 25일 木浦에 朴 중령이 보고한 것에 의하면, 10월 19일 오후 9시경 麗水폭동이 발생하기 직전의 실정은 제14연대 내 叛軍將校는 兵營에서, 일부 경찰관 및 청년단원은 警察署 및 시내에서 동시 계획적으로 폭동을 일으켰다는 바 麗水叛亂 總指揮者는 麗水女子中學校 校長이었다하며 기타 진상은 방금 조사 중이라 한다.

한편 丁 參謀長은 다음과 같이 발표하였다.

금번 戒嚴令 실시는 작전확대를 의미한 것이 아니라 사후(事後)처리를 적절히 하기 위함이다. 국방장관은 蔡 參謀總長 기타 막료 수명을 대동하고 금일 아침 9시 30분 금포[김포]비행장을 출발하여 光州로 향하였다.

그리고 일반에 크나큰 반영을 준 麗水女子中學校 校長에 관하여 탐문한 바에 의하면 아래와 같다. 동 교장은 宋郁(假名, 34)이었다는 바, 전기 宋은 지난 8월 25일까지에 동 직을 사직하였다는 풍설도 있던 바, 지난 10월 11일 문교부 주최 中等校長會議에는 동교 교장자격으로 宋 씨가 출석했음이 서면상으로 나타나고 있어 그 與否는 아직 확실치 않다 한다. 그리고 전기 宋 씨의 약력은 다음과 같다.

宋 氏 略歷

1935년 高창中學 卒業, 1938년 普專法科 卒業, 1945년 命 祥明女學校 敎員, 1945년 命 榮上高女 校長, 1946년 命 光州西中學 敎頭, 1947년 命 麗水女中 校長

[36] 경향신문 1948.10.28.
現地에 傳單 公報處서 空中 撒布

대한민국 공보처에서는 이번 반란군사건에 관하여 국민은 다 같이 급속한 사건수습을 위하여 노력할 것이며, 갖은 허위 모략 선전에 속지 말라는 요지의 「동포에게 고함」이라는 「삐라」를 비행기로 전남지방과 제주도에 뿌렸다고 한다.

[37] 남조선민보 1948.10.28.
叛軍 捕虜 續續 護送 三角形 戰鬪 一段落

【麗水 第1線에서 薛國煥 特派員 27일 發 合同至急報】23일 順天, 24일에 寶城 筏橋를 繼續 完全 占領함으로써 主로 寶城 麗水 和順을 連絡하는 三角形 帶內의 戰鬪는 一段落을 짓게 되고, 25일 새벽 國軍은 麗水 光陽 하東 方面에서 저항하는 반군과 武裝暴徒部隊의 捕捉 殲滅戰을 展開하고 있다. 現地 作戰은 直接 指揮하고 있는 宋虎聲 總司令官은 24일 司令部를 光州로부터 順天으로 前進시킨 다음 25일 이른 아침부터 强力한 部隊로 麗水 光陽 方面의 攻擊을 開始하였다. 麗水 市內의 반亂軍 側 對항은 主로 民愛靑 員을 中心으로 한 左翼學生을 包含한 천 명 內外의 武장部隊 兵力에 依한 것이며 市街 初入부터 치烈한 市街戰이 家家戶戶를 據点으로 하여 展開되고 있다. 戰鬪가 開始된지 3·4시간 後 國軍이 占據하는 한편 一部에서는 새로 本格的인 市街 소탕전을 開始하고 있는데, 반軍 側 大部隊가 集結되어 있는 光陽 方面 諸 戰鬪와 아울러 이는 今般 作戰의 最後的 大戰鬪로 觀測되고 있다. 麗水 戰線에서는 25일 現在 宋 總司令官이 直接 戰線 指揮를 하고 있다. 戰線에 從軍하고 있는 美國人 記者로 現地 麗水 市內의 은은한

총聲을 들으면서 市街에서 5里 못되는 山麓에서 待期하고 있다. 한편 반란暴徒 側의 被害는 莫大한 것이며 數많은 捕로가 續續 後方으로 護送되고 있는데, 國軍의 被害는 死傷 拾數人에 지나지 않는다.

[38] 남조선민보 1948.10.28.

政府軍 白雲山 包圍 叛軍 全滅은 時間問題

【光州에서 金鎭學 特派員 26일 發 合同至急報】現地 戰鬪司令官 金白一 中領은 지난 25일 상오 11시 30분 旣報와 같이 公式發表를 한 바 있었거니와 同 司令官은 다시 다음 같이 追加 發表하였다.

麗水 筏橋 寶城 順天 各 6面에서 敗戰한 反亂軍 約 4백 명은 順天 附近 白雲山 方面으로 逃走하고 있으므로 國軍은 25일 이를 包圍하고 總攻擊을 開始하였는데 反亂軍의 全滅은 時間問題이다.

[39] 대동신문 1948.10.28.

叛徒 廿二名 死刑

공산주의자 지휘하의 반란군이 2일간 공포지배를 하였던 順天을 반환한 일부 군은 반란군에 가담한 이유로 22명을 이미 사형에 처하였다. 현재 5천 명에 대한 심문이 계속 중인데, 기자단이 25일 하오 피비린내 나는 順天읍에 들어갔을 때에도 혐의자를 한명씩 심문하고 있었다. 한편 여기서 들은 정부 보도에 의하면, 麗水는 상금 반란군 수중에 있다하며, 그 외 지구에서는 상금 섬멸전이 전개 중이라 한다. 광장으로 통하는 도로 한편 모퉁이에는 새로 사형이 집행된 22명의 사체가 넘어져 있었는데 이 사체 위에는 분명하게 잉크로 서로 악수한 한 쌍의 손위에 「망치」와 「낫」을 그린 조그만 사각형의 백표가 놓여 있었다. 한편 順天 반환전에 참가한 元容德 대령은 □□부대 반란군 중 1백80명을 포로로 하였고, 반란군이 順天을 점령하고 2일간 지배한 후 정부군에 반환될 때까지 약 6백 명이 살해되었다고 발표하였다.【順天 26일 發 AP슴同】

[40] 대동신문 1948.10.28.
奪還 各 地區서 宣撫工作 實施

【順天】順天지구 특무부대 보도부 「장중문」 소령 발표에 의하면 10월 22일 미명을 기하여 특무대의 주력은 적의 응전을 받아 대접전을 한 후, 22일 5시 30분 순천을 완전 점령하고, 25일 6시까지 筏橋 寶城 光陽 河東 등지를 완전 함락시켰다. 특히 河東 이북 智異山으로 도주하는 적을 섬멸하고 방금 각 지구에 잔재 잠복하고 있는 극소수 부분의 잔적을 소탕 중에 있다. 작전부대는 순천지구를 중심으로 한 각 지구에서 선무공작을 실시하고 있는바 특히

1. 行政機構 復舊
1. 敎育機關의 原狀復舊
1. 一般市民에 對한 食糧對策
1. 特別救護所 設置

일반시민에 대한 위문, 중요 시설복구, 전기, 철도, 기타 등에 중점을 두고 강력히 추진하여 왔으므로 방금 순천지구의 일반 민심은 평온해지고 있다.

[41] 동광신문 1948.10.28.
順麗地區에 戒嚴令　湖南方面軍司令官 告示

대한민국 호남방면군 사령관으로부터 지난 26일 다음과 같은 계엄 고
시가 있었다 한다.

戒嚴告示

大統領令으로 檀紀 4281년 10월 25일 順天, 麗水地區에 同時 戒嚴이 선포
되고 따라서 該 作戰地區 一帶 內 地方行政事務 및 司法事務로서 軍事에 關
係있는 사항은 直接 本官이 管掌하며 特히 軍事에 關係있는 犯罪를 犯한
者는 軍民을 莫論하고 軍法에 準據하여 엄벌에 處할 것을 이에 告示함.

4281년 10월 26일

大韓民國 湖南方面軍司令官

[42] 동아일보 1948.10.28.
軍警 同志에게　大統領 勸告文 發表

이(李) 대통령은『조국광복은 오로지 군경(軍警) 동지 제군의 단결로써
만 기대할 수 있으니 군경은 화충 협력하여 이 난국을 돌파하라』는 내용
의 다음과 같은 권고문을 발표하였다.

過去 40년 동안 日帝의 鐵蹄下에서 애달픈 가슴을 움켜쥐고 異域에서
또는 國內에서 祖國光復을 爲하여 血鬪를 한 經驗은 있으나 同族의 피는
보지 못하였다.

同志 諸君도 大部分이 倭敵의 채찍 밑에서 或은 學兵으로 或은 徵兵으로 或은 應徵士로 戰場에서 일터에서 울면서 抱擁하고 握手하고 死線을 彷徨한 쓰라린 體驗도 있을 것이다.

우리는 老若을 莫論하고 同祖同根인 單一民族으로서 獨立을 企願함이 日久月深이었던 바, 天佑神助로 友邦의 偉大한 犧牲으로 解放이 되자 그 얼마나 何舞하고 雀躍였던가. 그러나 怨한의 38線이 國土를 兩分하고 同族을 南北으로 分散시켜 異民族 間에도 볼 수 없는 不幸이 繼續되고 있음은 痛歎을 不禁하는 바인데, 今般에 不幸히도 不純分子의 策動으로 國軍叛亂이라는 누명을 쓰게 된 事件의 突發은 千秋에 遺한이라 아니할 수 없는 바이나, 往事는 往事이고 今後는 今後란 것을 猛省할 때 우리는 다-같은 檀祖의 子孫이 아닌가. 平和를 愛好하고 破壞와 殺傷을 極度로 嫌忌하는 民族이 아닌가.

純眞無垢하고 熱熱한 「피」를 어찌하여 무슨 怨수로 同族殺傷에 물들이려 하는 것인가?

叛亂은 革命이 아니요, 殺戮은 建設이 아니다. 反逆이요, 罪惡이다. 國家와 民族의 將來를 爲함이 아니고 永遠의 滅亡에 陷落시키는 것이다.

同志 諸君이여! 軍隊는 國家의 外廊을 守護하는 牙城이요, 警察은 內部의 治安을 確保하는 平和的 戰士이다. 兩者가 表裏의 關係를 굳게 結束하여 圓滑히 運營함으로써 國家는 隆盛되고 民族은 繁榮하고 獨立은 堅固히 될 것이거늘, 어찌하여 軍警이 마찰, 迫害, 살륙에까지 이르게 됨은 누구를 爲함인가?

長長秋夜에 冷靜히 緊考하라! 銃과 칼을 버리고 同族愛로서 抱擁하라!

祖國光復은 오로지 軍警同志 諸君의 團結로써만으로 期待할 수 있는 것을 굳게 信任하는 바이다.

子孫萬代에 남길 歷史를 汚損치 말지어다.

[43] 동아일보 1948.10.28.
社會部서도 救護隊

사회부에서는 지난 20일 순천, 여수 등지에서 발생한 국군반란사건으로 말미암아 막대한 희생을 입은 이재민을 구호하고자 28일 의료반 30명, 구호반 18명으로 조직된 구호대를 파견하기로 되었다는 바, 이들은 각각 의료품(醫療品), 의복, 담요 등의 구호후생물자를 갖고 麗水, 筏橋, 順天, 寶城, 光陽, 求禮 등지로 향할 것이라 한다.

[44] 서울신문 1948.10.28.
大田에 軍法裁判所 設置

지난 20일 새벽 麗水에서 발단한 반란사건은 그 후 국군 및 경찰대의 맹렬한 분투로 상당한 성과를 거두었거니와, 군 당국에서는 국군에 포로가 된 다수의 반란군의 죄상을 규명 처단코자 大田에「臨時軍法裁判所」를 설치케 된 바, 장소는 대전지방법원의 일부를 사용케 되리라 한다.

[45] 경향신문 1948.10.29.
叛徒는 嚴重 處斷 良民은 煽動에 속지 말라

叛亂事件에 大統領 談話
李 大統領은 28일 全南叛亂事件에 關하여 要旨 다음과 같은 談話를 發表하였다.

在來로 亂民賊子가 없는 時代가 없다. 이번 南道에서 일어난 叛亂分子의 罪惡같이 우리 歷史에 처음일 것이다. 四□□倭賊의 壓迫으로 不俱戴天의 怨恨을 품은 우리로서 國權을 回復하여 獨立自主國民으로 다같이 自由福樂을 누리며 살 目的으로 3천만 男女가 제 피와 제 生命을 아끼지 않고 분투하는 중이거늘 어찌하여 남의 나라에 저의 祖國을 附屬시키고 그 奴隷가 되자고 不忠不義한 言行으로 徒黨을 모아 저의 長官과 同族 男女를 慘酷하게 虐殺하고 內亂을 일으켜 政府를 顚覆하려는 陰謀로 慘憺한 情境을 이루고 있는가. 多幸히 國軍 全體와 警察과 海軍은 愛國愛族하는 危險을 무릅쓰고 死地에 出動하여 到處에서 叛逆分子들을 一時에 征服하고 亂軍의 魁首를 當場에 捕殺定法하여 良民을 保護하며 治安을 回復하게 되었으니, 將次 國家의 表彰도 있으려니와 爲先 이에 功勞를 讚揚하는 바이다. 이 亂賊輩에 編入된 者는 소상한 證據를 따라서 일일이 治罪할 것이며, 無知愚氓으로 남의 煽動에 끌려 犯罪한 者는 法대로 處理할 것이며, 또 이번에 殉國한 一般 將卒은 일일이 勳功을 褒賞하는 한편 傷處와 破壞를 當한 家族들은 特別히 救助策을 定하여 一切히 深甚한 同情 表할 줄 믿는다. 이 亂賊輩의 餘黨이 어리석게 盲動하려 할지라도 모든 人民은 십분 警戒하여 그 煽動에 끌리지 말 것이며, 그 分子들이 어디에 있든지 親子姪이나 親戚間이라도 이들에게 叛亂의 機會를 주지 말고 積極的으로 悔改를 시켜 歸化하거나 그러지 못하면 警官에게 알려서 嚴重히 團束하게 하여 良民의 生命을 保護하며 治安을 維持케 할지어다.

[46] 경향신문 1948.10.29.
　　木船 타고 脫出했다　事件 發生 全貌와 經緯 發表
　　朴 第14聯隊長 記者團과 會見

여수 제14연대장으로서 반란 현지에서만 1주야를 반군과 격전 후 구사

一生을 얻어 반란군 수중에서 탈출한 박승훈(朴勝薰) 중령은 현지에 갔던 공보처장 김현원[공보처 차장 김형원] 씨와 함께 27일 귀경하였는데 28일 중앙청기자단과 회견하고 반란 당시의 상황 금번 사건의 성격 그리고 탈출 경위 등에 대하여 다음과 같이 말하였다.

事件의 性格

먼저 이번 사건의 성격을 보고 듣고 한 것을 종합해 보건대, 적색분자의 장기적 계획 아래에 일부 국군부대의 분자를 책동하여 일으킨 것으로 확신한다. 그 증거는 차차 말하겠는데, 먼저 동기(動機)는 14연대에서 제주도에 일부를 파견케 되었는데 이 기회를 이용한 것으로 안다. 국군에서는 부대 파견의 장소와 시일 등에 대해서는 비밀에 부치고 있었는데, 출발 직전에 무기 식량을 배에 싣는 데 분망했는데 그 틈을 탔는지 통신관계로 비밀이 누설되었는지 일부 병사가 제주도로 간다는 것을 안 모양이다. 병사 중 대부분은 제주도에 가는 것을 희망치 않았다.

赤色分子 策動

적색분자의 계획적 책동으로 연대에서 폭동이 일어나자 이 순간 이미 지방에서 탈모한 다수의 청년들이 여러 방면으로 흩어져 인민공화국 선전 연설을 하였다.

먼저 3발의 총성이 들렸다(이것은 폭동에 착수하라는 신호였던 것으로 본다). 다음 15발의 총성이 또 들렸다(이것은 탄약고를 습격하라는 신호였던 것이다). 계속하여 상당수의 발포가 일제히 일어났는데 탄약을 탈취하여 분배코자 4, 50명의 부대가 습격하여 보초를 살해했다. 그 후에 인민공화국의 선전연설이 벌어졌다. 적기가 인민공화국 만세도 불렀다. 다음에는 여수에는 5, 6백 명의 지방민을 동원하여 무기를 가지고 경찰을 습격했으며, 경찰은 경찰 자체에서 또 반란이 일어났고 방화까지 했다.

그때 본인은 제주도 파견부대의 선박을 시찰 중이었는데, 이 급보를 듣고 그대로 돌아가서 여수 시내에 있는 병력을 집결코자 했다. 시가지 현장에 있던 장교 보고에 의하면, 시가에는 3개 대대가 있었는데 소속 장교가 없어 지휘는 혼란에 빠졌으며, 대부분은 탄약이 없고 그중 1개 대대가 무기고에서 탈취한 탄약을 갖고 있었기 때문에 감당치 못하고 2개 대대는 산으로 분산하였다. 이 1개 대대는 지방민과 합세하여 경찰서를 습격했다. 내가 경찰서로 갔을 때는 이미 다 타고 연기만이 조금씩 나고 있었다. 이번 사건의 또 한 가지 중요한 이면은 본인의 전직 오동기(吳東起)사건이었다. 오동기 사건은 본인이 취임한지 닷새 후에 일어난 사건으로 최능진 사건과 관계가 있던 것이다.

脱出 經緯

나날이 공기가 험악해가는 것이 농후해 가고 있고 인종이 잔악한 악종이라는 것을 느꼈다.

도로에는 시체가 즐비하여 경관의 가족까지 학살했다. 이런 공기가 농후해감에 최후로 죽는 방법을 선택하기로 결심했다. 앉아서 당하느니보다 한번 움직여서 외부로 나가 연락할 수도 있는 탈출을 결의했다. 그 계획은 강행돌파 외에는 없었다. 나를 따르던 수명의 병사에 무장을 명하고 나는 변복하여 혹은 산으로 혹은 민가로 숨어가며 해변에 목선을 준비시켰다. 최후로 22일 밤 9시의 심야를 기하여 병영에서 해안으로 탈주로를 택했다. 병영에서 해안까지 가는 도중에는 5개소의 반군의 보초지점이 있었다. 이 경계선을 돌파하다가 반군에 발각되면 나의 호위병이 발사하여 죽인 다음 또 다음 경계선으로 이와 같이 다섯 군데 난관을 겨우 돌파한 다음 미리 준비했던 목선을 타고 암야의 바다를 일로 목포(木浦)로 향하여 밤새워가며 노를 저었다.

[47] 경향신문 1948.10.29.
危機 間 一髪 直前 谷城 一帶는 完全 救出

【谷城戰鬪 第1線에서 本社 特派記者 朴興爕 特電】전남 곡성(谷城)읍 시
내에는 폭도가 약 1천 명이 내습하였으나 경찰군이 이를 물리쳤으며, 시
내는 폭도들에 의하여 방화 가옥 4호, 파괴 六호에 달하였을 뿐이었다.
순천지구에서 패퇴당한 반군은 구례(求禮)를 26일 오전 7시경 점령하고
최후의 발악으로 북으로 향하여 곡성으로부터 약 20리 근방까지 도달하
여 곡성 주민들은 피난을 하고 경찰은 비상한 결의로써 시내를 준비하는
상태에 있었는데, 26일 오후 5시 20분경 곡성이 위험상태에 빠진 중 백인
기(白仁基) 중령이 지휘하는 군산(群山) 12연대가 도착하여 곡성에 진주
하게 되자 위기일발 직전에 곡성읍은 구출되었으며, 국군과 경찰은 일체
되어 곡성의 치안에 만전을 기하고 있다. 이로써 남원 구례 광주를 통하
는 중심지인 곡성이 반란군에게 점령되지 않았으며, 동 지방 일대는 완전
히 평온상태로 복구되었다. 27일 오후 9시 폭도는 다시 구례구역을 점령
하고 역원을 구타하는 등 혼란을 일으켰으나 남원과 곡성에서 국군에게
압도당한 반군은 부근 산중으로 도주하여 완전히 패퇴당하였다.

27일 현재 남원 순천 간 철도는 아직 복구되지 못하고 있으나 남원으로
부터 전진한 국군으로 인하여 27일 구례가 완전히 탈환됨에 따라 수일 내
로 열차는 복구될 것 같다.

[48] 경향신문 1948.10.29.
軍隊가 亂民에 呼應 事件 性格에 公報處長 談

지난 26일 이 국무총리와 함께 반란의 현장 전남을 시찰하고 27일 귀임

한 공보처 차장 김형원(金炯元) 씨는 금번 사건의 성격에 관하여 다음과
같이 말하였다.

여수 14연대에서 반란을 일으켰다고 해서 군대의 반란으로 일반은 알
고 있으나, 실지 조사한 결과 오랜 시일을 두고 적색분자들이 계획적 조
직적 음모를 해왔고, 10월혁명을 계기로 일으키려할 때 1부대가 민중에
호응한 것이다.

즉, 20일 오전 2시 군대에서는 40명이 동요들 일으켰다. 이 소란이 일
어나자 시민과 연락하기 전에 시가에는 6백 명이 들고 일어나고, 4명이
병영 내에 들어가 선동연설을 했다. 이것만 보더라도 좌익분자의 계획이
앞섰다는 것을 알 수 있다.

다음 순천만 하더라도 이미 조직됐던 인민위원회가 나타나 양민에 대
하여 갖은 악형이 먼저 있었다.

다음, 보성(寶城)을 반군이 점령할 때 경찰이 시가전을 회피하고자 시외
로 나갔는데, 반군이 시내에 들어가자 전 시민이 반군을 맞아 무혈로 시가
에 들어갔다. 이러한 사태를 분석할 때, 무기만 다 쓰면 진압할 수 있으나
민중의 마음 속 뿌리 깊게 들어간 사상을 바꾸기 전에는 진압하기 어렵다.

각 사건 지역의 피해는 숫자로 말할 수 없으나 막대한 피해이다.

날은 차차 추워오고 참상은 이루 말할 수 없다. 지금 군대 관청에서 구
호를 다하고 있으나 이것만으로는 힘이 미약하니 민간의 열성적 동정으로
시급히 순조롭게 되기를 바란다.

[49] 경향신문 1948.10.29.
麗水도 完全 奪還 所謂 人民裁判長은 朴 檢事

10월 28일 국방부기자단 회견석상에서 채(蔡) 참모총장은 기자단에 다

음과 같은 발표를 하였다.

國防部 發表 第5號(10월 28일)

1. 지난 26일 국방장관은 채(蔡) 참모총장 이하 막료를 대동하고 여수 진압 반란 상태를 순시 지도할 목적으로 현지에 출장하고 27일 귀경하였다. 특히 국방장관은 여수 및 백운산전투를 친히 지도하였고, 현지 군장병을 격려하며 야전병원을 위문하고 위문품을 교부하였고, 도청 경찰청을 순시하고 군경관에 대한 후사를 하달하는 동시에 행정책임자 및 지방유지를 만나고 도민에 대한 발표 및 방송으로 간곡한 교시를 하였다.

2. 27일 오후 1시 여수 진격부대는 적전상륙한 우리 국군과 협력하여 반군의 완강한 제약을 물리치고 여수를 완전히 탈환하였다.

3. 여수폭동 발생 당초의 상태는 병영 내에서 총성이 날 때에는 이미 지방민 5, 6백 명이 부대에 모여들고 있었으며, 동시에 지방민 2, 3명이 나타나 인민공화국을 지지하여야 한다는 연설을 하였다.

小學生까지 加擔 我軍 被害 死傷 백명 程度

여수 공격지 14연대 반란 사병의 수는 2, 3백 명에 불과하다고 생각된다. 일반 여수시민 등의 다수가 가담하였고 심지어 여학생 소학생이 합류하였으며, 지형과 도시상태에 아울러 공격에 약간 곤란이 있었으므로 전투에 막대한 제약을 받았다. 여수전투에 있어서 우리 군의 피해는 전사 20명 부상자 80명이다.

4. 현재 반도(叛徒)의 주력은 백운산 산록에 3, 4백 명 있을 뿐이며, 국군은 반도의 지리산(智異山) 진로를 차단하고 해안을 압박할 대책을 세우고 있다.

5. 여수에 있어서 반도의 폭행은 방금 조사 중이나 순천에 벌어진 반도 측의 흉행은 실로 아비규환으로서 천인공노할 것이었으며, 이번 사건은

계획적이었던 만큼 폭도 측은 이전부터 작전 준비 중이었던 경찰관을 위시하여 민족진영의 명부로서 소위 인민재판을 설치하고 가혹한 체형을 하였다. 이 재판에 있어 박모(朴某)라는 검사가 재판장이 되었다.

肅軍 必要性 痛感
濟州叛徒 絶滅은 極難事

6. 이번 사건에 있어서 군으로서는 숙군(肅軍)과 정예(精銳)한 훈련의 필요성을 느끼는 동시에 하루바삐 군조직법이 국회를 통과하여 대통령 혹은 국방장관으로 국방부 이하 국군 전체의 조직을 명확히 하여 대한민국의 노선을 밝히어 급속히 사회에 구현할 필요가 절실히 요망된다.

7. 현지 강병은 사령관 이하 사기왕성하며 반도의 최후 일명까지 포착 섬멸시킬 기백을 갖고 있다.

8. 제주도 부대는 부대장을 핵심으로 군경의 밀접한 협조 아래 순순히 임무를 진행하고 있다. 그러나 도 자체의 환경에 의하여 반도를 근절시키기 위하여는 약간의 상당한 시간이 필요하다.

[50] 경향신문 1948.10.29.

叛軍, 求禮 掩襲 失敗 谷城 等地 國軍 磐石 布陣

【求禮 前線에서 金浩鎭 本社 特派員 發】갈팡질팡하는 반란군은 26일 이른 아침 7시 돌연 구례(求禮)지국에 내습하여 그 세력을 당지에 전개하려고 하였다.

이때 우리 국군은 파병으로써 이를 맞아 싸우면 무고한 민중들에게는 많은 피해가 있을 것을 염려하여 일시 구례읍에서 ○○근처로 철수 작전을 쓰기로 하였다. 무장한 반도들은 이를 잘못 알고 3백여 명의 수적 우세만을 믿고 구례읍에 내습한 것인데, 우리 편에서는 곧 군산(群山)연대의 응원을 얻어 백(白仁燁) 중령[소령]의 적절한 지휘 아래 용기백배 반군에 일대 공격전을 개시하였다. 격전 수 시간, 반군은 마침내 사산하여 일보도 전진치 못하고 오던 길을 되돌아서 ○○방면으로 퇴산하고 말았다. 그런데 전투 중 우리 항공대의 정찰비행에 의하면, 구례시내에는 소규모로 수개 소에 부분적 화재가 있었다 한다. 그중 반도의 참학한 수단으로 구례경찰서인 듯한 곳이 소실된 것 같다고 한다.

한편 곡성(谷城)지방에서는 구례지방에서 퇴각한 반군이 당지로 후퇴 내습할까 하여 엄중한 경계를 하고 있었으나 국군의 삼엄한 경비진을 돌파할 여유가 없었던지 멀리 분산 퇴각한 것으로 보인다.

[51] 남조선민보 1948.10.29.

一五聯隊 行動 開始 掃蕩 戰果 顯著

지난 20일의 麗水 順天 等地의 반란의 報에 接한 제15(馬山)연대에서는 直時 行軍 하東에 司令部를 두고 行動을 開始하여 光陽 知異山智異山 近方의 반군을 攻擊하여 혁혁한 戰果를 얻었다 하며 現在도 某 方面의 소탕전에 參加 中이라고 한다.

[52] 동광신문 1948.10.29.

麗水를 完全 奪還 市街地 三分一이 灰燼 27日 正午

【湖南作戰軍司令部에서 27일 하오 10시 本社 特派員 趙孝錫 發 至急】각

전투구역에서 반란군을 철저 격파하고 일익 혁혁한 전과를 거두고 있는 전투부대의 총본영인 호남작전군사령부 ○○○○는 27일 밤 9시 30분 기자와 회견하고 금반의 여수작전에 관하여 다음과 같이 발표하였는데, 여수작전의 대승리는 대한민국 육군 전사(戰史)의 첫 페이지를 장식하는 것으로, 반란군 진압작전은 여수의 함락으로 말미암아 완전히 일단락을 지었으며, 앞으로는 제2기 작전으로서 결정적인 잔적소탕전이 맹렬히 전개되리라 한다.

[53] 서울신문 1948.10.29.
同族相殘을 防止 李 副統領 談話

副統領 李始榮 氏는 全南叛亂事件에 關하여 『國民에게 告함』이라는 談話를 28일 公報處를 通하여 다음과 같이 發表하였다.

◇ 國民에게 告함＝現下 우리 國民으로서 銘心不忘할 바는 私利와 黨念을 버리고 오직 一致團結하여 우리의 宿望인 自主獨立國家를 建設하기에 民族總力量을 動員하여야 할 것이다. 이와 같은 民族的 大課業을 達成하여 民族萬代에 繁榮을 누리게 하려면 무엇보다 먼저 官民이 和衷結合하지 않아서는 안 될 것이다. 官에 있는 者, 問民疾苦하여 百姓들로 하여금 信賴하고 依支할 수 있도록 善處善治할 것은 勿論이거니와 우리 疆土가 多年外敵의 支配 下에 있던 만큼 可存可革할 바를 時急히 實踐하여 國基를 盤石 위에 올리고 民俗을 淨化改良하기에 힘쓰지 않아서는 안 될 것이다. 이와 같이 官民이 서로 믿고 서로 依託하여 上下一致 各自生業에 專念케 하자면 地方人事行政에 用心配置하지 않아서는 안 될지니, 廉潔과 仁忠으로써 吏道를 바로잡고 確固한 信念과 卓越한 識見과 技能을 具備한 有能한 人材를 拔擢登用해야 될 것이다. 萬一에 情實과 物質로써 人物平價의 基準

을 삼고 人物登用의 限界를 定한다면 吏道가 解弛되고 民心이 離反되어 實로 不測의 禍亂이 突發할 것이다. 이와 같은 事實은 東西古今의 史例가 實證하는 바이다. 現下 우리나라의 諸般 情形을 살펴볼 때에 참으로 우리 國家民族의 前途를 爲하여 樂觀을 不許하는 바가 많음을 否認키 어렵다. 비록 大韓民國이 獨立되었으되 아직도 反政反族的 氣分이 陽으로 陰으로 群集하여 破壞的 行動을 할 뿐더러 北韓에는 異邦的 戰術과 制度로써 傀儡政權을 樹立하여 우리 政府를 打倒하려고 全力을 다하고 있다. 이런 때일수록 우리 겨레는 加一層 團結을 鞏固히 하여 如斯한 破壞分子들의 亂動을 未然에 防止하고 粉碎하기에 一路邁進하여야 할 것이다. 今般 全南事件의 突發은 爲國爲民하는 人士로서 實로 慟天哭地하여도 不足함이 있는 民族的 一大慘變이라 말하지 않을 수 없다. 此際에 우리는 軍官民에 猛省自覺하여 民族 本然의 姿態로 還元하여 同族相殘의 慘禍를 하루바삐 防止하여야 될 것이다. 同時에 이때야말로 우리 겨레의 興亡과 盛衰를 左右하는 重要한 歷史的 瞬間인 만큼 國民된 者 모름지기 誰某를 莫論하고 大死一審의 確固한 信念으로써 總蹶起하여 混亂한 局面을 打開 糾合하기에 各自가 誠과 力을 다하지 않아서는 안 될 것이다. 難局에 處하여 삼가 同胞 여러분에게 泣訴하여 마지않는 바이다.

檀紀 4281년 10월 27일

副統領 李始榮

[54] 서울신문 1948.10.29.

"軍警 同志여 團結하라" 李 大統領 名義로 傳單 撒布

내무부에서는 27일 국방부와 연락 아래 여수(麗水)지구의 국군반란사건을 진압시키고 있는데, 이(李) 대통령은 다음과 같은 전단(傳單)을 현지로 보내어 총과 칼을 버리고 군경은 마찰을 피하고 귀순하라고 권고하였다.

叛亂은 革命이 아니요, 殺戮은 建設이 아니다. 反逆이요 罪惡이다. 國家와 民族의 將來를 爲함이 아니고 永遠의 滅亡에 陷落시키는 것이다. 同志諸君이여! 軍隊는 國家의 外廓을 守護하는 干城이요, 警察은 內廓의 治安을 確保하는 平和的 戰士다. 兩者가 表裏의 關係를 굳게 結束하여 圓滑히 運營하므로써 國家는 隆盛되고 民族은 繁榮하고 獨立은 堅固히 될 것이거늘 어찌하여 軍警의 摩擦, 迫害, 殺戮에까지 이르게 됨은 누구를 爲함인가? 長長秋野에 冷靜히 深思熟考하라! 銃과 칼을 버리고 同族愛로서 抱擁하라! 祖國光復은 오로지 軍警同志 諸君의 團結로서만으로 期待할 수 있는 것을 굳게 任하는 바이다. 子孫萬代에 남길 歷史를 汚損치 말지어다.

[55] 서울신문 1948.10.29.
安心하고 生業에 從事하라 政府 叛亂地區에 삐라

27일 공보처에서는 이번 반란사건에 대하여 비행기로 전남(全南) 일대와 제주도에 「동포에게 고함」이라는 다음과 같은 삐라를 살포하였다.

이번 일부 단순하고 무지한 병사들이 공산주의자들과 결탁하여 일으킨 반란사건은 우리나라의 반만년 역사에 큰 오점을 찍은 것이며 평화를 사랑하고 예의를 존중하는 우리 민족의 영예와 긍지를 더럽힌 것이다.

그들 반란을 일으킨 폭도들은 북한공산군이 38도선을 넘어서 남쪽으로 쳐들어왔다든가 또는 남한 각처에 국군이 반란을 일으켰다든가 하는 터무니없는 거짓말을 퍼뜨려서 인심을 소란케 하고 살인 방화와 약탈 같은 갖은 잔악한 행동을 함부로 하여 많은 우리 동포들의 생명과 재산을 빼앗았다.

그러나 이번 반란사건은 여수와 순천 등지에만 국한된 것이다. 북한공산군은 우리 남한에 한 발자국도 들여 놓지 않았으며 또한 우리의 국방군이 엄연히 존재하여 있는 한 앞으로도 우리 남한에 북한공산군은 들어오지 못할 것이다. 지금 반란을 일으킨 폭도들은 우리 충성된 경찰 관리와 국방군의 결사적 전투로 점차 진압되고 따라서 전남 각지의 치안도 회복되고 있다. 반란을 일으킨 폭도들의 죄상은 국법이 도저히 용서치 않으려니와 앞으로 극소수의 숨어있던 폭도들이 치안을 방해한다 하더라도 이런 점을 생각하여 정부에서는 치안을 유지하고 인명을 보호하기에 만단의 조치와 준비를 다하고 있으니 각 지방의 남녀노소들은 안심하고 각자의 직장에서 생업에 열심히 종사하기를 바란다.

[56] 호남신문 1948.10.29.
艦砲射擊 掩護裡에 上陸作戰
國軍 麗水港 完全 制壓 湖南地方作戰司令部 27日 下午 發表

악질적 남로당의 모략과 선동을 받고 여수의 반란에 참가한 무장폭도 1,200명 (14연대 반란병 200명, 일반시민 1000명)은 아군 전차부대(戰車部隊)의 눈부신 활약으로 그 맹렬한 반항과 처참하고 가열한 전투 끝에 27일 12시 여수를 완전히 함락시켰다. 아군 완전 점령으로 이번 소요는 일단락을 지었으나 시내 주택, 해안지대, 목재 등에는 방화로 인하여 3분지 1이 화재가 발생하였고 백성의 재산과 인명에 막대한 피해를 가져오고 말았다. 점령 후, 여수 시민 4만 명은 지금 서국민학교에 전부 수용하고 이들 중에 민간폭도가 그 얼마나 되는가? 가려내기 위해 수색 중에 있다. 이들 중 양민을 제외한 나머지의 악질도배 즉 공산배의 악질적인 선동과 모략으로 인한 살인 강간 방화로 대한민국을 파괴하려는 음모 행동화한 도배에게 철저 또한 자책 없는 소탕을 시작하고 있다. 아국의 이 역사적인 일대 참화는 남한의 어느 지역(地域)에서고 똑같은 성질로 발생한 요소를 가진 문제인 것으로, 다만 동족상잔이라는 미명을 앞세워 그대로 묵인하여 둘 수만은 없다. 이번 사건을 계기로 하여 앞으로 건군(建軍)에 대한 새로운 과제를 인식하게 된 것이다. 제2기 작전으로 들어가 악질 공산분자의 박멸에 힘쓸 것이다. 이번 사건 진압에 있어 특히 본도의 경찰기관이 예산 이외의 협력과 진력으로 속한 시간 내에 이번 작전의 성과를 얻게 해준데 대하여 작전지도부로서 깊은 사의(謝意)를 표한다. 따라서 순천 벌교 보성 지구의 양민은 대개 복구되었다. 끝으로 이번 전투의 종합전과는 아래와 같다.

적측(敵側) 포로 軍人 약 800명, 무기 다수 압수

아군 피해 사망 20명, 부상자 약 40명

【서울 27일 발 INS합동】

27일 오후 대한민국 육군총사령부가 발표한 바에 의하면, 국군은 포병대(砲兵隊)의 원호 하에 반란군의 방어지대 주변을 폭파하는 한편 대한민국의 최남단 지점 반란군이 점검하고 있는 여수(麗水)지구에 돌입(突入)하여 현재 1만 2천 명으로 추산되는 반란군과 맹렬한 시가전(市街戰)을 전개하고 있으며, 반란군의 별대(別隊) 배후의 완비된 참호진지에서 국군에 대하여 저항하고 있는 지리산(智異山) 지대에서도 격전이 벌어지고 있다 한다. 그리고 한편 제주도(濟州島)에서도 공산반도(共産叛徒)들의 활동이 재발되고, 24일에는 통신선을 절단하고 도로 등을 봉쇄하였다고 한다. 그런데 그 후 오랫동안 제주도로부터 통신연락이 두절되었기 때문에 제주도에 있어서의 반도의 활동과 사태의 여하는 불명하다. 남한의 반란이 7일간 계속됨에 이르러 서울에 있는 대한정부(大韓政府)는 반란군이 초기에 발표한 수보다 증가하고 있다는 것을 인정하였는데, 육군사령부에서는 여수(麗水)를 방위하고 있는 경비대 공산주의자 및 동정자들의 수를 1만 2천명으로 추산하였다. 또한 동 공보에 의하면 국군은 남북 양방으로부터 여수(麗水)에 대하여 2면 공격을 가하고 있으며 남방으로부터의 공격부대는 여수항에 정박 중인 해군함정(海軍艦艇)으로부터 발사하는 37미리 함포탄막 엄호 하에 수륙양면작전으로 상륙하였다 한다. 국군 측이 당초에 병대를 동원한 것은 반란군 측의 박격포와 중기관총 사격이 격렬하여졌기 때문이었다. 한편 육군 발표는 순천(順天) 등 부근 지리산(智異山) 부근의 전투는 최고도에 달하였다고 보도하고 있으며, 반란군이 방위상 유리한 산복지대 진지를 점거하고 있다는 것을 인정하였다. 전 주말 반란군으로부터 탈환한 순천(順天)읍까지의 철도교통은 26일 아침부터 회복되었는데, 최초의 열차는 순천으로부터 4백 명의 반란군 포로를 대전(大田)시 형무소까지 수송하였다. 한편 순천서는 175명의 경관이 교전 중 반란군에 의하여 살해되고 5명의 경관이 철도 중요지점을 수비 중 살해되었다. 그러나 전투 중의 희생자 총수는 상금 확실하지 않다. 그런데 26일 상오 육군 발표에 의하면, 350명의 수륙양면 작전부대에 대해서 26일 밤까지 동 읍을 탈환하기 위한 노력의 일부로서 26일 아침에 여수 남방에 상륙할 것을 명령하였다고 한다. 그러나 통신연락의 지체로 말미암아 여수 탈환작전이 시간예정표대로 완수되었는지는 26일 밤 현재까지 미상이다.

[57] 대한일보 1948.10.30.

優秀靑年을 選拔 民兵을 組織 作定
李 大統領 記者團과 會見 談

大統領 李承晩 博士는 昨 29일 오전 11시 中央廳 제1회의실에서 內外 記者團과 會見하고, 다음과 같은 一問一答을 하였다.

問 全南地區 叛亂事件 背後關係에 關하여 前番 李 國務總理는 極右陣營과 左翼系列의 作이라고 말한 바 있었는데 어느 程度의 事實인가?

答 今番 叛亂事件에 있어서 國務總理로부터 一部 極右分子와 左翼系列의 合作이라고 말한데 對해서는 左翼系列이라고 한 것은 말 것도 없고 一部 極右分子라고 한데 대해서는 國務總理로부터 이에 對한 解明이 있을 줄로 안다.

問 麗水 奪還에 對해서 國防部 發表와 內務部 發表 間의 時間的 差異가 있었는데 그 事實이 如何?

答 今番 叛亂은 突發的이요, 이를 防止할 國軍과 警察의 組織的 準備가 없었고, 또 報告가 慌忙 中 複雜하게 된 關係로 各處에서 들어오는 대로 發表하였기 때문에 時間上 相違는 있었다할지라도 事實은 다 같은 것이니, 이에 대하여 疑惑할 性質의 것은 아닐 것이다.

問 鄭 監察委員長은 公務員이 最低生活 保障을 建議하였다는데 그 具體的 對策案은 如何?

答 問題에 對해서 國務會 組織 當時부터 이를 解決코저 數次 討議하였는데 그 結果는 官公吏의 一切 俸給을 몇 갑절式 올려야 될 것이 한 가지요, 또 올려놓고서도 거기에 따라 物價가 올라가게 되면 俸給을 올리는 것이 官公吏에게 利益됨이 없이 全 民族의 生活 恐慌만 招來하게 되는 것이므로 아직 이를 停止하고, 먼저 貨幣를 安全케 하여 物價를 調停하는 同時에 生産을 增加케 함이 根本策이므로 첫째, 貨幣發行을 停止시키려는 것이니 이는 비록 時間을 要할 것이로되 正當한 方向으로 一心協力하여 나아가면 不遠間 이것도 解決될 것이다.

問 現在까지의 糧穀買入量은 얼마나 되며 11월 중순부터 大都市에 對한 3合 配給은 確實히 實現될 것인가?

答 糧穀買入에 對해서는 農林長官이 專擔하고 있으므로 各 部에서는 이에 協議하고 支援할 것이다. 그러므로 糧穀買入은 充分히 될 것으로 믿는 바이며 또 配給에 對해서도 農林長官 말에 依하면 11월 중순부터 3合씩 配給하기로 準備되어 있다고 한다.

問 配給쌀 購入에 있어 1개월 先納制는 實施되는가? 先納制는 細民層에게

苦痛이 클 줄 생각되는데 貴의 如何?

答 이 問題에 對해서도 農林長官이 專擔하고 있음으로 農林長官으로부터
發表가 있을 것이다.

問 大韓民國 憲法 前文에 明示되었을뿐 아니라 大統領은 屢次 3·1精神을
繼承하여 民國은 建立하였다고 言明한 바 있었는데, 3·1獨立運動의 芳
動을 永久히 記念하기 爲하여 革命先烈 및 其 遺家族을 顯彰할 方法을
講究할 議事는 없는가?

答 勿論 벌써부터 意圖하고 있으나 앞이 살아야 뒤를 돌아보는 것이니,
于先 急한 일 먼저 行하기에 奔忙하여 비록 着手는 못하고 있으나 힘
이 미치는 데까지는 速히 그 方法을 講究코저 한다.

問 全南一帶 叛亂事件을 契機로 政府에서는 民軍을 組織한다고 하는데?

答 現在 5만의 國軍으로서도 國防에는 念慮없으나 좀 더 祖國의 安定과 民
生의 安樂을 圖謀하기 爲하여 各 靑年團體에서 優秀한 靑年들을 選拔하
여 民兵을 組織하려고 하는데, 民軍組織에 關한 條例를 國會에서 하루
速히 國會에서 通過할 것을 바라며, 于先 그 前에라도 數萬의 民共[民
兵]을 組織할 作定이다.

問 外信이 傳한 바에 依하면 巴里 UN總會에서 中國代表團이 南韓의 治安維
持上 美軍의 長期間 駐屯이 必要하다고 力說하였다고 하는데 貴見 如何?

答 長期間은 아니나 우리 國軍이 堅實하고 强大할 때까지는 駐屯하여야
될 것이다.

[58] 동아일보 1948.10.30.

主作戰은 完了 湖南司令部서 發表

【光州 29일 發 合同】호남방면 작전군사령부에서는 27일 하오 9시 30분

다음과 같이 발표하였다.

여수를 완전 점령함으로써 금번 사건의 주작전은 완료된 것으로 본다. 앞으로는 주로 분산되어 있는 반도에 대한 철저한 소탕전을 계속한다. 금번 사건은 역사상의 일대 비극임과 동시에 큰 불상사이나 건군에 있어서 많은 참고가 되었다. 앞으로 일반은 군경, 군민, 경민 간을 분리시키려는 각종 모략선전에 속지 말고 안심하고 선량한 국민이 되기를 바란다. 금번 사건의 특징은 군에서 만의 반란이 아니라 경찰, 행정기관, 학도 등 각계각층에서 폭동에 가담하였다는 것이다. 여수전투에 있어서 적의 피해는 막대한 것이며 아방의 피해는 전사 약 20명 부상자 약 50명을 냈다. 특히 본 전투에 있어서 경찰의 예상 외의 협력에 대하여 사의를 표하는 바이다.

[59] 서울신문 1948.10.30.
江華에도 暴徒 三百 兵力을 派遣했다

윤(尹) 내무장관은 29일 국회 본회의 석상에서 의원의 자격으로 반란사건에 관련된 정보를 비공식으로 발표하였는데 동 장관의 말에 의하면 28일 오후 기관총 2정을 휴대한 무장폭도 약 40명이 강화도(江華島)에 상륙하였는바 이에 대응하기 위하여 병력 3백 명이 파견되었다.

그리고 두 장관이 29일 아침에 입수하였다는 정보에 의하면 상당수의 반란군은 은행권(銀行券)과 상당수의 무기를 트럭에 실고 지리산(智異山)으로 들어갔다 한다.

[60] 호남신문 1948.10.30.

叛軍의 本據 麗水 掃蕩戰 詳報
裝甲車部隊 先頭로 進擊 27日 午後 6時 全 市街를 完全 制壓

最先鋒隊와 麗水 突入한 本社 特派員의 생생한 報告

【最前線 麗水에서 本社 李垌模·崔鏽顥·姜大慶 特派員 發 至急報】고요한 밤 정막을 깨뜨리고 몰려오는 은은한 총성과 함께 관군의 부대가 이동하는 자동차의 요란스러운 엔진소리를 들으면서 다한한 順天에서의 하루 밤을 새운 기자는 26일 아침 반란군의 본거지 麗水의 소탕전에 출동하는 宋 司令官 直接 指揮의 ○○부대에 종군하여 기자로서 제일 선봉으로 여수에 진입하였다.

연도에서 가끔 충돌하는 반군을 물리치면서 드디어 동일 정오 민족의 참극을 초래한 반군의 본거지인 麗水시내에 돌입하였다. 파죽의 기세로써 먼저 여수 西국민학교를 완전히 점령한 다음, 이어 조직적인 반란군의 저항을 제압하면서 일거 해안선까지 진출하였다. 여기서는 기계화부대도 동원되었고 양민의 피해를 방지하기 위한 소극적인 작전에서 적극적인 작전으로 들게 되어 전투는 가장 치열을 다하였다. 이리하여 반군에 대한 집중공격이 계속되어 반군의 일부는 麗水에서 약 4km 지점에 있는 美坪으로 퇴각하게 되었다. 국군은 본부를 西國民學校에 두고 계속하여 본격적인 소탕전을 개시하는 한편, 본부 주위에는 물샐 틈 없는 삼엄한 경계망을 펴고 반도들의 습격에 대비하면서 야간에 이르러서야 26일의 작전은 정지되었다. 제일선부대로서 여수에 진격한 그 부대는 익 27일 새벽 돌연 행동을 개시하여 여수 시가의 한복판에 있는 인민군사령부(和信商會跡)를 지향하여 4방면에서 포위공격을 시작하였다. 장갑차부대(裝甲車)를 선두로 宋 총사령관 및 白 소령 지휘 아래 관군의 보행에는 용약진격하여 순식간에 이를 격파하고 여수 시가를 완전히 점령하였다. 이 전투에 있어서 가장 전과를 높인 부대는 맹호대(猛虎隊)라고 이름을 날린 12연대였다.

여수점령에 있어 가장 치열했던 이 전투를 진두지휘하는 白 소령을 제지하고 솔선 진두에 나선 鄭 소위는 인민군사령부 격파 직전에 장렬한 전사를 하고 말았다. 이 전투와 동시에 읍사무소 자리에 설치되어 있는 소위 인민위원회 보안서로 몰린 일부 반군도 공격 소탕하였는데 이곳의 전투 역시 치열한 접전이 전개되었다. 선봉대가 쓰러지면 전우의 시체를 뛰어 넘어가며 진격하여 기관총과 장총의 사격 등으로 탄환의 세례를 주었다. 반군 측의 인민위원회 郡廳의 본거는 의외로 저항력이 약하여 교전 5분간에 소탕하고 눈물어린 감격 속에 태극기를 높이 올렸다. 이때 퇴각하여 가는 반군은 中央洞 橋洞 公和洞 방면에다가 방화(放火)로써 최후의 발악을 하였다. 그러나 추격한 맹호대의 활약으로 이곳 역시 물리쳤다. 이리하여 여수 시가의 전투는 동일 오후 6시 빛나는 전과 리에 완료하였다. 반군이 퇴각 시 방화한 中央洞 橋洞 公和洞 일대에서는 타오르는 화염 충천하여 아비규환 속에 튀는 지붕 위의 기와 소리가 마치 기관총 소리처럼 울리어 처참한 광경을 이루었다. 아들을 찾는 어머니, 손자를 찾는 할머니 부르는 소리가 여기저기서 기자의 고막을 찌르고 들려온다. 한 노파는 소화(消火) 작업을 하고 있는 사람들 틈에 끼어서 화염 속을 향하여 내 딸 영자야 하고 외치면서 미친 사람처럼 날뛰고 있다. 안타까운 심정에 기자는 문득 영자야 하고 목을 놓아 불러 보았으나 답은 없고 외친 소리만이 연기 속에 사라질 뿐이다. 이러한 비참한 광경은 여수 시내에 이른 곳마다 전개되고 있는 것이다. 여수 시가전에서 전과를 여기에 들면, 長銃 300挺, 追擊砲 15門, 이밖에 다수의 반군을 포로로 하였으며, 이들 반군과 함께 행동한 일반 폭도도 많이 체포하였다. 이중에는 다수의 중학생과 여학생도 포함되어 있는 것이다. 한편, 관군에도 10명의 귀중한 희생을 냈다. 여수 전투가 완료된 후 제5여단장이며 전투지휘사령관 金白一 중령은 가장 공훈을 세운 장갑차부대와 제12연대 맹호부대가 용감하였음을 부대 전원에게 눈물을 흘리면서 치하하였다.

[61] 경향신문 1948.10.31.

慘! 防空壕 속에 四百 屍體
人委 機關紙 「人民報」까지도 發行

반란군에게 점령된 후 곧 조직된 인민위원회의 인민공화국 지지 정책 아래 1주일을 겪은 여수는 이제 국군의 완전탈환으로 그 행정제도가 대한민국 행정에 연결되었으나 이는 다만 그만한 지리적 면적이 탈환된 것을 의미할 뿐이지 그 이상의 아무 것도 거의 남지 않게 되었다. 퇴각하는 반란군의 방화로 말미암아 여수 시가는 화염으로 뒤덮이고 말았다. 순천으로부터 여수까지 도중 처처에 뒹구는 피투성이의 「트럭」, 「지프」, 젊은 사나이의 시체, 그리고 읍내 이집 저집에서 뒹굴며 쏟아져 나온 가구, 장독대, 재봉틀이 처참한 전장의 진정한 원인은 과연 동족 간의 이같이 많은 피와 재화를 요구하는 것이 있는가? 인민위원회 치하 일주일 간 몇 명의 경관 몇 명의 일반시민이 살해되었는지 그 수효는 아직 확실치 않으나, 비행장 부근 방공호 내에 있는 4백여 시체의 참혹한 현상들은 금번 사건의 직접 동기보다도 그 일어난 먼저 원인 속에 쌓이고 쌓인 심각한 그 무엇에 대한 충분한 설명을 요구하는 것이다.

이곳사람들이 말하는 바에 의하면, 21일 자정에 들고 일어난 반란군은 이와 연락한 수명의 공산당 지하지도자와 연락하여 먼저 경관을 죽이고 경찰기관을 거세시킨 다음, 그날 아침부터 곧 인민위원회 활동이 개시되어 중요기관의 접수 준비를 끝마치고, 21일까지는 전 기관이 접수되어 이날부터 실질적 인민위원회 행정이 실시되었다 한다. 여수읍에서 발견된 인민위원회 기관지 「여수인민보」에 의하면, 동 인민위원회는 당시 「여수일보」 「합동통신」 양사 공동사용의 사옥을 접수한 다음 24일부 신문을 창간하였는데, 이는 반기행동에 있어서 그들이 내세운 명분을 알려주는 몇 가지 기사 즉 「애국인민에게 호소함」, 「친애하는 동포 여러분」 등의 표제로 「제주토벌 출동거부 병사위원회」가 서명한 성명서를 보도하였다.

기사 주요내용은 「동족상잔 결사반대」, 「미군 즉시 철퇴」 등이다. 그리고 동 지는 여수점령일인 20일 개최된 인민대회에 관한 기사를 보도하고 있는데 동 대회의 장관은 이용기(李容起) 외 五명이었다 한다. 대회 결의문은 인민위원회의 행정기관 접수, 인민공화국에 대한 수호와 충성 맹서 등의 여섯 가지 항목이었다.

순천에 주재하고 있는 전남경찰청 부청장 최천(崔天) 씨는 여수 순천의 경관 피살을 3백 명 정도로 추산하고 있으며 그 외 시민까지 합하여 인민위원회가 장악하고 있는 동안의 피살자 총수는 약 2천 명이 될 것이라 한다.

[62] 경향신문 1948.10.31.
叛將 "宋郁" 逮捕　國防部 發表 第七號

30일 오전 8시 現在

1. 여수, 순천, 광양, 보성, 별교 등 반란지구의 치안은 완전히 회복되었으며, 29일 순천 여수 간 열차는 국군의 불면불휴의 노력으로 복구되어 시운전에 성공하였음.

2. 우리 항공대의 정찰에 의하면, 하동, 광양 방면의 패잔병은 거창(居昌) 방면으로 도주하였으며, 구례(求禮) 방면의 반도는 화엄사(華嚴寺) 동방으로 이동하고 있음. 우리 국군은 거창 함양(咸陽) 등지에 기선 진출하여 반도의 도망을 차단하고 포위섬멸을 작전 중에 있음.

3. 반군의 여수 순천 방면 지휘관 송욱(宋郁)＝一名 宋玉童은 국군에 체포되어 방금 엄중한 취조를 받고 있음.

4. 28일부터 29일 야반에 걸쳐 행한 구례군(求禮郡) 도지면[토지면] 문수리 작전에서 제15연대(馬山)장 중령 최남근(崔楠根)은 구사일생으로 구출

되었으며 동 전투에서 국군의 전과는 다음과 같음.

▲MI 小銃 實彈 6萬 發 ▲MG 機關銃 5挺 ▲短波 無電機 1台 ▲地方「트럭」13台

▲歸順捕虜 87명 외 무기, 식량, 침구의 압수품은 산적 같음(식량은 1개 연대를 4, 5개월 보급).

5. 28일 현재 순천지구에서 포로 360명에 그 중 여자 16명.

6. 26일 오후 2시 현재 제주도 제9연대 현지보고에 의하면, 방금 조천면 (鳥川面) 일대 및 내면 유림리에서 얻은 전과는 다음과 같다. ▲포로 261명(그중 주모자 6명), 기타 무기, 식량 다수를 압수하였다 한다.

[63] 동아일보 1948.11.2.

宣傳 삐라 效果

민족을 사랑하는 국군에서는 희생자를 적게 내기 위하여 폭탄 대신 전단을 뿌렸던 것이다. 국군의 반란지구에 반란병의 투항을 요구하는 전단(傳單)은 20일 이후 6종이나 되고 매일 광주비행장에서 하루 3, 4차례씩 작전 현지에 수만 장을 뿌렸는데, 그 중 제일 효과를 낸 전단은 다음과 같은 육군정보국장의 이름으로 뿌린 전단이다.

사랑하는 여수시민 여러분! 남녀학생 여러분! 근로시민 여러분! 사랑하는 14연대 여러분! 여수 북방에는 위풍당당한 철갑부대와 백만의 대군이 모여 있다. 여수시민 여러분! 사랑하는 남녀동포 여러분! 악질공산계열에 속지 말라! 사랑하는 14연대 여러분 지금도 늦지 않다. 총과 칼을 가지고 오는 사람은 생명을 보증한다. 총 하나에 천 원씩 준다. 칼 하나에 백 원씩 준다. 투항하는 사람은 진실한 애국자다 저항하는 놈은 반역자다.

[64] 서울신문 1948.11.2.

學園 思想 團束 叛亂事件에 安 文敎長官 談

안(安) 문교부 장관은 금번 반란사건에 일부 교육자와 학생들이 가담한데 관하여 작 1일 다음과 같은 담화를 발표하였다. 이번 여수(麗水) 반란사건에 일부 교사 급 학생이 가담하였다는 말을 들을 때 문교책임자로써 통탄을 금할 수 없다. 이들 민족의 정기를 망각한 악질도배에 대한 처단은 물론 준엄하려니와 앞으로 교사 급 학생들의 사상 풍기문제에 있어 민족정기에 벗어나는 자는 절대로 용서함이 없음을 언명하는 바이다.

[65] 경향신문 1948.11.3.

叛亂戰災 回復 새 豫算 세울 터 錢 社會長官 光州서 談話

반란현지 시찰 겸 이재민과 군경에 대한 위문의 사명을 띠고 내광한 전(錢) 사회부장관은 1일 오전 11시경 도청 지사실에서 광주 기자단과 회견하고 다음과 같은 담화를 하였다.

지난번 구호반, 의료반 53명을 선발시키고, 이번에 각 종교단체 등 위문단이 내광한 목적은 주로 위문에 치중하고 국가적 중대 사태에 비추어 모든 것을 직접 조사하여 근본대책을 강구키 위한 것이다. 정부로서는 민심을 안정시키고 조사결과를 보아 새로운 예산을 세워 원상회복에 적극 노력할 것이다. 전번의 삼남지방 수해 구제책으로는 4억 4천만 원을 긴급 구호비로 계상하였으며 이재민 가옥을 건축하기 위하여서도 3천만 원의 예산이 편성되었다.

[66] 동광신문 1948.11.3.

遞信機關 被害 莫大 中央서 調査次 來道

체신부에서는 麗水 順天 光陽 筏橋 寶城 等 반란지구의 체신관계 피해 상황을 조사키 위하여 趙永煥 씨 등 일행 7명의 조사단이 내도하여 작 2 일부터 조사를 착수하였다는데, 동 조사단이 말한 바에 의하면, 피해는 麗水가 제일 심하여 여수의 전화 복구는 막대한 자재와 경비를 요할 것으로, 금년 내의 복구는 어려울 것이요, 기타 전선 절단, 전주 절도 등 피해도 약간 예상된다고 한다.

[67] 동아일보 1948.11.3.

叛亂實情文人調査班 二隊로 今日 現地에 出發

문교부에서는 금번 전남 동란지의 실정을 조사하고자 재경 저명 문사(文士)들에게 의뢰하여 반란실정조사반(叛亂實情文人調査班)을 조직케 하고 3일 서울역을 출발케 되었다. 동 조사반은 금번 반란의 중심지였던 순천, 여수를 비롯하여 광주(光州), 진주(晉州) 등지를 시찰케 하리라 한다. 그런데 동 조사반은 2대로 나누었고 그 편성은 다음과 같다.

第1班 朴鍾和 金永郎 金奎澤 鄭飛石 崔희淵

第2班 李軒求 崔永秀 金松 鄭弘巨 李소寧

[68] 자유신문 1948.11.3.
政府 顚覆에 重刑 國家保安法 草案 起草

今般 麗水叛乱事件을 契機로 國會 法制司法委員會에서는 國權守護와 國土防衛, 國憲紊亂을 防止할 目的으로 國家保安法을 起草 中이던 바, 數日 前 全文 9條로 된 同法 草案의 作成을 完了하였다. 同 委員會에서는 同 草案을 조上에 올리고 政府 및 法院 側과 事前連絡을 取하여 嚴密한 檢討를 加하고자 지난 1일 以來 連席會議를 開催하였는데, 大體로 다음과 같은 草案을 近間 國會 本會議에 上程키로 되었다 한다.

國家保安法(草案)

第1條 國土를 僭竊하거나 政府를 顚覆하거나 其他 國憲을 紊乱할 目的으로 暴動을 한 者는 民族叛逆罪로 하고 左에 依하여 處斷한다.

  1. 首魁는 死刑에 處한다.

  2. 謀議에 參與하거나 群衆을 煽動하거나 指揮한 者는 死刑, 無期, 10년 以上의 懲役 또는 禁고에 處한다.

  3. 附和隨行 하거나 單純히 暴動에 干與한 者는 3년 以下의 懲役에 處한다. 前項의 罪의 豫備 또는 陰謀를 한 者는 10년 以下의 懲役 또는 禁고에 處한다.

第2條 國權을 破壞하거나 僞□權에 附隨할 目的으로 結社 또는 集團을 構成한 者는 左에 依하여 處斷한다.

  1. 首魁와 幹部는 死刑, 無期 또는 3년 以上의 懲役 또는 禁고에 處한다.

  2. 指導的 任務에 從事한 者는 1년 以上의 有期懲役 또는 禁고에 處한다.

  3. 그 情을 알고 結社 또는 集團에 加入한 者는 10년 以下의 懲役에 處한다.

第3條 前條의 目的으로나 前條의 結社 또는 集團의 指令으로 目的한 事項의 實行을 協議 煽動 또는 宣傳을 한 者는 1년 以上 10년 以下의

懲役에 處한다.

第4條 前 3條의 罪를 犯하게 할 目的으로나 그 情을 알고서 兵器 金品을 供給 또는 約束하거나 其他의 方法으로 방조한 者는 10년 以下의 懲役에 處한다.

第5條 第1條와 第2條의 未遂罪는 處罰한다.

第6條 本法의 罪를 犯한 者가 自首를 할 때에는 그 刑을 減輕 또는 免除할 수 있다.

第7條 檢察官 또는 司法警察官吏는 本法의 規定에 該當한 被疑者가 犯罪의 現行犯人의 逃避 또는 證據煙滅의 念慮가 있을 境遇에는 令狀이 없이 身體의 또는 押收 拘束搜査를 할 수 있다. 前項의 拘束令狀이 없이 身體의 拘束搜査 또는 押收를 할 때에는 서울市와 裁判所가 있는 府郡島에 있어서는 그 拘束할 때부터 5일 以內 기타 地域에 있어서는 20일 以內에 裁判所로부터 拘束令狀의 送付를 얻어야 한다.

第8條 司法警察官이 被疑者를 拘束한 境遇에는 實際 拘束한 날로부터 30일 以內에 取調를 完了하여 檢察官에게 送致하지 않는限 釋放하여야 한다. 但 裁判所의 許可를 얻어 30일 以內로 1回에 限하여 拘束期間을 延長할 수 있다.

第9條 檢察官은 被疑者를 實際로 拘束 또는 司法警察官으로부터 送致를 받은 날로부터 30일 以內에 起訴하지 않는限 釋放하여야 한다. 但, 裁判所의 許可를 얻어 30일 以內로 1回에 限하여 拘束期間을 延長할 수 있다.

附則

本法은 公布日로부터 施行한다.

[69] 자유신문 1948.11.4.
人民軍 三八線에 集結說

【서울 3일 발 INS=合同】2일 政府 側 발표에 依하면, 지난번 麗水叛乱事件에 繼續하여 새로운 暴動이 南韓에 발발하였다고 한다. 同 暴動의 發覺은 政府代辯人이 蘇軍의 後援 下에 있는 北韓 인민군 2만 명이 南한에 侵入할 수 있는 地點에 移動하였다고 非難한 後이며, 南한 국군司令部는 이에 關하여『공산주의자라고 하는 92명의 警備隊員은 1명의 국군 군紀병을 殺害한 後 2일 저녁 大邱 국군當局에 降伏하였다』고 發表하였다. 그리고 以上 叛乱을 발표한 同『코뮈니케에 依하면 政府 側 增援軍은 光州, 全州로부터 아직 國軍 支配 下에 있는 大邱로 急行하라고 命令을 받았다 한다. 한편 大邱에서는「국군 側」1명의 軍紀兵이 警察署를 占領하려고 暴動을 計劃한 叛乱 側 特務上士 1명을 逮捕하려고 할 때 射殺되었다』고 發表하였다.

그리고 政府代辯人 金東成 氏는 北韓 人民軍을 非難하여 다음과 같이 말하였다.

北韓 人民軍은 南韓을 攻擊할 수 있는 距離에 集結하고 있으며 同 人民軍의 移動은 明白히「유엔」이 美軍撤兵을 命令할 時에 南韓에 侵入할 수 있는 豫備工作을 하고 있다. 그러나 當地 官邊 側에서는「유엔」이 美軍撤兵을 □命令하지 않으리라고 생각하고 있다.

그런데 蘇聯式 訓練을 받은 1만 명의 北韓 人民軍은 38度 以北 3哩 地點인 海州에 到着하였으며 또 만 명의 人民軍은 38度線 以北 38哩 地點인 鐵原에 到着하엿다.

[70] 동광신문 1948.11.5.

叛徒輩에 最終의 斷! 戒嚴地區 高等軍法會議 開廷
銃殺刑은 民衆 아페서 執行 金 法務總監 談

【湖南方面 戒嚴地區 總司令部에서 本社 特派員 金 記者 3일 發】지난 10월 19일 심야를 기하여 남해안(南海岸)의 항도(港都) 여수(麗水)에서 발단한 국군 제14연대의 반란사건은 그 기도한 바의 가공(可恐)함과 그 결과의 처참무비(悽慘無比)한 점에 비추어 호남지구 일원에는 최초의 계엄령(戒嚴令)이 선포되어, 해 지구 내의 행정사무와 사법사무로서 군사(軍事)에 관계있는 것은 일체를 계엄지구 총사령관이 장악할 뿐더러 특히 군사에 관계있는 범죄는 군민을 막론하고 군법에 준거하여 처단하게 되었는데, 지난 10월 29일 급행 해방자호로 호남방면 계엄지구 총사령부에 도착한 법무총감(法務總監) 김완용(金完龍) 중령은 금월 4일부터 반도에 대한 고등군법회의(高等軍法會議)를 개시하게 되었다는 다음과 같은 담화를 발표하였다.

이번 叛亂事件에 關한 叛徒 一部에 대해서는 이미 調査가 完了되었으므로 今月 4일부터는 湖南方面 戒嚴地區에 設置된 제1차 高等軍法會議를 開始하겠다. 그리고 爾餘의 叛徒에 대해서도 調査가 進行됨에 따라 제2차, 제3차의 軍法會議가 繼續하여 開廷될 것이다. 그런데 동 법무총감은 특히 계엄지구 총사령관의 요청에 의하여 이번 군법회의에는 일반인은 물론이요 신문기자의 방청까지도 금지하게 되었다 하며 장소와 시간까지도 비밀에 부치고 있는데, 군법회의의 결과 총살형의 언도를 받은 자가 있게 되면 그 집행만은 민중의 앞에 공개하리라 한다.

[71] 동아일보 1948.11.5.

不純輩 徹底 除去 反逆思想防止法令 準備

全南叛亂 李 大統領 談

大統領 李承晩 博士는 今次 全南地方에서 恣行한 左翼分子의 殘忍無道한 行爲를 痛嘆하는 다음과 같은 談話를 發表하였다.

外國 共産分子의 殘忍無道한 行爲를 己往부터 많이 들었지만 우리 韓族으로는 이런 蠻行이 絶對 없으리라는 것을 믿고 內外國에 對하여 宣言하여 온 것인데, 이번 順天 麗水 等地에 同族相殘한 眞相을 들으면 우리 韓族으로는 果然 痛哭할 일이다.

그중에 제일 놀랍고 慘酷한 것은 어린아이들이 앞잡이가 되어 총과 다른 軍器를 가지고 殺人衝火하는데 女學生들이 甚惡하게 한 것과 殺害, 破壞를 爲主하고 死生을 모르는 듯 덤비는 狀態는 完全히 人間의 形態를 벗어난 行動이라고 外國 新聞記者들도 이를 激憤하기에 이르니 이런 痛嘆할 일이 어디 다시 있으리오. 不忠不純한 分子들 賣國賣族해서 全部를 敗亡케 하려는 것은 他國에도 없지 않다 하려니와 우리의 純眞한 子女들이 이와 같이 된다는 것은 다- 그 父母나 敎師들에게 그 罪가 있는 것이니, 이것을 放任하고는 우리가 제일에 얼굴을 들고 世上에 설 수 없을 것이다.

政府에서는 各 部 當局에게 신칙해서 爲先 各 學校와 各 政府機關에 모든 指導者 以下로 男女兒童까지라도 일일이 調査해서 不純分子는 다- 除去하고 組織을 嚴密히 해서 反逆的 思想이 蔓延되지 못하게 하리니, 앞으로 어떠한 法令이 或 發布되더라도 全 民衆이 絶對服從해서 이런 蠻行이 다시는 없도록 防衛해야 될 것이다.

萬一, 이에 우리가 等閑히 하다가는 自傷殘滅로 死亡의 禍를 避할 者가 몇이 아니 될 危險性을 막기 어려울 것이다.

[72] 호남신문 1948.11.5.
北區戰鬪司令部 求禮에 設置!

송호성 총사령관 지휘 아래 순천에 있던 호남지구 전투사령부는 작전
필요에 의하여 새로 북구 전투사령부(北區戰鬪司令部)를 구례에 설치하고
사령관으로 2여단장 金白一 중령을, 5여단장 元容德 대령을 남지구(南地
區) 전투사령관으로 각각 임명하였다는 바 구례에 있는 전투사령부는 주
로 지리산 작전이 주목적이라 하며, 남지구 사령부는 광주에 두고 주로
순천, 여수 등의 원상복구에 진력할 것이라 한다.

[73] 경향신문 1948.11.6.
全南叛亂事件 總決算 死者 二五二二名
罹災要救護者 萬餘 名 社會部 救護班 報告

지난 10월 20일부터 여수를 중심으로 일어난 국군의 반란에 호응하여
민간폭도들의 봉기로 말미암아 살상, 방화, 파괴 등 눈으로 도저히 볼 수
없는 민족적 참사를 빚어냈으나, 국군과 경찰의 결사적인 진압으로 각 지
구의 치안은 완전히 회복되었다. 그런데 그 뒤 수습으로 남은 것은 동절
을 앞두고 희생된 사람과 그의 가족 그리고 이에 따르는 이재민의 구호
대책이 하루바삐 실시될 것이 요청되고 있는데, 지난 10월 29일 사회부에
서 파견된 여수 순천 반란지구 이재민 구호반의 10월 31일 현재의 보고서
가 지난 4일 사회부에 들어왔다. 이 보고에 의하면, 각지의 인명희생은
사망자 2천5백22명 이재민 1만 1천1백30명으로 예기 이상의 참경을 엿볼
수 있다. 각 도시의 피해상태와 요구호자의 개황은 다음과 같다.

順天邑 ▲死亡 1,122명 ▲重傷 102명 ▲罹災民 244世帶, 2,261명 ▲未埋
　　　葬 251명 ▲旣埋葬 871명 ▲家屋 全壞 及 半壞 13호

麗水邑 ▲死亡 1,202명 ▲重傷 815명 ▲輕傷 350명 ▲海中投殺者 不明(無
　　　數) ▲家屋 全燒全壞 1,538호 ▲家屋 半燒半壞 198호 ▲要救護罹
　　　災民 9,852명, 1,935세대

筏　橋 ▲死亡(良民) 80명, 기타 18명 ▲重經傷者 20여 명

寶　城 ▲死亡(良民) 18명 ▲重傷 10명 ▲輕傷 30명 ▲行方不明 5명 ▲家
　　　財具 掠奪 (全部) 20호 (일부) 10호

合　計 ▲死亡 2,522명 ▲罹災民 2,179세대, 11,113명

[74] 동아일보 1948.11.6.
좋은 敎訓이었다　叛亂事件에 美軍司令官 聲明

　재한국 미군사령관 「존·비 쿨터」 소장은 지난 20일 전남 여수에서 일
어난 반란군 사건에 대하여 5일 「피 아이 오」를 통하여 다음과 같이 사건
의 전모를 발표하였다.

　全 美軍은 韓國駐屯 使命에 關係되거나 또는 影響을 미치는 事件에 精通
하여야 할 司令官 方針에 準하여 最近 麗水서 發生한 叛亂을 圍繞한 情勢
의 大略은 다음과 같다고 하였다.

　10월 27일 수요일 오후 1시 20분, 叛亂은 鎭壓되었다는 報告를 받았다.
이 情報는 麗水港에 있는 海岸警備隊 艦艇으로부터 온 無電에 依하여 警備
隊 當局으로부터 들어온 것으로, 其 메세-지는 『麗水는 우리 手中에 있
다. 捕虜는 헤아릴 수 없이 많고 友軍과의 連絡은 좋다』라고 말하고 있다.
暴動이 發生한 麗水市의 陷落은 1週間에 亘한 叛亂의 終止符를 찍는 것이
다.

少數의 暴徒는 順天 東北, 智異山 及 麗水半島서 떨어진 小島嶼로 逃走하였다. 一方, 國軍은 同 地區를 掃蕩 中으로 不純分子를 極力 逮捕 中이다.

事件은 10월 19일－20일 夜間에 麗水에 駐屯하고 있는 40명의 警備隊가 正式으로 任命되지 않은 一將校 指揮 下에 叛旗를 들은 데서 發生한 것으로, 이들은 濟州道에 赴任할 豫定 中인 部隊의 一部 隊員이었다.

그들은 出發 直前에 叛亂을 일으킨 것이다.

共産分子에게 敎唆된 主張에 迎入되어 暴動은 迅速하게 擴大된 것인데, 치밀하게 計劃되었던 것이다.

이 行動을 하기 조금 前에 麗水部隊에 所屬되었던 主謀者는 共産分子와 連絡하여 政府 전복 陰謀로 逮捕되었던 것이다.

그 後 情報에 依하면, 이 暴動은 大韓民國 內 벽地에서 活動 中이던 職業的 少數 共産煽動者에 依하여 計劃되었다고 하는데, 上述한 바와 같은 理由로 暴動은 迅速히 擴大되었던 것이다.

麗水의 暴徒는 수백 명의 市民이 合하여 市內 警察 及 政府施設을 攻擊하고 20일 아침 約 500명의 暴徒와 그들의 組織的 支持者들은 汽車를 徵發하여 麗水 西北方 20哩 地點인 順天으로 前進하였는데, 이 小都市에서도 同一한 術策을 使用하였던 것이다.

이때 政府官吏 側에서는 迅速히 警備隊를 叛亂地區에게 密集시키게 하였던 것이다.

同日 正午까지 叛亂軍은 近方 愛國分子의 先陣들에 依하여 對陣케 되어 그날 하루 동안 順天과 麗水에서 戰鬪가 繼續되었다.

暴動 初期에 逮捕된 捕虜로부터 얻은 報告에 의하면 軍民간의 많은 關係者들은 正統的 秩序에 追從하고 있는 것 같았다. 그때에 暴徒兵力은 約 2,400명으로 推算되었다. 이 事態가 其 後 3일 間 繼續되는 동안에 大韓民國 國軍은 豫定的으로 斷乎한 方針을 取하고 叛亂軍의 敗北를 決定的으로 할 수 있도록 有效한 殲滅作戰에 着手하였다.

또한 그 期間 中 各種 行動을 寶城, 光陽, 河東, 求禮, 谷城 及 그 中間地

點에서 取하게 되었다. 一方 海岸警備隊는 麗水半島 周邊 海域에서 活躍하였다. 25일 아침까지 順天 扇形戰區의 狀態는 分離된 叛徒들이 智異山, 白雲山 또는 南方 섬으로 逃走를 企圖하고 있었으므로 緩和되었다. 그때 麗水는 아직 叛亂軍의 手中에 있었으나 忠誠한 警備隊와 海岸警備隊는 여水市 奪還을 爲하여 市에 接近하여 鞏固한 計劃을 세우고 있었다.

翌日 掃蕩戰은 一層 激烈히 進行되어 多數의 叛徒를 逮捕하였다. 麗水事態는 變함이 없었으나 國軍이 同 市 北方 高地帶를 占領하고 各 方面으로 進擊하게 되자 비로소 情勢가 有利하게 轉換되어 갔다. 作戰이 進行 中에도 地上이나 空中偵察隊들은 公共建物에는 北朝鮮人共旗가 揭揚되고 있는 것을 볼 수가 있었으며, 平壤放送도 失敗한 叛亂을 될 수 있는 대로 크게 報道하였다.

10월 27일 정오 海陸으로부터의 猛烈한 攻擊을 받은 後 麗水에 있는 叛亂軍의 降服을 보게 되었는데, 秩序는 迅速히 回復되어 捕虜 及 捕獲品은 適切이 處理되었다. 同 市의 一部에서는 火災가 있었으나, 翌日에는 急速히 組織된 消防團에 依하여 延燒를 防止하였다. 이리하여 短命한 叛亂은 鎭壓되었으나, 共産黨員이 大衆을 使주하고 自身들이 法을 運行하였으므로, 이에 煽動된 人民에 依하여 不必要하게도 多大數의 貴重한 生命을 喪失하고 많은 損害를 입게 되었다. 이러한 그들의 行動은 그들 破壞分子가 自己네의 간惡한 目的을 達成코저 얼마나 殘忍한 行動을 하였는가를 如實히 說明하고 있다.

大韓民國의 陸軍 及 司法官은 自己 國家에 對한 義務 遂行方法에 있어 많은 信望을 받았으며, 그들은 困難한 通信과 未熟한 他域에서 制限된 器具等의 惡條件을 克服하고 機敏하고 果斷性있게 行動하였다. 그리하여 叛亂軍을 約 40 乃至 50哩의 地域 內에 包圍하였다. 基本訓練에 그리 틀리지 않고 戰鬪에 經驗도 없는 國軍隊員들은 最初의 戰鬪에서 頭角을 나타냈다. 그들의 忠誠은 不滅의 記錄을 나타냈다.

大韓民國은 自由選擧로 人民에 依하여 選出된 政府를 가진 自由獨立國으

로 政府는 民主主義의 象徵으로서 있는 것이다.

이와 같이 政府 몰락을 企圖하는 叛亂을 有效하게 迅速히 粉碎하였던 것이다.

이러함으로써 大韓民國은 다른 自由國家의 讚辭를 獲得하였다.

騷擾 初期에는 서울은 恐慌狀態에 있다는 둥 美軍 將校 1명이 被殺되었다는 둥의 浪說이 流布되고 또 不幸히도 이것이 新聞에도 나타났다.

그러나 이러한 報道는 文字 그대로 浪說로 虛構였다.

結論으로 本官은 駐韓美國陸軍 全員을 指揮함을 기뻐하는 바이다. 왜 그러냐 하면 그들의 平穩하고 平常時와 다름없는 行動은 充分한 訓練과 事務에 專念한 結果의 發露라고 할 것이다.

本官은 우리들의 全部 美國人이나 韓人이나 다-같이 좋은 敎訓을 배웠다고 確信하는 바이다.

[75] 동아일보 1948.11.7.
警察에 對한 感情? 現地 軍 報道部 叛亂 原因 觀測

【求禮 5일 發 合同】사건의 발생 원인에 대하여서는 그 해석이 구구하나 전투사령부 보도부 측과 현지 당국 간부급의 견해를 들어보면 다음과 같은 원인을 말할 수 있다.

1. 제14연대 하사관들은 대부분 제4연대 출신이며, 과거 제4연대는 세인이 주지하고 있는 영암사건(靈岩事件)에서 경찰에 대한 악감을 품고 있었다는 것.

2. 9월 25일경, 제14연대 병사 8명이 어떠한 사건으로 구례경찰서에서 군복을 벗기고 구타 끝에 유치당한 사실이 있어 경찰에 대한 감정이 일층 악화되었다는 것.

제1장 여순사건 발발, 그리고 정부의 대책과 군경(軍警)의 진압 · 105

3. 구례사건을 상부에서 무관심하여 책임추궁을 아니하였기 때문에 경찰 관에 대한 감정을 갖게 되었다는 것.
4. 이러한 병사들의 심리상태를 연대 좌익사상을 가진 간부와 지방 좌익 계에서 선동하여 이용하였다는 것.
5. 병사의 심리는 단순함으로 감정에 좌우되기 쉽고 또한 선동에 빠지기 용이하다는 것 등이다.

그러므로 반란병의 모든 목적지는 구례경찰서에 있었다 하며 전남 경 관을 전부 사살할 계획이었다고 하는 바, 반란병과 지방 좌익계열과 근본 적으로 어떠한 계통적 연락은 없었을 것이라고 한다.

[76] 동아일보 1948.11.7.

叛徒 廿八名 死刑 光州서 第一次 軍法會議

【光州 6일 發 合同】호남방면 계엄지구 고등군법회의 재판을 담당한 국 방부 법무관 김완용(金完用)[金完龍] 중령 발표에 의하면 지난 4일 금번 반 란사건에 관한 제1차 고등군법회의 판결이 되었다는 바 그 결과는 여좌 하다.

死刑 28명, 20年 懲役 5명, 5年 懲役 3명. 良民으로 판명되어 석방된 자 가 11명

그런데 언도를 받은 자는 전문 이상 대학 출신이 다수라 하며 이 중에 는 여류성악가로 고등교육을 받은 처녀와 주부가 4명이나 포함되어 있었 다 하는데, 이들은 불일간 대통령의 승인이 내리는 대로 일반 공개리에 집행되리라 한다.

[77] 동아일보 1948.11.7.

順天 有志 大部分이 被殺

【順天 6일 發 合同】금번 반란사건 발생에 있어 반란군들은 順天을 점령한 뒤 한민, 대청, 한독, 족청 등을 위시한 민족진영 간부 및 단원 약 1천명을 살해하였다는데, 그중에는 金性洙(獨促) 朱正熙(韓民) 申斗植(韓獨) 張형권(韓獨) 철도병원원장 金桂洙(韓民) 李東표(韓民) 同仁病院 院長 金興祚(韓民) 自由新聞 順天支局長 崔仁택 제씨 順天 유지들이 대부분이고 경관은 파견응원부대가 대부분 살해되었으며 기독교인 학련(學聯)도 다수 살상되었다고 한다.

[78] 경향신문 1948.11.9.

叛亂事件 政府 責任없다   倒閣運動은 語不成說

李 大統領 談

昨今 巷間에 流布되고 있는 政府 改造說에 對하여 李 大統領은 8일 다음과 같은 談話를 發表하였다.

근일 우리 국회의 일부에서는 도각설이 나타나고 있다는데, 소위 도각이라는 것은 내각을 개조한다는 말이라 한다. 지나간 일주일 동안에 정부 각원들을 국회에서 청하여 여러 가지로 질문하고 이번 순천, 여수반란의 책임을 정부가 지고 물러앉은 후 내각을 다시 조직하라 하여 많은 질문으로 장시간을 허비하였으니, 물론 그분들도 나라 일을 잘 되게 하려는 것이겠지만 어찌해서 이 문제가 이때에 제출되는 것은 누구나 의혹이 없을 수 없는 일이다. 지금 우리 대표는 파리에서 우리 정부를 위하여 승인을 얻기로 노력하며, 유엔은 우리정부가 남북을 대표한 통일 정부라 하며, 소련은 이북에 소위 인민공화국이라는 것이 통일정부이니 각국이 승인하라 하여 활동을 하며, 동시에 여기서는 백방으로 난당을 고취하여 살인 방화하여 난리를 일으키려 하며, 이북 공산군이 이남으로 몰려온다는 낭설로 인심을 선동시키고 있는 이때에 정부를 개조하라고 말과 글로 선전하고 있으니, 이것이 우리나라에 도움이 될까 소련에게 도움이 될까를 각각 생각해 볼 필요가 있을 것이다. 국회원 다수는 이것을 미처 생각지 못함인지 몇몇 사람의 언설에 파동이 된 것이라 할 수 있으나, 그 소종래(所從來)가 있어서 성기상통으로 동성상응 하여 이와 같이 되는 것은 세인이 다 유감으로 하는 터이니, 이것을 알고서는 고의로 남의 이용이 되어 자기 나라를 해롭게 하고 천추에 누명을 쓰기를 감심할 자 없을 것이다. 공산분자들이 지하공작으로 연락해 가지고 반란을 일으켜 살인충화하는 것을 우리 정부가 책임을 지라하는 것은 당초에 어불성설일 뿐더러 공산당의 피를 들어서 반역자를 치지 않고 도리어 공산당의 죄를 정부에 씌우는 것은 무슨 의미인지 알기 어려운 것이다. 미군 정부에서 우리에게 정권을 일일이 이양하여 며칠 아니면 남한에서는 국권을 다 찾아 가지고 독립의 기초가 완전히 서서 나가는 중이요, 해외 모든 나라에서는 신문과 공론으로 우리에게 무한한 동정을 표하고 있는 중이며, 안으로는 민생문제에 착수하여 사무가 착착 진행되는 터이거늘 이때에 정부를 다 갈아내고 새로 조직할 필요가 어디에 있으리오. 정부를 사흘에 한 번씩 고쳐서 모든 정객들이 다 한두 번 씩 정권을 잡았으면 우리가 만든 것은 흔들리지 않고 끝까지 서서 태산 반석 위에서 모든 나라의 추앙받는 정부가 되기를 주장하나니, 국회 내에 애국의 의원들은 이것을 생각해서 우리가 간신히 찾아온 국권을 파괴하지 말고 더욱 공고히 만들기에 노력하기를 바란다.

[79] 경향신문 1948.11.9.
傷痍滿瘡身의 麗水市街 叛徒의 宣傳壁報 破片 아직도 펄펄

【麗水 發 合同】전 시가가 거의 재가 되어버린 항도 여수는 아직도 공포에 싸인 채 배는 부두에 닻을 내리고 거리에는 계엄령 포고, 국군만세 벽보와 아울러 반도들의 치하 일주일 동안의 기억을 말하는 듯 인민위원회니 인민은 들으라 등등의 반쪽씩 남은 벽보가 엇바꿔 붙어있어 참담한 이번 사건의 자취가 씻어지기를 기다리고 있다.

4일 현재 판명된 총 시체 수는 1천2백이 넘고 중경상사 수는 이루 헤아릴 수조차 없다고 한다. 여수의 전 피해액은 무려 백억 원을 넘으리라 하며 이재호수는 1천6백여 호에 1만여 명이라고 한다. 군기대와 경찰사령부에서는 젊은 청년들이 폭도에 가담한 혐의로 아직도 준엄한 문초를 받고 있는데 여수 여자중학교장 송욱(宋郁) 등 약 4백 명이 체포되어 사형과 무죄를 기다리고 있다.

[80] 경향신문 1948.11.9.
民族革命 勃起가 目的 革命義勇事件 드디어 起訴

지난 10월 19일 내란음모죄로 수도청으로부터 송청된 혁명의용군(革命義勇軍)사건 주모자 서세충(徐世忠, 61), 최능진(崔能鎭, 51) 및 김진섭(金鎭燮, 36) 등 3인에 대한 검찰청의 문초는 7일에 일단 끝마치고, 8일 담당한 강석복(姜錫福) 검사는 범죄사실을 법무장관에 보고한 후 드디어 구속으로 기소하였다. 한편 의용군사건과 관련이 있는 육군 소령 오동기(吳東起)는 여수(麗水)지구 반란군 사건으로 방금 국군에서 문초를 받고 있다 한다. 기소 사실은 다음과 같다.

피고들은 정치적 불안과 도탄에 빠진 민생고를 틈타서 봉기하려는 공산혁명에 앞서 10월 하순경을 기하여 「쿠데타」를 감행하여 무력으로 민족혁명을 일으킬 목적으로 현 국군 내에 의용군을 조직하였다. 이에 대하여 동원 책임자 김진섭은 안종옥(安鍾玉) 외 7명을 오동기 소령의 추천으로 원주(原州) 연대에 입대케 하고 약 2백 명의 동지를 모았다. 재정책임자인 최능진은 군자금으로 현금 7만 원과 소절수(小切手, 수표) 8만 원을 김진섭에게 교부하고 총 군자금 2백만 원을 추산하였다.

[81] 동아일보 1948.11.9.
叛亂事件에 美軍 加擔說 否認

【서울 8일 發 AP=합동】韓國駐屯 美陸軍司令部는 美軍部隊가 叛亂事件 鎭壓에 參加하였다는 6일의 蘇聯 側 報道를 否認하였다. 그런데 「타스」通信은 蘇軍 占領 下에 있는 北韓의 平壤放送에 依據한 것으로 觀測되고 있는 바, 平壤放送은 大邱府 近傍에서 일어난 韓人 相互 間의 小銃射擊서부터 擴大된 戰鬪에 美軍部隊도 參加하고 있다고 報道하였던 것이다.

그런데 事實에 있어서 美國이 取한 單 한가지의 役割은 叛亂鎭壓 後 武器를 버리고 投降하는 叛亂兵士를 接受하였다는 것뿐이다. 그들 投降者는 共産主義者들의 報復을 免하려고 한 것 같이 생각되었다.

[82] 경향신문 1948.11.10.
根據있는 事實 反政府 愛國男女가 蹶起

尹 內務長官 談

外電이 傳하고 있는 北韓 暴動事件은 根據있는 事實이다. 北韓政權의 虐政
과 食糧難에 窮盡한 愛國學生靑年團體를 中心으로 民衆들은 以前부터 一大
抗拒運動을 計劃하고 있던 차 드디어 2週日 前부터 新義州, 宣川, 中和 等地
를 本據로 하여 수만 명의 群衆이 蜂起하여 示威暴動를 일으켰는데 示威陣營
에 參加하였던 愛國의 同胞 6천 명이 그들 銃砲에 依하여 慘殺케 되었다. 때
마침 지난 20일부터 發生된 順天, 麗水 叛亂事件을 契機하여 南韓의 共産化를
憂慮한 民衆들은 各地에서 呼應하여 漸次 淸津, 咸興, 元山, 海州, 平壤 等地로
擴大 蔓延되어 마침내 北韓 未曾有의 大騷動을 일으키게 되었던 것이다.

이번 暴動에 加擔한 愛國民衆들의 數爻는 無慮 數十萬에 가깝다. 그런데
이 報道의 出處는 말할 수 없다.

[83] 동아일보 1948.11.10.
政府責任을 否認 叛亂事件 公報處長 談

公報處長 金東成 氏는 昨 9일 叛亂事件 責任問題에 關하여 다음과 같은
談話를 發表하여 一般 國民의 正當한 理解와 協調를 要請하였다.

叛亂事件 責任問題＝이번 叛亂事件을 契機로 하여 一部 政治人 間에 政府
改革論을 主張하고 이 事件의 責任을 政府에게 돌리는 所論이 있고, 또 政府
의 施政을 非難도 하나 이에 對해서는 大統領 談話도 있는 것과 같이 政府改
革이니 政府引責이니 施政 非難을 받을 아무 것도 없는 것으로 생각된다.

卽 政府의 首班인 大統領은 國會議員 180여 명의 投票를 받아 就任한 것
이오, 叛亂과 國軍의 關係에 있어 國軍組織法 같은 것은 國會에서 아직 넘
어오지도 않았을 뿐 아니라 그 組織도 完了되지 않고 있는 때인 만큼 이
責任을 政府가 지라함은 無理한 말이 아닌가 한다. 또 施政 云云함도 軍政
의 移讓을 받기에 3개월을 보냈고 完全 自主的인 施政方針이 實踐되려고

하는 이때에 이를 非難함은 부計가 아닌가 한다. 그러므로 政府는 軍政移讓 後에 오는 여러 가지 行政部面에 對한 整理期에 있음으로 職制와 其他 人事를 全部 完了 못하고 있는 形便이니 非難하기 爲한 曲解로부터 떠나서 포育期에 處해 있는 政府의 育成 保護를 爲한 協調만이 賢明한 政治人들의 取할 態度가 아닌가 하며 끊임없는 聲援을 보냄으로써 우리 民國政府의 生長에 慈雨가 되어주기를 一般에게 바란다.

끝으로 「유엔」總會에서 우리의 問題가 上程되기까지는 如何한 政治行動이든지 容認되지 않으리라는 便이 一般 巷間의 興論이 되어 있으니 이는 卽 欲投鼠而忌器인데 모처럼 獲得한 우리의 獨立을 자칫하면 날려 보내는 結果를 釀成할 言動은 하지 않는 것이 우리 愛國同胞의 懇願이라고 附言코자 한다. 그런 重大結果가 實現된다면 그때의 責任問題는 姑捨하고 우리 民族은 다시 陷穽에 빠져 헤맬 것이 明若觀火한 일이다.

[84] 남조선민보 1949.11.11.

寶城 治安도 確保 四聯隊 動搖 卽時 鎭壓

【寶城에서 具本健 特派員 7일 發 合同延着】지난 20일경 天順天을 占領한 반亂軍 一部 勢力 約 4백 명은 20日 오후 2시경 筏橋로 突入 邑□ 左翼系列과 반亂軍이 寶城을 占領한 지 滿 48시간 만에 高興 長興 和順 等地로 分散 退却하였으며, 이와 同時에 軍警은 敏活한 活動으로 治安을 恢復하는 한便 25일에는 24일 오후 2시 반亂軍의 총殺刑을 받기로 되어 있던 民間有志를 中心으로 寶城郡 非常收拾對策委員會를 組織케 하고, 이들로 하여금 □□官廳과 合作하여 主로 屍体 搜査 兼 處理와 앞으로의 對策을 講究케 하고 있어 現在의 邑內 治安은 大体로 確保되고 있는데, 同 地區司令部 副官 張松冑 少尉는 管內 治安問題에 대하여 大略 다음과 같이 말하였다.

24일 우리 國軍은 寶城郡을 奪還하자 應援警察部隊와 合力하여 附近에 分散한 반란軍 約 백여 명과 반란軍 占領 時에 人民委員長을 爲始한 地方暴徒 約 60명을 逮捕하여 光州로 押送하였으며, 앞으로도 軍警 協力 下에 소탕을 繼續할 것이다. 또한, 앞으로 또다시 이러한 일이 □□□□ 않도록 이 機會를 利用하여 一般에 對한 啓蒙에 힘쓰겠으며, 警察의 非行에 對한 軍으로서의 對策도 講究할 豫定이다. 또한 特記할 것으로는 14연대가 반란을 일으키자 4연대 안에서도 若干의 動搖가 있었는데 이는 卽時로 鎭壓하였으며, 또 寶城에 우리 部隊가 주屯한지 4, 5일 후 部隊 內□幹部를 暗殺하려는 計劃이 있는 것을 探知하여 本 部隊 內에서 約 20여 명을 逮捕 處刑하였다.

[85] 동광신문 1948.11.12.
共産分子 完全 掃蕩 期코 民族陣營 總奮起를 絶叫
李 知事 金 廳長 等 各界合同會議서 强調

신임 지사 李南圭 씨를 맞아 새로운 구상 아래 도정(道政)의 전반적 강화를 도모하여 오던 전라남도에서는 11일 상오 9시 도 회의실에 각 부윤 군수, 각 중등학교장, 각 정당 사회단체 대표 합동회의를 소집하여 현하 긴박한 제 문제에 대한 진지한 토의를 거듭하고 다대한 성과를 거두었다 하는데, 식은 먼저 참석자 3백여 명의 애국가 봉창으로부터 시작되어 국민의례를 차례로 마치고 반란지구 이재민 구호대책 추곡매상에 관한 李 지사의 인사가 있은 후 비상시국에 처하여 있는 민족진영의 총궐기를 열렬히 부르짖은 바 있었다. 이어서 제8관구경찰청장 金炳玩 씨로부터 공산분자의 철저 소탕, 민보단 조직, 경찰관의 대폭 증원, 각 경찰서에 기동결사대 배치 등등에 관하여 현하 시국에 처할 경찰의 철(鐵)의 방침을 명시하고 도민의 강력한 협력을 요망한 바 있었다 하는데, 특히 金 청장은 좌익분자를 최후의 일인까지 완전 소탕하고야 말 것을 굳게 맹서한 바 있어 만장에 우레와 같은 박수를 불러왔다 한다. 金 청장의 인사가 끝나자 麗水 대표의 긴급동 의로 순국용사(국군 경찰관 민족진영 투사)의 영령에 경건한 묵상을 올리고 토의사항으로 들어가 진지하고 열렬한 의견교환이 진전되었다.

[86] 동광신문 1948.11.12.
道內 豫備檢束 總數 二千五百餘名

7일 現在

여수 순천 등지의 반란사건에 뒤이어 좌익폭도의 준동을 미연 방지하고자 제8관구경찰청에서는 도내 일제 검속을 실시하였다는데, 7일 현재로 검거된 총수는 3,350명에 달하고 있으며 그중에는 반란지구에서 2,500명, 기타 지구에 850명이라 한다. 그리고 광주서 관내에서는 150명을 검속하여 취조한 결과 좌익계열로 확실히 지목되는 50명을 현재 유치 중이라 하며, 경찰당국으로서는 앞으로 이와 같은 검속을 계속적으로 실시하리라 하며, 좌익계열에 대한 발본색원의 방침을 지속하리라 한다.

[87] 호남신문 1948.11.12.
民保團으로 鄕土防衛 警察力 大幅 增加코 金 警察處長 府尹 郡守會議서 言明

제8관구경찰청장 金炳玩 씨는 지난 11일 각 부윤, 군수, 중등교장 및 정당 사회단체 합동회의석상에서 여수반란 사건의 발생 경위와 그 후 사태에 대해서 말이 있은 다음 그 후의 치안대책에 대해서 다음과 같이 말하였다.

여수반란사건은 일부 악질 공산분자의 책동으로 약기된 사실은 일반이 주지하는 바이다. 이러한 공산분자는 앞으로 한 사람도 38이남에 없도록 하는 것은 다시 말할 것 없거니와, 그의 대책으로는 대폭적으로 경관을 증원하여 각 지서에 최소 □0명, 각 경찰서에 50 내지 100명의 결사기동대를 설치하여 공산배의 준동을 철저히 소탕함과 동시에, 민보단의 결성으로 향토를 방위할 것이다. 민족진영의 우수한 청년의 자진 출마함을 기대하고 있는 한편 절대적인 지원을 바란다. 그리고 이번 사건의 피해는 대략 아래와 같다.

警官 死亡 400명, 一般良民 死亡 사망 500명, 燒失家屋 □5□0호, 損額 60억

[88] 경향신문 1948.11.13.

國軍 앞으로 明朗 不純將兵 六百名 肅淸

李 國防長官 談

11일 태릉(泰陵) 육군사관학교 제7기생 졸업식에 임석한 이(李) 국무총리는 국군 숙청문제 등에 관하여 다음과 같이 언명하였다.

▲國軍 肅淸問題 = 군은 사상과 행동뿐만 아니라 그 명령 계통 전부가 선명하고 일체되어야 한다. 그런데 과거 국군 내에 공산분자들이 침투하고 있어 단순한 병사들이 감염된 것도 있었으나 국방부는 미군정으로부터 이양을 받은 후 숙청이 즉시 시작되어 현재는 약 6백 명의 불순한 장병들을 숙청하였다. 앞으로 국군은 정보기관을 민활히 활약시켜 내외적으로도 불순분자들에게 이용되지 않도록 하겠다.

▲軍令과 軍政 = 군대를 만드는 것은 군정의 사명이며 군대를 관리하고 운영하는 것이 군령일 것이다. 그런 만큼 군령이 군정으로부터 독립된다는 것은 민주주의 국가에서는 있을 수 없다.

▲徵兵問題 = 우선 호구조사가 끝나고 행정기관이 완비되어 조직화된 후에 제정된 법령에 의하여 징병제를 실시하겠다.

[89] 남조선민보 1948.11.17.
全南의 治安確保 金 警察局長 談

【光州 16일 發 合同】金相봉 全南警察局長은 再昨 15일 記者團과 會見하고 最近의 道內 治安狀態에 言及하여 要旨 다음과 같이 말하였다.

지난 10월 하순경부터 11월 중순에 걸쳐 能히 主力은 四分五裂의 困境에 빠져 到處에서 警察에 捕착되어 敵의 大部分이 射殺 또는 捕虜 等 殲滅的 打擊을 받고 있다. 한便 敵이 使用하고 있던 武器도 機關銃 엠완小銃 等의 精銳武器를 爲始하여 約 80挺이 鹵獲되었으며, 敵은 이와 같이 武力에 있어서도 致命的 打擊을 받을 뿐 아니라 各地에서는 重要한 細胞網이 速速 檢擧 또는 破壞되었으며, 特히 靈岩ㆍ羅州ㆍ和順ㆍ寶城ㆍ長興ㆍ高興 等 重要地帶의 所謂 그들의 政治 組織体가 完全히 殲滅되어 敵의 政治勢力에 對해서도 거의 終止符를 찍게 되었다. 그리하여 道內 各 署 管內에서는 近 1천 명의 自首者와 1백여 명의 敵의 重要 責任者의 歸順을 보았는데 이로 因하여 앞으로 道內 治安 確保에 一層 拍車를 加할 것이다.

[90] 동광신문 1948.11.17.

一般 暴徒 二六八名에 斷罪! 百二名에 死刑

順天 第二次 高等軍法會議 判決

金 法務官 發表

순여(順麗) 지방을 비롯한 도내 각지의 반란사건에 직접 가담한 일반폭도들에 대한 제1차 고등군법회의가 있었다 함은 기보한 바 있거니와, 이번에는 지방별로 나누어 순천 지방에 한한 계엄령지구 제2차 고등군법회의를 지난 13, 14 양일에 걸쳐 12일 현재로 검속된 피의자에 대한 고등군법 심리를 순천에서 개정하였다는 바, 동 심리를 담당한 국방부 법무관 김완용(金完用)[金完龍] 중령은 15일 다음과 같은 판결 결과를 발표하였다.

순천 지방 반란사건에 가담하였다 하여 체포된 일반폭도 혐의자 □□八명 중 양민으로 판명□□ 석방된 자 190명을 제외한 268명에 대한 고등군법회의 결과는

死刑 102명, 20년 懲役 79명, 5年 懲役 75명, 無罪釋放 12명이라는 바, 사형언도를 받은 102명의 형집행은 확인장관(確認長官)의 확인을 얻은 후 불일 내 집행할 것이라는데, 특히 노령(老齡) 또는 연소자(年少者), 부녀(婦女) 등에 대하여서는 동양 도덕의 미례(美禮)를 밟아 극형(極刑)을 금하고 온정적(溫情的) 판례(判例)가 있었다 한다.

[91] 민주일보 1948.11.17.

無期刑 받은 吳敬心은 有名한 女流 聲樂家

작보 전남반란사건의 지방민 폭도에 대한 제1차 고등군법회의 판결언도 중 무기징역의 중형을 받은 여자 경심(敬心)＝여류성악가(성 미상)이라

함은 여러 점으로 미루어 보아 한때 조선악단의 자랑이었던 『드라마틱 · 소프라노』 오경심(吳敬心)으로 단정된다. 그는 1938년에 동경제국고등음악학교(帝國音樂)를 졸업하고, 그해 6월 조선일보 『신인음악회』에 출연하여 일약 음악단의 명성이 되어 활약하는 한편, 서울 모 학교에서 교편을 잡아왔었다. 이 보도를 접하고 그를 아는 음악가 모씨는 다음과 같이 말한다.

美蘇共委에도 地方代表로 陳情 某 音樂家 談

『8 · 15를 훨씬 전에 음악 활동을 중지하고 시내 북아현동(北阿峴洞) 집을 걷어치우고 부군과 함께 전남으로 간 후 아무 소식 없더니 미소공위(美蘇共委) 재개 때인 작년 6월경 어떤 친구가 그를 덕수궁(德壽宮)에서 만났다는 말을 들었습니다. 아마 진정 차로 지방에서 온 모양으로 옷맵시도 시골 여인 같았으나 유달리 커다란 눈이 변함없더라고 하더군요. 본래 「드라마틱 · 소프라노」라 그런 것도 아니겠으나 성격이 격렬한 편이라고 할까요. 의지 굳다고 할까요. 부군의 이름을 잊어서 이번 사건에 함께 관련이 있는지도 모르겠습니다. 가극 「토스카」의 가희(歌姬)같은 비극적 인상이 드는구먼요.』

[92] 동아일보 1948.11.20.
要救護 世帶 卅三萬 叛亂地 罹災民 살리자

社會部 緊急對策 樹立 中

전남반란군사건으로 인한 수많은 이재민과 기타 전재민 등 닥쳐올 엄동기를 앞두고 긴급한 구호가 요청되고 있는 작금 사회부에서는 이에 대한 적극적인 원호책을 세우기로 되었다. 현재 전국의 이재민 중 구호를 요하는 수는 10월 말까지 33만4천406세대에 1백44만3천 명이나 되는데 현재 정부에 구호를 받고 있는 사람이 약 5만 명이고 기타는 각 도에서 적

절한 긴급 구호를 기다리고 있는 형편이라고 한다. 그래서 동 부에서는
여수, 순천 등 반란지구에는 긴급수용대책을 강구하기로 되어 현재 조사
반이 출동되어 대책을 수립하고 있으며 기타 지방에는 요구호자를 각 도
에 분담시켜 시급한 후생대책을 강구하기로 되었다 한다.

[93] 호남신문 1948.11.21.

叛亂 鎭壓 軍警 爲해 全北道 2千萬 圓 醵出

【전주 1일 발 합동】금번의 반란군 진압에 출동한 국군 경찰대원의 원호
와 전사자들의 유가족 구호 및 방위의 만전을 기하기 위하여 전라북도 비상
시국대책위원회에서는 15일 하오 2시부터 도 내무국장실에서 제1차 상무위
원회를 열고 구호비 지출방법에 대하여 숙의한 결과 우선 응급비용으로 2
천만 원을 도민으로부터 징수하고 그 후부터 소용되는 비용은 구체적으로
계획을 세우고 다시 상무위원회의 검토를 공유하기로 결정하였다 한다.

[94] 동아일보 1948.12.16.

時局對策 遊說隊 內務部서 各地에 派遣

대한민국이 유엔의 승인을 받고 새로운 정부가 할 일이 많은 이때에
우리 국권을 강력으로 옹호 지지하는 동시에 금번 전남반란 및 기타 사
건 발생에 비추어 현하 시국의 급박한 난국을 돌파하기 위하여 거족적
애국사상을 고취함이 또한 긴급한 일이다. 우리나라 국책과 국민사상에
배치되는 모든 불순사상을 배제하며 국민력의 총집결을 기도하여서 우리

민족의 생명선을 개척하기 위하여 관민일동이 궐기하여 시국대책 계몽운동을 전개케 되었는바 그 실시방법의 하나로 민간 명사의 시국강연(지방유세)대를 파견코자 지난 11일 중앙청 제1회의실에서 사계의 명사 60여명 참석 하에 간담회를 개최하였다.

그리고 이 유세대는 금 13일부터 10일간 각도에 파견되었다.

[95] 호남신문 1949.1.22.
機動的으로 人事配置　一旦 被檢된 敎員은 復職 不許

全南道 學務局 方針

전남도 학무국장 鄭重燮씨는 전남 학무행정에 대한 당면문제와 금후방침 시찰소감을 다음과 같이 말하였다.

△ 교직원 자격 및 결원 보충 문제 = 초등교는 현재 300명의 교원이 부족한데 기왕 실시하고 있는 교원자격시험 합격자로서 보충할 수 있으나, 중등 교직원 결원 보충은 응급조치로써 비반란지구에서 다수 교원을 전출시키는 기동적 인사배치를 단행할 작정이다. 사건 발생 후 정직 처분 중에 있는 교직원은 군정의 사상조사 결과에 따라 대한민국에 충실하다는 증거가 충분한 교원은 원칙적으로 등용할 것이나, 그 외에 일단 군정에 피검되어 그 후 무죄로 석방된 교원은 비록 무죄 석방이라고 할지라도 피검 자체가 교육자로서의 자격을 상실하였다고 인정하여 재등용하지 아니할 방침이며 복직 가능성이 있는 대상은 20명에 불과하다. 앞으로도 학원 정화를 위하여 노력할 것이다.

△ 학생 등교상황 = 동기방학 중에 있으므로 예상키 어려우나 국민학교 약 7, 8할 중등교는 약 5할 정도일 것이다.

△ 학원 피해상황 = 확실한 숫자는 잘 모르겠으나 국민교 18 중등교

7교 정도인데, 그 손해액은 약 5천만 원에 달할 것으로 보이며 사태 수습과 아울러 복구책을 강구중에 있다.

[96] 연합신문 1949.1.23.
不能한 教員 肅淸 文敎部에서 不遠 斷行
五萬 餘 名의 基本도 完了

전남(全南)반란사건 당시 철모르고 지각없는 어린 남녀학도들이 폭도에 가담하여 뜻하지 않은 죄과를 범하였다는 사실은 전 국민의 가슴을 아프게 하였고, 이(李) 대통령도 폭동사건 직후 순수해야 할 학원에 잠입한 불순분자들에 대한 시급한 숙청을 강조한 바 있거니와, 문교당국에서는 머지않아 전국에 걸쳐 이들 불순분자에 대한 숙청을 단행할 것으로 보인다.

즉 안(安) 문교장관은 취임 직후부터 학원의 순수화에 뜻하여 전남반란사건이 발생하기 전부터 전국 교원에 대한 사상경향을 조사 중이었는데 최근 초등교원 3만5천여 명, 중등교원 7천9백여 명, 사범교원 3천2백여 명, 전문대학 교원 5백6십여 명, 도합 5만1천여 명에 대한 조사가 끝났으므로 이 조사에 따라 머지않아 전면적인 숙청을 단행할 것이라는데, 탐문한 바에 의하면 숙청대상 교원 수는 총인원의 약 1할인 5천여 명에 달할 것이라 한다.

[97] 서울신문 1949.3.10.
厚生福票 發行
叛亂地 災民救濟 目標

李 社會部長官 記者團 會見談

사회부 장관 이윤영(李允榮) 씨는 9일 상오 10시 반 기자단과 회견하고 제반문제에 대하여 다음과 같이 말하였다.

▲國立 孤兒院 問題 = 지난번 양주국립고아원(楊州國立孤兒院)을 시찰한 바 있었는데 보건상태 지도방침 등은 대체로 대단히 좋은 편이었다. 다만 개량하여야 할 점은 숙사를 좀 더 이상적으로 할 것과 의복을 깨끗이 입혀야 될 점이다.

▲叛亂地區 救濟費 = 전남 경남 제주 3도에 대한 구제비로 7억 5천만 원을 국무회의에 요구하였고, 그중에서 현재 전남은 8천4백6십만 원으로 통과되었는데, 4,539만5천 원은 의류(衣類) 보조비로 배정되었고 잔액은 급식 주택 치료비 등에 사용하기로 되었다. 이에 대한 분배방법은 각 도에서 실정을 조사하여 적당히 분배하기로 일임하였다.

▲厚生福票 問題 = 국무회의에서 결정을 보았는데 복표는 약 20억 원을 발행하기로 되었고, 주로 반란지구의 이재민을 중점으로 하여 주택건설에 사용하기로 되었다.

▲天然痘 豫防問題 = 이에 대한 예산비를 1천5백만 원으로 급격히 추가하였는데 3월 말일까지 약 1천만 인분의 두묘(痘苗)를 제조하겠다.

[98] 동광신문 1949.3.15.
遊食志士와 高等乞客 없애라!
叛徒는 이달 안에 完掃
李 國務總理 地方□民에 訓話

지난 13일 정오에 목포로부터 특별열차로 광주에 도착한 이범석(李範奭) 국무총리는 동일 하오 2시 도청 회의실에서 軍警官 및 지방유지 다수 참집 리에 요지 다음과 같은 훈화를 하였다.

반란 이후로 불행을 거듭한 본 지방에 내가 진작 찾아와서 여러분을 위안하지 못했던 것을 가장 유감으로 생각하는 바이다. 이번 제주(濟州) 시찰을 마치고 돌아온 기회를 얻어 오늘 여기서 몇 가지의 소감을 말하고자 한다. 평화스러워야 할 우리나라가 공산도배의 폭동으로 말미암아 이같이 혼란되어 있으니 이대로 간다면 대한민국의 전도는 실로 우려된다고 아니할 수 없는 것이다. 우리는 단시일 내에 기어코 사태를 수습해야 된다. 얼마 안 가서 나뭇잎이 피고 수풀이 무성하면 폭도들로서는 실로 천연적인 요색이 되고 말 것이다. 우리는 늦어도 3월 말까지 그들을 완전히 소탕해야 할 것이다. 오늘날까지 사태를 수습한 데 있어서는 여러 가지 결함이 있었다. 양민과 폭도를 구별치 못하는 군경의 탈선적 행동은 도리어 민중을 분리시키고 반도의 악선전에 이용되었다. 시국대책위원 중에는 대책비로 개인의 생활까지 경영한 자가 없지 않았다. 이것으로 정부의 위신을 타락시킨 동시에 민중을 정부로부터 이간시켰다. 앞으로는 그런 폐단이 없어야 한다. 정치와 무력을 병행시켜 군은 토벌을 주로 하고 관(官)은 선무에 정은 예민한 정보를 수집하는 동시에 내부 숙청과 지방 치안을 확보해야 된다. 군은 웃으면서 죽어야 하며 민중에게 겸손하고 인민의 신망을 얻도록 해야 할 것이며, 관이나 정은 인민을 착취하거나 인민의 자유를 속박하지 마라. 그리하여 강력한 풍기를 수립해야 된다. 특히 법무(法務) 진영은 국책과 국시에 적합한 처치를 해야 된다. 또한 강력하게 군경과 합작해야 된다. 나는 慶尙南北道와 湖南地區에는 1,300명의 반폭도 밖에 없다고 보는데, 이들도 기회만 있으면 대한민국에 충성을 다할 것으로 믿고 있다. 앞으로는 함부로 사람을 쏘아 죽이거나 악독한 고문을 마라. 또한 폭도의 가족이라고 인권을 유린하지 마라. 선무공작에 의해서 귀순한 자에 대해서는 온정적인 태도를 취할 것이며, 법무 진영에서는 주동적 역할을 한 자는 엄벌하되 부화뇌동한 자는 참작해야 한다. 금후 군의 작전은 근본적으로 바뀐다. 장차 전남지대에 비행장을 5개소 설치하겠다. 제1차로는 海南 咸平, 제2차로는 長城, 제3차로는 寶城, 제

4차로는 光陽 康津 등에 滑走路 350미터 정도로 즉시 공사에 착수해 주기 바란다. 그리고 부탁할 것은 군경의 사소한 충돌이 있을지라도 상부에 보고를 하지 말고 현지에서 원만히 해결하라. 高等乞客과 遊食志士를 철저히 없애라. 미곡매상에 대해서는 중농 이상과 또는 나는 面長이니 나는 郡守니 署長이니 하여 특권을 부린 자를 대상으로 강권을 발동해야 된다.

[99] 동아일보 1949.3.24.
麗水 復舊에 十九億 圓

여수(麗水) 복구 종합적 계획안이 지난 21일 국무회의를 통과하여 기획처 내에 사회부 장관을 위원장으로 하고 기획처장을 부위원장으로 하는 복구위원회를 설치하여 자금계획이 국회의 동의를 얻게 되면 곧 복구사업에 착수하게 될 것이라는데, 이때까지 시일이 지연된 것은 관계 관청에서 주도한 조사와 계획을 수립하기 위하여 본의 아닌 것이었다 하며, 총예산은 19억으로 공장, 주택, 공공시설, 수산 관계시설, 生業자금 등에 걸쳐 단시일 내에 복구가 실현될 것이 예정되어 있다하며, 이외의 이재지방에도 만반의 계획을 현재 정부에서는 입안 중에 있다 한다.

[100] 동광신문 1949.4.2.
李 社會部 長官 叛亂 災民 慰問

【순천】사회부 장관 이윤영(李允榮) 씨는 신 비서관(申 秘書官)을 대동하고 이 전남지사 및 사회국장과 더불어 반란피해지 순천을 시찰하기 위

하여 지난 29일 하오 8시 순천역에 도착하였는데, 이 장관은 익 30일 상오 9시부터 각 관공서 대표 및 기자단을 접견 후 법원장 내에서 관민 다수 집합 아래 간곡한 훈시가 있었다. 이어 시내 유가족을 위문 후 순직경관 합동화장지에 행차하여 친히 화환을 드리며 간곡한 묵념을 마치고 이재민 공동주택을 답사 격려하고 하오 1시 여수 방면으로 출발하였다.

[101] 동아일보 1949.4.5.
女子도 義勇隊員 李 社會部長官 全南 視察談

참담하였던 전남반란사변지구의 그 후의 복구상황 시찰 겸 동 지구 이재민을 위문하고자 사회부 장관 이윤영(李允榮) 씨는 지난 3월 28일부터 4월 1일까지의 5일간 동 지구를 시찰한 바 있었는데 작 4일 다음과 같은 시찰담을 발표하였다

『나는 금번 대통령의 명을 받들어 전남반란지구 즉 여수 순천 구례 광주 전주 등지를 순회 위문하였는데 듣던 바와 같이 여수에는 시가중심지에 천9백 세대가 소실된 참상이며, 현재 얇은 판자조각으로 응급수용소를 지어서 들고 있었으며, 구례(求禮)서는 수천 명의 남녀 군민(郡民)이 죽창(竹槍)을 메고 여자들은 의용대 마—크를 달고 공동방위의 태세를 갖추고 있으며, 순천에서 본 이재동포들이 늘어선 모양과 희생자들의 묘지 조문은 당시의 참상을 회상케 하였다.

아직도 잔존한 반도들이 부락에 출몰하고 있어, 이에 대한 군경의 눈물 겨운 활동에는 경의를 표하지 않을 수 없었다.

나는 도처에서 많은 환영과 아울러 많은 하소연을 들었는데 앞으로 이들 동포에 대한 구제와 복구사업에 전력을 다하겠다.

[102] 조선중앙일보 1949.4.13.
濟州道 視察과 國民組織 强化(一) 李 大統領 談話

지난 9일 제주도의 치안상항을 시찰과 아울러 현지 군경의 노고를 위로 격려하고 동일 귀환한 이(李) 대통령은 작 12일 제주도 시찰과 국민조직 강화를 강조하는 다음과 같은 담화를 발표하였다.

반란분자를 소청하지 못하고서는 생명과 재산을 보호할 수 없겠다는 관찰로 단축한 시간 내에 다 숙청하기로 결심인바, 제주도에서부터 먼저 정돈하고 차서로 올라오며 진행하는 중이니 정부와 민중이 다 이에 합심합력해야 하루바삐 안돈시키고 건설사업을 더욱 장애 없이 진전할 것입니다.

수주일 전에 특별경찰과 국군을 더 파송하고 국무총리와 내무부 장관이 친히 가서 지휘하고 온 후로 산에서 굴을 파고 군기를 사용하며 밤에 민간에 내려와서 살인 방화로 식량을 강탈하는 비도 중에서 돌아와서 귀화한 공산분자가 남녀 합하여 2천8백 명에 달하였으나 아직도 겁이 나서 내려오지 못하고 있는 수효가 몇 천 명 된다는데, 가장 곤란한 것은 여러 촌락이 불에 타서 의지할 곳도 없고 먹고 입을 것이 없어 죽을 지경에 이르렀다 하므로 申 국방장관과 李 사회부장관을 파송하여 구제책을 연구 중인 바, 정부와 각 구제회와 내외국인 종교단체에서 식물과 의복과 약재를 연속 보내주어 많은 구휼은 하고 있으나 당장에 거처할 가옥이 없고 곡종(穀種)이 많이 불에 타고 난민들에게 도적맞은 결과 지금 농사를 짓기 어려우므로 3십만 명 총인구 중의 3분지 1이 도로에 난산하고 있나니, 이것을 구제하려면 정부 힘만으로는 할 수 없으므로 이미 사회부의 계획을 따라서 복표를 팔아 많은 금액을 모집하여 제주도의 또 다른 반란구역의 이재민까지 돕기로 진행 중이니 하루바삐 복표 발행을 실시할 것이오, 민간에서는 동포구제책으로 많이 팔아서 큰 도움이 되도록 하기를 바라는 바입니다.

금월 9일에 내가 정형을 친히 조사하며 이재 동포를 위문하기 위해서 미리 광포하지 아니하고 당지에 가서 정형을 대략 살피고 당일 오후에 회환하였는데, 관민이 공산당의 화근이 어떠한 것을 다 알지 못하고 거짓 선전에 빠져서 과히 큰 관심을 이미 갖고 있다가 이같이 참혹한 화를 당한 후로는 이 분자들을 그냥 방임하고서는 다 같이 살 수 없다는 결심으로 군경과 합의해서 숙청하기에 전력하는 중이므로 얼마 아닌 기한 안에 다 청쇄할 줄 믿고 국군 지휘관 유재흥 대령의 지도로 연속 산을 포위하고 올라가서 땅에 묻은 군기와 식량도 빼앗아 내려온 것이 총과 탄환과 군도가 많이 쌓여 있으며 일변으로 또 잡어서 내려온다는데 무식한 남녀들이 공산당 선전에 속은 자도 있고 또는 집이 다 불에 타매 갈 곳이 없어 도로 올라간 자도 있었으나 산상에서 살 수도 없고 식물은 더 도적할 수도 없어 형용이 말 안인 남녀가 어린 아이들을 데리고 내려온 것이 2천 8백여 명인데. 이 사람들을 다 넓은 공청에 □을 나눠서 거처시키며 하루 두 끼씩 밥을 먹이는데 반찬이 없음은 물론이오, 소금도 구하기 어려워서 맨 밥을 먹어 지내게 한다는데 이와 빈대가 꾀어서 말할 수 없는 형편에 있으므로 DDT 약을 보내서 청결시키려 하는 중이나 식물과 의복과 거처 범절이 제일 급한 중이므로 내지에서 구제를 급히 하지 않으면 더 부지하기 어려운 형편이요 그중에서도 더욱 급한 것은 거처할 집을 마련해 줄 것인데 다행히 산에서 재목은 가져올 수 있으나 많은 재정을 요구하는 터이므로 복표 발행이 하루가 급한 것입니다.

이와 같이 관민합작으로 반란분자를 다 소탕시키고 구제책을 힘껏 준비하는 중이나 한번 숙청하고 방임하면 또다시 반란분자들의 공작을 막기 어려울 것이므로 차후로는 다시 이런 분자들이 발을 붙일 수 없게 만들어야 될 것이니, 그럼으로 해안경비대와 우리 해군이 속행선과 순양대와 포격대를 강화해서 해외에서 잠입하는 무리를 다 토벌하여 밖에서 반동분자들이 들어오지 못하게 만들며, 우리 공군이 해상과 산위에서 주야 사탐하여 반역배들이 숨길 곳이 없게 만들 것이므로, 정부관리나 군경 중에도 목숨을 아끼지 않고 반공에 진력하는 지도자로서 주권을 가지게 할 것이며, 국민회와 청년단과 부녀단을 정부 후원기관으로 각 동리와 촌락에 절실히 세포조직을 완성하여 동일한 주의와 동일한 행동으로 서로 보호하며 연락해서 물샐 틈 없이 조직해 놓고 어느 집 틈에서든지 타처 사람이 들어와서 하룻밤이라도 자게 될 때에는 24시간 이내로 최근 경찰관서에 보고해서 일일이 조사하므로 반란분자들이 자유 행동할 곳 없도록 만들 것입니다. 이것이 즉 민족의 자호책이오. 따라서 국권을 공고케 하는 방식임으로 유－럽 각국에서 이와 같이 하는 나라들이 점점 많아져서 伊太利에서 더욱 이와 같이 진행하기로 새로운 기분을 발휘하는 중이니, 우리는 해방 이후로 모든 국제 장애가 있는 중에서도 여일히 분투하여 온 것이므로 지금은 이 정책을 더욱 발휘해서 전국적으로 관민이 합작하여 강화 실시해야만 될 것입니다.

[103] 서울신문 1949.4.27.
最大限 公平 企圖 申 國防長官 叛亂暴徒 軍裁에 言及

26일 신(申) 국방장관은 기자단과 회견하고 기자단 질문에 대하여 요지 다음과 같이 말하였다.

▲ 中國事態의 韓國에 미치는 영향 ＝ 군사방면으로 우리에게 미치는 영향은 없을 것이다. 중국공산군의 행동은 중국에서 그치지 우리 한국에 대하여는 하등의 관계가 없다. 만일 이북에서 중국의 본을 보고 남(南)으로 내려온다면 넉넉히 막을 힘과 자신이 있다.

▲ 軍機構 改革問題 ＝ 기구 개혁은 최소한도의 인원(人員)을 가지고 최대의 능률을 발휘하자는 것이다. 이유는 일 자체가 그러하고 경제문제로도 풍족치 못한 나라에서 많은 돈을 쓸 필요가 없다. 어디까지나 일을 위

한 것이지 사람을 위한 것이 아니다. 큰 변동은 없을 것이며 시기는 될 수 있는 대로 신속히 하려고 한다.

▲ 護國軍 增募問題 = 증모는 중지하였다.

▲ 叛亂地區 軍裁 再審問題 = 경솔히 할 문제가 아니므로 신중 고려중 이다. 사람으로서 할 수 있는 최대한도의 공평을 기하고자 하며 최소의 희생자를 내려고 고려중이다.

[104] 경향신문 1949.4.30.
過勞 氣色없는 "大統領" 軍官民 迎接裡에 昨日 歸京
內外記者團에 南道地方 實情을 披瀝

정부수립 후 처음으로 지방행정과 민정 등 시찰차 지난 22일 오전 9시 30분 부인 동반 특별열차로 서울역을 출발한 (李) 대통령 일행은 그간 지방민의 열광적 환영리에 부산 진해 여수 순천 광주 등 약 1주일간에 걸쳐 남도일대를 시찰하였으며 특히 여수 순천지구에 있어서는 이(李) 대통령이 친히 이재민을 방문하고 그들의 처참한 생활을 목견하고 따뜻한 위로를 하는 등 각 방면에 걸쳐 민정을 시찰하고 29일 하오 1시에 무사히 서울역에 도착 귀경하였다. 이날 서울역두에는 대통령의 귀경을 영접하고자 이(李) 부통령을 비롯하여 이(李) 국무총리, 신(申) 국회의장 등 문무 영접 리에 정각 1시 대통령 일행을 실은 특별차가 태극기를 휘날리며 홈으로 들어오자 때를 기다리던 해군 군악대의 애국가 주악 리에 이 대통령은 부인 동반 하차하여 도열한 육해군 장병의 「받들어 총」을 받으며 서울역 귀빈실에서 잠시 쉬게 하였다.

대통령 휴게시간을 이용하여 내외 기자단에게 금번 여행의 소감을 별 항과 같이 말한 후, 1시 30분 서울역전에서 중앙청 앞에 이르기까지 군경과 민보단 학동 일반시민이 질서 정연하게 도열하여 환영하는 가운데 일로 중앙청으로 무사히 귀착하였다.

所感披 要旨

소감이 많다. 일반 동포들이 국권이 회복되어 정부가 수립된 데 대하여 모두 기뻐하는 것을 보았다. 여수에서 공산파괴분자들의 방화로 인하여 집을 태우고 그 자리에다 가마니로 거적을 치고 있는 이재민을 만났는데, 부인들이 어린애를 안고 그래도 웃는 얼굴을 보았을 때 눈물이 나왔다. 이것이 일본이나 다른 나라와 싸웠다면 모르겠으나 조선사람끼리 싸워서 이렇게 만든 것을 생각할 때 가슴이 아팠다. 국회는 하루바삐 여수 순천 부흥에 관하여 힘쓰기 바란다. 그리고 남원(南原)에서 지리산 폭도들의 무기 압수한 것을 보았다. 또 광주(光州) 제3육군병원을 방문하였을 때 약 130명가량의 나이어린 군인이 입원하였었는데 그들의 하루의 비용이 125원이므로 충분한 식사를 제공할 수 없다는 말을 들었는데 병든 사람만이라도 배부르게 먹여야 하겠다고 생각했다. 전적으로 치안은 다 규정되었다고 본다. 지리산에는 무기가 없는 약 25명가량의 폭도가 남아있는데 불원간 섬멸될 것이나. 일반민중이 폭동 재발 미연방지책을 요망하고 있으며 이것은 지방에서 자발적으로 실시 중에 있는데 앞으로 국민회를 강화하여 관민과 군경이 합작하여 치안유지에 노력해야 할 것을 느꼈다. 특히 정예 10만의 상비병과 청년단체를 중심으로 20만의 예비병이 필요할 것이다.

[105] 동광신문 1949.5.6.
第二次 敎員 肅淸 不遠 學務局서 斷行?

도내의 반란사건 종료와 아울러 각 학원에 잠재(潛在)하여 있는 불온교원 4백여 명을 지난번에 숙청을 단행한 바 있는데, 이번에 또다시 전남도 경찰국으로부터 도내 각 (大·中·初) 학교 내의 불온사상 혐의를 내포하고 있는 교원 1천여 명을 지명 통첩하여 도 학무당국에 숙청 요청이 있었다는 바 이에 대하여 불원간 전면적인 숙청 선풍이 도내 각 교에 있을 것이 예상되는데 이 문제에 鄭 학무국장은 다음과 같이 말하였다.

현하 교원 부족으로 커다란 지장을 받고 있는데 이 문제에 安 문교부장관과도 상의한 바 있어 학교가 폐쇄되더라도 근본적인 숙청이 있어야 된다고 언명한 바 있었다. 그러므로 불원간 단행치 않으면 안 되겠다.

[106] 호남신문 1949.5.17.
叛禍지구에 食糧

전남도 사회과에서는 도내 반화(叛禍)지구 조난민 구호식량으로 지난 4월 20일 중앙 사회부에 특별 신청하여 지난 12일 백미 281섬 소맥 430포대 소맥분 84포대가 도착하였다고 하는데, 동 과에서는 다음과 같이 할당하여 14일 현물을 각각 발송하였다고 한다. 그리고 지난 3월 28일 사회부로부터 배부된 반화지구 조난민 응급 구호물자인 솜 7487관(10화차 분)이 지난 2일부터 수송 중에 있어 불일내에 도착하리라고 한다.

郡別	小麥(袋)	小麥粉(袋)	白米(가마)
光陽	76	15	118
求禮	147	22	214
谷城	47	9	70
寶城	47	9	72
順天	57	11	84
高興	74	14	110
和順	9	4	12

[107] 호남신문 1949.6.17.

全南 等 叛亂地 救護 追加豫算 37億圓 不遠 國務會議 上程

탐문한 바에 의하면 사회부에서는 전남도를 위시한 반란지구에 대한 응급 구호대책비로 37억여 원의 추가예산을 계상하여 국무회의에 상정하기로 되었다고 한다. 그런데 구호 대상지는 제주(濟州) 전남(全南) 경남(慶南) 경북(慶北) 강원(江原)의 각 도라고 하는데 전남 등 지구는 이로써 제3차 구호대책이라고 한다. 이는 항구적인 구호대책이 아니고 매장(埋葬) 주택(住宅) 수용소(收容所) 의량(衣糧) 등 긴급을 요하는 것인데 이재민의 구호는 초미의 급무인 만큼 국무회의의 조치가 주목되고 있다.

제2장

정당·사회단체와 국회의 대응

[1] 대동신문 1948.10.24.

慘劇 演出 遺憾 叛亂에 韓獨黨 談

韓獨黨 宣傳部에서는 湖南地方에서 突發한 叛亂에 關하여 23일 要旨 如左한 談話를 發表하였다.

純眞한 靑年들을 이끌어가지고 同族相殘의 慘劇을 演出하는 것은 民族에 對한 罪過를 犯한 것이다. 그리고 日本의 「라디오」는 虛無孟浪한 消息을 放送한 모양이다. 一般同胞는 우리 民族의 仇敵 日本의 謀略的 宣傳에 眩惑함이 없이 理智的 批判力을 가져야 한다.

[2] 동아일보 1948.10.24.

叛亂事件을 審議 國會 二十七日에 開會

國會에서는 지난 15일 20일간 休會를 決議하고 方今 休會 中에 있는데 今般 全南地方에 鎭壓 中에 있는 叛亂軍事件의 重大性에 비추어 同 事件에 對處하기 爲하여 申翼熙 議長은 休會期日을 短縮하여 來 27일부터 國會를 再開할 것을 各 議員에게 通牒하였다 한다.

國務會議 討議 叛亂事件 對處

方今 休會 中인 國會에서는 全南叛亂軍事件의 眞相을 檢討하기 爲하여 지난 22일 內務·治安, 外務·國防 連席 分科委員會를 開催하고, 오전에는 蔡 參謀總長 及 黃 內務次官의 同 事件에 對한 眞相報告를 聽取하고, 오후에는 李 國務總理 及 尹 內務長官의 報告를 聽取한 다음 27일 再開되는 本 會議에 提出할 事件 對策을 審議하였다 한다.

[3] 동아일보 1948.10.24.
叛亂 責任 밝히라 韓民黨 談

韓民黨 宣傳部에서는 今般 全南地方의 國軍叛亂에 關하여 다음과 같은 談話를 發表하였다.

國軍의 叛亂을 보게 된 것은 建國途上 참으로 不幸한 일이라고 하지 아니할 수 없다. 現在의 國軍은 國防警備隊가 그 名稱을 變更한 것인데 그 建軍의 理念에 對하여는 世人의 論議가 있었던 것은 掩폐치 못할 事實이다. 民主主義民族國家를 建設함이 우리의 目的임에도 불구하고 國防警備隊는 이 點에 關하여 萬全을 期하지 못하였던 것이니 今日의 叛亂은 그 뿌리가 깊고 그 由來가 옅다고 보지 아니할 수 없다. 當局者는 事件의 重大性에 鑑하여 이를 鎭靜함에 있어서 有效適切한 모든 方法을 迅速果敢히 取하는 同時에 軍隊 內에도 建國의 理念을 徹底시키는 方法을 徹底히 講究하기를 우리는 要請하는 바이다.

[4] 서울신문 1948.10.24.
麗水事件 關聯 國會 "兩委" 連席會

國會 內 外交國防, 內務警察 兩 委員會는 休會 中임에도 불구하고 麗水地方의 國軍 一部 叛亂으로 因한 重大事態에 비추어 昨 22일 連席會議를 열고 同 事件의 對處方途 討議에 着手하였다.

卽 이날 兩 委員會 連席會議는 상오 11시부터 하오 5시까지 開催되었는데, 同日은 國務總理 兼 國防長官 李範奭 氏, 參謀總長 蔡秉德 氏, 內務部長官 尹致暎, 同 次官 黃熙贊 氏의 出席을 求하여 發生 原因과 現在 狀況에 對

한 說明을 들었다.

仄聞한 바에 依하면, 同 席上에서 國防部 側에서는 叛亂軍의 叛亂作戰에 對한 놀라운 內幕을 詳細히 說明하였다고 하며, 內務部 側에서는 今明間에 完全히 奪還할 수 있다고 言明하였다 한다.

그리하여 兩 委員會 連席會議는 昨 23日도 再開하였는데, 一部에서는 國會로서 現地調査의 必要를 主張하고 있는데 對하여 調査 不必要를 主張하는 側도 있어 討議를 繼續 中이다.

[5] 자유신문 1948.10.27.

叛亂事件 報告 今日부터 國會 再開

休會 中의 國會는 國會法 제3조에 의해 議長 名義로 召集되어 今 27일 오전 10시에 再開된다. 再開 劈頭 全南叛亂事件에 對한 政府 側의 報告聽取와 善後策의 講究가 緊急議題로 上程될 것 같은데, 方今 政府 關係 長官의 全南 現地 出張으로 報告聽取는 一兩日間 遲延될 것으로 보인다. 그리고 이날 動議案을 提起할 것은 公務員法, 審計院法, 國軍組織法, 地方自治法 等 重要 法律案의 委員會 審議를 爲해 每日 午前 會議만 行하고 오후 本會議는 休會해야 하는 것이 있을 것이고, 28일부터는 大統領 施政演說에 對한 質問이 있을 예정이다.

[6] 경향신문 1948.10.28.

動亂地區 三國議員 兩 黃氏와 金氏 安否 憂慮

휴회 중이던 국회는 작 27일 재개되었는데, 제일 먼저 이번 반란사건

보고를 즉시 상정시켜 논의하였다. 이날 반란지구인 여수(麗水) 출신의 황병규(黃炳珪), 순천(順天) 출신의 황두연(黃斗淵), 광양(光陽) 출신의 김옥주(金沃周) 제 의원은 출석을 못하여 그 안부가 매우 우려되고 있다 한다. 특히 김옥주 의원에 대해서는 행방불명설까지 있으며, 황병규 의원은 반란 발생 전날인 19일 밤에 여수에 도착한 것으로 보아 불행이 있지나 않은가 우려되고 있다 한다.

[7] 동광신문 1948.10.28.

赤十字 醫療班 叛亂地區 派遣

대한적십자사(大韓赤十字社) 중앙본부로부터 김연수(金鍊洙)[金鍊珠] 씨를 단장으로 한 의료반 일행 36명이 내도하였는데 금 28일 현지로 향하여 순천(順天)지구에 임시본부를 설치하고 광양 여수 보성 벌교 등지에 임시지부를 설치하여 구호의료 등의 본격적 활동을 개시하리라 한다.

[8] 동아일보 1948.10.28.

麗水叛亂事件에 對處 政府 側 報告를 聽取
緊急對策 審議를 要請

國會 開會

지난 15일 20일간 休會를 宣言한 國會는 全南 叛亂軍事件의 重大性에 비추어 이 問題를 緊急討議하고 그 對策을 講究하고자 休會期間을 短縮하여 昨 27일 상오 10시 20분부터 申翼熙 議長 司會로 제89차 會議를 집집하였

는데, 上程條件으로서 叛亂事件에 對한 政府의 眞相報告를 聽取하기 전에 報告事項에 들어가 特別調査委員會 委員長에 金尙德 議員, 副委員長에 金相敦 議員이 各各 決定되었다는 報告와 張勉 特使의 書翰公開가 있었다. 이어서 叛亂事件 討議에 들어가 먼저 外務國防委員長 崔允東 議員으로부터 大略 政府當局에서 發表한 內容을 報告하고, 이에 대해 曹泳珪 議員의 緊急動議로 動亂에 살상당한 警官 及 良民의 英靈에 默禱를 올렸다. 그리고 政府當局으로부터 國防次官 崔用德 氏의 簡單한 報告가 있은 다음 申性均 議員으로부터 內務部에서 內務治安委員會에 傳達된 事件眞相에 關한 詳細한 書面報告의 朗讀이 있었고, 이에 對한 補充報告로서 黃熙贊 內務次官의 最近事態의 說明이 있었는데, 이에 依하면 이미 소요 近方 各 地區에는 非常警戒를 내리고 있으며, 武器 等의 供給을 비롯하여 被害民에 慰問品을 多量으로 送付하는 한편 서울에서 3백 명이 應援隊를 光州에 派遣하였다고 한다. 다음에 張勉 議員으로부터 事件의 補充報告가 있은 다음 正午에 一段 休會하였다.

[9] 동아일보 1948.10.28.
極右分子 參與說 理解키 困難 金九氏 否定

【서울 27일 發 中央社】韓國政府 方面에서 叛亂 背後人物로 指目하고 있는 韓國獨立黨 委員長 金九 氏는 地方旅行으로부터 歸京하여 中央社 特派員과 會見하고 아래와 같이 말하였다.

『나는 極右分子가 今番 叛亂에 參與하여 있다는 말을 理解할 수 없다. 그들은 極右라는 用語에 關하여 다른 解釋을 내리는 自身의 辭典을 가지고 있는 것으로 보인다. 나는 今番 叛亂을 憂慮하고 있다. 이 不幸한 事件

은 濟州道의 戰鬪와 더불어 民生에 重大 影響을 끼치고 있다. 그리고 純眞한 靑年들을 流血事態로 □□□□□ 없는 罪를 犯하였다. 現在까지의 當局 發表에 依하면 叛徒들의 目的은 北韓政權을 南韓에 延長시키려는 것으로 보인다. 今番 叛亂의 反響에 關하여는 豫測키 어렵다. 그러나 이는 韓國情勢에 對하여 中立的 立場에 있는 一部 유엔會員國의 見解에 影響을 미칠는지도 모른다.

[10] 동아일보 1948.10.28.

叛亂事件에 緊張 國會 再開코 經過報告

國會

國會는 지난 16일부터 20일간 期限으로 休會 中이던바, 申翼熙 議長의 議長特權에 依한 召集으로 昨 27일 상오 10시 20분에 開會되었다.

지난 20일 早晩 麗水 제14연대의 叛亂事件이 發生하여 아직 完全鎭壓을 보지 못하고 있음에 비추어 國會는 緊張한 가운데 申翼熙 議長 司會로 開會되어 車潤弘 議事局長과 地方行政組織法 文句修正에 關한 白寬洙 議員의 報告에 이어 U・N代表團 正使 張勉 氏의 書翰이 朗讀 報告된 後「叛亂事件」에 關한 件을 上程하고 對策 講究를 爲하여 그間 經過에 對한 檢討를 開始하였다. 討議에 앞서 曺泳珪 議員의 動議에 依하여 今次 事件에 犧牲된 故人에 對한 黙念이 있은 다음 外務國防委員會 委員長 崔允東 氏로부터 지난 23일에 召集한 外務國防, 內務警察 兩 委員會 連席會議에서의 國防部 內務部 兩部 長官의 事件 經緯 報告 內容에 關한 報告가 있었다. 이어서 國防部次官 崔用德 氏와 內務部次官 黃熙贊 氏로부터 27일 상오 7시 30분 現在까지의 簡單한 報告와 裵憲 議員의 光州에서의 見聞報告가 있은 다음 상오 會議는 12시에 散會하였다. 黃 次官은 그 報告에 있어 新聞에 報道된 것

과 동일한 內容을 說明하고 現地 警察部隊는 武器補給을 要求하고 있으나 아직 그 補給이 圓滑치 못하다는 것과 26일 하오에 約 8백 명의 警察官을 現地에 增派하는 同時에 殺害警官 及 良民家族에게 慰問品을 發送하였다고 말하였다. 그러나 이 程度의 報告로는 그 對策을 適切히 講究할 수 없다는 空氣가 濃厚하였으며, 또 崔用德 次官은 國防 內務 兩 長官이 現地에 갔으므로 確實한 情勢는 兩 長官 歸任 後에야 把握할 수 있을 것이며, 따라서 2, 3일 後에 그 對策은 講究는 될 것이라고 말한 바 있어 國會로서 現地調査隊를 派遣하자는 意見도 講究하고 있다.

[11] 서울신문 1948.10.28.
叛亂軍事件을 上程 討議에 公開與否를 論議
休會 中의 國會 二十七日 再開

지난 14일 國會는 「地方會□組織에 關한 臨時措置法」 等의 □□를 끝마치고 15일부터 20일간 休會에 들어갔는데 多事로운 國□下에 緊急한 諸案件을 □□하기 爲하여 豫定 開會日 1주일을 앞두고 議長의 特別指示로 27일 國會를 再開하게 되어 問題의 叛亂軍事件이 이날의 議事로써 眞摯한 討議가 展開되었다.

27일 89차 國會는 議事日程에 따라 「叛亂事件에 關한 件」의 討議에 들어가 外務國防委員會로부터 叛亂軍事件에 關하여 이미 紙上에 報告된 바와 같은 簡單한 報告가 있은 後 이 問題에 對하여 討議하기 前에 우리는 今般의 事件에 無慘히 쓰러진 護國英靈에 默禱를 올리자는 動議가 있어 全員 1분간의 默禱가 있었다.

이어서 國防部次官과 內務部次官으로부터 該 事件에 關하여 報告를 하게 되었는데 이것을 報告한데 있어 公開로 할 것인가 非公開로 할 것인가

가 다음과 같이 論議되었다.

▲ 鄭海俊 = 3천만 人民 앞에 事實은 事實대로 報告하여야 할 것이니만큼 非公開는 不當하다.

▲ 徐禹錫 = 24일 麗水 順天이 完全 奪還하였다고 報告된데도 不拘하고 25일에야 總攻擊을 開始하였다는 것은 人心收拾을 爲하여 한 報告란 것을 알게 되었는데, 今般의 內務部 報告에 있어 非公開에 부칠 內容의 것이 아닌 報告라면 眞實한 報告가 아니고 이것 亦是 人心收拾에 不過한 報告일 것이니 우리는 다만 眞實한 報告만 듣고 싶은 것이다.

▲ 柳聖甲 = 우리는 眞實한 當面의 報告를 듣기 爲하여 非公開를 動議한다. 柳聖甲 議員의 動議에 再請이 있었으나

▲ 國防部 次官 崔容德崔用德) 氏 그대로 登壇하여 = 新聞에 낸 內容과 內務部 等에서 發表한 그 報告 外는 發表할 아무런 報告가 없다하여 諸 議員을 失望케하고 내려가자

▲ 鄭濬 = 누굴 믿고 살 것이냐. 우리는 事實을 事實대로 알아 우리 祖國을 새로운 方向으로 引導하여 나가지 않으면 안 될 것이다.

이어서 內務治安委員長 申性均 議員의 內務部次官 黃熙贊 氏의 이亦 이미 紙上에 報告된 바와 같은 報告가 있었는데

▲ 裵憲 議員으로부터 = 全州에 내려간 直後 第8管區廳長에게 들은 바에 依하면 90台 트럭의 物資, 貨幣 等을 掠奪하여 白雲山으로 逃走하였다 하며 警察官의 婦女까지 虐殺한 言語道斷 狀態라는 報告가 있은 다음 12시 반 散會하였다.

[12] 서울신문 1948.10.28.

正確한 報告 要求 叛亂事件에 場內 緊張
休會 中이든 國會 昨日부터 再開

昨 27일 오전 10시 休會 中에 있던 國會는 申議長 司會 下 再開되었다. 國會가 去上 5시부터 20일간의 休會에 들어간 지 不過 4, 5일 後에 全南 麗水에 叛亂事件이 突發하였고, 이에 對한 軍警의 鎭壓戰이 全南 南海岸 各地에 展開되고 있는 此際, 이 緊急事態에 對處하기 爲하여 議長은 國會法 第3條의 規定에 따라 休會期間을 다 채우지 않고 昨日 國會의 再開를 召集한 것이다. 그間 歸鄕한 地方議員들은 續續 上京하여 再開日인 昨日 國會 出席 議員인 98인(會議途中 117인으로 增加)으로 過半數를 넘어 開會 成立을 본 것이다. 그러나 議員 中에 叛亂地域 內의 出身議員으로 事件 發生 前에 歸鄕한 金沃周(光陽), 黃炳圭(麗水), 黃斗淵(順天)의 3議員의 消息이 없어 그 身邊의 安危를 念慮하며 緊張된 가운데 申 議長은 國會를 緊急 召集한 事由를 말하고 國會 開會를 宣布한 것이다.

먼저 報告事項으로 14일 本會議서 通過한 地方行政組織法을 16일 政府에 移送하였으며, 反民行爲特別調査委員會의 委員長에 金尙德 氏, 副委員長에 金相敦 氏가 各各 選任되었다는 議事當局의 報告가 있었으며, 申 議長으로부터 去 10월 18일부로 來信한 張勉 國聯代表의 書翰內容을 報告 朗讀하였다. 그런 다음 叛亂事件에 關한 件을 議事로 上程하여 事件 發生 翌日(20일)부터 待機하여 隨時 國防部와 內務部로부터 情報를 듣고 있던 在京 國會 外務國防委員會와 內務治安委員會를 代表하여 外務國防委員長 崔允東 議員이 其間의 事件 推移狀況에 對해 新聞發表 程度의 報告를 한 다음 場內 肅然한 가운데 曹泳珪 議員이 議事 途中이지만 殘忍無道한 叛亂으로 無慘히 쓰러진 善良한 同胞와 愛國烈士의 護國英靈에 黙禱를 바치자고 動議를 하여 1분간 黙念을 하였다. 그런데 앞서 崔 委員長은 그 報告에서 內務部와 國防部의 情勢가 同一하지 않고 正確치 않은 것이 있다고 하였는데, 이

에 對해 確實한 眞相을 미리부터 出席한 崔 國防部 次官과 黃 內務次官으로부터 聽取하자고 李恒發 議員이 動議하여 政府責任者의 報告를 非公開裡에 듣느냐 公開席上에서 듣느냐 論難 끝에 報告에 秘密事項이 없다고 하여 그대로 公開席上에서 報告를 하게 하였다. 그리하여 먼저 崔 國防次官이 登壇하였으나 長官이 方今 現地에 出張 中으로 歸任하면 詳細한 眞相報告가 있겠고 그때 對策을 充分히 協議하자는 程度로 말하매 鄭濬 議員이 우리는 좀 더 眞摯한 態度를 取하여야 할 터인데 崔 次官의 報告는 遺憾이다. 우리 國民은 누구를 믿고 살 것인가. 이 現實에 幻滅을 느낄 뿐이다. 正確한 報告가 있어야만 우리도 새로운 決意를 가질 수 있고 祖國을 새로운 方向으로 이끌어 나갈 수가 있을 것이라고 悲憤히 發言한 다음 27일 오전 7시 30분 현재까지의 狀況에 對한 黃 內務次官 書面報告를 申性均 內務治安委員長이 朗讀한 後 정오 休會하고 오후 2시 續開하였다.

[13] 서울신문 1948.10.29.
　　27日(下午 十時) 麗水奪還　秘密會議 열고 軍事治安狀況 報告
　　現地에 調査團 派遣

國會는 28일 상오 10시 15분에 제90차 本會議를 開催하고 申翼熙 議長 司會 下에 먼저 張勉 U · N代表團 委員長에게 激勵電을 打電하였다는 것과 文敎厚生委員會에서는 基督公報에 揭載된 國旗冒瀆事件은 責任者의 謝過로써 一段落을 지었다는 것 等 報告가 있은 다음 國會議長은 全南地方叛亂事件을 調査하고 國會로서 慰問을 表하고자 28일 崔允東 裵憲 洪淳玉 李萬根 議員을 비롯하여 專門委員 及 事務員 等 8명을 現地에 派遣하였다는 報告가 있었고, 金雄鎭 議員으로부터 麗水 出身 黃斗淵 議員은 安否가 不明하였으나 半島『호텔』 제204호실에 있는 責任있는 사람 말에 依하면 同 議員은

當地 某 宣敎師 집에서 保護를 받고 있다 하니 그의 身邊을 保護하도록 建議하는 同時에 곧 國會에 出席할 수 있도록 善處하자는 要請이 있어 申 議長은 이에 對하여는 內務部와 地方官廳에 適切한 連絡을 取하겠다는 言明이 있었다.

이어서 資格審査委員會 委員 金載學 議員으로부터 새로 通過된 國會法에 依하여 懲戒委員會와 資格審査委員會 倂合 改議에 着手하였으나 苦哀이 있어 委囑된 責任을 履行치 못하겠다는 報告가 있어 申性均 議員의 改議대로 從來 資格審査委員과 懲戒委員 中 他 委員을 兼任하지 않은 14議員은 그대로 두고 兼任된 議員 15인 중에서 6명을 適當히 選拔하기로 可決하였다. 이는 豫定에 依하여 現地 狀況報告次 11시 5분에 李範奭 國務總理와 尹致暎 內務長官은 國會에 出席하였는데, 國會는 11시 10분부터 秘密會議로 들어갔다. 同 秘密會議에는 副統領 李始榮 氏, 李仁 法務部長官, 安浩相 文敎部長官도 參席하였으며 하오 1시 10분에 마쳤다.

仄聞한 바에 依하면 秘密會議는 李 國務總理는 主로 軍事關係 尹 內務長官은 治安關係를 報告하였다는바 麗水는 再昨 27일 하오 10시에 奪還하였다 하며 麗水奪還은 1, 2 兩次 作戰이 失敗한 뒤 成就된 것이라고 말하였다한다.

叛亂軍은 都市 部落 侵入과 同時에 準備한 名單에 依하여 警官, 右翼政客 靑年團體員들을 虐殺하였는데 虐殺은 1, 2, 3級으로 區分하여 殺害方法이 달랐다고 말하고 慘酷한 狀態는 이루 形容할 수 없다고 말하였다 한다. 同 席上에서 兩 長官은 今般 視察 結果를 檢討하여 適切한 對策을 講究할 것을 闡明하는 同時에 그 收拾에 있어서는 强力手段을 取할 길만이 있을 뿐이라고 言明하였다 한다.

[14] 자유신문 1948.10.29.

叛亂事件 處理 國會서 緊急性 力說

27일 오후 國會 本會議는 2시 반부터 申 議長 司會 下 續開하였는데, 먼저 議長으로부터 本會議와 常任委員會와의 事務處理 關係上 會議時間에 關해서 討議를 하자는 提案이 있자 陳憲植 議員이 28일부터 本會議는 오전 10시부터 오후 1시까지만 하고 오후 2시 以後는 各 常任委員會를 關催하자고 動議를 하여 表決한 結果 滿場一致로 可決되었다.

이어서 鄭濬 議員이 發壇하여 午前 會議에 있어서 國防, 內務 兩 次官의 全南 叛亂事件에 對한 報告는 充分치 못하므로 國防, 內務 兩 長官이 現地 視察에서 歸還하는대로 卽時 叛乱全貌에 關한 詳細한 報告를 듣자는 動議가 있어 徐禹錫 議員은 如此한 國家의 事件에 關하여 責任 國防長官은 國會의 要請이 있기 前이라도 마땅히 自進하여 國會에 나와서 報告를 行하여야 할 것이니 구태여 國會에서 要청을 할 必要는 없다고 反對發言을 하였으나 結局 表決에 부쳐 動議가 可決되었다.

그다음『大統領 施政方針에 對한 質疑의 節次』에 關한 討議事項에 들어가 먼저 李周衡 議員으로부터 質疑申請이 177인이나 되고 件數가 339건이나 되는 尨大한 質疑案件을 整理하기 爲해 이 案件을 먼저 關係 常任委員會에 廻付하고 이를 整理한 後에 本會議에 提出토록 하자는 動議가 있자 趙憲泳 議員은 國會召集 目的이 全南 叛乱事件의 對策을 講究함에 있음에도 不拘하고 이와는 別다른 案件을 討議함은 不可하다는 反對發言을 하였으나 表決結果 在席 101명, 可 61명, 否 無로 質疑件을 整理하자는 動議가 可決되었다.

이어 鄭光好 議員이 發言權을 얻어 叛乱事件을 處理할 緊急性을 力說하고 이와 關聯하여 지난 9월 29일 國會 第79차 本會議에서 可決을 보고 法制司法委員會에 起草를 委託하였던 叛乱行爲處罰法案을 早速히 作成하여 오는 11월 1일(月) 本會議까지 提出토록 하자는 動議를 하여 在席 105명에

可 81명, 否 無로 可決되고 오후 4시 閉會하였다.

[15] 자유신문 1948.10.29.

秘密會議 열고 李總理 叛亂眞相 報告

國會 90차 本會議는 28일 오전 10시 15분 申 議長 司會로 開議 報告事項
으로

▲ 反民行爲特別調査委員은 調査上 必要에 依해 司法警察官을 指揮命令
할 수 있게 反民法을 修正하자는 金尙德 外 9議員의 修正提案을 法制司法
常委에 廻附(議事局)

▲ 基督公報 揭載의 國旗冒瀆記事에 對한 崔雲敎 외 19議員의 動議案에
對한 文敎厚生委員會의 審査結果(朱基鎔 委員長)

▲ 全南叛亂事件의 眞相調査를 爲하여 外務國防委員長 崔允東, 內務治安
委員會 洪淳玉, 李萬根, 裵憲 委員 等 8인을 3, 4일간 豫定으로 28일 朝 現地
에 派遣(申 議長).

▲ 叛亂事件에 있어 安危와 去就가 不明한 黃斗淵(順天 出身) 議員은 方
今 順天 市內에 宣敎師와 함께 無事히 있다는 消息(金雄鎭 議員)의 各 報告
가 있은 後 國會法 改正에 따라 懲戒資格委員會를 各各 分離再編하되 各 常
任委員長 會議에서 適當히 再編報告하도록 하자는 徐禹錫 議員의 提議가
在 125, 可 74, 否 23으로 可決되었다. 그리고 11시 15분에 全南叛亂 現地를
視察코 着任한 李 國務總理와 尹 內務長官의 眞相報告를 듣기 위해 傍聽客
을 退場시키고 非公開 裡에 먼저 李 國務總理로부터 報告를 들었다.

[16] 동아일보 1948.10.30.
叛亂事件 緊急對策 審議
國防軍을 一層 强化 民心收給에 萬全 期하라

國會

只今 제91차 本會議는 昨 29일 상오 10시 15분부터 金若水 副議長 司會로 開會되었다. 먼저 권희태 議員으로부터 全南叛亂事件을 今日 議事日程으로 決定하고 議事를 進行하자는 動議를 可決하고 各 議員은 悲慘한 同族相殘의 解決策을 熱烈히 陳述하기 始作하였다.

먼저 李恒發 議員으로부터 國務總理가 兼任하고 있는 國防部 長官을 새로 任命하여 國防을 强化하자는 動議가 있었으나 結局 否決되고 徐禹錫 議員의 이번 全南事件에서 叛徒들과 惡戰苦鬪한 愛國志士들에게 慰文을 보내자는 動議를 可決하였다.

다음에 吳龍國 議員이 登場하여 濟州道 附近에 蘇聯 潛水艦이 때때로 出現하고 있으므로 이번 全南叛亂事件도 이에 關聯된 것으로써 먼저 濟州道 問題를 圓滿히 解消하여야 한다는 發言이었다. 이어 金長烈 議員으로부터 法律 國軍 警察隊를 强化하는 것도 좋겠지만 먼저 政府는 民心을 收拾할 方案이 時急한 것이다, 政府 側에 對하여 全國的 愛國政黨 社會團體 各 靑年團體를 一場所에 召集하고 民心의 收集策을 講究할 것을 要請하자고 動議하였다. 다음에 尹致暎 內務長官 登場하여 各 地方에 南勞黨 指令이 있어서 이에 依하여 左翼系列은 行動을 取하고 있는 듯하나 警察은 速速 이를 探知하고 檢擧 中에 있으며 今日부터 警察을 强化하기 始作하였고 全南 叛亂軍의 被害地에는 速速 救濟品을 보내고 있다는 報告가 있었다.

그리고 崔雲敎 李晶來 兩 議員으로부터 政府의 大統領 以下 國務委員 全部와 國會議員 全部가 한 場所에 集合하여 全南叛亂事件의 確乎한 政策을 세우자는 動議가 있었으나 否決되고 말았다.

金相敦 議員으로부터 現 建國 途上에 民心도 收拾할 것이며 民生問題 解

決을 爲하여 料亭 遊興 等 禁止시키기를 大統領에 建議하자는 動議를 可決하였다.

李靑天 議員으로부터 먼저 共通된 政策, 統一된 思想이 急先務이며 共産主義나 民主主義나 우리 民族은 思想을 統一하여야 한다. 今般 叛亂事件을 일으킨 軍隊는 濟州道 討伐隊로 輸送 中에 있었던 것이라니 이것은 마치 共産軍 討伐이 아니고 應援隊로 보낸 格이 아닌가, 이러한 失責은 當然히 政府가 서야할 것이며 事件 後에도 愛國團體들이 이에 協力을 않고 방관하고 있는 것을 政府는 어떻게 生覺하고 있는가, 그리고 國會 내에도 一致 團結할 생각은 적어 무슨 俱樂部는 무슨 會는 團體만 組織하여 分派되고 있는 것은 大端 遺憾事다.

以上 여러 가지 現事態에 비추어 國防軍의 再組織과 새로운 編成으로 一層 强力한 國軍으로 다시금 叛亂軍事件이 發生하지 못하게 하여야 할 것이다.

金明東 議員 外 2議員으로부터 全國 同一 愛國政黨 社會團體를 政府에서 召集하고 民心을 收拾하자는 金長烈 議員의 動議를 再請하였다. 結局 票決에 부친 結果 否決되었다. 다음에 金長烈 議員으로부터 全南叛亂事件의 眞相調査委員 20명을 選出하되 選出方法은 議長 外 3인에게 一任하자는 動議가 있었으나 이것도 否決되었다.(12시 50분 閉會)

[17] 동아일보 1948.10.30.

國民이 協力할 수 있도록 政府態勢 整備하라

韓民黨 談

韓國民主黨 宣傳部에서는 全南叛亂事件에 對하여 다음과 같은 談話를 發表하였다.

今番 全南의 叛亂事件은 詳細히 報道됨에 따라서 그 天人共怒할 殘忍相이 참으로 言語道斷한 바로서 3천만 民族의 痛憤을 禁치 못할 바임이 明瞭하게 되었다.

이 叛亂事件이 單純히 軍의 行動에만 그치는 것이 아니고 左翼系列의 策動과 緊密한 聯結關係가 있음을 볼 때에 우리는 그 國際的 性格을 또한 明白히 認識하게 되는 바이다. 그 震源을 38線 以北에 두고 世界的 共産主義的 聯絡이 있다는 點을 생각할 때에 우리는 그것을 決코 一局部的 一時的 現象으로 볼 수 없고 그 重大性을 冷徹하게 把握하지 아니하면 아니 될 것이다. 그리하여 그 事件의 處理에 있어서 政府나 國會나 國民이 渾然一體가 되어 當하지 아니하면 아니 되리라는 것을 생각케 되는 바이다.

그러나 政府로서는 國會나 國民이 衷心으로 協力할 수 있도록 政治的 態勢를 警備하는 것이 絕對的으로 必要하다는 것을 忘却하여서는 아니 될 것이니, 要컨대 問題解決의 要諦는 大義를 살리기 爲하야 虛心坦懷로 一大勇猛心을 振作하야 邁進하는 데 있다고 생각되는 바이다.

[18] 자유신문 1948.10.30.
根本을 是正하자 叛亂收拾의 緊急對策
遊興停止 等 國會에 熱論 展開

昨 29일 國會 제91차 本會議는 叛亂事件 收拾對策에 關한 것을 緊急議題로 上程하여 眞摯한 討議를 하였는데 이날 決議된 事項은 叛亂鎭壓에 從軍하고 있는 軍警에 激勵文 及 慰問文과 함께 慰問金을 보낼 것과 大韓民國이 國聯의 승인을 받고 또 現 叛亂事態가 收拾될 때까지 一切의 遊興(料亭, 興行物 包含)을 停止하는 徹底한 團束을 내리도록 大統領에 建議할 것 等이다.

이날 叛亂事件 收拾對策에 對한 各 議員의 發言要旨는 다음과 같다.

▲ 李恒發 = 政府는 從來의 官僚的 態度를 버리고 새로운 體制를 갖추어야 할 것이요, 國會는 內部의 派爭을 淸算하고 大同團結하여야 한다. 國務總理가 國防長官을 兼任하고 있는 것도 不可하다. 國會는 休會를 하고 議員 全員이 宣傳工作을 할 必要가 있다.

▲ 徐禹錫 = 事件 現地 特히 光州에서는 民間에서 救濟物資 慰問金을 釀出하여 現地로 보내고 있는 이때 우리는 그대로 가만히 있을 수 없으니 한 사람 앞에 30圓式을 내어 叛亂 鎭壓戰에 從軍하고 있는 軍警에 送付하기를 動議한다(激勵文과 慰問文을 함께 보내기로 在席 124, 可 90, 否 0으로 可決).

▲ 金長烈 = 事態收拾에는 根本問題와 放棄問題가 있다. 根本을 是正치 않고는 어떠한 좋은 手段方法으로라도 完全히 整理를 할 수 없다. 今般 事件에서는 國會나 政府만이 關心을 가진 것이 아니고 全 民衆이 가지고 있다. 그럼으로 全國의 政黨 社會의 各 團體의 愛國 指導者들을 招請해서 政府와 國會가 한 자리에 모여 對策을 講究해야 될 줄 안다. 여기에 비로소 疑心, 恐怖, 對立도 解消될 것이다.

▲ 趙漢杓 = 지금 事態는 急迫하다. 濟州와 全南뿐 아니라 首都에서도 要人暗殺計劃이 進行 中이라 한다. 지금 民間에서는 政府와 國會가 對立되어 있다고 보고 있다. 이 기회에 事態收拾을 爲해 國會에서는 政府의 方策을 積極 推進시켜 나가야 할 뿐이다. 李 國務總理가 國防長官을 겸한 것이 잘못이라는 말은 지금 할 말이 아니다.

▲ 崔雲敎 = 政府와 國會가 渾然一致되여 事態를 收拾하여야 할 터이니 그러기 爲해 國務委員 全員이 國會에 出席하여 收拾對策과 重要 政策樹立을 協議하였으면 좋겠다.

▲ 金相敦 = 지금 사람은 無數히 悲慘히 죽어 넘어가고 있는데 吾不關이라고 놀자먹자판 이를 먼저 徹底히 團束하여아 한다. 그럼으로 「유엔」

에서 韓國의 獨立을 國際的으로 承認하고 國內의 現 事態가 收拾될 때까지 一切의 料亭 出入과 低俗한 興行을 禁止를 하도록 大統領에 建議하자(在席 121, 可 65, 否 0으로 可決).

▲ 李靑天 = 38以北과 滿洲, 시베리아에는 巨大한 붉은 軍力을 가지고 있다. 언제 그들이 38以南으로 몰려나올지 모른다. 그들은 體系있는 思想 訓練을 받고 우수한 무기를 가졌다. 그런데 더욱 무서운 武器는 共産主義 思想이다. 이를 克服하려면 武力이나 軍力으로만도 안 된다. 이 共産主義 思想에 對하여는 亦是 思想으로 對抗하여야만 한다. 民族의 中心思想이 있어야 한다. 現在 여러 갈래로 나뉘어 있는 民族陣營을 한데 뭉치고 全 民族의 共通한 思想體系를 세워야만 이 危機를 克服할 수 있다. 政府는 또 政府대로 全 人民의 支持를 받도록 人事와 政策을 刷新하여야 한다. 人心이 政府와 遊離되어 있다. 現 事態를 武力만으로 局部的으로 鎭壓하려는 것은 本末顚倒라 아니 할 수 없다. 더욱이 濟州事件 鎭壓에 共産分子 吳東起 같은 者가 聯隊長으로 있던 제14연대 같은 部隊를 派遣하려고 하였음은 마치 共産軍 討伐에 共産軍을 派送하는 矛盾이 아니었던가. 國防軍의 內容이 이러한 만큼 緊急한 軍隊의 再編이 要望되며 이 再編確立이 있어야만 모 -든 派生的인 問題가 解決된다고 본다.

▲ 金長烈 = 叛亂 收拾을 爲해 只今의 반란收拾對策委員會를 構成하자고 動議(兩次 未決로 廢棄).

▲ 張洪담[장홍염(張洪琰)] = 政府는 과연 民衆의 信賴를 받고 있는가! 더구나 이때까지 우리가 絕對 信賴하고 떠받들고 있었던 李博士에 우리는 도리어 발을 채인 格이 되었다. 왜냐하면 내가 故鄕인 全南地方에 갔을 적에 그 곳 靑年團體 愛國團體에서는 자기네가 이때까지 愛國運動에 全力을 다했음에도 불구하고 警察이나 國軍에서는 자기들을 迎合하지 않을뿐더러 背脊하는 形便이다. 그리고 그네들은 民族을 爲해서는 싸울지언정 現 政府를 爲해서는 到底히 鬪爭할 수 없다고 悲壯한 말을 하고 叛徒와 싸우고 있었다. 그런 故로 참다운 國家의 萬年大計를 爲해서라도 李 大統領은

自己를 爲하고 떠받드는 團體와 陣營을 迎合하기를 □言하는 바이다.

[19] 조선일보 1948.10.30.
叛亂事件 收拾對策에 激烈한 論戰 展開
慰問動議는 滿場一致로 可決

麗水, 順天地方의 叛亂事件問題로 再開 劈頭부터 熾烈한 論爭이 展開된 國會는 29일 第91次 會議에서도 同 事件에 對한 原因 糾明과 收拾策을 中心으로 激論이 벌어졌는데, 이날 決議된 主要事項은 現地 軍警에 對한 救恤 慰問과 「댄스」料亭 出入 卽時 停止 等이었다.

對策討議에 앞서 徐禹錫 議員으로부터 全 議員이 3천 원씩을 據出하여 現地 軍警을 救恤慰問하자는 動議가 있어 이를 滿場一致로 可決한 後, 尹 內務長官으로부터 順天 方面의 그 後 報告로써 現在 河東 方面에서 警察官 850명과 國軍 250명이 叛軍을 追擊掃蕩 中인 바 叛軍 一部는 智異山으로 逃走하고 있다는 續報가 있었다. 이어서 金長烈 議員으로부터 「國會議員으로 時局對策委員會를 組織하되 인원은 20명으로 하고 그 人員構成은 正副 議長에게 委任하여 30일 會議에 報告케 하자」는 動議가 있었고

徐容吉 議員으로부터 「30일 오전 10시 반 大統領 及 全 國務委員은 國會에 臨席하여 今番 叛亂收拾對策을 講究케 하자」는 改議가 있어 各各 2次나 表決한 바 모두 未決되어 廢棄되고 말았다. 그런데 이 事件의 原因과 對策에 對하야 發言한 各 議員의 意見骨子는 如左하다.

▲ 金長烈 議員 = 事件收拾에는 根本問題와 枝葉問題가 있었는데 政府는 國會는 勿論 一般 憂國之士와 合席하여 胸襟을 털어놓고 收拾對策을 論議함이 必要할 것이다.

▲ 趙漢杓 議員 = 一般國民은 政府와 國會가 對立되어 있는 것 같이 보고 있다. 우리는 今番 事件을 收拾함에 있어서 政府를 推進시켜야 할 것이다.

▲ 金相敦 議員 = 今番 事件은 全 民族的 不幸事이므로 今後 料亭 出入과 「댄스」 等의 卽時 停止를 動議한다.

▲ 李靑天 議員 = 우리는 南韓만이 收拾된대도 38線에서의 早晚間 武裝衝突은 免치 못할 것이다. 至今 以北에서 共産軍이 25만, 中國에는 百萬 西伯利亞에도 백만의 大軍이 있는데 이러한 것을 武力으로는 克服하지 못할 것이오, 오직 思想으로 밖에 克服하는 方法 이외에는 없을 것이다. 今次의 叛亂은 民族主義 對 共産主義 兩 陣營의 前哨戰이라고 보며 政府에 對한 不滿과 不信을 말하는 것이다. 國防 責任者는 國民의 피땀으로 된 國費로서 共産軍을 養成하였다는 責任을 모르는가. 過去 政府樹立에 갖은 鬪爭을 하여온 모든 愛國團體를 排斥한 政府는 國民의 信望을 받을 理가 萬無하다. 그럼으로 우리는 民心을 收拾하기 爲하여 糧穀買入法과 反民法을 撤廢하고 UN 監視 下에 兩軍 撤退로서 南北을 通하여 總選擧를 實施하는 同時에 모든 武裝團體를 解體하고 徵兵令을 實施하여 國防軍을 再編해야 할 것이다.

▲ 張洪琰 議員 = 이 事態는 一朝一夕에 發生한 것이 아니요 思想과 政府에 對한 國民의 信賴心이 없는데 遠因이 있는 것이다. 今日 政府는 國民으로부터 어느 程度의 信望을 받고 있는지 疑心되는 바이다. 그 原因은 政府가 愛國團體, 愛國志士를 冷待한데 있는 것이다. 그들은 말하기를 民族을 爲해서는 싸우고 있으나 政府를 믿고는 싸울 수 없다고 말한다. 政府는 모든 愛國團體를 網羅하여 對策委員會를 構成해야 할 것이다.

▲ 金明東 議員 = 人民은 왜 政府를 믿지 않는가. 그는 政府의 官吏나 法律이나 또는 買穀法 等 모든 것이 日帝나 軍政 時와 조금도 다름이 없기 때문이다. 政府의 施策을 國民이 信賴하도록 하기 爲하여 社會 各界의 意見을 들어 政府와 國會가 一席에 모여 議論하기를 바란다.

[20] 동광신문 1948.10.31.

政府 責任 追窮 叛亂事件 싸고 極緊張

國會

【서울 29일 發 合同】今番 全南 地方에서 發生한 叛亂事件 問題를 지난 27일 休會 中이었던 國會는 再開와 同時에 그 眞相을 규명하여 對策을 講究하자는 院內의 物議가 漸漸 높아가고 있거니와 29일의 제91차 本會議에서도 同 問題가 再論되어 各 議員은 異口同聲으로 政府를 非難 攻擊하고 國會로서 緊急對策委員會를 構成하자는 提案이 있었으나 이것은 未決되었다. 特히 이날 徐禹錫 議員의 動議로 每 議員 當 30圓씩 據出하여 叛亂 現地 軍警에 慰問金과 慰問品을 보내자는 것과 金相敦 議員의 UN總會의 承認과 同 叛亂事件이 收拾될 때까지 大統領令으로써 모—든 遊興과 料亭 出入을 一切 停止시키자는 兩 緊急議案이 滿場一致로 可決되었을 뿐 其他 叛亂事件에 대한 具體的인 대책은 決定을 짓지 못한 채 休會하였는데, 이날 特히 政府를 非難하는 代表的 發言은 다음과 같다.

李靑天 議員 = 우리는 南韓만이 收拾된 대로 早晚間 38線에서 武裝衝突을 免치 못할 것이다. 只今 以北에는 共産軍이 275萬 中國에는 百萬 西白利亞에도 百萬의 大軍이 있는데 이러한 것을 武力으로써는 克服 못할 것이고 오직 思想을 바르게 극복하는 方法 以外에는 없는 것이다. 今次의 叛亂은 民族主義 대 共産主義의 兩 陣營의 前哨戰이라고 보며 政府에 대한 不滿과 不信을 말하는 것이다. 國防 責任者는 今日까지 都大體 무엇을 하였는가. 國民의 피땀으로 된 軍隊로서 共産軍을 養成하였다는 責任은 모르고 只今에 와서 발을 구르며 高喊을 치는 醜態는 무엇인가. 過去 政府 樹立에 갖은 鬪爭을 하여 온 모든 愛國團體를 排斥한 政府는 國民의 信望을 받을 理가 萬無하다.

그럼으로 우리는 民心을 收拾하기 爲하여 糧穀買入法과 叛民法(反民法)을 撤廢하고 UN監視 下에 兩軍 撤退로써 南北을 通하여 總選擧를 實施하는

同時에 모―든 武裝團體를 解除하고 徵兵令을 實施하여 國防軍을 改編하여 야 할 것이다.

張洪琰 議員 = 叛亂事件을 發生케 한 것은 政府가 國民의 100%의 信望을 받고 있는가 李 大統領 閣下 國務委員에게 묻고 싶다. 國民은 처음 李承晚 博士를 最高 領導者로 推戴하고 3年間 鬪爭을 하여 왔다. 그럼에도 불구하 고 今日에는 헌신짝같이 버린 現象이 되어 있다. 그 실例로서는 今次 叛亂 에 各 地方에 있는 有力한 靑年團體가 動員되지 않고 傍觀하고 있다는 것 이다.

[21] 동아일보 1948.10.31.
黃 議員 事件 國會서 論議

30일 92차 國會 本會議에서는 開會 劈頭 이번 全南事件에 있어 叛徒 側 에 加擔하였다는 風說이 流布되고 있는 黃斗淵(順天) 議員에 關한 問題가 論議되어 申性均, 金英基, 權泰羲 等 諸 議員으로부터 그것은 一部의 浪說 에 不過한 것이고 確實한 報告에 依하면 黃 議員은 事件 當時 美國宣敎師 의 집에 避身하였다는 것이 事實이라는 報告에 이어 金仁湜, 金若水 議員 으로부터 開會 中의 國會議員을 國會의 承認도 없이 逮捕令을 發付하였다 는 尹 長官에 對한 糾彈이 있었는데, 尹 長官은 이에 對하여 戒嚴令 下에 있는 事件 現地에 逮捕令을 發하여봤자 何等의 效力이 없을 것이고 또 그 런 事實도 없다는 答辯이었다.

이어 時局對策委員會를 構成함에 있어 人員構成은 法制司法委에서 2인, 外務國防委에서 4인, 內務治安委에서 2인, 財政經濟委에서 3인, 交通遞信委 에서 2인, 懲戒査問委에서 2인, 文敎厚生委에서 4인, 産業勞動委에서 3인을 互選하여 處理할 것을 決議하고 鄭光好 議員의 動議로써 事件收拾은 時急

한만큼 本會議를 30분간 休會하고 各 分委員이 會合하여 對策委員會를 急速 組織하여 오는 月曜日부터는 實踐에 옮길 것을 可決하였다.

[22] 서울신문 1948.10.31.
同族相殘에서 親愛로 金九 氏 全南叛亂事件에 談話

韓獨黨 委員長 金九 氏는 昨 30일 全南叛亂事件에 對하여 다음과 같은 談話를 發表하였다.

우리는 일찍부터 暴力으로써 殺人 放火 掠奪 等 테러를 行하는 것을 排擊하자고 主張하였다. 今番 麗水 順天 等地의 叛亂은 大規模的 集團테러 行動인 바 婦女 乳兒까지 慘殺하였다는 報道를 들을 때에 그 野蠻的 所爲에 몸서리 쳐지지 아니할 수 없다. 멀리서 듣고도 그러하니 現地에서 目擊하는 者는 悲慘 激昻함이 其 極에 達할 것이다. 남과 남의 父母妻子를 殺害하면 남도 나의 父母妻子를 殺害하기 쉬우니 그 結果는 첫째, 우리 同族이 數없이 죽을 것이오. 둘째, 外軍에게 繼續 駐屯하는 口實을 줄 뿐이다. 이것은 우리의 自主獨立을 좀먹는 行動이니 이로써 우리는 亡國奴의 恥辱을 免하는 날이 없을 것이 아니냐. 叛亂을 일으킨 軍人과 群衆은 이때에 있어서 마땅히 躍動된 感情을 抑制하고 再三熟考하여 勇敢히 悔悟하고 正軌로 돌아갈 것이거니와 賢明한 同胞들도 마땅히 客觀的 立場에서 그 叛亂을 冷靜히 批判하면서 이것의 蔓延을 共同防止 할지언정 虛無한 流言에 誘惑되거나 或은 이에 附和雷同하지 아니하여야 할 것이다.

여러분의 期待와 託付와 愛國의 萬分의 一도 報答하지 못하는 나로서 무슨 面目으로 여러분께 曰可曰否를 말하랴만 今番 叛亂이 너무도 重大하므로 인하여 國家 民族에 미치는 損害가 또한 重大한 까닭에 그대로 緘口만 할 수 없어서 피눈물로써 이와 같이 하소연하는 바이다.

同志 同胞는 우리의 苦衷을 깊이 諒解하고 同族相殘에서 同族相愛의 길로 共同邁進하기를 懇切히 바란다.

[23] 자유신문 1948.10.31.

叛亂收拾委員會 結成 黃 議員 逮捕 與否로 國會 波瀾

全南叛乱事件으로 連日 緊張된 中에 論議를 展開하고 있는 國會는 昨 30일 제92차 本會議에서는 事件 收拾對策을 繼續 討議한 結果 20명의 對策委員會를 構成코 即時 行動을 開始키로 되었다.

이보다 앞서 順天 出身 黃斗淵 議員의 安否와 行政當局의 逮捕令 問題로 尹 內務長官과 議員 間에 激烈한 論爭을 일으켰다. 即 먼저 報告事項으로 申性均 內務治安委員長으로부터 黃 議員이 叛乱 側에 加擔하여 陪審判事를 보았느니 內務部에서 逮捕令을 내리었느니 말이 많지만 順天으로부터 온 確實한 情報에 依하면 黃 議員은 事件 發生 翌日 朝에 美 宣敎師 宅에 가 숨어 있다가 殺害를 免하였다는데 時間上으로나 또 黃 議員의 4兄第가 모두 共産黨의 死刑宣告를 받고 있었다는 點에 비추어 暴徒에 加擔했다는 것은 있을 수 없는 일이다. 다만 黃 議員이 人民裁判長이 되었던 朴贊吉 檢事와 親分關係가 있었다는 데서부터 그러한 誤解가 생긴 듯하다.

라는 報告가 있고 몇몇 議員들도 同一한 發言이 있었고 方今 順天을 떠나 上京 途中에 있다는 消息도 전하였다. 이에 金仁湜 議員이 內務長官이 確實한 罪狀이 있다고 逮捕令狀을 내었다니 萬一 輕率히 그런 逮浦令을 낸다면 國事를 論하는 國會議員으로서도 安心할 수 없으니 長官으로부터 眞相을 듣기로 하자고 提議하였다. 여기에 對하여

▲ 尹 長官 = 今般 現地에 가서 再調查 하라고 했다. 지금 事態 中에

一般的으로 했다 안했다를 論할 때 아니다. 지금 情報로는 事態가 深刻하고 計劃도 尨大한 것이 判明되었다.

▲ 金仁湜 議員 = 眞相도 모르고 輕率히 逮捕令을 내린다는 것이 不當하다.

▲ 李錫柱 議員 = 將次 事實이 明確히 되겠지만 아직 究明치도 않고 國會에서 叛乱에 加擔하였다고 報告(28일 非公開 席上)하고 그런 內容의 新聞發表를 한다는 것은 黃 議員 一個人 問題가 아니고 國會議員 全體의 問題이다.

▲ 金雄鎭 議員 = 事態가 重大하면 할수록 冷靜하여야 한다. 덮어놓고 逮捕令狀을 내든가 銃殺을 한다는 것은 事態收拾의 方法이 아니다. 한 사람이라도 無고한 罪를 씌우든가 죽이면 열 명의 叛徒가 더 생긴다는 것을 알아야 한다.

▲ 尹 長官 = 逮捕令狀은 안냈다 戒嚴地帶에서는 令狀이 問題가 아니고 必要가 없다. 麗水 順天의 戰鬪가 끝났다고 事態 終結이 아니고 本格的 鬪爭段階에 들어간 것이다. 黃 議員이 正當하다면 앞으로 法的 手續 밑에 밝혀질 것이다.

▲ 金若水 議員 = 尹 長官의 黃 議員에 對한 態度는 不當하다. 國會議員과 逮捕할 權利를 내가 가졌다는 듯 자랑삼아 하는 言動을 新聞을 通해서 함은 잘못이다.

以上과 같이 議論이 展開되고 또 全南地區 戒嚴令 發布에 對해 事後에라도 國會의 承認이 있어야 함에 不拘하고 아직 國會에 對해 報告가 없다고 趙憲泳, 金若水 議員으로부터 非難發言이 있었다.

그리고 前 本會議에서 兩次 表決로도 未決되었던 事態收拾對策委員會에 對해 陳憲植 議員이 委員 構成을 法制司法委 2, 外務國防 4, 內務治安委 2, 財政經濟委 3, 産業勞農委 3, 文敎社會委 2, 交通遞信委 2, 懲戒資格委 2, 모두 20명으로 하되 各 常委에서 互選하자고 動議하여 이것이 可決되고, 委

員 互選을 爲해 11시 40분부터 30분간 休會를 하고 再開 後 本會議에서 選出된 다음 20명 委員이 承認을 받았다.

【事件收拾對策委員】崔雲敎, 徐禹錫, 金光俊, 孫在學, 李靑天, 郭尙勳, 金長烈, 金俊淵, 權泰羲, 李榮俊, 吳澤寬, 金문杯, 崔獻吉, 趙玉鉉, 金東準, 李鍾麟, 趙重顯, 李勳求, 趙憲泳, 徐相日.

[24] 동광신문 1948.11.1.

叛亂事件 收拾次 對策委員會 構成
軍警에 慰問隊 派遣 可決

【서울 發】叛亂事件이 勃發 後라도 91차 國會에서는 本 事件 收拾에 대하여 토의를 進行하였는데, 우선 議會로서는 叛亂 現地에서 惡戰苦鬪하는 軍警에 대하여 慰問隊를 파견하기로 決定하였으며 아울러 本 事件 대책委員會를 構成하고 事件 收拾에 當하기로 決議되었다.

91차 國會 本會議는 29일 오전 10시 20분부터 金若水 副議長 司會 下에 開會하였는데, 會議 槪要는 如左하다.

△ 吳龍國 議員 = 麗水叛亂事件을 解決함에 있어서는 麗水에 局限된 것이 아니라 麗水와 가장 隣接한 濟州島와 關聯되어 있으므로 濟州島事件을 解決하지 않고는 今番 叛亂事件을 解決할 수 없을 것이다.

△ 金長烈 議員 = 우리는 根本問題를 解決하지 않고 枝葉問題만을 解決하려고 努力하고 있는 것 같다. 政府만이 愛國者가 아니오, 國會만이 愛國者가 아니다. 一般民間에도 團體나 個人을 勿論하고 愛國者를 網羅하여 本事件을 解決하는 대책委員會를 組織하여야 할 것이다.

△ 尹致暎 議員 = 叛亂軍은 그 □部가 相當한 銀行券을 가지고 智異山으로 逃走하였다. 이 叛亂事件에 이어서 서울 市內에서도 國會議員 立후補者

를 殺害하는 事件이 發生하였다. 諸賢은 速히 諸 問題를 處理해 주기를 바
란다.

△ 徐禹錫 議員의 同義로 今番 叛亂대책委員會를 조織할 것과 現地 軍警
을 慰問하기 爲하여 慰問隊를 파견할 것이라는 建議案은 90대 0으로 可決
되었다.

△ 李靑天 議員 = 麗水 14聯隊는 吳東起 等의 事件으로 이미 共産分子들
의 集團이라는 것이 判明되었다. 그런데 濟州島 討伐隊로 14聯隊를 파견한
다는 것은 共産軍을 토벌한다는 것이 아니라 共産軍을 應援하러 파견한다
는 結果를 보게 되는 것이다. 이 責任은 當然 國防部에 없다고 못할 것이
다.

△ 金長烈 議員 = 叛亂軍事件 대책委員으로 同 위원 20명을 議長이 指命
하여 92차 國會에 報告하기를 動議.

△ 張炳晩 議員 = 별개로 대책委員會를 조織할 것이 아니라 本 사건을
外務國防委員會와 內務治安委員會에 一任하기로 改議가 있어 토론을 계속
하였다.

[25] 경향신문 1948.11.2.
叛亂 加擔 嫌疑로 被打 黃斗淵 議員 上京 生還報告

순천(順天) 출신 국회의원 황두연(黃斗淵) 씨에 대하여는 전남반란사건
발생 이후 여러 가지 낭설이 전파되고 있었는데 황 의원은 1일의 제93차
국회 본회의에 출석하여 그간 자기가 반란지구인 순천(順天)에서 지낸 경
과를 다음과 같이 말하였다.

꼭 죽을 줄만 알았는데 다행히 다시 살아와서 여러 의원 동지의 얼굴
을 대하니 감개무량하다. 순천에는 19일 상오 11시에 도착하였다. 그리하

여 사건 발생과 동시에 구사일생으로 미국 선교사 집에 피신하여 있다가 27일 시가로 나와 그 곳에 출장하고 있던 송호성(宋虎聲) 장군과 같이 피해지 조사를 떠나려 할 때 국군 군정특별조사국의 호출로 출두하여 국회의원임을 말하였으나 반군에 가담하였다는 혐의로 여러 시간 무수히 구타를 당하였다. 그리고 지금 순천지구에는 수일 전에는 우익도 좌익도 전부 좌익 행세하던 것이 지금은 전부가 우익으로 변하고 있으며 경찰은 무수한 사람을 잡아들여 혐의자를 조사 중인데, 이로 인하여 오히려 일반은 공포에 싸여있다.

[26] 남조선민보 1948.11.2.
叛亂 加担한 中學生 麗水서 36名 銃殺

【光州에서 本社 鄭廣鉉 特派員 發 合同】崔允東 氏를 비롯한 國會 調査委員團 一行은 31일 順天, 麗水, 光陽 現地를 두루 돌아보고 一日 解放者號로 上京하리라 한다. 그런데 이들이 傳하는 消息에 依하면 全 市에 治安은 着着 恢復되어 가고 있으며 31일 반란暴徒(특히 中學生) 中 제2차로 36명에게 총살형을 順天에서 執行하였고 麗水에서는 13명의 暴徒에게 死刑을 내렸다 한다. 그리고 麗水까지의 기차 通行은 2, 3일 안으로 開通되리라고 한다.

[27] 동광신문 1948.11.2.
赤十社 救護班 現地에서 活躍

대한적십자사 김연주(金連珠)[金鍊珠] 씨를 단장으로 한 구호반 일행 40

여 명은 광주지사 김재규(金在奎) 씨 조중식(趙重植) 씨를 동반하여 지난 27일 광주를 떠나 28일부터 여수 전 만월(滿月) 요리점에 임시 적십자구호소를 설치하고 한편 순천야전병원에도 의료반을 주재케 하여 맹활동을 개시하고 있는데 여수에는 본래 13개소의 병원이 금번의 사건으로 10개소가 소실되고 현재 3개소 밖에 없어 일반 환자 치료에 솔한감을 느끼던 차 적십자구호반에서는 당지 의사회를 소집하여 환자 치료의 총지휘를 하고 있어 환자는 물론 주민들은 감사히 여기고 있다 한다. 그리고 동 구호반은 10일간 여수에 체재 후 상경하리라 한다.

[28] 동아일보 1948.11.2.
叛亂 中學生 等 第二次 八十九名 死刑

【光州 1일 發 合同】崔允東 씨를 비롯한 국회조사위원단 일행은 31일 순천, 여수, 광양 현지를 두루 돌아보고 1일 해방자호로 상경하리라 한다. 그런데 이들이 전하는 소식에 의하면 도시의 치안은 착착 회복되고 있으며 31일 반란폭도(특히 중학생들) 중 제2차 76명에게 총살형을 순천에서 집행하였고 여수에서는 13명의 폭도에게 사형을 내렸다고 한다. 그리고 여수까지의 기차 통행은 2, 3일 안으로 개통되리라고 한다.

[29] 자유신문 1948.11.2.
叛亂地 出身의 兩 議員 國會에 出席

11월 1일 93차 國會 本會議는 在석 97명 下에 申翼熙 議長 司會로 正한

時間보다 20분 遲延되어 開會되었다. 前日 分科委員會에서 任選된 時局收拾對策委員 20명의 報告가 있은 다음 議事日程 一件인 議事進行에 關한 決議案에 對한 趙憲泳 議員 外 11명으로부터 『國會에서 議決한 法律案을 政府에서 異議書를 附해서 還付한 때, 政府의 修正案이 添附되어 있을 때는 그 修正案의 表決도 原案의 再決議와 對等으로 在籍議員 3分之 2 以上의 出석, 議員 3分之 2 以上의 贊成을 要함이라는 動議에 對하여 徐容吉 議員은 몇 사람의 法的 解釋으로 이것을 保留한다는 것은 不當하다. 그리고 이것은 議事進行에 커다란 支障을 주는 것이니 票決에 부치어 可否를 決定하여야 된다는 趙 議員의 動議를 反對하였으나 票決에 부친 結果 在석 131명 中 76 對 42로 趙 議員의 動議案이 採擇되었다. 이어서 반란사건으로 □議 紛紛하든 黃斗淵 議員, 吳錫柱 議員이 本會議에 出席하여 各 議員의 熱狂的인 歡迎 밑에 黃 議員이 登壇하여 동 議員의 叛乱地에서의 動靜을 報告한 다음 11시 반에 午前 本會議는 마쳤다.

[30] 동광신문 1948.11.3.
光州學聯서 聲明書 發表 學務當局 責任지라!

전국학생총연맹 광주특별지구연맹에서는 금번 반란사건에 대하여 요지 다음과 같은 성명을 발표하여 학무당국의 철저한 명성을 강경히 요청한 바 있었다.

① 평상시 학무당국이 악질 학생들의 준동을 아무런 대책 없이 묵허하였던 것이며 이러한 악질 학생을 지도 선동한 교원을 학원에 남겨 반역행위를 계속케 한 것이 금번 사건의 최대 원인이 되어 있으며, 宋郁과 같은 반역 교육자를 낸 것도 사실이다. 학무당국 책임자는 이 책임을 지라.

② 전국적인 학생운동의 조직체를 가진 학련생을 무조건 탄압하여 적

구 준동을 사전에 방지하지 못하게 하여 사건이 발생되어 다수의 학련 동지가 피살당하였으니, 학무국장은 희생된 학생동지들의 영혼 앞에 사과하는 동시에 책임을 져라.

③ 사건의 방책으로 광주에서 11월 3일부터 7일까지 5일간 휴교 명령을 내리기를 학무당국에 제의한다.

④ 근간 본 연맹에 대하여 사실무근의 유언을 고의로 조작 유포하여 내부적으로 본 연맹을 파괴 혹은 시민과의 이간을 책동하는 악질분자가 횡행하고 있는 모양이나 본 연맹으로서는 파괴적 모략행위를 용허할 수 없으며 그러한 악질 책동분자에게는 단호한 철퇴를 내릴 것이다.

[31] 동아일보 1948.11.3.
國軍 一部의 不平分子 共黨에 加擔코 叛亂
全南事件調査團 歸還 報告

國會

94次 國會 本議는 2일 상오 10시 金若水 副議長 司會로 開會되었다. 먼저 事務當局으로부터 時局對策委員會 構成에 있어 위원장에 李靑天 議員 副委員長에 徐相日 議員이 被選되었다는 報告와 이번 東大門 甲區에서 當選된 洪性夏 議員의 첫 人事가 있은 다음 지난 29일 全南叛亂事件 眞相調査次로 現地에 出張하였다가 1일 歸京한 國會調査團을 代表하여 崔允東 議員으로부터

이번 叛亂은 過去의 10·1 事件과 같은 一時的인 蠢動이 아니고 共産系列과 一部 軍部 內의 不平分子들의 오랜 동안 有機的인 關聯 밑에서 計劃推進하여온 民主主義 對 共産主義의 衝突事件으로, 警察官과 民族陣營의 幹部 良民의 殺傷은 無慮 數十에 達하며 그의 악착 처참한 所行은 東西古

今에 例를 볼 수 없는 實로 戰慄을 느낄 慘狀이었다. 特히 男女中學生이 多數 加擔하였고 우리가 믿어오던 法官까지 合流하였다는 事實 또 附近 警察支署에서는 叛軍을 보지도 못하고 트럭에 家族을 실고 甚至於는 公金까지 橫領하여 가지고 逃亡한 일이 있다는 것은 實로 重大한 事實이 아닐 수 없으며, 軍警一體의 努力으로 速速 治安은 復舊되고 있으나 殘賊掃蕩과 嫌疑者의 處罰에 愼重을 期하지 않으면 안 될 것이다.

라는 長時間에 걸친 調査團 第1次 報告가 있었다. 이어 93次 會議에서 金秉會 議員의 動議로써 議決된 黃斗淵 議員에 關한 案件이 論議되어 尹 內務長官, 李 法務長官, 崔 國防部次官, 金 公報處長까지 出席하여 各 議員과의 사이에 質問과 答辯이 있었다.

◇ 金秉會 議員 = 黃 議員에 關한 情報의 出處와 逮捕令을 發한 事實與否를 듣고자 한다.

◇ 尹 長官 = 逮捕令 云云은 全然 모르는 事實이오, 또 이에 對하여는 混亂 속에서 群衆心理로 빚어진 것인지도 알 수 없으므로 그 事實을 調査 中에 있으니 여기서 具體的 答辯은 할 수 없다.

◇ 盧鎰煥 議員 = 具體的 事實을 알지도 못하고 前番 會議에서 그런 말을 한 것은 너무 輕率하지 않은가? 또 日常에는 國會議員의 身邊을 보장한다고 하면서 黃 議員의 下車 時에는 警官 한 사람 出迎치 않았다 하니 그것은 무슨 뜻인가?

◇ 尹 長官 = 輕率 云云은 人身攻擊이다. 나는 國會議員의 한 사람으로 黃 議員을 아끼기 때문에 具體的인 調査를 하여 말하겠다고 한 것이다.

◇ 崔 次官 = 黃 議員이 軍部에 引致되어 惡刑을 當하였다는 것은 遺憾이다. 그러나 殺戮의 戰慄 속에서 國會議員을 分別할 餘地가 없었던 것일 것이고 特히 宋虎聲 將軍이 直接 便宜를 보아드렸다는 말을 들었다.

◇ 姜旭中 議員 = 警察은 黃 議員에게 千秋의 누명을 씌운 것이다. 國

會議員에 對한 態度가 이럴진대 一般에 對한 것은 어떨 것이라는 것을 짐작할 수 있다.

◇ 金 公報處長 = 某 新聞에 記載된 黃 議員에 對한 記事는 그 出處를 調査한 結果 現地 特派된 記者가 現地 市民에게서 들은 것이라 한다.

[32] 동아일보 1948.11.3.
民兵問題를 討議 全國愛聯서 叛亂對策을 協議

全南叛亂事件에 對하여 民族陣營의 各 政黨團體에서는 今後 政府와 積極 協力하며 이러한 事件이 再發生치 못하도록 確乎한 對策과 今番 事件의 被害民에 對한 救濟策, 叛徒들에 對한 □置策 等 講究하여 오던 바 民族陣營의 各 政黨, 社會團體로 構成된 全國愛國團體聯合會에서는 昨 2일 하오 2시부터 獨促國民會 會議室에서 會議를 開催하고 叛亂對策 及 大韓民國 防衛民兵 總本部 結成問題를 討議하였다 한다.

한便 오는 4일 하오 2시에는 大韓勞農黨에서 各 政黨團體 代表 2명씩을 同黨 會議室에 招請코 全南叛亂事件에 對하야 緊急時局對策懇談會를 開催하기로 되었다 한다.

[33] 부산신문 1948.11.3.
全南叛亂 對해 大靑서 談話

大靑 慶南道團部 事務處長 鄭興國 씨는 금번 호남 일대에서 일어난 소위

반란사건에 대하여 대략 다음과 같은 요지의 담화를 발표하였다. 천인이
공노할 금번 반란사건은 우리 민족사상에 일대 치욕의 오점을 던졌던 것
은 사실이다. 그리고 소위 반란사건에 쓰러진 大靑 단원 5백여 명 동지들
의 명복을 빌며 마지않는다. 민족과 조국을 도외시하고 골육상잔을 함은
민족으로 하여금 천만유감이며 실로 비분통탄을 금치 못할 것이다. 민족
의 숙원인 남북통일 완전자주독립 달성의 방법은 허다하거니와 본 단으
로서 바라는 바는 사상을 극복하는 과학적 혁명으로서 그 목표에 도달하
자는 것이다. 제91차 국會에서 본단 단장 李靑天 장군이 발언한 양군철퇴
유엔감시 하에 남북을 통한 총선거를 실시하자는 주장은 본 단의 대외
주장이며 근본이념이다. 이 주장과 이로써만이 3천만 민족이 각개 부하
한 중책을 완수할 조속한 기로대개이며 적절한 민의를 대표한 발언임을
절대 확신하는 바이다. 이에 본 단 일동은 3천만 민족의 전위대로서 전사
할 것을 동포 앞에 맹서하는 바이다.

[34] 부산신문 1948.11.3.
聲明書

2차대전의 勝利는 世界 民主主義者들의 勝利이다. 民主主義의 曙光은 弱
小民族에게 新活路를 開拓하여 주었으며 民族 萬年의 礎石은 民主課業의
成果이다. 現 우리 南韓에 自立的이며 協同的인 政府 樹立으로 말미암아
政治 經濟 文化 再建을 企圖한다는 것은 南北統一의 前夜이며 自主獨立의
初步이며 試練의 入門이다. 試練을 돌파하고 獨立의 大理상을 成就한다는
것은 오직 自律的인 努力 向上에 있는 것이다. 現在 우리가 外勢에 影響을
받는다는 것도 結局 우리 自身 未完成에 있는 것이다. 그런데도 불구하고
現在 우리 南韓에서 麗水事件을 契機하여 骨肉相殺의 血鬪를 보게 되었다

는 것은 自律的인 民族 向上에 莫大한 損害가 있다는 것은 우리가 自認하는 바이다. 우리가 自認하면서도 是正 못한다는 것은 努力이 不足이요 熱誠이 不足이다. 過去 3년간 우리 民族의 新活路의 開拓者며 創設者인 우리 西北靑年 同志들은 總蹶起하여 骨肉相殺의 根源되는 禍因을 徹底的으로 掃蕩할 것이다. 보아라!!! 麗水事件의 眞相을!!! 西北靑年 同志 ○○명을 羅列하고 機關銃으로 絶命케 했다는 것은 道德上으로나 倫理上으로나 容納할 수 없는 殘忍無道한 行動을! 目的을 達成하기 爲하야 方法을 選擇치 않는 그네들의 行動이야말로 民族이 總蹶起하여 3천리 江土에서 追放하는 同時에 스탈린을 人類에 救世主라고 부르짖으며 소련을 祖國이라고 大呼하는 赤狗의 惡魔를 地球上에서 抹殺하여야만 人類에 平和는 올 것이다. 南韓 方方谷谷에서 綠色 旗발을 死守하고 있는 西北靑年 30만 同志들은 一致團結하여 北韓 生地獄에서 헤매고 있는 同胞를 寸時라도 早速히 救出할 것을 再次 盟誓하는 同時에 賣國的이며 滅族的인 赤狗 惡마들에게 無慈悲한 鬪爭을 展開할 것을 玆에 宣布하는 바이다.

檀紀 4281년 10월 28일

西北靑年會 慶尙南道本部

委員長 崔榮郁

[35] 서울신문 1948.11.3.

叛亂, 大體로 鎭靜된 셈 國會調査團 歸還 報告

國會 休會 中 今般 麗水事件이 突發되자 院內 外務國防 · 內務治安 兩 委員會는 連席會議를 열고 于先 崔允東 議員 外 수명을 調査次 現地로 派遣하였는데 同 調査團 一行은 1일 歸京, 2일 本會議에서 崔允東 議員은 要旨 다음과 같은 報告를 하였다.

"今般 事件은 組織的이며 長久한 企劃 下에 實踐된 暴動이다. 即 不過 40명의 暴徒는 民愛青과 그밖에 反政府的 團體와 有機的 連絡을 取하고 한편 國軍 內의 不平 將兵을 煽動 包攝하여 大反亂을 惹起한 것이다. 이번 事件을 通해서 우리의 關心事는 叛亂에 青年과 學生이 多數 參加하였다는 것이며, 또 우리가 가장 信賴할 만한 機關이 叛亂軍에 加擔하였다는 事實이다. 叛亂은 鎭壓된 셈이나 現地 叛亂軍 수백 명과 이에 加擔한 青年 學生 等과 더불어 蠢動하고 있으며, 約 2백 명 程度가 智異山으로 들어갔다 한다. 그러나 이들 少數 叛徒는 얼마 안 되어 完全히 掃蕩될 것으로 본다. 그리고 이번 第14聯隊의 叛亂으로 말미암아 「엠완」銃 9百挺, 「카ー빈」銃 6百 挺, 迫擊砲 數 門, 「트럭」20餘 臺가 없어졌는데 이들 兵器의 回收가 焦眉의 急務라고 생각된다. 그리고 警察 側의 推算에 依하면 軍官民의 死傷 數는 大略 다음과 같다 한다.

▲麗水 方面

警察　死亡 330명,　負傷 150명

國軍　死亡 150명,　負傷 300명

良民　死亡 530명,　負傷 350명

▲求禮 方面

　　　死亡 200명

▲順天 方面

　　　死亡 600명

一般市民 □□□□ 2,500 乃至 1300명이라고도 한다.

[36] 자유신문 1948.11.3.
黃 議員 問題로 國會 論戰

2일 94차 國會 本會는 상오 10시 10분 在席 103명을 宣言하고 金若水 副

議長의 司會 下에 開議되었다. 먼저 前 會議錄 報告가 있었으며, 報告事項에 들어가 資格審查委員의 任選報告, 時局收拾對策委員會 正副議長에 李靑天, 徐哲 氏가 任選되었다는 報告, 法制司法委員會에서의 監時郵便國來法案 修正案, 洪性夏 國會議員의 紹介가 있었고 金雄鎭 議員의 全羅地方 巡察報告가 있었다. 그리고 內務, 法務, 국방, 公報處長의 黃斗淵 議員에 對한 質疑問答次 登석하기로 되었던 바 各 長官 입회하에 質疑전은 尹 長官은 아직 黃斗淵 議員 問題에 對하여는 調査中이라 하여 回避하였고, 崔 국방차長은 국방군이 黃 議員을 毆打한 것은 國會議員인줄 몰라서 한 것이라는 발언에 姜旭中 議員의 反駁發言이 있은 다음 午前會議 終了하였다.

[37] 자유신문 1948.11.3.

一部分子 不平이 動機 軍警 戰死 480名 良民 被殺 800名

崔 議員 報告

國會에서는 全南일대의 반란사건을 조사하기 위하여 지난 28일 內務治安, 外務國防 兩 分科委員 中 崔允東 議員 外 7명을 선출하여 현지에 특파한 바 있었는데, 일행은 順天, 麗水 등 반란지대를 시찰하고 지난 1일 귀경한 일행을 대표해서 崔允東 議員이 2일 국회에서 보고한바 있었는데 요지는 다음과 같다.

사건발생 동기는 麗水에서 관헌에 불만을 가진 약 40명의 민중이 民愛靑 기타단체와 연락하여 國軍 내의 불평분자를 포섭하고 거사를 하게 된것이다. 살상을 당한 자는 대부분 右翼진영과 大韓民國 政府를 지지하는자들 약 2백 명. 麗水에서 피살하고 이어 순천着 9시 반 列車로 順天市를 공격하여 점령한 후 『李 大統領은 포로가 되고 人民共和國이 수립되었다』고 선전하는 한편 人民裁判所를 설치하고 順天에 거주하는 民愛靑 共産系

列 學生層의 안내로 지방에 남아있는 民族陣營 관계자를 전부 체포하여 처단한 것이다. 이번 사건을 통해서 가장 놀란 것은 과거 우리가 가장 신뢰할 만한 사람이 반도 측에 가담하였다는 것이다. 現地 軍警 측 발표에 의하면 國軍 戰死 150, 負傷 300, 警察 戰死 330, 負傷 150, 一般民衆 麗水 死亡 200명, 順天 死亡 600명에 달한다고 한다. 그러나 이 숫자는 死亡한 줄 아는 사람이 돌아오는 경우도 있으므로 확실치 못하다고 본다. 叛亂軍의 수는 확실히 모르나 現地에서 들은 바에 의하면 수백 명이나 된다고 하며 그에 가담한 폭도도 수백 명에 달한다고 한다. 그리고 폭도는 迫擊砲와 기관총 約 20, 步兵 銃 約 800, 트럭 約 20을 소지하고 있다고 하나 彈丸은 거의 소비되어 없다 한다. 또 한 가지 주목되는 것은 麗水人民委員會 副委員長 집에서는 蘇聯製 따빙총이 발각되었다고 한다. 지금 麗水, 寶城, 筏橋, 求禮, 順天 각 지방은 평정되었다. 우리는 폭도들의 비인도적인 행동에 대하여 분개심을 가지지 않을 수 없는 것이다.

[38] 서울신문 1948.11.6.
全國愛國團體 時局對委 結成

順天 方面의 叛亂事件 發生을 契機로 各 政黨 及 社會團體는 約 1주일간 極秘裡에 聯席會合을 繼續하는 한편 其 對策講究에 關하여 大統領 及 其他 關係 各 方面에 進言한 바도 있었는데, 지난 2일에는 하오 2시부터 獨促國民會 會議室에서 各 政黨社會團體連席會議를 開催하고 「全國愛國團體聯合 非常時局對策委員會」를 結成하였다. 그런데 同 會는 事前對策, 事務對策, 救濟, 宣撫, 救護를 目的으로 熱烈한 愛國靑年을 中心으로 하여

1. 特別警備隊 組織 2. 國防軍 編入에 있어서는 同 部隊 內의 反動分子 肅淸 及 軍紀에 關한 任務를 擔當 3. 民兵 組織 及 靑年 關係 指導育成에 對한

法令化 4. 叛亂軍事件에 關한 大講演會와 非常時局總蹶起青年大會 開催 등을 第1次 事業으로 進行할 것이라고 하는데, 同 會 部署는 다음과 같다.

▲ 委員長 吳世昌 ▲ 副委員長 白南薰, 趙素昂 ▲ 總務部 李活 外 4명 ▲ 財政部 全用淳 外 6명 ▲ 事業部 咸尙勳 外 7명 ▲ 調査部 文鳳濟 外 8명 ▲ 企劃委員 柳珍山, 韓根祖 外 15명.

[39] 경향신문 1948.11.7.
共産分子 總檢擧 青年學生들에 武裝訓練

【順天】사회부 파견의 각 종교단체 대표들로 구성된 반란현지 위문조사단 일행은 2일 오후 3시 순천읍내의 각 청년학생단체 대책위원회 대표들과 만나 반란소동의 원인과 수습에 관한 협의회를 열었다. 이 자리에서 민족청년단, 대동청년단, 대한노총, 학련 등 청년학생단체는 애국단체연합회를 조직하고 순천사건 대책위원회와 아울러 명랑 순천 건설에 이바지하는 한편 이번 사건에 돌이켜볼 것은 공무원의 생활 확보를 하는 동시에 질적으로 좋은 공무원을 쓸 것, 공무원 중 대부분이 현 정부를 지지하지 않는다는 자가 있다는 것, 따라서 현 정부는 좀 더 민심을 포착하여 민중과 유리되지 않는 정책을 써야 할 것 등을 이구동성으로 이야기 하고, 이에 대한 결정서를 발표하는 동시에 다음과 같은 요망사항을 정부당국에 제안키로 되었다 한다.

▲ 要望 事項
(1) 司法陣, 學校陣의 人事異動을 斷行할 것.
(2) 共産分子를 全國的으로 總檢擧하여 拔本塞源의 根本政策을 세울 것. 特히 軍部 內의 左翼分子를 肅淸할 것.

(3) 偏黨的 新黨 運動을 中止코 民族陣營 總團結의 國民運動을 展開할 것.

(4) 根本的으로 火急한 民生對策을 세우고 또 遭難遺家族을 救護할 것.

(5) 靑年團體 及 學生을 武裝시켜 政府로서 積極的으로 育成하여 民兵組織體의 中心을 만들어 鄕土防衛를 期待할 것.

(6) 政府 宣傳部를 新設코 啓蒙宣傳에 主力할 것.

[40] 남조선민보 1948.11.7.

慰問調査團 順天 等地 巡訪

【順天에서 本社 具本健 特派員 5일 發 合同】光州를 거쳐 1일 밤늦게 順天에 닿은 天主敎 基督敎 佛敎 大宗敎 等 各 宗敎團体 代表들로 組織된 麗水順天事變 現地 慰問調査團 一行은 社會部 厚生局長 朴俊燮 氏 引率 下에 2일 順天 邑內의 事變收拾對策 狀況을 두루 보고 野戰病院으로 傷痍 軍人을 慰問한 다음 殘惡한 반徒들의 行實을 證明하는 눈으로는 볼 수 없는 屍体들의 慘狀과 死刑者들을 본 後 3일에는 麗水 實情을 살피고 一旦 光州를 거처 歸京하리라 한다.

[41] 경향신문 1948.11.9.

良民에 安賭感[安堵感] 줌이 緊要
叛亂 現地 視察한 尹 神父 歸京 談

각 종교단체 대표자들로 구성된 전남폭동사건진상조사단의 한 사람으로 현지에 출장 중이던 천주교 대표 윤을수(尹乙洙) 신부는 지난 6일 귀경하였는데, 현지 시찰담을 대략 다음과 같이 말하였다.

순천(順天) 여수(麗水)지구의 치안은 완전히 복구되었으며 순천은 일부 중학교까지도 개교하고 있었다. 여수지구의 이재민들은 학교와 유치원 등에 수용하고 식량도 당국에서 배급하고 있었다. 그러나 현지의 주민들은 아직 불안에 쌓여있었다. 치안이 복구됨에 따라 군경당국에서는 현지 양민들을 심적으로 안심시키는 구체적인 방책을 극력 추진시켜야 할 것이며, 중앙의 정확 보도를 현지에도 급속히 알려 그들에게 안도감을 주도록 함이 필요할 것이다.

[42] 평화일보 1948.11.9.
黃氏 自宅에 人共旗 順天 社會團體서 報告

국회 황두연(黃斗淵) 의원의 전남반란폭동사건(全南叛亂暴動事件)의 참가문제에 대하여 세인의 주목을 끌어 오던 바 드디어 속속 그 죄상이 백일하에 폭로되어 일반에게 격분을 자아내고 있는 터에 또한 순천(順天)의 민족진영인 8개 정당(政黨) 급 사회단체(社會團體) 연명연서로 그의 진상보고서가 요즈음 내무장관에게 도착되었는데 그 보고서 내용은 다음과 같다.

黃斗淵事件 報告書
國會議員 黃은 基督敎會 長老로 甘言利說과 巧言令色을 잘하는 機會主義者로 5·10 選擧에 立候補 時 農村地帶에서 左翼分子들의 好感을 사기에 熱中하였고 左翼을 擁護하는 現職檢事 朴贊吉과 □叔姪 關係를 利用하여 右翼團體員이나 警察의 左翼事件 搜査에 妨害活動을 하였으며 今般 叛亂이 突發하자 率先하여

1. 叛亂軍에 自進하여 食事를 提供

2. 殺傷主謀者의 1人인 順天 婦女同盟委員長 安末嬉 及 殺人犯 鄭相基를 北國民學校 校庭의 捕虜 中에서 國議員 資格으로 身元保證을 하여 釋放하고

3. 黃斗淵 私宅에다가 左翼 側 殺傷分子 10여 명을 隱匿하여 두고 있다가 安全地帶로 逃避케 하였음.

4. 自宅에 人共旗를 2일간 揭揚하였음.

5. 朴贊吉 檢事와 같이 人民裁判 時 陪席判事 格으로 進言하였기 때문에 黃斗淵 反對派의 選擧活動 分子들에 對한 殺傷을 公公然하게 表示하게 되었음.

以上 叛亂 中의 叛伏無常한 行爲는 國軍 第2旅團 特別調査官 大尉 金容柱 氏가 全的으로 證人訊問 調査를 作成하여 軍 上府에 提出 中입니다.

11월 2일

國民會 順天支部, 大靑 順天郡團部, 順天 義勇團, 朝民黨 順天支部, 全國學聯 順天支部, 民族靑年團 順天團部, 大韓勞總 順天郡聯盟, 順天事變對策委員會(各 捺印)

內務部 長官 尹致暎 閣下

[43] 평화일보 1948.11.9.

白日下 暴露된 黃 議員 罪狀 銃彈 等 武器 押收
國軍 軍紀隊서 警察에 逮捕依賴

【裡里에서 本社 特派員 朴鴻緒 8일 發 特電】

군기사령부 현지 조사당국자 담에 의하면 황두연(黃斗淵) 씨는 완전히 반란군에 가담하였다 하며 그들에게 적극적인 후원을 하였다는 사실과

제1선에서 활약하였다는 것은 누가 말하지 않아도 명백한 사실이라고 순천 군민들이 증명할 것이다. 사건을 취급한 국군 군기당국(國軍 軍紀當局)은 분개를 금치 못하는 사실이라 한다.

즉 황 씨는 국군이 순천을 완전 탈환하였을 당시 반란도(叛亂徒)를 자기 집에 은닉하였고, 그 후 조사한 바에 의하면 총탄(銃彈)과 무기도 은닉하였다는 사실을 알게 되었으며(탄, 무기는 국군에서 압수) 황 씨를 심문한 결과『자기는 과거 이 대통령으로부터 가장 칭찬을 받아오던 바이며 양군철퇴에 적극 반대하여 국회에서 거성적인 존재로 있다고』하며 모략적으로 사실을 전복하려는 전술을 쓴 것을 다시 증언할 수 있는 동시에 증오감을 다시 아니 느낄 수 없게 한다고 한다.

한편 국군 군기당국자 말에 의하면 황 씨가 현재 모략을 쓰고 여하한 변명을 한다 하여도 백일하에 폭로된 그 죄상으로서는 도저히 묵과할 수 없는 사실이므로 제8관구 경찰청에 의뢰하여 급속히 황 씨를 체포하도록 하였으니, 황 씨는 불일내로 호남지구 계엄령 사령관의 권한으로 처단될 것 같다고 한다.

[44] 동아일보 1948.11.11.

우리 洞里 治安은 내가
區, 洞의 各 地域別로「愛國總聯盟」組織

전남 일대의 동란사건에 비추어 지난번 정부에서 개최된 도지사 청장회의에서 결정을 본 각도 애국총연맹(愛國總聯盟)을 전국적으로 조직하기로 되었다는데 서울시에서는 9일 하오 4시부터 시 간부와 각 구청장 그리고 동회장 동연합회장 등이 모여 서울시애국총연맹을 조직하기로 되었다. 즉 이 연맹의 근본정신은 민족정신의 앙양을 도모하며 국가의 기초를 견고히 하는 한편 대한민국의 정신을 진작하고 국시(國是)에 어긋나는 것을 배격하는 동시에 민심의 안정과 인보(鱗保) 자위의 기관으로 애국정신의 총집결체로 만들자는 것이라고 한다. 그리고 이 연맹의 기구를 보면 서울시애국총연맹 아래 구(區) 애국연맹이 있고, 그 아래 동(洞) 연맹과 직역(職域) 애국연맹이 있다. 연맹원은 남녀노소 할 것 없이 전 시민이 연맹원이 되고, 각 연맹에는 위원장과 부위원장제를 두기로 되었다 한다. 그래 10일부터 각 동회에서는 애국연맹 조직에 착수할 것이라고 하며 이미 조직된 민보단과도 유기적인 관계를 갖게 되리라고 한다.

[45] 대동신문 1948.11.12.
黃 議員 叛亂과 無關　內務治安委員會 調査로 判明

국회의원 黃斗淵 씨의 順天반란사건 관련 여부에 대하여는 억측이 구구하여 세간에 물의가 분분한 바 있거니와 이에 앞서 내무부장관 尹致暎 씨는 국회에서 黃 의원에게 불리한 소문만 들린다고 언급한 바도 있어 그 귀추는 자못 주목되어 오던 바 동 문제의 직접조사를 담당하고 있는 국회 내무치안위원회 위원장 申性均 씨는 이는 전연 사실무근이라고 10일 다음과 같이 말하였다.

본 위원회에서는 사건 발생 당시 黃 의원과 같이 행동한 선교사 「크레인」 씨와 23일 동 「크레인」 씨 댁에서 유숙한 駐韓美國 副代表 「마ー크」 씨 등의 증언에 의하면, 黃 의원은 사건 발생 당일인 10월 20일 상오 10시부터 동 23일 하오 4시까지 선교사 「크레인」 씨 댁에 피신하고 있었던 것이 확실하며, 또한 교인 朴春植 씨의 말에 의하면, 順天에는 소위 인민재판은 없었고 다만 치안대가 있어 재판을 하였는데, 黃 의원과 친우인 朴贊吾 검사가 판사가 된 일도 전연 없었다고 한다. 그리고 黃의원 댁에 인

공기를 단 것은 그의 고용녀가 이웃 양복점에서 얻어다가 단 것이며, 또한 반군에게 식사를 제공한 것은 黃 의원 부인이 반군의 협박에 못 이겨 제공한 것이 사실이다. 요컨대 黃 의원은 반란 중에 전연 피신 부재한 것은 사실이다. 그 가족이 살기 위하여 인공기를 달고 식사를 제공한 것 같은데, 이것을 기회로 하여 黃 의원을 해코지하는 모략도 성행하고 있는 것으로 보아 본 위원회에서도 그 진상을 계속 조사 중에 있는 것이다. 여하간 현재의 조사결과로는 黃 의원이 반란사건에 전연 관계없었다는 것은 분명하다.

[46] 서울신문 1948.11.12.
"愛國聯盟" 結成　서울市民의 愛國運動

서울시에서는 국민 각자의 공고한 정신적 단합과 인보자위(隣保自衛)를 목표로 애국연맹(愛國聯盟)을 조직하여 일대 애국운동을 전개코자 수일 전부터 각 관계 인사를 청하여 이에 대한 심의를 계속하고 있는 한편 불일내 성안을 얻어 정식 발족하리라 하는데, 그 조직을 보면 연맹은 주로 서울 각 구를 중심으로 구연맹을 두고 그 밑에 다시 동(洞)연맹 직역(職役)연맹 등을 두는 동시 지난번에 결성을 본 민보단(民保團)과도 긴밀한 연락을 가지며 애국운동을 전개할 것이라고 한다.

그런데 근자 각종 단체 등쌀과 기부금 등쌀에 염증이 날대로 나고 일제(日帝) 때 무슨 촌연맹이니 하여 시달릴 때로 시달린 경험으로 사람 괴롭히는 연맹이 되지 않았으면 하고 바라는 소리가 높다. 그런데 이에 대하여 서울시장 김형민(金炯敏) 씨는 작일 다음과 같은 담화를 발표하였다.

이번 조직은 관제품(官製品)도 아니고 민(民)만의 것도 아니다. 민이 주가 되고 관이 그 뒤를 밀어 백7십만 시민이 한데 뭉쳐 국시(國是)에 배치되는 모—든 악질 선전과 모략을 물리치고 민심을 수습하여 국가 백년대계를 수립하자 함에 그 목적이 있는 것이다.

[47] 대동신문 1948.11.14.
叛亂의 眞相對策 宗敎代表團 歸還 報告

이번 全南지방의 반란사건 진상조사를 마치고 돌아온 11개 종교단체 대표와 미군 제24군 공보관 임석 하에 진상보고와 아울러 수습대책을 협의한 바 있었는데 동 대표단의 보고내용은 다음과 같다.

(가) 原因은 여러 가지를 들 수 있으나 現地에서는 異口同聲으로 軍警의 衝突이 根本的인 原因은 아니라고 否認한다. 國軍과 警察을 離間하려는 謀略이 共産主義 宣傳에 作用되고 있다는 事實이 이번 事件의 性格으로서 보아 暴露되었다.

(나) 眞相

(1) 從前부터 內通하고 있던 金智會의 指揮 下에 約 40명이 行動을 開始한 것.

(2) 이 聯隊는 原來 不純한 傾向이 濃厚하여 肅軍의 對象이 된 것.

(3) 小數 共産主義者들의 計劃으로 全國的인 烽起를 期하고 있었으나 同部隊는 濟州行을 拒否하는 同時에 單獨的으로 일으키지 않을 수 없는 時急한 事態에 直面하였다는 것.

(4) 地方의 共産主義者와 事前連絡 下에 行動하였다는 것.

(5) 武器庫를 占領한 後 警察署, 行政, 金融 等 重要機關을 接受한 것.

(6) 待機하였던 共産主義者 수백 명이 呼應하여 人民委員會를 組織한 後 重要기관을 運營하였다는 데서 恐怖와 暗黑이 벌어져 天人共怒할 同族虐殺의 慘刑을 加한 것.

(7) 掠奪, 破壞, 放火 等 모든 殘忍無道한 行動을 하였다는 것.

(8) 叛亂軍 勢力 約 1,300명은 10월 20일 汽車로 順天에 進行하였으나 이를 探知하고 있던 警官 約 4백 명과 一時 熾烈한 交戰을 하였으나 人員과 彈丸 不足으로 叛亂軍은 市街를 完全히 包圍한 것.

(9) 이에 呼應하여 麗水와 같이 共産主義者들이 人民委員會를 組織하여 同一한 方法으로 虐殺을 敢行한 것.

(10) 順天의 虐殺은 麗水보다 더 처참한 것.

(11) 政治的으로 煽動하기 爲하여 38線이 開放되었으며 李承晩 大統領은 日本에 逃亡하였으니 最後의 勝利는 우리에게 있다는 虛僞宣傳을 꾀한 것.

(12) 個人的 感情을 對象으로 된 者까지 虐殺한 것.

(13) 이리하여 順天은 3日 間, 麗水는 1週日 間 叛亂軍이 占領했었다는 것.

(14) 1차, 2차, 3차에 虐殺計劃이 있었다는 것.

(15) 國軍은 10월 23일 順天을 10월 27일 麗水를 奪還한 後 分散된 叛亂軍을 山間僻地로 掃蕩戰을 開始한 것.

(16) 求禮, 筏橋, 寶城地方에서도 同一한 殘忍無道한 行動으로 官民家族 等 多數 虐殺한 것

(17) 麗水, 順天은 一般 暴徒와 事前連絡이 있었으나 其外 地方은 叛亂軍이 侵入한 後 一般이 呼應한 것.

(18) 男女學生의 行動에 더욱 殘忍한 것으로 미루어 보아 單純한 煽動과 使嗾에 依한 一時的 興奮이 아니라 平素 共産系 反動敎育者에 依한 指示를 받아온 것.

(19) 宣敎의 信徒 及 敎會의 被害가 적은 것(그 理由로는 日曜日 禮拜日을 利用 多量虐殺을 企圖하였으나 國軍이 緊急히 進駐한 까닭).

(다) 被害狀況(人命, 家屋)

▲ 人命被害＝死亡 2,534명, 重傷 1,028명, 輕傷 480명, 計 4,874명

▲ 家屋被害＝燒失 1,583호, 全潰 56호, 半潰 206호

▲ 食糧＝660石, 計 1,845石

(라) 對策

此際에 殘惡無道한 共産黨의 政策을 暴露하여 그 魔手에 걸리지 않도록 그 謀略宣傳에 속지 말도록 民心을 啓蒙할 것이며 各 宗敎團體는 總蹶起하여 救護金品을 募集한 後 慰問袋 及 啓蒙隊를 派遣할 計劃을 세울 것.

[48] 독립신문 1948.11.14.

常備軍 十萬으로 增加하라 軍警에 愛國靑年 選拔
全國愛聯 非常對策

전 애국단체연합 비상대책위원회에서는 12일 오후 3시부터 국민회 회의실에서 전체회의를 개최하고 다음과 같은 결정서를 통과한 다음 정부와 국회에 건의하기로 되었는데, 교섭위원은 柳珍山, 蔡奎恒, 咸尙勳, 李活, 文鳳濟 5씨가 피선되었다.

非常時局對策에 對한 決定書

全國愛國團體는 聯合하여 目下에 非常時局對策을 左와 如히 決定함.

1. 民心收拾策

가. 政府는 民意에 合致한 土臺 위에 萬全한 施策을 期할 것.

나. 政府는 人事의 刷新과 機構의 完備를 急速히 할 것.

다. 政府는 計劃生産을 企圖하여 大衆生活의 安定을 期할 것.

라. 政府는 米穀收集에 人民의 怨聲이 없도록 善處할 것.

마. 叛亂事件을 契機로 한 民族精神 鼓吹運動 展開할 것.

바. 各地에서 非常時局 總蹶起大會 及 講演會를 開催하여 民心을 統一할 것.

2. 共産系列 跋扈 防止策

가. 目下 國會에서 審議 中인 國家保安法에 (1) 反國家的 行動은 共産系列임을 規定할 것 (2) 豫備檢束과 (3) 財産沒收 又는 家族追放의 措置를 考慮할 것.

나. 警察은 共産系列 名簿를 備置하고 恒常 行動에 留意하야 事前防止에 努力할 것.

다. 北韓에 對比機關을 組織하야 共産系列의 跋扈를 根絶할 것.

3. 警察陣 強化案

○ 警察官吏를 大量 增員하되 愛國團體에서 選拔한 者로 하고 有能한 者는 幹部로 할 것.

○ 警察官吏가 使用하는 武器, 彈丸 等은 一律的으로 增備할 것.

4. 國防軍 補強策

○ 現 國防軍을 全的으로 再檢討하되 軍紀隊는 愛國青年團體를 中心으로 編成할 것.

○ 常備軍의 數를 10만으로 할 것.

○ 兵役法을 制定하여 兵力에 萬全을 期할 것.

5. 護國軍(假稱) 組織策

護國軍 組織은 愛國青年團體를 主體로 할 것.

6. 青年團體 育成策

民族과 國家의 前衛 또는 實踐部隊로써 充分한 機能을 發揮할 수 있으며 熱烈한 愛國心 昂揚에 適切한 育成策을 樹立할 것.

7. 38線 警備 補強策

○ 北韓의 實情에 對比하여 實戰에 體驗 있는 □當한 數의 部隊를 增派할 것.

○ 情報連絡, 物資交流, 防犯搜查 等의 警備 警官은 青年運動 經驗者를 集團的으로 配置할 것.

8. 叛亂地區 救護 救濟策

政府, 愛國團體, 新聞 及 閣僚機關을 網羅한 一括的 救護機關을 設置할
것.

[49] 동광신문 1948.11.14.
時局對策委員會 結成 委員長에 李南圭 氏

  현하 긴급한 비상사태를 수습하고 지난 11일 거도적 연합회의의 결의
에 의하여 재작 12일 하오 4시 각 관공서 정당사회단체 대표자 15명이 모
인 가운데 시국대책위원회는 결성을 보았는데, 위원장에 李南圭 씨, 부위
원장에는 高光表 씨, 檢察廳長이 각각 선출되고 구체적 토의는 오는 15일
오전 10시 도청 회의실에서 열리는 제2차 회합에서 하기로 되었다.

[50] 서울신문 1948.11.16.
現地의 輿論을 宗敎團體 代表 建議

  사회부의 후원 하에 11개 종교단체가 합동으로 현지 위문단을 조직하
고 전(錢) 장관과 박(朴俊燮) 후생국장의 인솔로 지난 10월 31일 서울을
출발하여 이달 6일까지 약 1주일간 광주, 순천, 여수, 구례, 벌교, 보성 등
지를 시찰하고 귀환하였는데, 동 위문단이 반란현지에서 직접 간접으로
목격한 모든 진상을 종합 보고하는 동시에 현지의 의견이라 하여 아래와
같이 발표하였다.
  1. 정부의 강력한 시책이 절실히 필요하여 정부는 말단 행정기관을 통

하며 민중에게 접근 융화할 것.

2. 공보처(公報處)를 일신하여 진정한 민족주의적인 능동적 문화인으로 하여금 선전, 계몽에 주력하여 민주정신을 앙양하고 시국을 인식시킬 것.

3. 정부의 요인을 반란현지에 파견하여 현지 관민의 사기를 고취할 것 (정부의 장관 등이 광주까지 오고 현지에 온 분이 없었다는 사실).

4. 이번 사변의 원인을 군경의 충돌이라고 하나 이것은 불순분자의 모략전이고 미미한 군경의 감정을 충돌에 유도하여 반란의 조건으로 이용하려는 모략을 규명하여 일반국민의 사건원인에 대한 정확한 인식을 줄 것.

5. 반란군과 폭도의 기만적인 선전 선동을 분쇄할 만한 민중의 사상적 계몽.

6. 민주사상을 일반 민중에게 강조하여 민족재건을 기할 것.

7. 이번 사변을 기하여 일대 국민운동을 전개하고 민족적 총단결을 촉진할 것.

8. 이재민의 구호사업이 시급하므로 이것은 정부의 구호사업과 병행하여 국민총력으로써 해결할 것.

9. 정부기관, 교육기관, 기타 모든 부내에서 불순분자를 숙청할 것.

10. 민족의 자멸적 현상인 정당 파쟁을 중지할 것과 정부는 애국자를 등용할 것.

11. 경제정책을 확립하여 일반의 민생문제를 해결할 것.

12. 민족 민주진영의 청년단체를 통합하여 철저한 훈련을 연마하고 경비는 정부에서 지출할 것.

13. 신념 있는 애국청년으로 향토방위진을 편성하고 강력한 무장을 할 것(일선에서는 「빵」보다도 강력한 무기가 요청되고 있다는 사실).

[51] 대동신문 1948.11.18.
靑年團 懇談會 時局收拾을 討議

　전남사건 발생을 계기로 한 시국수습대책의 일부분으로 최근 청년운동의 질적 향상과 아울러 행동 통일을 기하도록 하라는 일반의 요구에 따라 정부에서도 각 청년단체 대표들을 초청하여 간담회를 개최하였는데 문교부, 내무부, 사회부에서는 전기 청년운동에 대한 근본적 방침을 세우고자 적극 활동을 개시하고 있다 하는데 우선 17일 하오 2시부터 3부 공동주최로 중앙청 제1회의실에 대동청년단, 민족청년단, 서북청년회 등 15개 청년단체 대표를 초청하여 문교, 내무, 사회 각 장관 임석 하에 앞으로 청년운동에 대한 전망이 아울러 근본방책을 토의하기로 하였다 한다.

[52] 동광신문 1948.11.19.
道 時局對委 各 部署 決定

　지난 17일 하오 3시 본도 지사실에서 전남민간시국대책위원회 제3차 회합이 있었는데, 전번 회의에서 결정을 본 도내의 현금 모집 목표량 1억만 원의 각 부군 할당액 결정과 대책구호사업의 계획 각 부서 임원 선정 등이 있었는데 이로써 태동하던 동 긴급위원회도 완전한 발족을 보게 되었다. 그리고 각 부서 임원은 다음과 같다.
　委員長 李南圭 知事 總務部長 金炳玉 執行委員 吳彌善 崔泰根 道幹部 秘書室長 庶務課長 地方課長 會計課長 厚生課長 宣傳啓蒙部長 金昌선 執行委員 申淳彦 朱奉植 道幹事 公報室長 公報課長 婦女係長 運轉課長 情報部長 高錫龍 執行委員 金炳玩 玄德信 △道幹事 公報課長 査察課長 救護部長 金在

錫 △執行委員 朴貞根 郭준烈 道幹事 醫務課長 食糧課長 商務課長 山林課長

[53] 호남신문 1948.12.10.

叛亂 鎭壓에 鐵桶態勢 李 國防長官 國會서 自信 表明

【서울 8일 發=고려】國會는 國內 各地에서 叛亂事件이 完全히 鎭壓되지 않고 있는데 비추어 이에 對한 國防長官의 眞相報告와 아울러 今後 收拾策에 關하여 質疑問答이 있었다. 國會는 開會 卽時 申性均 議員 外 12명으로부터 提案된 國會議員選擧法의 제21조에 規定된 投票時間을 오후까지를 現下의 事態를 考慮하여 午後 4시로 短縮케 하자는 改正案을 採擇하였다. 議程에 들어가 國防長官의 國內 叛亂事態는 向今 未鎭되고 있을지라도 憂慮할 것은 아닌 同時에 萬若 麗水 順天의 □, 3倍되는 叛亂이 發生할지라도 短時間 內에 鎭壓할 수 있는 自信이 있는 國防態勢가 整備되어 있다는 報告가 있은 後 各 議員의 質疑가 있었다. 各 議員은 叛亂이 거의 鎭壓되고 있다면 하루 速히 戒嚴令을 撤回하라고 要望하였다. 李 國防長官의 報告와 各 議員의 質疑 要旨는 如下하다.

李 國防長官 = 國內 各地의 叛亂事件은 8.15 以後의 所謂 人民政權의 計劃的인 陰謀인 것이다. 그들은 軍의 武器를 獲得한 以後 適當하다고 認定되는 時期에 우리의 民族的 自尊心에서 우리□ 兩軍 撤退의 부르짖음에 配合해서 兩軍의 同時撤退를 主張하고 遊擊戰을 展開하고자 民愛靑의 地下細胞組織을 動□하여 南韓의 各地에서 遊擊戰을 하자는 것이다. 遊擊戰은 一時的으로 民心을 騷亂하는 것은 效果的이나 時間的으로 볼 때에는 一般 民衆의 憎惡心을 助長하는 自滅的 行爲가 되는 것이며 이로써 各道 各郡을 地域的으로 占領할 計劃을 가지고 있으나 이것은 꿈같은 忘想이다. 麗水, 順天事件은 新政府가 樹立되어 軍政의 兩方의 眞空的 틈을 利

用하여 南勞 民愛靑 學生 等의 組織을 通해서 重火器 等의 武器를 相當히 準備해 가지고 일어난 것이었으니 不過 1주일 내로 鎭壓되었다. 불행히 앞으로 麗水, 順天事件의 2, 3倍 되는 叛亂이 생긴다 할지라도 이것을 短時日 內에 鎭壓할 自信이 있는 國防態勢가 準備되어 가고 있으니 過히 憂慮할 것은 없는 것이다. 그리고 共産遊擊隊는 國際的 關聯性이 있으므로 38以北에 傀儡政府가 있는 이상 根絶하기□ 困難한 것이다. 그리고 6일 大邱에서 27명의 兵士가 叛亂을 일으켰는데 卽時 鎭壓되었다. 原因은 15명의 兵士과 將校를 銃殺하고 叛亂을 計劃한 것인데 進擊部隊에 의하여 3명 銃殺 5명 捕虜 3명이 自首하고 나머지는 逃走한 것이다.

徐容吉 議員 = 現在의 事態가 憂慮하지 않아도 좋다면 戒嚴令을 解除함이 如何?

國防長官 = 事態를 短時間 內에 徹底히 鎭壓시키기 위한 것이다. 國際的으로 좋지 못한 影響을 주는 것이니 惡質分子가 解除를 기다리고 潛伏할 □ 이 發見되었기 때문에 이를 肅淸하기 위하여 實施 중에 있다.

申成均[申性均] 議員 = 戒嚴令으로 因하여 民生苦가 甚한데 全南一帶의 戒嚴令을 解除할 用意는 없는가?

國防長官 = 全南一帶는 戒嚴令을 내린 것이 아니고 准戒嚴 下에 있다. 不遠間 善處를 講究하겠다.

李晶來 議員 = 麗水事件에 極右와 極左가 合作하였다는 事實 如何 또 民族靑年團이 靑年團体 統合에 參加하지 않은 理由 如何

崔 國防次官 = 吳東起가 事件에 關聯된 것을 發見하였기 때문이며 이로써 極右가 加擔하였다는 것이다. 民族靑年團 問題는 나로서는 말할 수 없다.

盧鎰煥 議員 = 叛亂事件에 있어서 犧牲된 民衆의 數字가 얼마나 되며 人民軍의 殺害한 數字의 國軍과 鎭壓으로 因해서 銃殺한 數字를 比較하면 어느 편이 많은가. 世間에는 國軍 側의 그것이 많다고 하는데 事實이라면 政府的으로 國軍이 敗北한 結果가 되는 것이다. 또 서울 市內에 戒嚴

令의 發布說이 있는데 金 首都廳長이 日前에 삐라를 散布하는 者를 銃
殺하는 命令을 내렸기 때문이다. 戒嚴令 下가 아니라면 □主國家에서
삐라를 뿌린다고 銃殺할 수는 없는 □이 아닌가.

崔 國防次官 = 一般民衆의 □ 特된 數는 아직 調査 中에 있으므로 時間이
經過하여야 할 것이다. 首都에는 戒嚴令을 내린 일은 없다.

[54] 서울신문 1948.12.15.
國會員도 宣撫 三班이 叛總地區에

국회는 지난날 본회의에서 여수(麗水) 순천(順天) 등 반란지구에 의원
으로 조직되는 선무반(宣撫班)을 파견키로 하였는데, 각지(各地) 파견 선
무반 인원은 다음과 같다.

▲全南 高興 柳聖甲 宋鎭百 吳錫柱

▲全南 木浦 務安 張洪琰 辛相學

   〃 羅州 李恒發 金尙浩

   〃 光陽 金沃周 李鍾麟

   〃 光州 鄭光好 延秉昊

▲全北 高敞 金永東 洪淳玉 金敎賢

[55] 대동신문 1948.12.28.
文化人 總蹶起大會 開幕

국가비상시국에 대처하야 민족정신을 앙양하기 위한 전국문화인 총궐

기대회 제1일은 예정대로 27일 상오 11시부터 □□시공관에서 白南薰 金炯元 씨 등을 비롯한 내빈 다수와 □원 방청인 다수 참석 하에 朴鍾和 씨 사회로 개최되었다. 먼저 애국가 제창이 있은 후 대회 위원장 高義東 씨가 개회사를 낭독한 후 金永郞 씨로부터 경과보고가 있었다. 이어 축사로 들어가 白南薰, 金炯元 씨로부터 각각 축하를 한 후 임시집행부로 安鍾和 씨 외 7인의 임시집행부를 선거하고 趙□岩 씨가 지방정세를 보고한 후 국방부 취주악대의 연주로 오전부를 끝마쳤는데 하오 1시부터 또다시 속개하리라 하며 제2일은 28일 상오 10시부터 속개되리라고 한다.

[56] 호남신문 1949.1.11.
改過遷善者엔 寬大히
宣撫講演次 來道한 조 議員 意見

국회의원 제2 선무반으로 출신지인 화순 지방으로 특파한 국회의원 曺國鉉 씨는 선무강연을 끝마치고 8일 내광하여 다음과 같은 소감을 피력하였다.

민심수습에는 첫째 자수하면 관용한 태도로 임해야 할 것이며, 계엄령을 속히 해제하여 각 직장의 온화적이며 자동적인 능률을 발휘하게 하여야 할 것이며, 양곡매상에도 완화책을 강구하여야 할 것이다. 또한 일반 민중에 대하여 세금 이외의 부담을 삭감하고, 특히 재해지 면민에게 수세까지라도 면제하였으면 좋겠다고 생각한다.

오는 11일 개회되는 국회에 상정된 안건은 토지개혁 지방자치조직 신문지법 등등일 것인데 신문지법에 대해서는 최선을 다하여 가혹한 점을 배제하려고 한다. 그리고 헌법 개정은 불가피로 생각하는데, 그 이유는 상하(上下) 양원제와 내각책임제의 중요성을 필요로 한 것이다. 최초 헌법 제정 시에도 8·15까지 정부수립까지 일자가 박두하여 그 안에 □□□ □□□ 산회하고 차기국회에서 개정할 □□ 기대□ □었던 것이다.

[57] 동광신문 1949.1.18.
壯! 大靑 健兒의 意氣
求禮 治安確保 貢獻 至大

　順麗지구 전투에서 질풍에 휩쓸린 나뭇잎 落葉 신세가 된 반도들은 쫓기고 쫓기어 구례군 내로 침입하였던 바 패잔 반도군(群)은 지리산(智異山)의 험악한 산곡(山谷)에 반거하여 최후 발악적인 저항을 꾀하고 있던 중 국군과 경찰의 용감무쌍한 전투로 말미암아 그들의 섬멸도 벌써 시간 문제로 되어 있는데, 후방 치안확보에는 대한청년단원의 애국적인 헌신 노력이 있어 관민으로부터 절찬을 받고 있다는 바, 이번 내광한 구례군 시국대책위원회 부위원장 高在淸 씨는 17일 아침 대청 단원의 활동을 칭찬하여 기자에게 다음과 같이 말하였다.

　『반역도가 구례지구로 침입하자 ○○○명의 대청 건아(健兒)는 단장 李判烈 씨 통솔 하에 향토방위를 목표로 총궐기하였는데, 특히 구례 읍내에서는 매일 밤 ○○명의 동원 능력으로서 전투, 동원, 감찰, 정보 민생 등의 각 부서로 나누어 공비(共匪) 출몰의 조기 발견, 은닉 무기의 수색, 적의 동향 정탐 등에 생사를 가리지 않고 굳센 투지로서 맹활동을 하고 있다. 눈보라치는 밤거리에 엄연 부동한 자세로 보초 근무를 하고 있는 대청 건아의 용자(勇姿)에는 스스로 머리가 수그러지는 바이다. 지난번 이재민 실정 조사차로 내군하였던 중앙 金□□ 企劃官 일행도 대청 단원의 활동에 크게 감동하고 특별한 사의를 표한 바 있었다.』

[58] 동광신문 1949.1.22.
大韓靑年團 結成 準備 籌備委員會 部署 決定코 聲明

그동안 뭉쳐야 산다, 무조건 합치자라는 구호 밑에 결성 준비가 전해지고 있던 大韓靑年團 全羅南道團部 결성준비위원회는 지난 20일 상오 11시구 大靑 사무실에서 위원장 高光表 씨 주재 하에 개최되었는데 大靑과 西靑 그리고 新生靑年會의 각 대표들은 이 회합에서 大韓靑年의 깃발 아래 무조건 통합하기에 의견의 일치를 보았다 하며 이어서 위원의 부서를 결정함과 동시에 요지 다음과 같은 요지의 성명서를 발표하였다.

委員長 高光表 總務部 金昌鉉 金億漸 鄭元勉 外 1인 財務部 金在奎 조元三 李南烈 外 1인 組織部 朴同烈 盧俊成 金元根 外 1인 宣傳部 鄭炳鉉 玄淸 양普承 外 1인 涉外部 양鶴基 崔松竹 朴春載 外 1인

聲明書 要旨

過去의 混雜한 靑年運動은 單一路線으로써 名譽스러운 終符를 찍었다. 우리 大同靑年團 全南團部 西北靑年會 全南本部 新生靑年會는 檀君 聖祖의 偉德 앞에 굳게 뭉치어 南北統一에 邁進할 것을 聲明한다.

1월 20일

大靑 全南道團部 西淸 全南道本部 新生靑年會

[59] 동광신문 1949.1.26.
正視하자 求禮의 現況을!
天然의 要塞를 헤치고 突進하는 鬼神遊擊隊
大靑도 國軍에 決死的 協力!

【求禮에서 本社 特派員 趙孝錫 記者 發】40년 동안이나 왜놈들의 총알로

썩어온 민족적 상처(民族的 傷處) 위에 또 다시 상처를 입고야 만 順麗叛禍는 白雲山을 넘어서 求禮에까지 연장(延長)되었던 것인데, 용감무쌍한 우리 국군과 경찰의 섬멸작전 주효(奏效)로 말미암아 그 대다수는 궤멸되고 말았으나, 잔적(殘敵)은 아직껏 험악한 智異山 줄기 장막(帳幕) 속에 잠복하여 연명(延命)을 꿈꾸고 게릴라전을 계속하고 있는 요즈음, 기자는 이들 게릴라 반도와 주야로 싸우고 있는 구례 군민의 씩씩한 모습과 이재민의 실태를 시찰하고자 20일 상오 10시 西部 解放者號에 몸을 실고 광주를 떠나 裡里 경유 求禮로 향하였다. 차중 국군 제5사단장으로부터 제6사단장으로 부임하는 金白一 大領과 동석하여 여러 가지로 간담하였던 바, 동 대령은 말하기를『전남의 사태에 대해서 나는 낙관을 자신하고 있다. 그리고 반도들의 살 길은 귀순밖에 없으며 귀순자는 무조건 석방하게 되어 있는데, 악선전에 속아서 귀순 못하는 반도가 있다면 그는 참으로 불쌍한 사람이다』라고 몇 번이나 말하였는데, 이 간곡한 온정이 반도의 가슴에 통하였으면 하고 기자는 충심으로 염원하였다. 밤 여섯시 반 求禮역에 하차한 기차는 劉 군수의 인도로 구례지구 전투사령부 사령관 朴昇日 少領을 방문하였다. 홍안 미남의 동 사령관은 서른두서너 살 되어 보이는 얼굴에 부대장 수염을 八字形으로 곱게 기르고 있었는데 기자의 손을 흔들고 나서『손이 너무 약한데?』하고 쾌활한 웃음을 웃었다. 鬼神遊擊隊長인 동 소령은 智異山 초기 작전부터 지리산맥을 모조리 답파(踏破)하며 게릴라 적을 거꾸로 유격하여 혁혁한 전과를 올린 맹장인데 나중에 민간에서 들은 바 민간에서는 온정 부대장으로 알려져 있었다. 듣자니까 20일 오전 11시 求禮 중앙국민학교에서 열린 국민대회 석상에서 남로당계열 세포가입자 약 2백 명(그중 여자 30명)이 귀순 혹은 자수하였다 하는데 이들은 朴 사령관이 살 길을 열어 준다고 간곡히 말한 데 감동한 것이며 이들은 악몽에서 깨어나고 살길을 발견한 데 대하여 무한히 감사하고 있다는 것이었다.

사령부에서 나온 기자 일행은 불과 열 발을 못가서『停止! 누구냐?』하는 고함소리에 발을 멈추었다. 즉시 앞에 선 군청 직원이 낮은 음성으로 뭐라고 암호(暗號)로 대답한즉『가십시오』하며 통과를 허락한다. 우리는 『수고하십니다』하고 거길 지나갔는데 숙소까지는 도중 같은 검문을 십여 차례 당하였다. 기자는 이 보초선(步哨線)이 군인이나 경찰관으로 되어 있는 줄 알았는데 대부분이 대한청년단원이라는 말을 듣고 그 씩씩한 태도와 훈련된 동작(動作)에 감탄을 금치 못하였다. 나중에 차차 듣고 본 바에 의하면, 이들 대청원의 활동이야말로 군, 경, 관, 민의 절찬의 대상이 되어 있는 것이었다. 구례 대청은 단장 李判烈 씨 부단장 金鴻俊 씨 통솔 하에 참모, 정보, 전투, 감찰, 보도, 민생, 지도, 동원의 각 부서로 나누어 있는데, 특히 정보활동과 전투에 있어 문자 그대로 결사적 행동을 취하고 있음에는 경탄 아니 할 수 없었다. 활동내용은 작전상 기밀(機密)에 속하는 것이므로 보도를 삼가하거니와 하여튼 죽음을 두려워하지 않는 대담무쌍한 대적(對敵) 투쟁은 구례지구 반소탕 전사에 영원히 빛날 것이다. 기자가 智異山 雲峰 부근에 있는 官山부락을 찾았을 때에 마침 무거운 짐을 지고 산으로부터 내려오는 청년 4명이 있었는데 이는 그 앞날『M1』2정으로 무장한 반도 5명을 산중에서 발견하고 경찰관 수 명과 합동하여 해발(해발 1천4백 미터)의 험악한 雲峰까지 추격하다가 해가 저물어 적을 놓치고 적이 버리고 달아난 식량 고추 등의 전리품을 갖고 돌아오는 용감한 장면이었다. 구례군 내 어느 부락을 가 보던지 산기슭에 혹은 논두둑에 조그마한 三角形 幕을 무수히 볼 수 있는데 이 막은 外線 보초막으로서 대청단원이 밤낮을 가리지 않고 반도의 출몰을 감시하고 있었다. 기자는 여기서 이들 대청원에게 따뜻한 의복과 식량 그리고 신발 등을 보내서 활동에 지장이 없도록 함이 전남도민의 책무가 아닐까 하고 통절히 느꼈던 것이다.(계속) (제5여단 檢閱濟)

[60] 동아일보 1949.1.27.
慘憺한 高興 叛亂地區 時急救護를 當局에 要望

작년 10월 여수에서 발발한 반란사건의 불똥은 급기야 여수의 근접군
인 고흥군(高興郡)에까지 튀어서 그 골 백성이 입은 상처는 깊고도 클 뿐
아니라 아직 반도들의 잔당은 양민을 괴롭히고 있어 동 군 민족진영에서
사건 발생 직후 고흥군비상대책위원회(高興郡非常對策委員會)를 조직하
고 시국수습에 피나는 활동을 하고 있다. 동 위원회 김윤희(金允熙) 박팔
봉(朴八峰) 신지우(申址雨) 등 제씨는 지난 22일 상경하여 정부 요로 당국
에 동 군의 실정을 보고하는 동시에 비상대책이 하루바삐 있기를 진정하
였다 하는데 동 군이 반란사건으로 입은 피해사항은 다음과 같다 한다.
   ▲ 死亡者 581 ▲ 負傷者 1,401 ▲ 家屋燒失 359(6천6백여 만 원) ▲ 家
具, 衣類 等 被害 64,182천만 원
   ▲ 官公署 被害 56,702천만 원 ▲ 牛業 被害 1억여 원

[61] 동아일보 1949.1.29.
谷城 災民救護 時急 郡對委員 上京 活動

【谷城(곡성)】지난 10월 여수순천반란사건의 여파로 커다란 상처를 입은
곡성(谷城)지방은 그 후 군경의 적극적인 활동으로 복구의 일로를 걷고 있
으나 아직 부분적으로 반군의 출몰이 있어 이를 소탕할 전투가 전개되고 있
어 공포에 잠길 뿐더러 이로 인하여 9만 군민들은 실업과 기한에 직면하고
있으므로 이 대책을 수습하기 위하여 군시국대책위원회를 구성하고 각 방
면에 실정을 호소하였으나 당국으로서는 여수 순천지방에는 위문과 구호를
계속하고 있으나 아직 이곳에는 시급을 요할 이재민의 구호대책조차 보여

주지 아니하고 있음은 너무너무 심타 아니할 수 없다. 이에 격분한 동위원회에서는 대표위원 수명을 상경시켜 관계 요로에 이를 호소시키고 있다.

[62] 서울신문 1949.1.29.

時局收拾對策 連席委員 決定

國會는 지난 27일 本會議 決議로서 叛亂地區 收拾에 關한 建議案을 作成하여 政府에 보내기로 되었거니와 同 建議案을 作成할 時局收拾對策聯合委員會 委員은 다음과 같다.

▲叛亂收拾對策委員 側：池大亨, 徐相日, 崔雲敎, 徐禹錫, 郭尙勳, 金長烈, 金俊淵, 孫在學, 金光俊, 吳澤寬, 金汶枰, 崔獻吉, 李勳求, 趙憲泳, 權泰羲, 李榮俊, 李鍾麟, 趙重顯, 趙玉鉉, 金東準

▲叛亂地區宣慰班 側：柳聖申, 宋鎭白, 吳錫柱, 張洪琰, 李恒發, 金尙浩, 金沃周, 李鍾麟, 金永東, 洪淳玉, 金敎賢, 鄭光好, 延秉昊, 崔雲敎, 吳龍國

[63] 서울신문 1949.1.29.

戒嚴令 解除 要望
叛亂地 住民 負擔 過重에 陳情

전남 반란사태는 아직도 진압되지 아니하여 현지 주민들이 많은 고통을 받고 있다 함은 국회에서도 보고된 바 있거니와 지난 23일에는 현지 곡성군시국대책위원회(谷城郡時局對策委員會) 대표 수명이 상경하여 사회부, 내무부, 재무부, 기획처 등 각 부처의 책임자를 방문하고 동 지방 피해복구에 필요한 이재민 구제금으로 2억 원의 경비보조를 요청한 바 있어 반란지 이재민들에 대한 정부의 시급한 구호대책이 다시금 요망되고 있다. 그리고 동 시국대책위원회 대표들은 본사를 내방하여 현지의 실정을 다음과 같이 전하였다.

현재도 지리산(智異山) 근방 통명산(通明山)을 근거로 하여 반도(叛徒)들은 화순 북면(和順 北面)에 출몰하고 있어 이를 격퇴하려고 군경이 산악전(山岳戰)을 전개하고 있다. 그리고 곡성군(谷城郡) 내의 가옥의 피해는 전소(全燒)가 1백 호고 반도의 온상지라고 해서 소개한 것이 6백 호나 된다. 또 지난 10월 23일부터 작년 말까지 곡성군시국대책위원회에서 사용한 비용은 8만 인구에 6천만 원이 부담되었다. 시국대책위원회 비용은 호별세 등급에 의하여 모집하고 있으며 지방민의 대부분은 계엄령(戒嚴令) 해제를 요망하고 있다. 그리고 추곡매입은 현재 3할 1부 정도까지 진전되고 있는데 이 이상 더 추진시키려면 민심에 주는 영향이 클 것이므로 앞으로는 매입이 불가능할 것 같다. 현지에서는 반도에게 약탈(掠奪)당하고 또 군경이 들어오면 식사대접을 하여야 되기 때문에 식량난이 매우 심각하다. 그러므로 금번 중앙정부의 각 부처 책임자를 방문하고 현지 주민들의 부담을 감해줄 것을 요청하는 동시에 이재민 구제비용을 국가에서 지출하여 달라고 진정하였다.

[64] 서울신문 1949.2.5.
戒嚴令은 卽時 撤廢하고 民間負擔 없애라
時局收拾 十項 對策 決定

국회에서는 반란지구의 혼란한 사태를 시급히 수습하여 민심의 안정을 기하고자 지난 26일에 개최된 제14차 본회의에서 전번 반란 현지의 실정을 조사하고 돌아온 이정래(李晶來) 의원 외 수 명으로부터 각 지방의 실정보고를 듣고 원내(院內) 시국대책위원회와 반란지구 선위반 및 이에 관심을 가진 의원으로 연석회의를 개최하여 정부에 보낼 시국수습건의안을 작성 보고케 할 것을 결의한 바 있었는데, 그간 동 건의안 작성에 노력 중에 있던 시국수습대책위원회에서는 지난 3일 신(申) 국회의장에게 다음과 같은 정부에 발송할 건의안 내용을 통달하여 왔다고 한다.

▲계엄령은 즉시 철폐하고 피의자(被疑者)는 법에 의하여 처단할 것.

▲군경(軍警)의 직책(職責) 한계를 명확히 할 것.

▲경찰을 강화하고 우수한 무기를 보급할 것.

▲군율(軍律)을 엄수케 하기 위하여 헌병대를 강화할 것.

▲전임(專任) 국방장관을 두고 긴박다단한 군무에 전력케 할 것.

▲군경의 제반 수용(需用)은 관(官)에서 지급하고 민간부담은 일체 엄금할 것.

▲반도를 귀순(歸順)케 할 것.

▲이재민의 구호와 복구계획을 시급히 확립하여 철저히 실행할 것.

▲반란지구의 시국대책위원회는 해산케 할 것.

▲단기 4281년 11월 12일 국회에서 결의된 시급수습대책건의안 중 실행치 아니한 것은 즉시 실행할 것.

[65] 경향신문 1949.2.6.

時局收拾策 通過

國會

國會 5일 本會議는 時局收拾對策에 關한 建議案과 南北平和統一에 關한 決議案과 地方自治案 第1讀會를 議事日程에 올리고 상오 10시 40분 申翼熙 議長 司會로 開議하여 먼저 監察委員會의 通告에 關한 調査委員 9인을 議

長이 選定하였다는 報告가 있었다. 이어 前般 院議로써 構成된 時局收拾對策委員會 □ 叛亂地區 宣慰班 議員과의 合席會議 結果 作定上程된 時局收拾對策에 關한 建議案을 俎上에 놓고 逐條로 審議한 結果 다음과 같이 通過되었다.

卽 第3項은 『民主警察을 强化하기 爲하여 質的 强化와 自體 肅淸을 斷行한 後 優秀한 武器와 生活保障을 確保할 것』이라는 金壽善 議員의 修正動議가 可決되었고 第5項에서는 專任 國防長官制냐 原案削除냐를 圍繞하고 激論이 展開되다가 票決한 바 原案이 通過되었다. 그리고 『叛徒를 歸順케 할 宣撫班을 派遣케할 것』이라는 第10項은 兩次 未決로 廢棄 削除되었고 『糧穀 强制買上을 中止하고 大都市를 除外한 小都市 및 農村의 民保團은 解散할 것』이라는 黃允鎬 議員의 添加動議가 可決되어 第10項에 揷入하였으며, 또 偏派的인 公務員은 罷免 轉任시킬 것이라는 金雄鎭 議員의 亦是 添加動議가 可決되어 第11項에 揷入키로 하였다. 그리고 其他 項은 全部 原案대로 通過하고 하오 1시 10분 散會하였다.

[66] 연합신문 1949.2.8.
宣撫班 派遣을 渴望!
求禮郡民들의 눈물겨운 呼訴

반란의 선풍이 아직도 잠잠하지 않고 국군과 지리산(智異山)에 잠복하고 있는 무장폭도들과의 교전은 매일같이 벌어지고 있어 그의 총소리에 한시라도 마음 놓고 살지 못하고 있는 한편, 중앙으로부터는 지금까지 아무런 위문(慰問)을 받지 못한 채 추위에 떨고 굶주림에 울고 있는 전남(全南) 구례군(求禮郡) 주민들의 억울한 실정을 중앙 요로에 호소하기 위하여 동군 시국대책위원회(時局對策委員會)에서는 고재연(高在연), 정연재(鄭演

宰) 등 제씨가 대표로 지난 5일 상경하여 방금 각 방면을 방문하고 현지 주민들의 억울한 현 실정을 호소하고 있는데, 전기 양씨가 말하는 동 지역의 현상은 다음과 같다.

즉 여수, 순천 양 지대는 반도(叛徒)의 폭동이 불과 1주일 내에 종식되었으므로 지금은 평화가 회복되어 이재민을 제외하고는 각기 생업(生業)에 종사하고 있는 반면, 구례군 내 각 면만은 반란 발생 이래 만 3개월이 경과하도록 현재까지 교전상태에 있어서 7만 주민은 그야말로 실업과 기한(飢寒)에 직면하고 있다 한다. 그리고 여순(麗順) 양 지역에는 중앙과 각 지방에서 위문단, 위문품, 선무반(宣撫班) 등의 구호대책이 많은데 비하여 동 군만은 이와 같은 혜택을 입지 못하고 있어 주민들은 당국의 시급한 구호를 학수고대하고 있다 하며 방금 구호를 요하는 주민의 수효는 1만1,452명이라고 한다.

그러므로 이의 시급한 구호책을 위하여서는 중앙당국에서 직접 동 지구에 위문단과 위문품을 보내주어야 될 것이라고 하는데 무엇보다도 절실히 요망하고 있는 것은 다음의 세 가지 조건이라 한다.

1. 동 군은 지대가 지리산 밑에 있으므로 이곳에 모여든 폭도들은 신속히 소탕하지 않으면 부근 일대에 그의 세력이 미칠 영향이 있는 바 군(軍)과 경찰력을 확충하여 이들 폭도의 근멸을 단행할 것.

2. 대자연(大自然)의 요새지인 지리산에 잠복한 폭도들은 수시로 출몰하여 온갖 만행을 자행하는 한편 혹은 지하대중을 선동하여 대한민국 정부를 전복하려고 하는 선전공작을 하고 있으므로 이의 방지책으로는 중앙에서 선무반이 파견되어 철저한 선무공작을 전개할 것.

3. 일반 애국동포들은 반란지대로 말하면 단지 여수 수천 등지인 줄만 알고 전 현 동 군이나 기타 벌교(筏橋) 고흥(高興) 등지 같은 반란의 피해가 막심한 산간지방에 대한 인식이 지금까지는 부족하여 아무런 구호대책을 하지 않아 왔었으나 앞으로는 특히 이 점에 유의하여 줄 것.

[67] 서울신문 1949.2.11.

民心收拾이 緊急
姜 議員 智異山地區 視察 報告

전번 전남 반란지대에서도 가장 험악한 지리산(智異山)지구의 민정을 시찰하고 돌아온 강기문(姜己文) 의원은 지난 10일에 개최된 국회 제26차 본회의에 다음과 같은 서면(書面) 보고를 하였다.

▲軍警의 實情 = 군경은 지리산(智異山) 산악지대에서 갖은 악조건과 싸우며 반도 토벌에 전력을 다하고 있는데 그들의 진지(陣地) 생활을 보면 군(軍)은 엷은 내의(內衣)를 입고 단 한 장의 담요로 몸을 싸고 밤을 새우며 영양을 충분히 섭취 못하고 있었다. 그리고 경찰은 국방색 하복(夏服)을 입고 전투모도 없이 집새기를 신은 채 불충분한 무기를 가지고 싸우고 있었는데 동상(凍傷) 부종(浮腫) 등의 병자가 속출하여 사기(士氣)가 왕성치 못하였다.

▲戰鬪에 對한 見解 =이 지방은 부대 본부가 일선과 떨어진 산청(山淸) 함양(咸陽) 읍내에 있는 관계로 산악지대의 일선 부대와 연락상 지장이 많았다. 그러므로 반도 소탕의 신속을 기하기 위하여는 부대 본부의 전선 이동이 필요시 되고 있었다.

▲叛亂軍의 術策 = 반도들은 부락의 구장(區長) 민보단장(民保團長) 기타 유복한 생활을 하는 자를 해치고 그 재산을 강탈하되 빈한한 가정에 대하여는 현금을 주고 물품을 매상하여 일반인민으로부터 호감을 사고 있었다. 이 반면에 일부 현지관리들의 비행이 많아 사회불안을 일으키고 있어서 민심수습상 대단히 유감된 일로 생각되었다. 반도들은 군인을 노란개(黃犬), 경관을 검은개(黑犬), 구장 민보단장 등을 살찐개(肥犬)라고 부르며 국군이 추격하면 도피하고, 경관에 대하여는 맹렬히 도전(挑戰)하여 군경의 이간책을 쓰고 있었다. 또 반도가 야간에 하산(下山)하여 민가에 유숙하고 식량 의류를 가져갔다고 해서 국군이 전략상 그 부락을 소

각한 일이 있었는데, 반도는 이것을 구실로 하여 인민을 보호하는 국군이 아니라 인민을 해치는 존재라고 선전하여 군민의 이간책을 쓰고 있었다.

▲警備對策委員會의 寄附 强要와 不法行爲 = 인민의 생활사정을 무시하고 협박, 구타, 감금, 가택침입, 수사 등 언어도단의 불법행위를 감행하여 기부금을 징수하고 있었다. 그리고 모집한 기부금의 처분에 있어서는 군경에게는 일부 소액을 제공하고 잔액(殘額)의 대부분을 음주 식사 기타에 낭비하고 있어 현지 주민들의 고통은 매우 심하였는데, 경찰에서는 전투지역이라고 하여 이러한 비행을 일체 묵인하고 있었다.

▲糧穀買入量을 不正 配定 = 양곡매입이 부진하는 이유는 그 면(面)이 부정배정을 하였기 때문이었다. 경찰은 권력을 남용하고 면민을 위하여 봉사하여야 할 면직원이 사리사복만을 채우고 있고 또 사회의 악(惡)의 요소를 숙청하여 국가의 질서를 확보하여야 할 검찰청이 눈을 감고 귀를 막고 있으니 나날이 민심은 불안하여 가고 인민의 원성은 높아가고 있었다. 그러므로 정부에서는 민심수습의 근본대책을 급속히 강구하여 혼란과 불안 속에서 헤매는 반란지 주민들을 구호하여 주기를 바란다.

[68] 동광신문 1949.2.23.
通告

國家가 要請하는 非常時局을 打開하기 爲하여 去般 中央에서 總裁 李承晩 大統領과 단장 申性模 內務長官을 받들어 各 靑年團體를 統合하여 굳게 뭉쳐 本團이 發足하게 되었음은 再言을 要치 않을 것이며 거기에 따라 지난 13일 本 道團部 結團式을 盛大히 擧行하여 지금은 各 府郡 團部 籌備會 구성 及 結團式 準備에 奔忙할 줄 思料하오며 여기에 左와 如히 通告함.

一. 各 府郡에 各 靑年團體가 統合하여 籌備委員會를 구성한 곳은 速히

委員 名簿를 提出할 것(但 委員 名簿에는 經歷을 添附할 事)

一. 구성된 곳은 勿論 各 靑年團體가 全的인 合意 下에 된 줄 思料하나 萬若 他 團體가 有함에도 不拘하고 이는 一個 團體가 主動이 되어 看板을 건 곳은 可及的 速히 他 靑年團體와 協議하여 各 團 代表가 直接 道團部와 連絡하여 結成時日을 決定할 것

一. 주비위원회 구성된 곳은 그 經過를 자세히 道團部에 報告할 것

追而 萬若 아무런 報告가 없이 名簿를 提出하지 않고 獨自的으로 주비위원회를 구성하여 本 道團部와 連絡이 없이 結團하는 단부는 正式 단부로 是認할 수 없으니 事前 連絡을 要함

단기 4282년 2월 19일

大韓靑年團 全南道團部 組織部 白

各 府郡 靑年團體 앞

[69] 동아일보 1949.2.23.

確固한 救護들!
求禮郡對策委員會 要望

전남반란사건으로 인하여 극심한 피해를 입은 전남 구례(求禮)지방의 참상은 당지 시국대책위원회로부터 자세한 피해상황이 알려졌는데 동 위원회에서는 긴급한 구호사업으로 요지 다음과 같은 요망사항을 요로 당국에 요청하였다 한다.

1. 농촌재해 복구공사를 실시할 것.
1. 사상 선도의 교화기관을 설치할 것.
1. 미곡매상 목표량을 경감할 것.
1. 이재 학동에 대한 국가장학제(獎學制)를 실시할 것.

등과 정부요인 특히 장관급의 재해 현지 격려 시찰을 요청하였다 한다.

[70] 동아일보 1949.3.8.
警察區域 問題로 筏橋 住民 蹶起

【筏橋】벌교는 고흥(高興) 순천(順天) 보성(寶城) 3군의 접경지로서 고래로 유명한 상업도시이며 지리적으로 보아 일정시대에도 전남의 특수지대로 갑종 주재소를 설치하고 30여 명의 직원을 치안에 담당케 하였었고, 해방 후 혼란한 국내정세에 비추어 작년 4월부터 경찰서로 승격하여 고흥군 동강 대서 남양 3면과 순천군 낙안 외서 송광 3면과 보성군 벌교읍 조성 율어 합 1읍 8면을 치안구역으로 하여 치안확보에 불면불휴의 활동을 관하 주민이 안도하여 오던 중 거번 반란사건 발생 후 폭도의 집단지대로 매일같이 소탕전이 전게될 뿐더러 양민 피살의 수는 날로 늘어가 인심은 극히 불안과 공포에 싸여있는 이때 금번 국회에서 고흥대의원의 경찰구역을 행정구역과 일치케 하자는 청원에 대하여 지난 21일 벌교 읍내 세무서 회의실에서 각 관공서 단체대표 유지 백여 명이 회집하여 긴급 토의한 결과 행정구역이 다를지라도 치안상 절대 중요한 지방치안실정을 무시하고 이런 문제를 제의하여 주민의 인심을 혼란케 함은 심히 유감천만이라고 분개하여 22일 대표 10여 인이 상도하여 부당성을 도지사와 청장에게 진정하는 한편 관하 전 주민대회를 불일간 개최하고 최후까지 반대운동을 전개하기로 결의하였다는데 일반은 국가적으로 중대문제가 주은 중 공연히 이런 문제로 혼란을 야기케 한 국회의원에게 원성이 적지 않다고 하며 정부에서는 지방 실태를 잘 이해하여 이런 문제로 동요된 민심을 하루바삐 안정케 하여 주기를 바란다고 한다.

[71] 호남신문 1949.3.8.

木浦 · 麗水 · 康津 · 羅州
各 中學校 護國團 結成

여수 여수군 내 각 중등학교 학도호국대 결성식은 지난 2일 오전 10시 부터 여수 그라운드에서 전남도 내무국장을 비롯한 관민 다수 참석한 가 운데 전 대원이 참집하여 개최하였는데, 당일 선임된 임원은 다음과 같다

△ 단장=수산중학교장 朴봉호 △ 부단장=여수중학교장 鄭洪鳳

강진 강진군 각 중등학교 연합학도호국단 결성식은 지난 3일 오전 11 시부터 강진중앙국민학교정에서 관민 다수 참집한 가운데 거행되었는데, 각계각층의 열렬한 축사와 1600 학도의 장엄한 분열식이 있은 후 시가행 진으로 성대한 가운데 마치었는데 당일 선임된 임원은 다음과 같다.

△ 단장 金惠仁(농중) △ 대대장 趙正翼(농중) 부대장 金五成(金중) 金世 東(강중)

나주 나주군 학교호국대 결성식은 지난 3일 오후 1시부터 나주국민학 교정에서 관민 다수 참집한 가운데 성대히 거행되었는데, 선임된 임원은 다음과 같다.

△ 단장 金宰炯 △ 부단장 梁鳳華 金泰楫

목포 목포부 학도호국단은 앞서 전반적으로 그 조직을 완료하였는데 지난 3월 2일 부내 목상교정에서 전 단원 각계 내빈 다수 참석한 가운데 오전 11시부터 성대히 결성식을 거행하였다. 식은 목상교장 姜仁遠 씨의 개식 선언에 이어 목중교장 趙正斗 씨의 단장 취임사가 있었고 해군기지 사령관 鄭긍모 씨의 축사가 있는 다음 열병식 시가행진이 있은 후 하오 10시 □0분쯤에 끝마쳤는데 단장에는 목중교장 趙正斗 씨 부단장에 목상 교장 姜仁遠 씨 목공교장 金永珠 씨가 각각 임명되었다 한다.

[72] 호남신문 1949.3.8.

道陽 韓靑 結成式 盛大

【녹동】고흥군 도양면 대한청년단 결성식은 지난 27일 오전 11시 녹동 공회당에서 관민유지 다수 참석한 가운데 개최되었는데, 당일 선임된 임원은 다음과 같다.

단장 金圭萬 부단장 白申求 朴相基

[73] 동광신문 1949.3.12.

官民一體로 國策 遂行 今般 國民會 運動方針 決定

제1차 推進委員會 12일 道□議室서

지난 8일 중앙 방침에 호응하여 관민일체의 일대 국민운동을 강력 추진하기 위하여 국민회 도대회를 개최하였음은 이미 보도한 바와 같거니와 당일 결정된 금후 국민운동 방침의 개요는 다음과 같다.

가. 당파를 초월한 관민 일체의 대국민운동으로 국책 수행에 강력 추진할 것

나. 종래의 애국반을 『국민반』으로 개편하고 국민 전부가 『가』급 회원이 되고 특히 입회절차를 밟은 자는 『나』급 회원으로 할 것

다. 중앙 총본부에 국민지도원 강습소를 설치하고 애국성이 견고한 인사를 강습하고 인재를 양성할 것

라. 도 본부 결성 추진위원을 다음과 같이 선정함

△推進委員(無順)

崔鍾涉 李南圭 元容德 金炳玩 吳弼善 金永千 尹泳善 金喜誠 張柄俊 高光表 梁炳日 朴哲雄 李乙植 郭□烈 朴炳培 姜益秀 郭守兼 盧錫正 崔春烈 金炳

玉 高光鳳 高錫龍 金信謹 尹주燮 金善洪 金興悅 朴喜繁 金文玉 全福麗 方春
華 朴正根 崔相彩 崔영균 朱奉植 崔有植 徐□□ 金在錫 朴□洙 蔡圭澤 金瀅
楠 □千燮 崔鎭榮 片承宇

그리고 제1차 추진위원회를 12일 土 오후 2시부터 도 회의실에서 개최
하게 되었다 한다.

[74] 호남신문 1949.3.31.
韓靑員들이 주머니 털어 軍警 慰勞 茶菓會 開催

【나주】 대한청년단 나주군단부에서는 지난 24일 단장 高判奉 씨를 비롯
한 전 단원이 각자의 주머니를 털어 모은 돈 3만원으로 불철주야 폭도소
탕에 노력하고 있는 군경을 위로하고자 과자 3백 포대(袋)를 구입하여 휴
식시간을 이용하여 군경 위안 다과(茶菓)회를 개최하여 많은 성과를 거두
었는데, 이번 동 청년단의 미거에 칭찬이 자자하다고 한다.

[75] 동광신문 1949.4.2.
順天邑 國民會 支部長에 徐廷昱씨

【순천】 순천군에서는 국민회를 강화하기 위하여 군내 애국단체를 통합
하여 대한국민회로 개편하게 되었는데, 이어 순천읍에서도 지난 30일 읍
지부를 조직하고 일대 국민운동을 전개하게 되었는데, 피선된 역원은 다
음과 같다.

△지부장 徐廷昱 △副支部長 黃佑洙 崔昇珍

[76] 동광신문 1949.4.5.

國力培養에 總結束
國民會 道本部 結成大會 盛況

사상의 통일과 국력의 배양은 오직 민족의 총단결에 있다는 신념 아래 과거 4년간의 투쟁 경험을 살려 대한민국 국민이며 남녀노유를 불문하고 그 산하에 포섭하여 민주주의 독립국가의 발전에 획기적 국민운동을 전개하고자 지난달 31일까지 각 부군읍면 지부 결성을 완료한 본도 국민회 추진위원회에서 지난 3일 상오 10시 중앙국민교 대강당에서 각급(各級) 지부 및 분회 대표 2백여 명 참집 아래 도본부 결성 전체대회(道本部 結成 全體大會)를 개최하였다. 먼저 회순에 따라 국민의례를 마치고 추진위원 장 崔鍾涉 씨의 뜻깊은 개회사에 이어 元暢圭 씨로부터 결과보고가 있은 후 임시집행부를 선출하고 규약을 통과시킨 다음 도본부 위원장 1명 부위원장 2명의 선출에 이어 본 도지사 李南圭 씨 부경찰국장 崔天 씨의 축사가 끝나자 만세삼창으로 일단 전체대회를 마치고 도위원회를 열어 도상임위원 33명을 선출하고 하오 3시경 원만히 끝마치었는데 피선된 임원은 다음과 같다.

委員長 崔鍾涉

副委員長 高光表 金容煥

道常任委員 崔鍾涉 高光表 金容煥 元暢珪 池正宣 崔春烈 金炳玉 趙在奎 張柄俊 姜益秀 玄德信 尹主燮 金興悅 鄭尙好 金瀅南 高錫龍 鄭潤植 朴喜繁 方春華 高光鳳 全福麗 李連鎬 金善洪 洪鍾輝 梁炳日 片承字 鄭順模 金在錫 梁權承 崔有植 徐禹錫 李丙斗 金信德

[77] 호남신문 1949.4.7.

國民會 光州支部 運委 啓蒙運動展開

지난 5일 오후 3시 광주 부윤실에서 국민회 광주지부 운영위원회의 제1차 회합이 있었는데, 금월 중 행사로 간부를 총동원하여 각 동별로 계몽좌담회를 개최할 것과 오는 5월부터는 월중행사로 매월 초하룻날 오전 7시를 기하여 광주부 전체에 걸친 각 동회별의 계몽운동을 전개하기로 결정하였다. 계몽운동의 중요 목적은 주로 사상 통일 국력 배양에 치중하리라 한다.

[78] 경향신문 1949.4.19.

住民의 困難 莫甚
當局의 時急한 救濟 渴望

高興 視察한 吳議員 報告

한국의 남단 반도로 여수와 완도 사이에 끼여 있는 전남 고흥군(高興郡) 일대는 지리산과 지하의 연락 루-트를 맺고 있다는 반란지대의 요처로 되었다.

이 지방의 요즘 반란정세에 관해서 국회의원 오석주(吳錫柱) 씨는 이번 국회에 생생한 실정보고를 전해왔는데 그 요지를 소개하면 다음과 같다.

전남 고흥(高興)지방은 지리적으로 불리하여 치안은 자못 불안한 바 있으며 국군이 심혈을 기울여 진압과 선무계몽에 노력한 후 고흥지방을 철거한 후에 반도들은 호기를 얻은 듯이 경찰지서를 습격하고 260여 호의 가옥을 소각하였다 한다. 산간지대에서는 수목이 무성하기 전에 반도를 근절하여 주기를 갈망하고 있는데, 주민들은 생명을 보존하기 위하여 반도들을 은닉 또는 옹호하는 것이 양책이라고 생각하고 있다. 즉 군경에게 정보를 제공하면 군경이 가버린 후 반도들은 군경에 협조한 양민들을 살해하고 있기 때문이다. 그 외 공과금과 기부금 등으로 주민들은 곤란한 지경이며 당국은 실정을 참작하여 구제책을 긴급히 강구하지 않으면 안될 것이다.

[79] 호남신문 1949.4.20.
遊離彷徨하는 災害民 雪上加霜으로 公課 寄附金에 呻吟
吳錫柱 議員 高興 地方 民情 視察 報告

【서울 18일 發 合同通信】국회 吳錫柱 의원은 지난 1일부터 8일까지 고흥 지방 민정을 시찰하고 온 바 있었는데 15일 다음과 같은 보고 발표를 하였다.

본의원은 4월 1일부터 약 일주일간 매일 지방민 3, 4백 명씩 집합한 기회를 얻어 그들의 실정을 들었는데 그들은 이구동성으로 선전지대의 경비력을 강화시키고 나무가 무성하기 전 단기일에 반도를 근절해 달라는 것이다. 만약 안 된다면 대한민국에 충성을 표하는 것보다 차라리 반도를 은닉 옹호하는 것이 그들의 실낱같은 생명을 보존하는 데 양책이라고 인식하고 있다. 사실 그들은 군경의 요망대로 반도들의 동정을 보고하면 반도들의 그 구호단 정보망을 통하여 군경이 거쳐 가는 즉시 그 보복으로 고발한 자를 피살하거나 안 되면 집안 재산을 약탈하고 집을 태우는 수법으로 대하니 경비력이 불안한 현상 하에서는 지방민 군경에 협조한다는 것은 최악의 사태를 각오하지 않으면 못할 일대 모험인 것이다. 이리하여 소위 우익이라 지목받은 양민들은 생업에 안착할 수 없어 고향의 친척을 이별하고 각 처로 분산 소개 중이며 가정과 가재도구를 일시에 상실한 그 유족들은 의존할 곳이 없어 불의에 걸인으로 되어 이리저리 유리방황하는 참상을 전개하고 있는 것이다. 그리고 어찌 그뿐이랴. 비교적 안전한 지대에 사는 주민이라 할지라도 경제가 곤란하여 재정이 극히 곤란한데다 설상가상으로 이름조차 외울 사이 없이 쏟아져 나온 무수한 공과금 기부금은 호호마다 지불 고지서가 가위 수십 장씩 쌓여 있는 형편이다. 상기하시라. 그들의 고□ 민생을. 당국은 모름지기 이미 격한 부과금 홍수로부터 그들을 구출하고 가족과 가옥을 잃은 자에게 생필품을 지급하여 앞으로 철저한 대책을 강구하여서 온정을 베풀어서 대한민국의 엄연한 존재를 명심케 하는 공존공영의 실□ 거하여야 할 것이다.

[80] 서울신문 1949.4.22.

暴徒 軍裁는 再審
國會 要請에 大統領 善處 言明

지난 여순사건(麗順事件) 후 반란지구에서는 반도들을 군사재판에 의하여 처벌받은 자 중에는 반란과는 전연 관계없는 양민도 섞여 있다고 하여 이들을 구출하여 달라는 진정서가 매일같이 빗발치듯 한다는 데, 이 소식을 들은 국회에서는 이를 간과(看過)할 수 없다 하여 김장렬(金長烈) 의원 외 63의원이 긴급동의안을 제출한 바 있거니와 그 후 전남(全南) 출신 의원들이 군부와 직접 교섭을 진행 중에 있으며 지난 18일 김장렬 의원은 대통령과 회견하고 그의 재심을 건의한바 대통령으로부터도 곧 관계당국에 시달하여 선처할 것을 명언한 바 있어 앞으로 그 귀추가 극히 주목된다.

金長烈 議員 談 = 극히 혼란과 흥분 가운데 재판이 진행되었기에 개중에는 억울한 자도 있을 수 있는 일이다. 이것은 군부의 잘못이 아니라 단

시일에 많은 사람과 많은 사건을 취급하는 일에 흔히 있는 일이다. 관계 없는 자를 구출하고 한 걸음 나아가 반도라 할지라도 양심적으로 참회하는 자는 감형하는 아량이 있어야 할 것이다. 그리고 자수하는 자는 여하한 자라도 포용하는 요즈음 형을 받은 자도 후회하는 자에게는 이 은전을 베풀어야 함은 논리상 당연한 일이다. 이것을 국회에 긴급동의안으로 제출도 하였고 군부와 직접 교섭한 결과 호의로써 응대하여 줌에는 군부에 감사하는 바이며, 지난 18일 대통령 회견 시 이를 진언하였던바 대통령도 쾌히 응락하시고 곧 관계부에 시달하여 선처하겠다고 언약하여 주었다.

[81] 동광신문 1949.5.10.
썩은 마디는 자를 박게
元 司令官 國會調査班 對談

【光州에서 申文豪 特派員 9일 發 고려】國會에서 全南 一帶의 民情調査班으로 派遣된 申性均 金教中 兩 議員은 8일 湖南地區戰鬪司令官 元容德 准將과 會見하고 叛亂 情勢에 對한 意見 交換이 있은 後 다음과 같은 問答이 있었다.

問 = 軍의 質에 對한 問題인데 一線에 있어서 充分한 補給이 못되는 까닭으로 農村에서 폐를 끼치는 일도 있으리라고 보며 接待에 疲勞를 느끼는 일도 없지 않을 것이다. 요즈음 戒嚴令이 解除되었으니 그런 일이 없을 것이라고 보나 歸順者를 射殺한다고 惡宣傳되는 수가 있는데 한 사람을 죽이면 10명이 생긴다는 이러한 点을 어떻게 生覺하고 있는가.

答 = 가난하고 敎育程度가 낮은 農民의 子弟들이 많이 들어오고 知識水準이 높은 指導者層이나 國會議員들의 子弟는 들어오지 않는 것이 事實이다. 混亂한 이때에 있어서 玉石이 混沌되고 民心에 좋지 못한 影響을 끼

치는 여러 가지 過誤가 局部的으로 없다고 할 수 없을 것이다. 武裝暴徒가 20여 명이 나타나면 民間暴徒들도 이와 合勢하여 高喊을 치면서 몽둥이를 들고 氣勢를 올리며 악악 소리를 지를 때 自然的으로 그들에게 銃부리를 안 돌릴 수 없을 것이다. 어떠한 마디가 썩을 때 그 마디를 잘라야만 醫學 的으로 살 수 있을 것이다. 軍警을 죽인 것이 濟州島를 비롯하여 수천 명 에 達하고 있으며 내 部下만도 6백여 명을 犧牲시키고 恩給 하나 주지 못 하는 가슴 아픈 形便에 있으면서도 우리는 아직 婦女子 하나 다치지 않고 있다. 그러나 惡辣한 그들은 自動車를 잡아서 불사르고 智異山 中에서는 40여 명을 가솔린으로 불사르는 그러한 殘惡한 行動을 하고 있는 것이다.

[82] 경향신문 1949.6.16.
目下 民心收拾이 時急!
警察官은 武裝 强化를 冀望

曺 議員이 말하는 地方實情

조국현(曺國鉉) 의원은 이번에 지리산 근방 반도의 출몰이 아직 심한 호남지방 일대를 시찰하고 돌아왔는데, 전반적인 지방의 실정을 알아보 고자 동 의원의 보고 온 바를 들어 보았다.

불행이도 작년 10월 20일 여수 순천에서 일어난 반란사건은 역사적 과 정에 있어서 괴상한 일이라 할 것이나 지금 8개월을 지난 오늘에도 이를 완전히 소탕치 못하고 현재와 같은 상태를 연출하고 있으므로, 그 광범위 에 비친 인적 물적 피해는 지리산을 직면한 구례(求禮)가 오히려 여순보 다도 제1위일 것이며 다음으로 보성(寶城) 화순(和順)이요 고흥(高興) 곡 성(谷城)이 3위고 광양(光陽) 장흥(長興) 영암(靈岩)이 또한 상등하며 담양 (潭陽) 장성(長城) 함평(咸平) 영광(靈光)도 빼지 못할 순서

叛徒 跳梁 = 장렬한 희생이 있어 그나마 무용한 항전을 단념하고 적장을 베는 부득이한 경우도 있음에 비추어 국군과 같은 장비를 달라는 것이 경민일치한 소리다.

軍警의 工作 = 우리 국군은 양으로나 질로나 매우 우수하여 모두 10용사의 충용을 가지고 있다. 귀순을 주로 하고 섬멸을 차로 하기에 반도의 소탕이 지지한 점도 있으나 귀순자가 속출하고 있음은 그 작전의 효험을 짐작할 수 있었다.

民心의 不安 = 전남 일대의 민정은 문자 그대로 전율 공포의 불안상태에 쌓여있다. 그 대략을 말하자면 반도가 군경으로 가하기도 하고 간혹 군경이 반도로 가장하는 일도 있어 민중은 반신반의 상태로 어물어물하다가 억울한 희생을 당하는 일도 있거니와 이 판에 반목사감으로 앙갚음을 하는 불온분자도 있어 어느 낮 어느 밤에 무슨 일이 날지 알 수 없어 전전긍긍하는 민심이며 반도에 지목되었거나 군경에 지목되었던 자는 피신하여 심지어 폐농된 부락도 적지 않다.

이리하여 갈 곳 없이 방황하는 비참한 이재민의 정상은 차마 볼 수가 없었다. 나는 이번에 이 지방 실정에 대처할 방책으로 이러한 것을 국회에 제의하고 싶다.

▲諸般 寄附 行爲를 急速 防止할 것 ▲地方 人事行政을 刷新하되 迅速敏活히 할 것 ▲一線에 있는 軍警에게 衣類와 食料를 充分히 施給할 것 ▲軍警의 叛徒假裝을 嚴禁할 것 ▲卽決處分을 中止하고 依法處斷하되 萬一 違反하면 그 責任者를 嚴罰할 것 ▲避難地區의 免稅와 罹災民 救濟를 急速 실시할 것 ▲逃避者를 容赦하여 作業安堵케 할 것 ▲「反民法」과 「保安法」을 緩和하여 反側者로 하여금 自安自新의 機會를 줄 것

—

제3장

재산(在山) 빨치산의 유격대 활동과

군경의 진압

—

[1] 경향신문 1948.10.29.

竹槍 들은 女學生 누구를 찔으려 함이냐?
叛徒의 게리라 戰術

【求禮戰鬪 第1線서 本社 朴興燮 特派員 特電】

배달민족의 기구한 운명은 어느 때나 끝이 나려는가? 날로 격심해가는 동족상잔의 비극으로 지난 20일 여수 순천으로부터 빚어진 반란사건은 우리 국군과 국립경찰의 진압 작전이 주효하여 28일 현재로 여수와 순천은 완전히 탈환하여 치안도 회복되었다.

그러나 순천지구로부터 탈주하여 광양(光陽)과 부근 해안선 및 하동(河東) 방면으로 분산 퇴각한 반란군의 잔재세력은 각지로 출몰하여 몽매한 지방민들을 선동하여 교묘한 수단으로 아직도 준동하고 있어 국군과 국립경찰은 소탕전에 진력하고 있다.

반란군의 지휘관인 김지회(金智會 中尉=22)는 백운산(白雲山)에 잠복하여 이 또한 반란군 패잔세력을 출몰시키고 있으므로 우리 국군과 국립경찰은 이를 포위하고 소탕작전의 준엄한 기세를 늦추지 않고 있다.

원체 반란군의 준동은 「게릴라」적인 출몰행동이라 제1선 작전도 간격을 두고 군데군데서 진압전투를 하는 것이나 우리 국군과 국립경찰의 국내치안을 확보하며 잔학한 동족상잔을 규탄하려는 사기는 실로 충전하고 있다. 반란군의 모습을 보면 군복을 입은 폭도를 비롯하여 일반 좌익계열 민중과 학생들도 섞여 있는데 특히 눈을 끄는 것은 홍안의 여학생들이 수건으로 머리를 동이고 죽창 혹은 총을 들고 전투에 참가하고 있는 것으로 이러한 아직 판단력이 미약한 소녀가 선동에 유혹되어 동족상잔의 와중에 끼어있는 것을 볼 때 이전 민족적인 비극의 슬픔을 더 한층 북돋는 바가 있다. 백운산에 잠복한 반란군 지휘관을 비롯한 폭도는 완전히 포위망에 들어있으므로 무엇보다도 식량이 떨어져 머지않아 깡그리 소탕될 것이다.

[2] 경향신문 1948.10.31.

叛將 "宋郁" 逮捕 國防部 發表 第七號

30일 오전 8시 現在

1. 여수, 순천, 광양, 보성, 별교 등 반란지구의 치안은 완전히 회복되었으며, 29일 순천 여수 간 열차는 국군의 불면불휴의 노력으로 복구되어 시운전에 성공하였음.

2. 우리 항공대의 정찰에 의하면 하동, 광양 방면의 패잔병은 거창(居昌) 방면으로 도주하였으며, 구례(求禮) 방면의 반도는 화엄사(華嚴寺) 동방으로 이동하고 있음. 우리 국군은 거창 함양(咸陽) 등지에 기선 진출하여 반도의 도망을 차단하고 포위섬멸을 작전 중에 있음.

3. 반군의 여수 순천 방면 지휘관 송욱(宋郁)＝일명 宋玉童은 국군에 체포되어 방금 엄중한 취조를 받고 있음.

4. 28일부터 29일 야반에 걸쳐 행한 구례군(求禮郡) 도지면[토지면] 문수리 작전에서 제15연대(馬山)장 중령 최남근(崔楠根)은 구사일생으로 구출되었으며 동 전투에서 국군의 전과는 다음과 같음.

▲MI 小銃 實彈 6萬發 ▲MG 機關銃 5挺 ▲短波 無電機 1台 ▲地方「트럭」 13台

▲歸順捕虜 87명 외 무기, 식량, 침구의 압수품은 산적 같음(식량은 1개 연대를 4, 5개월 보급).

5. 28일 현재 순천지구에서 포로 316명에 그 중 여자 16명.

6. 26일 오후 2시 현재 제주도 제9연대 현지보고에 의하면. 방금 조천면(鳥川面) 일대 및 내면 유림리에서 얻은 전과는 다음과 같다. ▲포로 261명(그중 주모자 6명) 기타 무기 식량 다수를 압수하였다 한다.

[3] 서울신문 1948.10.31.

雷同한것 같다 宋虎聲 將軍 談

현지에서 소탕작전을 지휘하고 지난 29일 하오 귀경한 송호성(宋虎聲) 장군은 작 30일 기자단을 인견하고 다음과 같은 문답이 있었다.

문 전투결과는?

답 기 폭동지구는 거의 국군이 점령하여 거지반 회복되고 있다. 그러나 게릴라부대가 아직 부근 산중 혹은 민가에 잠복하여 저항하고 있는데 목하 소탕 중에 있다.

문 금번 반란의 성격을 어떻게 보는가?

답 최초 반란은 극소수의 모략으로 기인한 것이고, 그 후 지방 좌익계열의 선동에 의하여 일반 민중이 부화뇌동한 것이다.

문 포로는 어떻게 하고 있는가.

답 경찰에 넘겨주고 있으나 폐단이 없도록 하고 있다.

[4] 자유신문 1948.10.31.

叛軍 智異山 入 飛行機 出動 山岳戰 開始

【白雲山 전선에서 林 特派員 特信】꼬리를 감추며 도망하고 있는 반란군과 폭도들에게 관군은 준열한 추격을 하고 있거니와 白雲山으로 도주하는 반란군을 쫓아 관군의 부대는 트럭에 분승하여 27일 求禮, 谷城으로 향하고 있다. 반란군은 폭도를 선동하여 求禮에서 반란을 일으키려는 기미를 보였으며 한편 인접지인 五山에서는 경찰지서를 습격하였고 □지里 폭도 1백여 명은 谷城에 들어가 경찰서를 습격하고 林 경찰후원회장, 우

익 관계자들 집에 불을 지른 다음 산중으로 도주하였다고 한다. 사전에 급보를 접한 당지 경찰서에서는 곧 光州로 응원부대를 요구하여 29일 다시 동 지를 탈환하는 치열한 전투가 벌어지고 있는데 일부 반란군은 白雲山 줄기를 타고 智異山으로 도달하였다는 것이며 관군은 산악전을 전개하고 비행기의 응원을 얻어 기총으로 맹렬히 추격하고 있다.

[5] 자유신문 1948.11.1.

國軍 攻勢 熾烈 服裝 가터 갈피 못 잡는 住民들

【河東 發 本社 林 特派員 29일 特信】

23일 정오경 順天시내에 잠복하였던 반란군 6백여 명과 이에 가담한 주민 5백 명을 群山 제12연대 白소령이 지휘하는 1천여 명의 국방군이 포위 공격을 개시하였으나 이때에 그들은 교묘히 포위망을 뚫고 두 갈래로 갈려 한쪽은 東으로 뻗쳐 光陽을 점령하려 하였고 딴 부대는 西쪽으로 행하여 벌橋, 寶城 등으로 각각 도피한 것이라고 한다.

이를 먼저 예측한 국군은 李正一 중령이 지휘하는 1개 대대를 光陽에 미리 배치하였으므로 이곳에서 접전을 거듭하였는바 다시 그들은 海岸선으로 河東에 도달하였는데 이를 추격하는 국군의 기세는 맹렬하였고 유격전을 전개하는 반란군은 이곳에서 분산되어 麗水, 寶城 방면의 연락을 끊고 일부는 白雲山으로 일부는 智異山으로 도주하였다는데, 이때의 반란군은 3백여 명에 지나지 못하는 미약한 세력으로 이곳 주민들은 어느 편이 반란군인지 국군인지도 잘 분별 못하는 상태로 생전 처음 당하는 일임에 눈앞이 캄캄한 순간을 지냈다고 한다. 이곳도 경찰관들이 미리 피신한 까닭에 평소에 태산같이 믿었던 만큼 최후까지 주민들의 생명재산을 보호하여 줄줄 알았건만 주민들만 남겨 놓은데 대하여는 부득이한 일이

지만 야속한 심정도 들었다고 한다.

[6] 경향신문 1948.11.2.

敵 司令部를 襲擊 求禮 方面 戰果 內務部서 發表

공보처에서는 내무부 보고를 다음과 같이 발표하였다.

국군 제12연대와 경찰부대는 10월 29일 정오를 기하여 구례군 토지면(求禮郡 土旨面) 국민학교에 사령부를 둔 김지회(金智會) 지휘 하의 반도 1천여 명을 기습하여 일대 섬멸작전을 단행하는 총공격을 한 결과 그 전과는 다음과 같다.

1. 白米 30叺 2. 毛布 5백 枚 3. 이불 11枚 4. 雪糖 7叺 5. 實彈 1만 發 6. 機關銃 3挺 7. MＩ小銃 1挺 8. 카빈銃 33挺 9. 無電機 2台 10. 라디오 2台 11. 手榴彈 4개 12. 被服, 時計, 蓄音機, 煙草 等 多數 押收 13. 拉致當하였던 國軍 7명 救出 14. 捕虜 31명 15. 其他 逆徒의 補給庫, 兵器庫 等을 全部 放火 燒却하였음 16. 國軍 側 戰死 1명, 警察 側 戰死 3명 17. 기타 求禮警察署 等을 襲擊하여 衣類, 家具 等 一切을 奪還.

[7] 국제신문 1948.11.2.

文殊里 完全 掃蕩 敗殘 叛軍 山中에 潛影

28일의 문수리 공격에서 아깝게도 완전소탕의 목적을 달성치 못한 김영노(金永魯) 부대는 기지 구례(求禮)에 대한 그들의 보복습격이 야반에라도 감행되지나 않을까 해서 이날 전투에서 입은 병정들의 극도의 피로를 무릅쓰고 구례 교외에 완강한 진지를 구축하고 만반의 배진을 폈다. 그러나 28일 밤은 무사히 지났다. 다만 구례 북방 약 십리 지점의 교량을 파괴함으로써 구례와 남원(南原) 간의 연락을 차단하였을 뿐이었다.

29일 김영노(金永魯) 부대는 재차의 문수리 공격을 기도했다. 좀 더 신중한 작전계획과 부대의 강력한 증강을 위해서 곡성(谷城)에 있는 제3연대의 1개 대대의 증파를 받는 한편 납치당한 연대장 최남근(崔楠根) 중령을 우리 손으로 구출하겠다는 마산(馬山) 제15연대의 1개 대대의 내원을 받아 제2차 공격의 준비는 착착 진행되었다. 정보는 그들 주동부대가 또다시 문수리에 집결해 있다고 전한다. 드디어 오후 1시 저물어가는 황혼을 앞에 두고 제2차 총공격부대는 곡성(谷城)에서 내원한 제12연대장 백인기(白仁基) 중령과 김영노(金永魯) 대위의 공동지휘로 기지 구례(求禮)를 출발했다.

얼마 후 저물어 가는 문수리의 산골짜기에서는 작일의 전투를 훨씬 능가하는 대규모적인 그리고 지리산 지구에서 처음 보는 대접전이 벌어졌다. 국군의 박격포의 원호사격, 중화기의 정면 공격, 또 소총대의 육박공격은 짙어가는 어둠 가운데서 조금도 쉴 사이 없이 불을 내뿜으니 기술이 능하다는 반란군도 소총과 두 대에 지나지 않는 경기로서는 도저히 승산이 없어 약 2시간에 가까운 교전 끝에 드디어 뒷산으로 퇴각하고 말아 문수리 부락은 국군이 탈환하였다.

때는 바로 오후 6시 반 그러나 이 전투에서는 또한 적의 근멸은 완수치 못하고 그들의 지휘관이며 반란군의 두목 김지회(金智會), 홍순석(洪淳錫), 이기종(李祈鍾) 등 3중위는 나머지 병력을 이끌고 결정적으로 지리산에 도주 잠입하였다.

다만 반란군의 총사령관을 하고 있다는 제15연대 대장 최남근(崔楠根) 중령이 구출되어 순간적이나마 전날의 부하들과 감격의 악수를 교환하였고, 또 탄환 수만 발, 중기 2정, 소총 수십 정 그리고 포로 약 50여 명을 전과로 제2차의 지리산 산록에 벌어진 전투도 끝났다.

[8] 국제신문 1948.11.2.

深山幽谷 울리는 銃聲 叛軍의 作戰은 巧妙
智異山麓 文殊里 戰鬪 (本社 從軍記者 方慶麟 參戰記)

지난 20일 새벽을 기하여 봉기한 전남지대의 반란군 소요사건은 잠시 간에 뜻하지 않은 범위에까지 확대되었는가하면 그 반란으로 인한 피해와 손상은 우리들의 상상 외로 심각하여 막대한 인명과 금품의 손상은 8·15 해방 이래 처음 보는 대규모적이었다. 이에 국군에서는 될수록 많은 병력을 동원하여 사태의 신속한 진압과 또 그들의 완전 근멸을 기도해서 대작전을 시작하였다.

그러나 반란군은 정세의 불리를 알자 지리산으로의 도피 잠복을 기도함으로써 당면한 위기를 탈출하는 동시 후일 또다시 봉기할 날을 기도하였으니 과연 그들 반란군의 목도하는 바를 완전히 좌절시키느냐 못하느냐는 점에 전 국민의 관심은 집중되어 있는 바이다.

이에 본사에서는 군 보도반원으로 방(方慶麟) 기자를 종군시킴으로서 반란군의 생생한 소탕 공격전의 편모를 다음과 같이 보도하게 되었는바 이로써 반란군의 결사적인 발악 또는 국군의 강력한 전투사항을 감히 엿볼 수 있을 줄 아는 바이다.

순천(順天)서 북상한 반란군은 광양(光陽), 하동(河東) 등을 휩쓸고 드디어 26일에는 이 곳 구례(求禮)에 나타나 많은 식량과 물품을 약탈하여 가지고 지리산(智異山)의 입구인 노고산(老姑山) 중턱 봉오리인 문수리(文殊里)까지 침입함으로서 국군의 미연방지책도 수포로 돌아가게 만들었다. 그러나 국군은 지리산 지구 반란군의 총 주동부대일 뿐 아니라 그들의 무시치 못할 세력을 그냥 방임한다면 후일 또 다시 어떠한 반란을 일으킬지도 모를 것이요, 또 국군의 최초 기도한 완전소탕의 목적달성을 위하여서라도 그 주력부대의 근멸은 기어코 수행해야 될 과제에 처해있는 것이었다.

將校 偵察隊 敵情을 探査

이와 같은 상태에 비추어 지난 27일 구례(求禮)를 탈환 점령한 제3연대의 김영노(金永魯) 대대는 진주 즉시부터 연속 장교정찰대를 파견하여 반란군의 동정병력 또는 문수리(文殊里)지구를 중심한 험악한 산악지대의 지형 등등을 정찰하는 동시 곡성(谷城)에 진주하고 있는 제12연대와도 긴밀한 연락을 취하여 만반의 작전을 세우고 있었다.

그런 결과 27일 야반까지 수집된 보고로서 반란군은 방금 문수리의 국민학교 교사를 사령부로 하고 28일 오전 10시를 기해 모종의 행동을 개시하겠다는 정보에 접하게 됨에 동 대는 28일 새벽을 기해 총공격을 개시하였다.

追擊砲隊와 早曉에 出動

이미 곡성(谷城)에서 내원한 박격포대(迫擊砲隊)의 응원을 얻어 공격부대는 새벽 4시 자동차로 구례를 출발하여 구례 동방 약 15리 지점인 파도리(把道里)에서 차를 버리고 그곳서부터 도보로 북쪽으로 걸어서 일로 노고산(老姑山) 중턱인 문수리로 진격했다. 문수리는 파도리서부터 약 15리 가량 그 중간에는 유명한 화암사(華巖寺)[화엄사(華嚴寺)]라는 절이 있는가 하면 문수리서 한 언덕 넘어가면 미인(美人)들의 피서지인 노고담(老姑潭)이라는 별장지대도 있어 널리 세상에 알려진 유명한 곳이다.

難攻不落인 天然의 要塞

그리고 또 문수리의 지형은 지리산 입산의 첫 봉오리니 만큼 후방으로 올라서면 □□ 명산이 있고 또 옆으로 내다보면 지리산에서 뻗치는 산맥은 문수리서부터 남쪽 전면으로 두 갈래로 갈라져 삐져나갔기 때문에 국군이 공격하기에는 여간 불리한 지형이 아니다.

또 한편 문수리에 있는 약 3, 40호에 달하는 부락민은 그들에 협력하고 있어 국군의 일거일동은 하나 빠짐없이 신속히 그들에게 전달되는 형편이니 차라니 이날 공격은 호랑이 굴에 들어가는 격이었다. 그러나 반란군의 근멸이라는 굳은 신념으로 국군은 힘들고 험악한 산을 횡형(橫形)을 지어 한발 두발 옮겨놓아 오전 10시 경에는 문수리의 약 1킬로 앞까지 이르렀다.

不意來襲에 肉迫戰 展開

그러나 반군도 국군의 불의의 내습을 알고 당황하게 응수할 체제를 갖추는 모양이나 피차에 육박한 양군은 드디어 여기서 총격을 개시하며 심산유곡에 울리는 총소리의 진동은 천지개벽 이래 처음인 듯 이곳 주민들의 가슴은 놀랄 대로 놀라고 있었다. 그러나 국군의 공격은 잠시도 쉴 사이 없을 뿐 아니라 국군의 병력은 소총과 다만 경기(輕機) 3정으로서 제아무리 지형의 유리한 조건과 기술적으로 무시치 못한 전투력이라 한들 약 두 시간의 교전 끝에 국군은 드디어 문수리를 완전히 점령하게 되고 따라서 반란군은 후면 산중으로 퇴각치 않을 수 없었다.

無數한 彈藥 民需品 鹵獲

문수리를 점령한 국군은 적군의 사령부 건물로 쓰던 국민학교 교사를 수색하는 동시 그들의 창고를 발견하였으니 그 창고에는 전날 구례(求禮)에서 약탈당한 식량을 비롯하여 무진장한 탄약 그리고 무전기, 침구, 재봉기, 시계 등등 수많은 군용품, 민용품 등을 발견했는데 그들이 이처럼 많은 물품을 운반 저장한 정력에 놀라지 않을 수 없었다. 국군은 이와 같은 수많은 압수품을 정리하는 동시 한편으로는 부락의 가가호호를 수색하기 시작하여 미처 퇴각치 못하고 남아있던 약 40명의 반란군을 포로로 하고 또 그들이 소지하는 경기(輕機) 1, 소총(小銃) 약 30여 정을 압수하여 비록 반군의 주동력은 근멸치 못했을망정 이날 전과는 적지 않은 것으로 공격대 일동은 하늘높이 만세를 부르짖었다.

後退한 叛軍 反擊을 開始

그러나 오후 3시 경에 이르러 일단 퇴각했던 적군은 무장을 재비하고 문수리의 뒷 봉오리서부터 촌락에 집결, 작업하고 있는 국군에 대하여 돌연 집중사격을 개시하였다. 기관총과 소총의 맹렬한 반격은 국군이 양성한 김지회(金智會) 중위의 실력을 마음껏 발휘하는 등 사격술도 반군이나마 칭찬할 만큼 정확하고 신속하였다. 이러한 총격을 받은 국군은 오전 중의 전투에서 피로를 느낄 대로 느꼈고 또 적의 상투전술인 유도작전에 완만히 빠지고 말았으니 진퇴양난의 위기에 빠지고 말았다. 산중턱에서 사격하는 그들의 자최는 바위(岩)와 바위의 틈으로 영력히 엿볼 수 있었다.

洋髮에 拳銃 金智會 愛人

그 중에는 김지회(金智會) 중위의 애인이라고 하는 젊은 여장부의 자최도 엿볼 수 있었다. 『파ー머』한 머리를 날리며 사ー지 스커ー트에 빨간 와이셔츠 그리고 초록색 털쉐ー타. 허리에는 권총을 차고 이리저리 뛰는 모양은 애인과 같이 전투를 지휘하는 것인지 또는 사격을 조력하는 것인지는 알 수 없으나 그의 행동은 몹시 민첩하였다(포로한테 들은 즉 제주도(濟州島) 출신의 21세 되는 여자로서 광주 도립병원에서 간호부로 근무하였다 함).

敵謀에 陷入 後退를 開始

결국 약 30분간의 맹렬한 사격을 받을 때로 받은 국군은 이 이상 더 이곳에 머물러 있을 수 없게 되어 김(金永魯) 대장 지휘로 이 부락을 후퇴 퇴각하였다. 오전 중의 전투에서 일 것 압수물품은 방화하여 그를 소각시키고 국군은 아침에 진격해 오던 길을 눈물을 먹으며 도로 후퇴하였다.

오후 세시 파도리에 집결, 점호한 결과 아직 돌아오지 않은 국군이 약 20여 명. 그 20여 명 중에는 문수리의 반격에서 용감히 싸우다 아깝게 전사한 6명의 병정도 포함되어 있었으니 이 전사는 지리산지구서의 최초의 희생이다.

[9] 독립신보 1948.11.2.
求禮叛徒 完全 掃蕩 金 公報處長 發表

전남반란사건 현재 상황에 대하여 공보부에서는 다음과 같이 발표하였다.

내무부 보고에 의하면, 국군 제12연대 급 경찰부대는 29일 정오를 기하여 求禮郡 土旨面 국민학교에 사령부를 둔 金智會가 지휘하는 반도 千餘명을 기습하여 일대 섬멸작전을 단행하는 총공격을 한 결과 다음과 같은 성과를 얻었다 한다.

1. 白米 30叺 2. 毛布 5백 枚 3. 이불 11枚 4. 설탕 7叺 5. 實彈 1만 發 6. 機關銃 3정 7. 엠·원銃 1정 8. 카빈銃 31정 9. 無電機 2개 10. 라디오 2개 11. 手류彈 4箇 12. 被服, 時計, 蓄音機 等 多數 押收 13. 拉致된 國軍 7명 救出, 14. 捕虜 31명, 其他 補給兵器倉庫를 防火消却, 國軍 側 戰死 1명, 警察官 戰死 3명

기타 求禮警察署를 습격하여 衣類, 家具 1개를 탈환하였다.

[10] 동아일보 1948.11.2.
똑같은 軍服 叛軍이 惡用

반란군의 군복이 국군의 군복과 동일하여 분별이 어려우므로 국군에서는 현지에서 전투모에 백포(白布)로 띠를 띠우고 태극기를 그린 완장을 하고 있다. 그리고 소위 인민군(편의대)이라는 것은 일병의 군복을 입고

백색(白色) 노동포화(地下足袋)를 신고 있어 소탕전을 할 때 백색 노동포화를 신은 놈을 잡으면 백발백중이었다는 말도 있고 국군이 인민군에 잡혀갔다 인민군의 암호(暗號) 「동무」(인민군은 서로가 만나면 「동무」하고 부른다)를 알고 살아온 군인도 있다.

[11] 대동신문 1948.11.3.

夜間에 分散 來襲 民間團體 動員 遺家族을 救護

【光州 2일 發 合同】반란 발생 후 13일째인 1일 현재로 반군 주력은 거의 쇠진되고 패잔부대들이 일부 산간부락 등지에서 아직도 준동하고 있다 한다. 이에 국군과 경찰에서는 소탕전을 전개하고 있으며 청년단체들과 민간단체에서는 순천, 여수 등지에 피해수습대책위원회를 조직하고 시체 처리와 피해가족 구호 등으로 민심 안정에 전력을 다하고 있어 점차로 일반에게 안도감을 느끼게 하고 있다. 그리고 이번 사건에 대하여 전남지사 李南圭 씨와 제8관구경찰청장 金炳玩金炳玩 씨는 각각 그 원인과 폭도의 실태를 다음과 같이 이야기하며 반란폭도의 무자비한 행동을 규탄하는 한편 금후의 반란사태에 대비하기 위하여 전 민족진영은 총돌진할 것을 강조하였다.

[12] 대동신문 1948.11.3.

敗殘兵 掃蕩은 時間 問題 濟州서 武裝暴徒를 包圍 殲滅

國防部 發表 제8호(11월 2일 상오 8시 現在)

1. 麗水, 順天지구를 지점으로 금번 반란은 작전 일순에 진압 종연되었으며, 현재는 국군의 보호 아래 질서를 회복하고 재건에 궐기하고 있다. 반도는 지리 섬멸되었으며 약간 패전병이 궁한 나머지 비적 행위를 하고 있음에 불과하나 이를 소탕함은 시간문제이다.

2. 10월 20일 濟州島 제9연대장의 보고에 의하면, 제주도를 노리고 준동 중이던 무장 폭도 수백 명이 高城 부근에서 숨어들고 있음을 탐지하여 포위 섬멸작전을 전개하였는데, 동 작전에서 폭도의 유기 사체 수십, 체포된 폭도 수 3백여 명, 무기 기타 물품 다수를 포획하는 성과를 거두었으며, 동 작전으로 인하여 외부 所興 涯月 부근을 횡행하던 무장폭도는 완전히 거세 섬멸되었다.

[13] 동광신문 1948.11.3.

國軍 智異山에 集結 中
麗水反亂은 地方人이 主動 白仁燁 少領 談

그동안 순천(順天) 여수(麗水)를 비롯한 각지의 반란군을 완전히 소탕한 국군은 지리산(智異山)에 遁走를 기도하는 반란군의 기선(機先)을 제하고저 목하 속속히 지의산록에 집결 중에 있어 구례(求禮) 방면에 잠복 중인 반군의 섬멸도 시간문제인 듯한 감을 주고 있다. 한편 금번 각지 전투에서 一番 돌입으로 그 용맹을 떨친 군산(群山) 제12연대 백인엽(白仁燁) 소령(少領)은 새로운 작전을 위하여 당지에 도착하고, 31일 기자에게 겸손한 태도로서 금번 전투 실담(實談)을 요지 다음과 같이 말하였다.

당연히 싸워야 할 우리의 의무였으나 그 임무를 다 완수치 못하였다는 생각뿐입니다. 앞으로 일층 더 분투해서 전과를 올리는 것만이 영령(英靈)에 대한 우리의 보답하는 유일한 길이라고 생각합니다. 특히 금번 전

투에서 느끼는 점을 몇 가지 말하자면

1. 무엇보다도 지휘관이 최선두에서 지휘하여야 한다는 것.

2. 여수에서는 반란군보다 학생들이 용감하게 저항하였다는 것.

3. 여수전투에서 가장 치열(熾烈)한 장소는 인민군사령부(人民軍司令部) 부근이었다는 것.

4. 여수의 적은 반란군보다 지방인이 많았다는 것 등을 말할 수 있습니다.

한편 금번 작전에서 제12연대 맹호대(隊長 金희준 大尉)와 비호대(飛虎隊, 隊長 李佑成 大尉)의 활약은 눈물 없이 볼 수 없을 만큼 용감히 싸웠으며, 그 병사들은 입대 후 불과 2개월을 지나지 못하였으나 사선을 돌파하여 옆에서 전우(戰友)를 보면서 일층 사기가 양양하여 유종의 미를 발휘하였다는 것이다.

그리고 특히 현재까지 호남지구 전투에 있어서 위훈(偉勳)을 세운 제12연대와 장갑차 부대는 작 30일 전투사령관으로부터 그 공적(功績)을 찬양하여 감장(感狀)을 수여하였다 한다.

(합동제공)

[14] 평화일보 1948.11.3.

南原地區에 戒嚴令 發布

【南原支局 特電】반란군의 일부분인 극소수는 지리산록(智異山麓)에서 준동 중이던 바 그 중 일부는 남원군 산내면 부근에서 반란행위를 개시할 우려가 농후하므로 남원지구사령관은 지난 1일 상오 영(零)시부터 당 지구에 계엄령을 발포하여 폭동의 미연방지와 철통같은 부진(敷陣)을 하고 있다.

[15] 경향신문 1948.11.4.
雲峰을 包圍 猛攻 金智會軍 殲滅 時間問題

【全州】여수 순천 등지에서 패한 반란군은 방금 백운산 지리산을 목표로 도피 중에 있거니와 국군 제3연대는 지난 1일 새벽 행동을 개시하여 이를 추격 지리산 토벌을 개시하였다. 즉 제3연대 전투사령부 발표에 의하면, 함준호 소령이 지휘하는 동 부대는 지난 1일 새벽을 기하여 동 전투사령부 운봉(雲峰)에 집결하여 동 지구에 침입한 김지회(金智會) 이하 반군 5, 60명에 대한 포위작전을 개시하였는데, 반군의 섬멸은 시간문제라 하며 현재까지의 전과는 다음과 같다.

반군 사망 15명, 포로 五명. 한편 반군은 방금 산내면(山內面) 동면(東面) 가흥면(佳興面)에서도 준동하고 있다 하는데, 이곳도 현재 교전 중이며 국군의 사기는 자못 왕성하다고 한다.

[16] 경향신문 1948.11.4.
金智會 夫婦에 五十萬 圓 懸賞

【順天】지난 31일 호남지방 작전사령부 북부지구 전투부대 참모총장 위(魏)소령 발표에 의하면 이번 반란사건의 주모자 육군 중위 김지회(金智會)는 방금 부부 동반하여 지리산에 도피 중에 있다 하는데, 국군에서 군, 경, 민 누구를 막론하고 전기 김지회 부부를 체포하는 사람에게는 50만 원, 사살하는 사람에게는 25만 원의 현상금을 줄 것이라고 한다. 그런데 전기 김지회의 처는 전 광주의대 부속병원 간호원이었다고 한다.

[17] 동아일보 1948.11.4.

國軍部隊 新行動 開始

【智異山 3일 發 合同】그동안 순천, 여수를 비롯한 각지의 반란군을 완전히 소탕한 국군은 지리산으로 도주를 기도하는 반군의 기선을 제하고저 방금 속속 지리산 속으로 집결 중에 있어 구례(求禮) 방면 기타에 잠복 중인 반군의 섬멸도 시간문제인 듯한 감을 주고 있다. 한편 금번 각지 전투에서 제1번 돌입으로 그 용명을 떨친 군산 제12연대 「백인엽」소령은 새로운 작전을 위하여 당지에 도착하고 31일 기자에게 겸손한 태도로서 전투의 실담을 다음과 같이 말하였다.

당연히 싸워야 할 우리의 의무였으나 아직도 그 임무를 완수하지 못하였다는 생각뿐이다. 앞으로 일층 분투해서 전과를 올리는 것이 희생당한 영령(英靈)에 대한 우리의 유일한 보답의 길이라고 생각한다. 특히 금번 전투에서 느끼는 점을 몇 가지 말하자면

1. 무엇보다도 지휘관이 최선두에서 지휘하여야 한다는 것.
2. 여수에서는 반란군보다 학생들이 용감하게 저항하였다는 것
3. 여수전투에서 가장 치열하게 싸운 곳은 인민군사령부 부근이었다는 것.
4. 여수의 적(敵)은 반란군보다 지방군이 많았다는 것 등을 말할 수 있다.

한편 금번 작전에서 제12연대 「맹호대」(猛虎隊) 隊長 金熙준, 「비호대」(飛虎隊) 隊長 이우成 양씨의 활약은 실로 눈부시게 용감히 싸웠다 하며, 그 병사들은 입대 후 불과 2개월에 지나지 못하였으나 사선을 돌파하여 옆에서 쓰러지는 전우를 보면서 일층 사기왕성하여 전훈을 세웠다는 것이다. 그리고 특히 현재까지 호남전투에서 위훈을 세운 제12연대와 장갑차 부대는 지난 30일 전투사령관으로부터 그 공적을 찬양하는 감장(感狀)을 받았다.

南原에도 戒嚴令 叛軍의 遊擊戰에 對備

【求禮에서 本社 李忠馥 特派員 2일 發 特電】호남북지구 사령관 金白一 중령은 智異山작전을 신속히 감행시키기 위하여 지난 30일 전투사령부를 求禮邑으로 옮기고 지난 1일부터 12연대 및 2연대를 智異山 西北산록과 西南쪽에 배치하여 반군의 준동을 견제하고 있다. 현재 반군의 잔류병은 白雲山, 老고山, 般若峯 등 智異山脈에 연하여 있는 산악지대를 방황하고 있는데 국군의 적극적인 공격을 받을 때마다 이를 회피하고 있다. 즉 반 군은 28일 文殊里 교전 이후로 소위 인민군사령부를 철거하고 약 4, 5백 명으로 추정되는 병력을 80명 내지 70명 정도의 소부대로 나누어 낮에는 산간 밀림지대에 잠복하였다가 밤이 되면 국군의 감시를 피하여 산간부 락에 내려와서 식량을 강요하야 간신이 기갈을 면하고 또 다시 산속으로 자취를 감춘다. 현재 국군은 山淸, 단성, 咸陽, 花開場, 求禮 등 智異山 주 변 중요 지점에 병력을 배치하고 적에 대한 포위망을 압축하고 있는데, 동 지역의 산악이 중첩하고 산림이 울창하여 적이 은폐하기에 유리한데 다가 求禮郡 일대 智異山麓 지역이 산간부락을 좌익분자가 많아 반군은 이들에게 많은 호의를 받고 있어 국군이 진압하면 모두 집을 버리고 산 쪽으로 도피하는 등 반군과 합작하여 그들의 「게릴라」전을 유리하게 하 고 있다. 이에 군으로서는 산간지대에 부대를 잔류시키고 점차 포위망을 압축하는 일방 이들 산간 부락민들의 계몽까지 하게 되어 반군토벌에 막 대한 지장이 있으므로 앞으로 상당한 시일을 두고 행정적 조치를 가할 작정이라 한다. 반도들은 또한 일제시대부터 동 지역에 준동하고 있는 호 랑이부대라는 산적과 제휴하고 있다는 설도 있으며, 반군의 수령 金智會 의 부인도 산 속에서 그들과 같이 행동하고 있다 한다. 求禮 근방에는 지 난 31일부터 국군의 지시로 각 면에 경찰이 배치되었으며, 그동안 진공상 태로 각 촌락에서 살해된 우익관계자의 살해된 수는 약 60명에 달한다고

한다. 그런데 지난 1일 밤 국군의 포위망을 벗어난 반군의 1대는 全北 南原郡 산내면에 인접한 智異山麓에 나타나 국군부대와 교전하였으며, 만일을 염려하여 南原 일대에 동일 밤부터 계엄령이 발포되었다. 현재 반도들은 식량부족과 탄약부족으로 적극적인 행동을 취하지 못하나 지형의 유리함을 이용하여 기습작전을 기도하는 것 같은데, 국군에서는 폭도의 완전 소탕을 위하여 智異山 지역에 영구 주둔할 계획을 세우고 있다고 한다.

[19] 동광신문 1948.11.5.

雲峰에서 包圍戰 金智會 叛軍을 殘滅

【全州 3일 발 합동】여수(麗水) 순천(順天) 등지에서 패한 반란군은 방금 백운산(白雲山) 지리산(智異山)을 목표로 도피 중에 있거니와 국군 제3연대는 지난 1일 새벽, 행동을 개시하여 이를 추격 지리산(智異山) 토벌을 개시하였다. 제3연대 전투사령부 발표에 의하면, 『함준호』 소령이 지휘하는 동 부대는 지난 1일 새벽을 기하여 동 전투사령부는 운봉(雲峰)에 집결하여 동 지구에 침입한 김지회(金智會) 이하 반군 5, 60명에 대한 포위작전을 개시하였는데, 반군의 섬멸은 시간문제라 하며 현재까지의 전과는 다음과 같다.

반군 사망 15명, 포로 5명

한편 반군은 방금 산내면(山內面), 동면(東面), 가흥면(嘉興面)에서도 준동하고 있다 하는데, 이도 현재 교전 중이며 국군의 사기(士氣)는 자못 왕성하다고 한다.

[20] 동광신문 1948.11.5.

叛徒는 太半이 民間暴徒 智異山 潛伏 總數 四百

【湖南方面 作戰司令部서 本社 特派員 金 記者 3일 發】이번 반란사건으로 말미암아 가장 비참하고 저주(呪詛)의 운명을 등지게 된 여수(麗水) 순천(順天) 등지의 치안이 겨우 본궤도에 오르고 있음에 따라 반도에 대한 국군의 주력은 주로 돌산(突山) 지리산(智異山) 방면에 집중되고 있는 감을 주고 있는데, 3일 현재로 호남작전사령부(湖南作戰司令部)에 들어온 각처의 정보를 종합하여 보면 대략 다음과 같다.

어느 지구를 막론하고 소탕전에 불과하고 전투라고 이를만한 정도가 못될 뿐더러 반도들은 이곳저곳에 흩어져서 조직적인 행동을 못하게 되었다. 그리고 현재까지 잔존하고 있는 반도의 태반은 대개가 민간폭도이며 여명 보존에 급급하여 전투의식은 전혀 상실하고 말았다.

지리산 방면의 반란군은 최남균(崔楠均)[최남근(崔楠根)] 중령 지휘의 마산(馬山) 15연대 4개 중대가 소탕전을 진행 중에 있는데, 산속에 잠복한 반도의 수효는 확실히 4백 명에 달했다고 본다. 그러나 그 역시 민간폭도가 태반이고 그중에는 50명 내외의 소위 인민해방군(人民解放軍)이 포함되어 있다.

[21] 호남신문 1948.11.5.

智異山麓에 砲火 交叉 包圍綱 漸次 壓縮
金白一 中領 麾下 精銳 行動開始

【智異山麓에서 姜 特派員 2일 發】28일 노고단(老姑壇) 중턱 문수리(文殊里) 교전이 끝난 뒤 지리산 중으로 입산한 반란군을 추격한 포위작전은

노고단 반야봉 산청 함양 운봉 남원 구례 화계장[화개장] 단성 일대 외곽으로 포위망을 치고 점차 압축 축소 중이라고 하는데, 그 주력부대를 구례에 이동한 북지구 전투사령부는 2여단장 겸 북지구 전투사령관인 김백일 중령 지휘로 행동을 개시하였다. 북지구 제1차 작전은 □일 미명 구례 동남방 30리 지점 간전면 ××리 추격으로 이명재(李明載) 소령 지휘 아래 험악한 변두리 □악은 아□□□에 찬 □□□□압 속에 있었다. 울창한 숲 우거진 산비탈 깎아지른 낭떠러지에 으슥한 밤중 띠를 헤치며 기어넘어 ××리 반란군 50명을 포촉 ××리로부터의 새벽 공격은 시작된 것이다. 이윽고 효죽리에 이르러 반란군 잔도 약 10명을 물리치고 금산리 반군 방어진지에서 한 시간 동안 교전한 것이다. 이리하여 ××리 전투는 끝났다. 총성은 이미 푸른 새벽하늘 아래 몇 천 년이나 조상과 함께 커 온 울창한 숲과 서리 찬 10월 새벽의 하늘에 피에 맺힌 듯하였다. 그리고 이번 전투에서 반란군 사망□, 포로 16, 민간 폭도 포로 3, 압수품 엠완 14, 카빈 2, 미곡 20가마니, 설탕 10가마니의 전과를 내고 돌아온 것이다.

[22] 경향신문 1948.11.6.
智異山 第一次 作戰 北地區司令部에서 開始

【智異山麓에서 光州支社 發 合同】구례방면에 그 주력을 집결 중에 있던 국군부대는 1일 미명을 기하여 지리산(智異山) 제1차 작전을 개시하였는데 북지구전투사령관 김백일(金白一) 중령은 그 작전 상황 기타에 대하여 다음과 같이 말하였다.

지리산(智異山) 속에 있는 소위 인민군의 수는 반란병 지방인을 합하여 약 5백 명 내외라고 본다. 현재 군은 「반약봉」[반야봉]「노고단」남원(南原) 운봉(雲峰) 함양(咸陽) 구례(求禮) 등지를 기점으로 하여 지리산을 포

위하고 있으며 점차 그 포위선을 압축하고 있다. 군은 산악전이기 때문에
적을 포촉하기에 대단히 곤란한 점도 있으나 지리산 반도가 완전 소탕되
고 정부의 행정력이 산속에까지 침투될 때까지 작전은 계속할 것이다. 특
히 금번 작전에서 느끼는 점은 경찰관들의 적극성이 대단히 미약하다는
점이다. 이 점에 대해서는 선처할 것이고 지서 등을 포기하고 도피하는
경관이 있으면 군으로서는 단호 총구(銃口)를 겨눌 것이며 이러한 자들로
서는 도저히 국가의 치안을 담당시킬 수 없다고 생각한다. 앞으로는 무력
전보다도 좋은 행정과 적절한 선전 계몽이 무엇보다 필요하다고 본다.

그런데 동 사령관은 반란병을 전부 총살한다는 사회의 풍설을 부인하
여 그 반란병이 의식적이 아니고 맹목적으로 추종하였다는 점에서 절대
로 총살을 하지 않고 주모자를 제외하고는 전부 포섭할 것이라고 부인하
였다.

[23] 남조선민보 1948.11.6.

政府軍 智異山 包圍 開始
逃走 警官에 斷乎 處置 盲從 叛軍은 抱攝 方針

金 中領 陣地 談話

【智異山 속에서 光州支社 特派員 金基五 5일 發 合同】求禮 方面에 그 主
力을 集結 中에 있는 國軍部隊는 1일 未明을 期하여 智異山 第1次 作戰을
開始하였는데 北地區 戰鬪司令官 金白一 中領은 그 作戰狀況 其他에 對하
야 다음과 같이 말하였다.

智異山 속에 있는 所謂 人民軍의 數는 반亂兵 地方人을 合하여 約 5백
명 內外라고 본다. 現在 軍은 半약峰[반야봉] 老姑壇, 南原 雲峰, 咸陽, 求禮
等地를 基點으로 하여 智異山을 包圍하고 있으며 漸次 包圍線을 壓縮하고

있다. 軍은 山岳戰이기 때문에 敵을 捕착하기에 大端히 困難한 点도 있으니 智異山 반徒가 完全 소蕩되고 政府에 行政力이 山속에까지 침透될 때까지 作戰은 繼續될 것이다. 特히 今般 作戰에서 느끼는 点은 警察官들의 積極性이 大端히 微弱하다는 点이다. 이 点에 對해서는 善處할 것이고 支署 等을 포기하고 逃避하는 警官이 있으면 軍으로서는 斷乎 총口를 겨눌 것이며, 이러한 者들로서는 到底히 國家의 治安을 擔當시킬 수 없다고 생각한다. 앞으로는 武力戰보다도 좋은 行政과 摘切한 宣傳啓蒙이 무엇보다 必要하다고 본다.

그런데 同 司令官은 반亂兵은 全部 총殺한다는 社會의 風說을 否認하여 그 반亂兵이 意識的이 아니고 盲目的으로 追從하였다는 点에서 絶對로 총殺을 하지 않고 主謀者를 除外하고는 全部 포攝할 것이라고 附言하였다.

[24] 호남신문 1948.11.6.
戰鬪는 一段落! 智異山麓의 散發的 叛徒 掃蕩 中
叛徒 隱匿·食糧 供給者엔 極刑
元容德 司令官 談

호남방면 사령관 元容德 중령[대령]은 어제 5일 상오 10시 30분 제5여단 사령부에서 재광 기자단과 회견하고, 지난 1일에 포고된 계엄령 하의 언론인의 사건에 대한 요청을 강조한 다음, 현재 진행되고 있는 작전 상황 및 계엄령 하에 있어서의 일반에 대한 주의사항을 다음과 같이 말하였다.
현재 진행되고 있는 군의 작전상황은 반도의 주동적 세력을 완전히 전멸시키고, 求禮 방면에 智異山을 본거로 老姑壇 방면에 산발적으로 출몰하고 있는 약 150명의 반도를 소탕하는 토벌전을 계속하고 있다. 앞으로 이 반도들이 경찰지서 습격 등을 감행할 것을 예측하고 이에 대비하고 있으므로 조속 기간 내에 완전 소탕될 것이다. 그리고 작전이 끝난 각 지구에는 치안의 회복과 교육의 부활 또는 각 생산기관의 복구 등에 전적인 협력을 하고 있다. 지난 1일부터 전남북도 일대에 계엄령이 확대 포고되었는데 이는 이번 반란사건의 주모자의 미체포와 도주한 분자들의 철저검속을 기하기 위한 것으로 당분간 치안과 일반 행정, 사법기관을 본 사령관이 장악하게 되었으며, 각 행정처의 사무 집행도 본 사령관의 방침에 따라서 집행하게 되었다. 이번의 계엄령은 머지않아서 곧 해제될 것이나 비상사태의 급속한 수습을 기하기 위한 군의 조치이므로 일반은 반도의 출몰을 엄중 감시하여야 하며, 만약 반도를 은닉하거나 또는 식량을 공급하거나 하여 반도에게 가담하는 사실이 발견될 때에는 반역자로 규정하여 극형에 처하게 될 것이다. 그리고 우리 국군이 완전 점령하고 또 치안이 회복되어가는 각 지방이나 부락에서는 당분간 날마다 태극기를 게양하며 이러한 기회에 기의 존엄성을 더욱 자랑하며 우리 민족의식을 충분히 선양하여야 할 것이다. 그리고 전일 지상에 제1차 · 제2차 총살이 여수 순천 등지에서 진행되었다고 보도한 신문이 있었는데, 이것은 군법회의의 판결이 아니고 포로 중 반항 탈주를 기도하고 또한 우려가 있는 자를 긴급처치로 행한 것이며, 포로의 처벌은 반드시 고등군법회의의 판결에 의하여 처단하는 것이다.

[25] 동아일보 1948.11.7.
求禮方面 叛徒 首魁 死亡

【南原 5일 發 合同】구례에서 일대 소탕전을 전개한 국군 제4연대와 제12연대는 구례군인민위원회 위원장으로 금번 구례 일대의 반란사건을 총지휘한 李俊浩를 추격, 용강면에서 사격 총살하여 버리는 등 현재 지리산

과 백운산의 경계 부근과 노고단 주변에서 치열한 소탕전을 전개하고 있다.

[26] 대동신문 1948.11.7.
山中 殘勢를 急追 華嚴寺 周邊서 二百餘 名 捕虜

【求禮 第1線에서 合同特派員】반란군을 따라 추격의 발걸음을 멈추지 않고 지리산 소탕전에 나선 2여단과 12연대로써 혼성된 金白一 중령 지휘하의 전투사령부대는 지난 1일부터 구례읍내에 사령부를 옮겨놓고, 고도 1천5백「미터」의 老姑壇 일대에서 연일 일대 소탕전을 하고, 4일 하오 일선 사령부를 전북 南原으로 옮겼는데, 5일부터는 각기 원대로 북귀할 예정이라고 한다. 한 때 반란군이 들어왔던 구례읍만은 아직도 계엄령 하에 있었으나 대체로 치안은 복구되어 가고 있다. 지난달 26일 순천으로부터 구례로 내몰린 金智會 지휘라고 추정되는 반란군 5백여 명은 잠시 구례를 점령하였다가 인근 반란군들과 합세하여 27일부터 퇴각하기 시작하여 華嚴寺를 근거지로 하고 국군과 대치하였다 한다. 이리하여 이때 이들 반란군은 구례에서 우익지도자 13명을 총살하고 쌀 백여 가마와 현금 약 45만 원 경찰서에서 탄약 수천 발을 탈거하여 갖고 인민군을 시켜 일동 산으로 산으로 잠복의 길을 더듬고 있었다 한다. 이에 대하여 국군은 그동안 화엄사 일대의 반란군 주력을 격퇴하고 마침내 주력을 이 골짜기 저 골짜기로 격퇴시킨 다음 포로 2백여 명을 잡고 그밖에 현지 총살을 단행하였다.

[27] 남조선민보 1948.11.9.

湖南地方作戰 全貌 金琮文 參謀 談話 發表

【南原에서 本社 具本健 特派員 發 合同】求禮에서 一大 소탕戰을 展開한 國軍 第4聯隊와 第12聯隊는 求禮郡 人民委員會 委員長으로 今番 求禮 一帶의 반란事件을 總指揮한 李俊浩를 追擊 龍方面에서 射擊 총殺하여 버리는 等 現在 智異山과 白雲山의 境界線 附近과 노姑壇 周邊에서 熾烈한 소탕戰을 展開하고 있음.

30일에는 智異山으로 들어가려는 쌀80叺, 彈藥 5萬發, 無電機 二臺, 돈 두 가마니를 戰利品으로 奪□하야 태워버리는 等 반亂軍 殘재勢力에 對한 一大 攻擊을 加하고 있는데, 今番 반란事件에 있어서 終始一貫하야 作戰腹面□□ 活약하였으며 現在 老姑壇 主邊 一帶와 智異山 白雲山 境界線을 指揮하고 있는 湖南地方 北部地區 司令部 參謀 金종文 少領은 今番 作戰의 全貌를 大綱 다음과 같이 말하였다.

今番 發生한 事件은 國軍 內部에서 곪고 곪은 종氣가 터진 장치的인 事件으로 이로 말미암아 비로소 國軍은 앞으로 나갈 길을 正確히 바로잡을 것이다. 事件은 19일 麗水에서 發端하여 軍隊에서 반旗를 올리자 麗水女中校長 宋욱은 바로 14연대 內에 들어가 人民委員會 政治指導局을 組織하여 一般 民衆에 對한 기瞞的인 宣傳을 하기 始作한 것이었다. 이리하여 반亂軍이 麗水를 占領하고 順天으로 突入하였다는 情報를 들은 國軍 제3여단제5여단(光州)과 제2여단(大田)은 中央의 命令으로 各□ 主力을 合勢하여 順天奪還作戰을 開始하였었다. 中央에서 命令을 받은 제2여단은 南原 求禮 鶴구를 거쳐 順天으로 向하고 제4여단제5여단은 光州에서 寶城 筏橋를 거쳐 順天으로 向하여 2일[23일] 順天을 完全히 奪還하고, 順天 邑內에 戰鬪司令部를 設置하고, 附近에 潛伏 中인 반란군 소탕전을 展開하여 筏橋 高興 等을 占領하고, 一部는 光陽 方面으로 退却 中인 반란군을 追擊하는 한편, 主力을 麗水奪還을 目的으로 25일 未明 行動을 開始하였다. 25일 12시경 麗水

一角까지 突入한 國軍은 即時 市內에 突入하려 하였으나, 반란군 2백여 명 男女學生 6백여 명으로 구성된 反徒 側의 熾烈한 反擊과 地形關係로 一旦 물러난 後, 장甲車 4臺와 機關총을 設置한 지프 6台로 編成된 機械化部隊로 하여금 열번에 걸친 박격포 攻擊을 하여 반란군의 約 半數를 減衰한 후, 27일 아침 國軍의 主力은 市內로 突入하였던 것이다. 한편 順天에 있는 반란군의 일부가 主力 約 5백 명은 順天을 脫出하여 智異山으로 潛伏하였다는 情報를 들은 國軍은 主力을 求禮로 옮겨 29일 求禮에 戰鬪司令部를 設置하고, 白雲山과 智異山 間을 切斷한 後, 12연대는 반亂軍이 集結된 곳으로 推測되는 老姑壇 一帶를 包圍하고 現在 猛烈한 소蕩戰을 展開하고 있으나, 4일 現在까지 約 4백 명의 捕虜를 光州, 大田으로 押送하는 한편 莫大한 數의 捕虜를 現地에서 處罰한 것으로 미루어 보아 반란군의 殘勢가 約 2百밖에 안 될 것으로 머지않아 그들을 완전 소탕하여 버릴 것이다.

[28] 호남신문 1948.11.9.
山中 叛徒를 急襲 華嚴寺 周邊에서 捕虜 2百名

반도를 따라 추격의 발걸음을 멈추지 않고 지리한 소탕전에 나선 2여 단과 12연대로 혼성된 金白一 중령 지휘 하의 전투사령부대는 지난 1일부터 구례 읍내에 사령부를 옮겨 놓고 높이 1,500미터의 老姑壇 일대에서 연일 일대 소탕전을 전개하고, 5일부터는 각기 원대(原隊)로 복귀하리라 하는데 반도군이 들어왔던 求禮邑만은 아직도 계엄령 하에 있으나 대체로 치안은 확보되어 가고 있다.

지난달 28일 順天으로부터 求禮로 내몰린 金智會 지휘라고 추정되는 반도군 400여 명은 잠시 求禮를 점령하였다가 華嚴寺를 근거지로 하고 국군과 대치하였다 한다. 이리하여 이때 반도군은 求禮에서 우익 지도자 13명을 총살하고 쌀 약 100여 가마와 현금 약 35만 원 경찰서에서 탄약 수천 발을 탈거하여 가지고 산으로 도주하였다 한다. 이에 대하여 국군은 그동안 華嚴寺 일대의 반도군 주력을 격퇴시킨 다음 포로 200여 명을 잡고 그밖에 현지 총살을 단□하였다. 현재 求禮군 내 8개면 중 光義面 山洞面 土旨面 馬山面 등 수 개 면에는 간헐적으로 출몰하는 반도군들로 말미암아 구례읍과는 연락이 두절되어 있는 현상이라 한다. 金白一 중령 지휘하 ○○○명의 국군소탕부대는 3일 전부터 일찍이 미국인들이 피서지(避暑地)로 사용하던 老姑壇 일대로 부대를 추격하여 부근 골짜기에서 일대 섬멸전을 전개하여 아직 기지로 돌아오지 않고 연전에 연전을 거듭하고 4일 하오 귀대하였다 한다. 그런데 老姑壇 일대는 火田부대들이 산악 재배를 하고 있으며 일찍이 수많은 학병과 징용 기피부대□이 숨어 자급자족하여 일제(日帝)와 최후까지 항쟁을 하던 지대로 해방된 뒤도 거동이 수상한 청년들이 검거하고 있었던 곳인데 이들과도 합세하고 있으리라 추정돼 반도군은 □南, 全北, 慶北慶南 삼도에 걸친 智異山 일대로 잠복하여 아직은 대항을 하지 않으나 상당한 장기전을 계획하고 있는 것으로 보인다.

[29] 호남신문 1948.11.9.

叛徒 內部에 分裂! 集團行動에서 10名 內外로 分散
戰鬪地域 金白一 司令官 戰果 發表

반도의 완전 소탕을 기하고 智異山 방면에서 위대한 전과를 올린 북지구 전투사령관 金白一 중령은 지난 6일에 제5여단에 귀임하였는데, 동 사령관은 지난 7일 智異山 작전의 전과와 적상(敵狀)에 대하여 기자에게 다음과 같이 말하였다.

△ 智異山 방면 = 여수, 순천에 제일 먼저 돌입하였던 金白一 중령이 지

휘하는 제12연대는 방금 지리산작전에 용감하게 싸우고 있고, 지난 3일부터 제2연대와 긴밀한 연락을 취하여 지리산의 포위망을 점차 축소시키고 산의 상봉까지 도달하여서 반도를 몰아낸 결과, 포로 45명, 사살 약 □0명, 총기 42정 그밖에 군수품 다량을 압수하였다. 이 작전의 성공으로 말미암아 반도들은 완전히 투지를 상실하였고, 金智會 부하는 현재 약 20명 정도에 지나지 않으며 낮에는 산에 숨어 있다가 밤이 되면 부락에 나타나서 식량을 약탈하고 배추, 무 같은 것으로 호구(糊口)하고 있는 것이다. 뿐만 아니라 반도 측에서는 내부 분열까지 생겨 여수서 약탈한 막대한 돈을 金智會 혼자만이 사용한다 하여 그 부하들은 대단한 불만을 가지고 있다 한다. 우리 국군으로서는 이 산속에 숨어 있는 반도를 최후의 한 명까지 타도 완전히 근멸시킬 방침이다.

△ 麗水, 順天, 寶城 방면 = 패잔한 소수 반도와 폭도가 이상 각 지방에 출몰하고 있으나 군으로서는 완전히 소탕할 자신이 있으므로 일반은 군을 믿고 안심하여 주기 바란다.

[30] 경향신문 1948.11.10.
叛軍 二十名과 暴徒 百名 逮捕

求禮 方面 戰果

【求禮支局】지리산(智異山) 방면에 반란군을 격멸, 작전 중인 제12연대는 국군에서는 지난 11월 혁명일을 기하여 구례군(求禮郡) 사도리[파도리] 부근에 잠복한 반란군을 포위하고 공격한 결과 12명의 포로와 폭도 백여 명을 체포하고 병기와 탄약과 비밀서류도 다수 압수하였다 하는데, 국군은 계속하여 추격 중에 있으며 반란군 지휘자인 김지회(金智會)를 체포하는 것도 시간문제라 한다.

[31] 평화일보 1948.11.10.
湖南地區 作戰은 一段落 朴正熙 作戰參謀,
記者에 言明

【光州 6일 發 合同】호남지구 작전참모 박정희(朴正熙) 소령은 5일 기자단 회견 석상에서 다음과 같은 요지의 담화를 발표하였다. 금번 반란사건에 대하여서는 순전히 국군의 독자적 작전이다. 항간에는 배후 지휘를 미군이 하고 있다고 유포되고 있으나 이것은 허설이다. 그리고 호남지구 작전은 이로 일단락되었으며 현재는 구례 동북지구 지리산록에 약 150 명 가량의 무장폭도가 잔재하고 있을 뿐이다. 앞으로 호남방면군의 방침은 좌기 2항에 중점을 둔다.

1. 무장폭도의 조속 숙청
2. 작전 중요지구 치안행정과 교육, 생산 등의 각 기관 복구지도

[32] 호남신문 1948.11.10.
兼白·福內支署 被襲
暴徒 追擊戰을 開始

곳곳에서 패전한 반군들은 아직까지도 폭도들과 합류하여 괴이(怪異)한 출현으로써 최후 반항을 거듭하고 있다. 즉 지난 6월 오후 2시쯤 보성(寶城)경찰서 관할 겸백(兼白)지서에 수십 명의 폭도가 내습하여 지서에 방화를 하여 전소(全燒)하게 하고 경관 4명이 전사(戰死), 1명 납치되었으며, 폭도 측 3명 사살(射殺)과 2명이 포로(捕虜)되었다는 바, 역시 그날 오후 5시쯤에는 동 관내 복내(福內)지서를 습격하고 경관 3명 및 양민 5명을 사살한 후 지서를 전소(全燒)시키고 약 □0명의 폭도 및 반도(叛徒)는

동면 栗於 방면으로 도주하였다는 바, 급보를 접한 국군은 목하 맹렬한 추격전을 개시하고 있다고 한다.

[33] 독립신문 1948.11.11.

智異山의 包圍網 縮少 射殺 20名, 捕虜 45名
金智會 部下는 支離滅裂 狀態

【光州 10일 發 合同】지난 8일 북지구 전투사령관 金白一 중령이 발표한 바에 의하면, 金 중령이 지휘하는 12연대는 포위작전에서 용감히 전투하고 있는 제2연대와의 긴밀한 연락 하에 智異山의 포위망을 점차 축소시켜 공격을 감행한 결과, 사살 약 20명, 포로 45명, 총기(엠 · 완) 42정, 기타 군수품을 다수 압수하였다는데, 이 작전의 성공으로 말미암아 반도 측은 완전히 투지를 상실하였고, 金智會의 부하는 약 20명 정도로 분산되어 낮에는 산에 숨어 있다가 밤이면 부락 근방에 출현하여 밭에 숨어 야채 등으로 겨우 아사를 면하고 있으며, 한편 金智會는 麗水 順天 등지에서 약탈한 막대한 금액을 자기 혼자 사용한다하여 그 부하들은 이에 대한 불만을 품고 있으므로 거의 분열단계에 있다 한다.

[34] 동아일보 1948.11.11.

治安 完全 復舊코 湖南戰鬪司令部 解體

【光州 10일 發 合同】지난 8일 하오 1시 기자단과 회견한 순천, 여수지구전투사령부 魏 참모장은 반란사태의 종식으로 11월 6일 호남지구전투

사령부는 해체하였다고 말하고 순천, 여수지구 전투의 종합적인 전과를 다음과 같이 특별 발표하였다.

10월 21일부터 10월 31일까지 판명된 종합전과는 여좌함(차후 증가될 예정). 교전한 적 병력(지방무장폭도 포함) 약 3천명

▲적의 손해＝유기시체 353명 ▲포로＝장교 1명, 반란병사 1,465명, 선동자 650명 합계 2,116명

▲전리품 무기＝「엠·완」총 911정, 「카－빈」총 142정, 일본 38식 총 679정, 일본 99식 총 863정, 기관단총 1정, 자동소총 28정, 포 8정, 81「미리」박격포 14정, 대검(大劍) 523개, 일본도 다수, 「다이너마이트」4상자, 무전기 6대, 자동차 30대, 피복 실은 「트럭」10대, 연료 식량 실탄 다수

▲아방의 손해＝전사: 장교 9명, 하사관 9명, 병사 33명 합계 51명. 전상: 장교 7명, 하사관 32명, 병사 79명 합계 118명. 행방불명: 4명

▲지리산록에 도주 잠입한 약 2천 명의 잔적은 아방 포위권 내에 압축되어 신음 중이며, 기한 탄약 부족 등으로 전면적으로 전의가 상실되고 도주하는 반도는 날로 증가하고 있으며, 11월 1일부터 동 4일까지를 기하여 전개된 지리산 제1차 소탕전의 전과는 여좌함

▲적의 손해＝유기시체 29명, 포로－반도 46명, 극렬분자 136명 ▲전리품 「엠완」총 41정, 「카빈」총 5정, 기타 식량, 화폐 다수

본 소탕전에 참가한 부대는 이명제, 함준호, 백인기, 백인엽, 신삼철[신상철], 김현수, 최상근 부대 등이 있음. 현재 극소수의 반란 잔병은 寶城, 高興, 白雲山, 智異山 등지에 잠입 중이나 전투부대는 계속 철저한 소탕전을 실시하겠음.

[35] 동아일보 1948.11.11.
井邑 等地 叛亂說 丁 參謀長이 否認

井邑 全州 등지에서 또 다시 반란사건이 이러났다는 풍설이 항간에 유포되고 있는데 총참모장 丁一權 大領은 이를 부인하여 왕방한 기자에게 다음과 같이 말하였다.

▲井邑, 全州 등지에서의 반란설은 전연 사실무근이다.

▲全南사건에 관하여서 말하면 金智會가 인솔하고 智異山에 들어간 수는 대략 3百명으로 추산되었는데, 보급난 등에 봉착한 그들은 10명, 20명씩 분산하여 각처를 방황하면서 비적행위를 하고 있고, 金智會가 직접 인솔하고 있는 수는 약 30명가량으로 본다.

▲제주도에서는 총사령 李德九가 살해당한 후로 폭도들은 총집결하여 최후 발악을 기도하고 있는 모양인데 지난 7일로 西歸浦에 내습한 일이 있다. 그런데 요즈음 폭도들은 「다발총」 등 무기를 약간 입수한 것 같다.

그리고 丁 大領은 부언하여 항간에 유포되는 허설을 믿지 말기를 바란다고 요망하고 있다.

[36] 자유신문 1948.11.13.
高敞 襲擊한 叛軍을 包圍

【高敞支局 發】11월 9일 상오 2시 경 高敞郡 성내지서가 반란군에 습격을 받고 있는 중이라는 급보를 받은 高창서 경찰대는 즉시로 현지로 출동하여 공격을 개시한 바, 반란군은 곧 도피하고 그 행방을 감추었는데, 약 40명 반란군이 高창郡 신림면 가명리 방장산록 부락에 집결하고 있다는 것을 탐지하고 동 방장산을 중심으로 光州 제4연대의 출동부대는 동편

쪽으로, 제3연대의 출동부대는 남쪽으로, 全州경찰청 특파 경관대는 신라
면 서북 편으로 각각 포위공격을 개시한 결과, 현재까지의 전과는 반란군
사망 3명, 포로 3명, 폭도 사망자 1명, 양민 사망 1명, 부상 1명, 기타 무
기, 탄환 등을 다수 포획하였으며 국군의 피해는 2명이라 한다. 그리고
방금 제2차 소탕전을 전개 중이라 한다.

[37] 대동신문 1948.11.16.
智異山의 叛徒 八支署를 襲擊

【全州】제6관구경비사령부 발표에 의하면 지리산방면으로 압축당하고
있던 반도들은 지난 11, 12 양일간에 걸쳐 경찰지서 8개소를 습격하였다
한다. 즉 반란군의「게릴라」대는 일부 폭도들과 합류하여 지난 11일 밤부
터 12일 아침에 걸쳐 求禮署 관내 6개 경찰지서와 谷城署 관내 2개 지서를
습격하여 그 중 求禮署 관내 山洞支署에서는 지서원 3명을 사살하고 3명
을 납치하였다 한다.

[38] 대동신문 1948.11.18.
求禮 叛徒 追擊 中 江原道 山嶽地帶에도 搜査隊

12일 南韓에서 반란 유격대 2개 집단이 발견되었는데, 이에 한국국군
측 대변인은「10월 20일 麗水 順天지방에서 봉기한 공산주의 반란도의 일
부는 求禮 근방에서 약 3百명으로 추산되는 1대를 조직하였다」고 언명하
였으며, AP기자에게「국군의 3개 소대가 목하 추격중이다」고 말하였다.

한편 尹 內務長官은 반란에 대하여 다음과 같이 말하다.

3百 내지 4百명의 한국경찰은 江原道 산악지대에 있는 반도를 수사 중인데, 동 지방은 南北韓 경계선에서 20哩 이내의 지점이며, 최근 보고에 의하면 현재 江原道 반란유격대 수는 수백 명으로 추산되고 있다. 1주 전한 농부는 권총과 360挺의 일본식 소총으로 무장한 60명의 반도를 보았다고 말하였는데, 또 소총을 강제로 운반당한 다른 한 농부는 「나는 그들은 평복을 입은 北韓人民軍인 줄 믿었다」고 경찰에게 말하였으나 이를 증명할 아무 정보도 없다.

한편 韓國 당국이나 혹은 美軍 당국은 반정부군을 진압하는 이러한 행동은 北韓방송이 南韓에서 반란이 확대되고 있다고 말하는 사실의 증거라고 할 수 없다고 보고 있다.【서울 AP合同】

[39] 동아일보 1948.11.19.

白 中領 自刎 殉節 南原 附近서 叛徒와 對戰 中

【國防部 18일 發表 (第12號)】여수반란 진압작전에 있어 순천, 여수공격전 제1선 부대장으로 가장 공헌이 큰 군산(群山) 제12연대장 백(白仁基) 중령이 11월 4일 하오 5시경 부하 5명을 인솔하고 지형 정찰차 구례로부터 남원으로 가던 도중 40여 명의 무장폭도에 포위되어 응전한 끝에 백(白) 중령은 최후의 일발을 자기 두부에 쏘아 죽음으로 군인의 명예를 사수하였다.

[40] 경향신문 1948.11.21.

叛軍 首魁 金智會 遂 逮捕

【光州 發】금번 여수순천반란사건의 총지휘자로 지목되어 있는 반도의 수괴 金智會(24)는 19일 상오 4시부터 개시, 제12연대장 고 백인기(白仁基) 중령의 장렬한 전사를 추모하는 백 중령 부하 장병을 복수전으로써 반군들을 철저히 격멸하고자 반군을 추격한 결과 求禮방면 전투에서 반도 30여 명과 함께 체포되었다 한다.

[41] 대동신문 1948.11.23.

金智會를 逮捕 尹 長官 叛亂 後聞 談

尹 내무장관은 이번 麗水지구의 일부 국군반란사건 이후의 남□ 각 지역의 반정부「게릴라」부대의 성격에 대하여 대략 다음과 같이 언명하였다.

지리산(智異山) 포위전에서 19일 반도 3백 명을 체포하였는데 그 당시 주모자 金智會도 잡았고 주력은 이미 각 처로 분산되었으니 아직도 산간부락지대에는 간간히 밤손님이 출몰하고 있는 형편이다. □일 밤에는 春川에서 국방군 복장을 한 괴한에게 경관 1명이 피살된 일이 있다. 그밖에 강릉(江陵)지구 산악지대에 출몰하던 반도는 太白山 일대로 출몰하는데, 지난번 반란군 소동 때와는 달리 무장폭도가 30명 혹은 10명씩 떼를 지어 부락 혹은 간선도로에까지 나타나 자동차까지 습격하는 일이 있다. 이런 전법은 기왕의 방법과는 다른 만큼 앞으로 이에 대비하여 만전의 대비로 하고자 경비력을 확충하고 있는 중이다.

[42] 자유신문 1948.11.23.

叛亂 後 最大의 激戰 求禮 來襲한 叛徒 九百
國軍 猛擊으로 捕虜 480, 死傷 203

蔡 參謀總長 記者會見 談

국방부 참모총장 蔡秉德 大領은 22일 오전 11시 출입기자단과 회견하고 반군진압 상황 및 숙군문제 등에 관하여 다음과 같이 발표하였다.

▲ 智異山 方面 作戰 = 智異山에 근거를 두고 준동하는 반군은 최근에 국군의 추격작전이 심한데 기하여 추위와 식량부족이 심해져서 부득이 求禮로 집중할 태세를 갖추고 반란군 약 1백 명, 민간폭도 약 8백 명이 합세하여 求禮로 내습할 기세가 있다는 정보를 입수했으므로 당지 작전부대에서는 1부대를 求禮에, 1부대를 求禮 부근 산악지대에 배치하였었다. 과연 19일 오전 4시경 예기한 바와 같이 폭도들이 求禮에 내습하였으므로 국군은 이를 반격하였으며, 여기서 쫓긴 반군은 산악지대로 피하려 하였으나 거기서도 이미 배치되었던 국군부대의 맹렬한 공격을 받아 지리멸렬 상태에 들어가 겨우 5, 60명이 간신히 국군의 포위망을 벗어나서 산간지대로 도주하였다. 이날 전투에서 37명의 반란병과 450명의 민간폭도가 체포되었으며 폭도 측은 203명의 사상자를 내었는데 이번의 전투는 반란사건 이후 최대의 격렬한 전투였다. 동 전투에서의 압수 무기는 다음과 같다.

▲ M1小銃 106정, 카빈 2정, 機關銃 8정, 迫擊砲 2정, M1彈藥 1,785발, 背낭 8개, 外套 100着.

▲ 五臺山 方面 作戰 = 五臺山 方面에는 큰 작전을 할 필요성을 느끼지 않으므로 소수의 부대를 파견하여 수일 전부터 폭도 소탕에 당하고 있는데, 20일 金靈峯전투에서 共匪 1개 소대(20명)를 완전히 사살하였으며 계속하여 폭도 발견에 노력하고 있다. 동 방면의 共匪는 平壤政治學校를 졸업한 자로 추측된다.

▲ 正規兵 大量 募集 = 현하 다난한 시국에 감하여 건군의 기초를 튼

튼히 하고자 애국애족에 불타는 다수의 청년을 군에 포섭하고자 각 부대에서 대대적으로 모병을 개시하였으니 일반은 이 취지를 이해하여 절대한 협력이 있기를 바란다.

▲ 肅軍問題 = 건군 초기에 있어 깨끗한 기초로서 출발함이 절대 필요하므로 우선 사상불순자의 정리를 철저히 실시하고 있는데 계속하여 물질적 불온분자(軍 經理關係)의 숙청을 단행할 방침이다. 이 점에 있어서는 비단 軍뿐만이 아니라 대한민국의 官界, 民界를 통하여 탐관오리와 악질모리배의 철저한 숙청이 급선 문제라 할 것이다.

▲ 軍需 關係 問題 = 항간에서는 국방부의 軍需 관계에 대하여 불미한 언사가 돌고 있는데 군으로서도 군 경리에 대한 감독지도를 철저히 함과 동시에 군을 싸고 악질적 브로커 행위를 하는 자가 없도록 중간적 브로커 행위를 인정하지 않을 방침이다.

[43] 남조선민보 1948.11.24.
政府軍 叛軍의 補給線 遮斷 山岳地帶서는 反軍 邀擊

【서울 22일 發 合同】求禮 智異山 및 五臺山 方面 叛亂事件 討伐狀態 等에 關하여 參謀總長 蔡炳德蔡秉德 大領은 22일 다음과 같이 發表하였다.

(1) 智異山 附近에서 蠢動 중이던 叛亂軍과 暴徒들은 닥쳐오는 嚴冬을 앞두고 補給難에 허덕이던 나머지 叛軍 1백여 명과 暴徒 7, 8백 명 都合 近 1천 명의 部隊를 지어 求禮 方面으로 移動을 企圖하였었는데, 이를 探知한 國軍部隊는 山에 1개 部隊, 求禮 方面에 1개 部隊를 待期시키고 지난 19일 상오 4시를 期하여 殲滅戰을 開始하였다. 卽 求禮로 들어가려다 狙擊 當한 叛軍은 다시 山 속으로 들어가려다 다시 미리 配置된 國軍에게 激擊 當하여 거의 全滅되고 말았다. 同 戰鬪에서의 國軍 戰果는 다음과 같다

(가) 叛軍 捕虜 叛軍 37명, 暴徒 450명

(나) 叛軍 死傷 307명

(다) 捕獲品 MI 106挺, 카빈 □挺, 機關銃 8挺, 射擊砲 □門, MI 彈丸 1,785發, 衣類 100着, 배 8個

(2) 五臺山 方面에서는 小規模의 作戰이 展開되고 있는데, 20일 會寧峰 附近에서 暴徒共匪 20명을 捕착 殲滅하였다. 그리고 國軍은 繼續하여 共匪 發見에 努力하고 있으며, 또한 發見되는 대로 섬멸 중에 있는데 이들 共匪는 平壤政治學校 出身인 것으로 推測된다.

(3) 方今 軍에서는 不純思想 보유자를 肅淸하고 있는데 繼續하여 物質的 不純分子 兼 同情者도 處斷할 方針이다. 이 点에 關하여는 軍뿐만 아니라 關係 民間을 莫論하고 貪官汚吏 惡質 謀利輩 肅淸에 努力하는 것이 絕對 必要하다.

(4) 國軍에서는 이번에 正規兵을 大大的으로 募集하게 되였는데 愛國에 불타는 靑年은 各 部隊에 應募하여 주기 바란다.

[44] 경향신문 1948.11.26.
執拗한 暴徒 來襲 求禮에 八百 · 三時間 交戰 後 擊退

【求禮】제12연대 전투사령관은 최근의 구례방면 전황을 다음과 같이 발표하였다.

반도의 근거지로 지목되는 구례에는 반도의 간헐적 내습으로 말미암아 연일 격전이 전개되고 있는데 『이들은 국군과는 싸우지 않겠다. 우리는 다만 경찰만이 적이다.』는 구호로 구례 점령에 암약하고 있다. 제12연대는 돌격대를 위시하여 맹호대, 벼락대 등의 명칭을 가지고 있는데 그 이름과 같이 정예부대에 틀림없다. 그런데 가장 치열한 격전이 전개되었던 지난 19일 오전 5시경 8백 명으로 추산되는 반도는 구례 읍내를 포위하고 일부 시가에까지 돌입하여 약 3시간에 걸쳐 시가전이 있었는데, 아군은 이 반도들을 시외 3마일 지점까지 추격하여 다대한 전과를 거두었는데 그 내용은 다음과 같다.

적의 시체 2백, 포로 75(적 소대장 2, 중대장 1, 김지회 비서 1), 박격포 2, 기관총 7(엠완 카빈) 총 다수, 탄환 피복 다수, 현금 수만 원, 일반폭도 3백(일부 총살), 아군 피해 전사 12, 부상 24 (國防部 檢閱濟)

[45] 동광신문 1948.11.27.
白雲山의 草盖蘆房　所謂 敵 司令部 全貌

소위 백운산 조선인민군 총사령부는 아군의 포위 작전 하 맹렬한 집중 사격으로 말미암아 시설 1진을 남기고 분산도주하여 버렸는데 그 정보는 다음과 같다. 소위 인민군사령부는 백운산정(山頂)으로부터 구례 하동 방면으로 면한 약 4킬로 지점에 놓여 있는데, 준엄무쌍한 천공도 찬 보이지 않는 정도의 밀림 속에 다만 식수를 제공할 정도의 바위틈 물이 흐르고 있는 요지에 있는데, 땅을 파고 간단하게 『갈대』 등 잡초로 지붕을 만든 약 12명 정도인 것이며, 또 동 위치로부터 20미터 떨어진 곳에도 굴을 파놓은 침상(沈床)용의 12평가량이나 되는 것으로써 민간에서 약탈해온 침구로써 겨우 추위를 면하고 있는 정도였으며, 취사장에는 솥이 4개나 설비되어 있는데, 소(牛)를 잡아먹은 흔적의 소피가 남아 있고 식사용 부식으로서는 김치 정도였던 모양이다. 그리고 남기고 간 물건 중에는 적기(赤旗) 청기(靑旗)가 있었는데 이는 그들의 암호 신호용인 듯하였다.

이곳에 포로된 소위 인민군의 말에 의하면, 이 장소에 은신 중이던 반도는 4, 50명이었다 한다. 그런데 그들 중에는 병대서 탈출하였던 자가 7,

8명이고, 그 외는 모두 지방 민애청원인 듯 말하고 있으며, 압수한 서류에는 인민군규(人民軍規)와 매일 일과 등이 기재되어 있었다. 포로의 말에 의하면, 이곳 총사령관은 여수(麗水) 출신인 임장인(林張仁, 40)이라는 자라 한다. 이어 제2차로 발견된 소굴은 산정으로부터 구례 화개(花開) 방면에 면한 동북 약 6미터 지점에 있는데, 이곳에 총사령부를 두었다가 약 20일 전에 전기 위치에 이동하였다는 바, 이곳 토굴은 약 20평가량이나 되었으며, 이곳에 서 있는 수목에 조각되어 있는 것을 보면 인민식당 8, 9분대라고 있으며, 또 다른 곳에는 인민공화국 만세, 인민군 성공 만세, 노동자 농민 만세 등의 조각문이 있었다.

그런데 이곳 토굴은 땅을 파 놓고 석축이 되어 있는 견고한 것이었다.

[46] 대동신문 1948.11.28.
叛徒의 重要文書 押收

【光州 發 고려통신】가장 믿을 만한 소식에 의하면, 지난 19일의 求禮작전에서 반도의 괴수 金智會가 항상 소지하고 있던 8만원과 함께 주요 기밀문서를 압수한 □□□하는데 동 문서 중에는 반도의 본적지를 기입한 것 등도 있어 앞으로의 토벌작전에 가장 유리한 □□가 될 것이라 한다.

(戒嚴地區司令官 檢閱濟)

[47] 동광신문 1948.11.28.
叛徒 魂飛魄散으로 戰意 完全喪失

제5여단장 金白一 中嶺 談

(제5여단 情報部 檢閱濟) 지난 22일부터 백운산(白雲山) 방면 반도 소탕전에 출전하고 재작 26일 밤늦게 돌아온 김백일(金白一) 제5여단장은 작 27일 상오 11시 왕방한 기자단과 회견하고, 요지 다음과 같은 담화를 발표하였다.

백운산 소탕전에 참가한 부대는 제5여단과 제2여단이었다. 5여단에서 올린 전과는 남로당(南勞黨)의 주요 서류를 소지한 도(道) 간부 3명, 민간폭도의 소위 호군(虎軍) 30명을 포로로 하였으며, 잔적은 四方으로 분산 도주하였는데 태반이 민간폭도다. 그리고 병기는 MI 소총 5정 카빈총 3정을 회수하였는데, 종래 麗水반란 당시부터 반도의 수중에 들어간 무기는 합하여 4천여 자루에 지나지 못하였는데 현재까지 회수한 것이 3천5백 자루니 결국 미회수분은 5백여 자루에 불과한 셈이다. 요컨대 麗水 순천 등지에서 최초로 반란을 일으킬 때에는 적의 반항이 무조건적이었고 그 세력이 집단적이었기 때문에 도리어 군(軍)으로서는 작전상 유리한 형편이었으나 麗水 순천서 도망한 반도는 지리산(智異山)에서 다시 집결하려 했으나 국군에 포위 섬멸당하고 거기서 탈주 패잔병이 또다시 구례(求禮)서 집결하여 국군에 대항했기 때문에 일시 전적(戰績)이 심히 불리한 때도 있었다.

그러나 이번 백운산 작전이 일단락을 지온 후로는 반도의 세력은 철저히 분산되었으며, 한군데도 조직적으로 대항한 데가 없고 곳곳에 4, 5명씩 잠복하였다가 우익 요인의 암살, 경찰지서의 습격 등으로 인심을 소란케 하고 전 도(全 道)를 공포 속에 몰아넣는 것인데, 이것은 각처 부락민들이 조직과 노력을 하여 스스로 군경에 협력하고 반도에 대비하여야만 화(禍)를 면할 수 있을 것이다. 현재의 반도는 군인 출신 즉 말하자면 반군에 의하여 움직인 것이 아니라 순전히 남로당이 주동이 되어 있는데 압수한 그들의 서류에 의하면 여수 반란 당초는 14연대와 하등의 연락이 없었던 모양이며 무계획적이고 실패였다는 것을 자기비판하고 있다. 그러나 중앙과는 군세포(郡細胞)를 통하여 연락이 있는지 모른다. 김지회(金智會)는 지금 구례(求禮) 곡성(谷城) 등지 간에 있으나 그의 연락 계통을 완전히 잡았으니 문제 아니다.

[48] 남조선민보 1948.11.30.
白雲山 包圍 大規模의 作戰

【光陽에서 光州支社 金基五 特派員 29일 發 合同】今番 反亂事件 發生 後 最後的이며 大規模인 白雲山 包圍作戰을 直接 最前線에서 總指揮하고 있는 제5여단장 金白一 中領은 今番 作戰에 對하여 要旨 다음과 같이 말하였다

現在 我軍은 白雲山을 중심으로 그 外 各地인 求禮 河東 光陽 順天 花開 等을 基点으로하여 完全包圍하고 白雲山쪽 反徒의 本據地를 向하여 熾烈한 掃蕩戰을 展開 中에 있으며 反徒의 全滅도 目前에 있다. 特히 今番 作戰의 特徵은 軍警民의 共同으로 作戰을 推進 中에 있다는 것이며 部落에 侵入한 反徒는 部落民 自身들이 체포하고 있다. 民間의 軍作戰에 對한 協力도 積極的인 것이다.

[49] 동아일보 1948.12.4.
遺棄屍體 六百七十 殘徒 掃蕩 進捗
戒嚴地區 第二次 綜合戰果

【光州 發 고려】제5여단사령부에서는 계엄지구(戒嚴地區) 제2차 종합전과를 1일 다음과 같이 발표하였다.

◇ 적군의 손해 ▲유기시체 671명 ▲포로 (반란병) 92명, (학생밀정) 1명, (폭도) 258명, (보안서원) 14명, (좌익분자) 60명, (인민군) 4명, 합계

529명

　◇ 노획품 (엠·원·소총) 52정, (카빈총) 6정, (기관총) 1정, (99식 소총) 23정, (대검) 23개, (38식 소총) 12정, (실탄) 千발 이상 다수 압수

　◇ 기타 적 진영의 손해 (교전사) 2명, (부상) 5명

　그리고 출동부대는 제5여단 관내의 광주부대(光州部隊), 순천보성부대(順天寶城部隊), 여수부대(麗水部隊) 등이었다고 한다. 한편 집단적 전투를 끝마친 여단에서는 잔도(殘徒) 소탕에 박차를 가하고 있으며, 특히 민심수습에 노력 중인데 일반은 불순분자의 선전에 속지 말고 사태복구에 군과 많은 협조를 하여주기를 바라고 있다.

[50] 동아일보 1948.12.4.

谷城·咸平 等地 暴徒를 掃蕩

　【光州 發 고려통신】 당지 제8관구 경찰공보실에서는 2일 오전 10시 관하 곡성(谷城) 함평(咸平) 방면에 준동하고 있는 폭도 섬멸 전과를 다음과 같이 발표하였다.

　1. 11월 28일 오후 6시경 「곡성군 목사동」 방면으로부터 「순천」 관내 「월등면 윤월리」에 무장한 반도 12명이 출몰하였다는 정보에 접한 순천서(順天署)에서는 기동대 20명과 지서원 10명이 연합하여 즉시 현장에 출동 교전한 결과 그 전과는 여좌함. (가) 반도 2명 체포, (나) 자동단총 1정 급 동 탄환 19발 압수

　2. 동일 오후 10시에 동면 「월용리」 부근에 폭도 침입의 급보를 받고 즉시 순천경찰서 기동대 20명과 지서원 10명, 지방단체원 20명이 현장을 포위 작전한 결과 그 전과는 여좌함. (가) 적 2명 즉사, (나) 적 2명 체포, (다) 아방 피해 전무

3. 11월 19일 오후 8시 30분경 곡성군 죽곡면(谷城郡 竹谷面)「원달리」부근에서「월등면 월용리」부락의 반도 百명이 침입하였다는 급보에 접한 제12연대 제1중대 급 경찰부대는 연합작전 결과 그 전과는 여좌함.
(가) 반도 8명 즉사, (나) 6명 체포

[51] 대동신문 1948.12.5.

谷城 等서 掃蕩戰

【光州】처처에 분산된 폭도는 시시로 각 처에 출몰하여 군경의 소탕전의 대상이 되고 있는데 제8관구경찰청 공보실에서는 최근의 곡성방면 전투를 다음과 같이 발표하였다.

▲ 11월 28일 하오 6시, 곡성 관내로부터 순천 관내 月燈面 雲月里에 무장반도 12명이 출현하였다는 급보에 접하고 순천서 기동대가 출동하여 반도 포로 2명, 총기 1정 및 탄약 196발 압수

▲ 또 동일 하오 11시경, 동 면 月龍里 부근에 폭도 수십 명이 침입하였으므로 이를 포위 교전하여 포로 2명

▲ 11월 29일 하오 8시 30분경, 곡성군 竹谷面 元達里 부근에 반도 백명이 출현하였다는 정보를 접하고 제12연대의 경찰부대가 출동 포위교전 결과 반도 유기시체 8, 포로 6명

▲ 11월 30일 상오 8시경, 咸平郡 嚴多面에 폭도 급 반도가 출몰하여 경찰기동대와 수 시간에 걸쳐 교전한 결과 반도 폭도 각각의 사살 반도 1명 포로,「엠완」총 1정 급 실탄 50 압수(國防部 4日 檢閱濟)

[52] 남조선민보 1948.12.17.

叛軍에 歸順傳單 今明間 撒布 豫定

【서울 16일 發 合同】지난 10월 20일 麗水 順天地區에서 반란을 일으킨 以後 國軍部隊의 猛烈한 攻擊을 받고 知異山[智異山] 方面에 逃走하여 嚴冬에 떨며 武器 彈藥 食糧의 補給難으로 허덕이면서도 오직 後事를 두려워하여 國軍 側에 歸順하여오지 못하고 無益한 抵抗을 계속하고 있는 제 4·14연대 士兵들에 對하여 國軍 側에서는 最後의 一刻에서 그들의 反省을 促求하기 爲하여 다음과 같은 內容의 傳單을 多數 作成하여 今明間 現地에서 뿌리기로 되었다 한다.

親愛하는 제4·14연대의 士兵 諸君

君들은 祖國을 사랑하는 偉大한 勇氣로서 새 決心한 以上 곧 同族相殺의 武器를 버리고 제일 가까운 곳에 있는 正義의 使徒 大韓 陸軍에 加擔하라. 大韓 國軍에 對하여 이 以上 더 계속하여 對抗한다면 君들의 肉体는 寒飢와 榮養不足 그리고 견딜 수 없는 肉体的 苦痛에 破滅當하고 말 것이요. 國軍의 猛烈한 正義의 銃 끝에 君들의 生命은 草芥같이 흩어지고 말 것이다. 戰友여 조용히 反省하라. 그리하여 모—든 거짓말과 그릇된 指導에서 벗어나라. 우리의 將來에는 오직 大韓民國이 있을 뿐이요, 우리 國軍은 자라나는 大韓民國의 씩씩한 干城이며 守護神인 것이다. 全 戰友여 오라. 빨리 오라. 우리는 그대들이 한 番 더 勇敢히 우리 國軍 陣營에 돌아오기를 眞情으로 苦待한다.

[53] 호남신문 1948.12.21.

各地에 殘徒 掃蕩戰! 拔本塞源에 軍警의 活動 猛烈

順天郡: 순천 원례면[월등면] 계월리 상동부락에 지난 15일 오후 8시쯤

무장반도 및 폭도 약 □명이 출현한 것을 포착한 □찰대와 의용단은 즉시 합류하여 적과 접전한 결과 적 6명을 사살하고 상금도 잔적을 계속하여 추격 소탕 중에 있다는데, 아방 피해는 대청원 부상 1명이라고 한다.

光陽郡: 광양 옥곡(玉谷)지서에서는 지난 18일 하오 4시쯤 동 지서를 내습한 반도 약 100명에 대하여 동 지서원은 전원 용감히 분투 응전하여 교전 약 3시간에 걸쳐 중과부적으로 악전고투 중 동일 하오 7시쯤 □□ 응원으로 적을 완전 격퇴하였는데, 아방 피해는 전사 1명, 중상 1명, 카빈총 2정, 동 탄환 20발, 경찰 의복 2착을 피탈당하고 동 지서주임 관사 일부를 소각당하였다고 한다.

寶城郡: 지난 17일 보성군 겸백면에 반도와 폭도 약 400명이 집결 중이라는 정보에 접한 당시 주둔군과 경찰대는 즉시 연합작전으로 출동하여 목하 교전 중에 있다고 한다.

長城郡: 5·10선거 폭동사건 주범인 동시에 남로당 장성군 북일면 책임자 金容述 외 3명이 지난 17일 하오 11시 장성 북일면 문암리 후산에서 밀회 중이라는 것을 알고 이를 체포하고자 현장을 포위하여 정지를 명하였으나 불응 도주하므로 부득이 발포하여 명중 즉사하게 하였다 한다.

光山郡: 광산경찰서 삼도지서에서는 지난 17일 정오쯤 동 지서 관내 지석리에서 무장폭도 2명 중 1□은 동면 남로당 면책 겸 유격대 분대장 吳洺□(25)를 사살하고 카빈 1정을 압수하였다고 하며, 또□ 7일 유격대원 2명을 검거 취조한 결과 지난 달 10월 4일에 광산군 비아 하남면에 거주하는 양민 朱會南 외 4명을 살상한 진범인이며 권총 탈취범이므로 계속 준엄□ 취조를 계속하여 오던 중 동 군 대촌면 □장리에 유격대 아지트가 있음을 탐지하고 현장을 수색한 결과, M1 총 1정, 동 탄환 136발, 99식 1정, 동 탄환 317발, 카빈 1정, 동 탄환 30발, 동 케이스 2개, 권총 2정, 공기총 3정, 자동소총 실탄 96발, 일본도 2개, 지휘도 2개, 도화선 약간 등을 발견 압수하는 동시에 별도 출몰 중□ 유격대원 4명을 사살하여 서창면 용두리로 도주 중인 적을 추격 소탕 중인데 아방 피해는 전무로 사기왕성하며 분투 중에 있다고 한다.

羅州郡: 나주경찰대는 지난 18일 나주군 봉황면 금곡부락 부근에서 반도 약 100명과 치열한 전투를 전개하여 적 20명을 사살하고 MI 총 16정, 카빈 2정, 99식 2정, 기타 탄약 다수를 압수하고 잔적을 계속 추격 중에 있다는 바, 아방 피해는 전사자 2명과 부상자 4명이라 한다.

潭陽郡: 담양경찰대는 지난 18일 하오 5시 30분쯤 담양군 월한면 추월리 월곡부락에 출현한 반도 약 12명과 교전한 결과 적을 수부면 방면으로 격퇴 추격 중 아방 전사자 2명, 경상자 3명, 기타 피해가 있었으나 적의 피해는 불명하다고 한다. 그리고 담양 남면지서원 1명과 의용단장 외 5명이 시국대책위원회 관계로 지난 18일 면내 출장 용무를 마치고 귀로 중 동 면 동재 산악 부근에서 돌연 반도의 기습을 받아 의용단장 1명이 피살당하였다(警察聽 公報室 發表)

[54] 남조선민보 1948.12.22.
咸陽 馬川에도 叛軍 警官 五名 殺害코 逃走

【서울 20일 發 合同】內務治安局에 들어온 報告에 依하면 19일 慶南 咸陽警察署 馬川支署에 19일 밤 暴徒 30여 명이 來襲하여 警察官 5명이 被殺되고 1명 납致되었다고 한다. 그리고 이날 北濟州警察署(신임) 支署에는 백여 명 暴徒가 來襲하여 11명이 被殺되고 30호에 火災가 일어난 일이 있는데 方今 軍警部隊는 追擊 中이라고 한다.

[55] 대동신문 1948.12.31.
敵 遺棄屍體 72 第五旅團長 戰果 發表

【光州 29日 發 合同】제5여단장 金白一 대령은 27일 상오 10시에 기자단과 회견하고, 지난 15일부터 25일까지의 종합전과를 다음과 같이 발표하였다.

적의 유기시체 72, 체포 8, M1 소총 18, 카빈총 10, 九九식 소총 2, 44식 소총 1, 권총 2, 탄환 다수 등 압수

그리고 동 작전 참가부대는 제20연대이며 작전지역은 順天, 和順, 寶城, 羅州, 長興, 谷城인데 특히 금번 작전에 있어서 제20연대의 활약은 다음과 같다.

20연대는 구 제4연대인데 지난번 반란사건 돌발 시 제4연대원 중 반란에 가담한 자가 있는 사실 등이 있어 그 오점을 씻고 면목을 일신하기 위하여 가장 맹활약을 하고 있다. 본래 전라남도는 남로당 세력이 가장 강한 곳이라고 보는데, 그 대신에 본도 출신의 성격도 찬양할 점이 많다. 그러므로 금번 소탕전에 있어서 가장 용감하고 다대한 전과를 올리고 있는데, 제20연대 병사는 대부분이 본도 출신이며 그들은 다른 어느 곳의 형사들보다 용감하고 굳은 진심과 굳은 의지를 가졌다고 할 수 있다. 앞으로 본도 청년으로써 사상이 견고하고 신체가 건강한 자를 대량으로 모병할 예정이며, 또한 이에 대하여 지방인사들은 많은 협조를 하여주기 바란다. 이러한 자들을 입대시켜 훈련시키면 반드시 다른 어느 지방출신보다도 조국에 충실한 군인이 될 것으로 믿고 있다.

[56] 대동신문 1948.12.31.
金智會를 追擊 討伐部隊 新作戰

【和順 方面 기지에서 光州支社 金鍾선 特派員 30일 發 合同】제27연대[제

20연대] 철족산악토벌부대는 금번 출동 이래 順天 方面을 비롯하여 羅州, 谷城, 和順, 寶城 기타 광범위한 지역에 걸쳐 포위작전을 계속하여 오던 바 요즘 반도 수괴 金智會 등이 출몰하여 최후의 발악을 하는 한편 모 방면으로 이동하는 기색이 있으므로 지금까지의 작전을 일단 중지하고 이를 추격하고 있는데 24일부터 동 철족산악토벌부대는 박 소령 직접 지휘아래 새로 작전을 개시하고 있다.

[57] 대동신문 1948.12.31.
三岐支署에 叛徒 大擧 來襲

【谷城 發 合同】국군의 계속적인 추격전으로 말미암아 분산적으로 도주하는 반도들은 산곡의 경찰지서 등을 습격하여 다수의 경관을 살상하는 한편 지서를 소각하고 있다. 즉, 지난 15일 하오 9시 40분경 곡성군 삼기면(三岐面) 지서에 약 7, 80명으로 추측되는 무장반도들이 내습하여 약 40분간에 걸쳐 지서원과 치열한 교전이 전개되었는데, 전투상 필요에 의하여 일단 지서원이 퇴각하였던 바, 이 틈을 타서 반도들은 지서에 침입하여 방화 전소하는 한편 인접한 면사무소를 습격하여 호적관계 서류만을 남기고 미곡매상서류 등을 소각하였다. 그런데 동 지서원 1명이 말하는 바에 의하면, 여자가 군복을 입고 지휘하고 있었다는 것으로 보아 반도 수괴 김지회의 처가 아닌가 추정된다고 한다. 이 교전에서 지서원 1명이 순직하였으며, 그 후 지난 17일에는 동 군 화면(火面)지서에 내습하여 역시 치열한 교전이 벌어졌었는데, 동 지서원들은 최후까지 완강한 태세로 전투하였으나 중과부적으로 지서원 9명과 소방서원 1명이 순직하였다 한다.

그런데 반도들은 전 지서에 방화하여 이를 전소케 하였으며, 또한 동 면사무소에도 방화하여 전소시켰다 한다.(제5여단 情報處 檢閱濟)

[58] 경향신문 1949.1.1.
求禮 叛徒 造作에 燒失家屋만 千八百餘戶

반란군은 지난 10월 26일 백운산(白雲山)을 넘어 구례(求禮)를 점령하고 파괴와 약탈을 하였으나 19일 12연대 국군 장병들의 전격전으로 격퇴당하였다. 그 후로는 지리산(智異山)을 본거로 하여 각처에 출몰하고 있으나 국군에 의하여 격멸되고 있다 한다. 그런데 이번 반란으로 인하여 구례군 내에서 입은 피해는 소실된 가옥 1,805에 이재민은 9,205명에 달하는 바, 구례군시국대책위원회에서는 반도격멸 작전에 있어 국군과 경찰에 절대적인 협력을 하는 동시에 이재동포들을 구호하기에 주야로 분투하고 있다 한다. 중앙당국에서도 동 위원회에 대한 호의가 많았으며 특히 사회부에서는 구례군에 대하여 이재민구제금으로 1억 8천900만 원의 긴급 대책비를 결재하였으며, 지난 29일 동 위원회 고재연(高在涓) 씨 외 2명의 위원이 상경하여 8백만 원의 구제금(假拂金)을 받았다 한다.

[59] 동아일보 1949.1.4.
叛徒 脫出者 續出 寒氣와 飢餓에 떠는 智異山

【谷城 3일 發 合同】제20연대 철족산악토벌대는 그 부대장 박기병(朴基丙) 소령 지휘 하에 지난 27일 때마침 내리는 비를 무릅쓰고 곡성군 석곡(谷城郡 石谷) 부근 산악을 포위하고 치밀한 수사를 전개한 결과, 산돼지의 전담 침입을 감시하는 돼지막에 잠복하고 있는 1명의 반도를 체포하였는데, 그는 수일 전에 기한(飢寒)으로 견디지 못하여 반도군에서 탈주한 자로서 국군의 질문에 대하여 반도들의 상황을 다음과 같이 진술하고 있다.

금번 사건 발발 직후 智異山에서 자칭 총사령관 洪某와 자칭 작전참모장 金智會를 중심으로 7개 중대를 편성하였는데, 그 일부는 이미 智異山을 하산하여 寶城방면으로 이동하고 있다. 그리고 국군과는 싸우지 말라는 상부의 지시가 있었으며, 국군 12연대만은 반도에게 많은 희생을 주었으므로 싸우라는 해괴한 지시가 있었다. 그리고 반도들은 추위와 하루에 두 끼밖에 먹지 못하는 관계로 매일같이 탈주자가 속출하고 있다.(제5여단 情報處 檢閱濟)

[60] 남조선민보 1949.1.5.
飢寒을 못 참는 投降兵

【谷城 方面에서 光州支社 金特派員 3일 發 合同】제20연대 鐵足山岳討伐部隊는 部隊長 朴基丙 少領 指揮 下에 지난 27일 때마침 내리는 비를 무릅쓰고 谷城郡 石谷 附近 山岳을 包圍코 치밀한 搜査를 展開한 結果 山岳地의 잠입侵入을 監視하는 大地막에 潛伏하고 있던 1명의 반도를 逮捕하였는데 그는 數月 前에 飢寒으로 견디지 못하여 반도軍에서 脫走한 者로서 國軍의 質問에 對하여 반도들의 狀況을 다음과 같이 陳述하고 있다.

今番 事件 勃發 直後 智異山에서 자칭 總司令官 洪□와 自稱 作戰參謀長 金智會를 中心으로 7個 中隊를 編成하였는데, 그 一部는 이미 智異山을 下山하여 寶城 方面으로 移動하고 있다. 그리고 國軍과는 싸우지 말라는 上部의 指示가 있었으며 國軍 12연대만은 반도에게 많은 犧牲을 주었으므로 싸우라는 회怪한 指示가 있었다. 그리고 반도들은 추위와 하루 한 번 밖에 먹지 못하는 關係로 每日과 같이 脫走하고 있다.

호남신문 1949.1.7.
叛徒 半數 以上 殲滅 改悛 自首 叛徒는 抱攝用意 있다
第8管區 金 廳長 年頭方針 披瀝

　　제8관구 경찰청장 金炳完[金炳玩] 씨는 지난 5일 오전 10시 출입기자단과 회견하고 요지 다음과 같은 담화를 발표하였다.

　　기축년 신년을 맞이하여 우리 경찰은 묵묵히 충실히 싸우겠다. 이렇게 함으로써 얼마 남지 않은 좌익계열 반동분자를 단시일 내에 없애고 군과 협력하여 38장벽 해제에 분투노력하겠다. 남아있는 좌익을 토벌하는 데 경찰은 인적으로나 물질적 장비로나 완벽 준비가 되어 있음에도 불구하고 최근 UN 승인을 계기로 준동하고 있는 잔여 도배의 완전 소탕을 못하고 있는 것은 민간에서 적극적인 협력을 하지 않고 공연한 공포심에 쌓여있기 때문이다. 경찰에 적극적으로 협력하는 자에게는 절대로 신변을 옹호할 용의가 있으니 안심하고 폭도에 대한 정보를 제공하라. 일반 폭도들은 자기들의 잘못을 느끼고 자수하는 자는 절대로 포용할 용의가 있으니 가까운 지서나 □□서에 자수하라. 지난 12월 14일 이후 다시 승인을 계기로 준동하고 있는 폭도에 대해서는 약 반수 이상을 섬멸하였으며 신년도 설의 기회를 이용해서 일대에서 작전을 시작했으니 안심하여 주기 바라며 재차 경고하니 절대로 공포심을 갖지 말고 군경에 협력하는 것이 일반 민중의 살 길이다.

[62] 서울신문 1949.1.9.
暴徒들이 또 跋扈 長城 寶城 等地에 大部隊가 出沒

　　【光州 8일 發 合同】전남 각 지방의 반도소탕에 용맹을 떨치고 있는 제

20연대 부연대장 박기병 중령이 지휘하는 철족산악토벌부대는 지난 2일 하오 2시 장성(長城) 북상면(北上面) 산성(山城)에서 폭도 80명과 6시간에 걸쳐 치열한 격전 끝에 다대한 전과를 거두었다는데, 이들 반도는 전라북도 인민군 편성간부였다 하며 시체 중에는 군대 출신인 현 전북인민군 사령관인 강(姜)모도 있었다는 바 이들의 전과는 다음과 같다고 한다.

▲시체 17 ▲포로 7(그중 군대 출신 5) ▲노획 「엠완」소총 9 ▲「카-빈」소총 3 ▲99식 소총 2

그리고 이 전투에서 국군 측에 전사 3명이 있는데, 이들은 결사적 활약으로 양민의 어린애를 구출하여 무사히 모친에게 인도하고 그 순간 전사한 것이라 한다.

【光州 8일 發 合同】벌교(筏橋)지구에 제15연대가 주둔한 후 군경 합력으로 반도소탕에 맹활동을 전개하고 있는데, 지난 29일 밤을 기하여 반도가 도로 철도 수개 소를 파괴하는 동시에 전선을 절단하고 부근 지서를 습격한다는 정보를 접하고 군경에서는 급거 출동하여 고흥(高興) 보성(寶城) 방면의 반도 본거를 기습하고 무기 탄약 다수와 중요문서 등을 압수하는 한편 반도 120명을 체포하였다 한다.

[63] 호남신문 1949.1.9.

次後로는 卽決處分 一切 嚴禁
任意 決行者는 處斷
湖南地區 憲兵司令官 金 大尉 警告

호남지구 헌병사령관 金仁京 大尉는 7일 당면한 문제에 관하여 다음과 같이 말하고 일반의 많은 협력을 요망한 바 있었다.

△卽決處分 問題＝작전지구 내에서 작전상 부득이한 경우를 제외하고 작전지구가 아닌 각 지방에서 극소수의 반도 혹은 폭도를 즉결처분한 예가 있는데 현재에는 없다. 그러나 이런 일을 없애기 위하여 차후로는 이를 일체 엄금함과 동시에 이들 반도 혹은 폭도는 본 헌병사령부에 보고해 주기를 바란다. 만약 임의로 즉결처분한 사실이 있으면 그 당사자는 물론이거니와 책임자까지도 엄벌에 처할 방침이다. 일반 민간에서도 이러한 사실을 알게 되는 때에는 구두 혹은 서면으로 본 사령부에 알려주기 바란다.

△武器返還＝경찰이나 혹은 일반 관민에서 군대의 무기를 소지하고 있으면 이는 오는 10일까지 본 사령부에 반환해주기 바란다. 만일 이 기일 이내에 반환하지 않으면 책임자까지도 엄벌에 처할 방침이오니 많은 협력이 있기를 바란다.

△허위선전 중상모략＝요즘 너무도 허위선전과 중상모략이 심하다. 사소한 개인감정에 이르러서는 침소봉대로 상대방을 중상모략하여 어지럽게 한다. 이것은 피를 같이 한 동족애를 무시한 악질행위이며 대한국민의 긍도에 상치되는 치욕이라 아니할 수 없다. 그러한 허무한 시간과 노력을 유익한 건설면에 살려야 할 것이다. 앞으로 허무맹랑한 선전과 중상모략에 대해서는 정의 철추가 있을 뿐이다.

△夜間通行時間＝요즘 야간통행시간을 위반하는 자가 저증되고 있다. 그들 대부분은 유식계급이다. 확실한 신분이 밝혀지지 못한 자에게는 차후 엄벌에 처할 방침이니 통행시간의 엄수에 가일층 주의를 환기하는 바이다. (제5여단 사령부 정보처 검열)

[64] 경향신문 1949.1.11.

山清方面에 叛軍
激戰으로 大源寺 等 燒却

【晋州】여수에서 백운산(白雲山) 방면으로 도주한 반란군은 끊임없는 국군의 소탕작전과 아울러 막심한 양식난에 투강을 종용하듯이 내리는 심산의 눈(雲)에 쫓겨 이제 카-빈총 기관총 박격포(迫擊砲) 등을 장비한 도주병 약 160명이 지리산(智異山) 등을 타고 경남 산청군 삼장면(慶南 山淸郡 三壯面) 방면으로 그 단말마의 자태를 나타내었다. 이에 철저적 섬멸을 기한 국군 전투경찰대와의 치열한 전투 끝에 품었던 바, 야망은 좌절되어 다시금 산골 깊이 도주하여버렸는데, 이 방면 전투에서 아깝게도 전투경찰대 5명과 민보단원 2명이 전사하고 지리산 명승지(名勝地) 대원사(大源寺)가 전괴 전소하여 옛날의 흔적이 사라지고 일반민가 약 70호가 소각된 참화를 남겼다. 이제 현지에서 얻은 전투결과를 적어보면 지난 12월 25일 오후 5시경 지리산(智異山) 대원산(大源山)[대원사]에서 약 160명의 반란군 도주병이 출현하여 이 사찰을 점거하고 지리산록 부락에서 식량보급을 꾀하려 함을 탐지한 삼장면지서에서는 즉시 본서에 연락을 취하는 한편 급거 응원을 얻어 토벌태세를 갖추었던 바, 반란 도주병이 기관총 박격포 등을 장비하고 대원사에서 산록 약 3킬로 되는 평촌부락(坪村部落) 뒷산에 집결하였다는 정보에 접한 지서에서는 즉시 토벌작전을 개시하여 반군을 격퇴시켰다는데, 이날 전투에서는 경찰대의 피해는 없었고 반군의 피해도 알 수 없으나 동 부락 일반민가 약 100호 중 60호가 소각되고 민보단원 2명이 전사하였다 한다. 26일에는 오전 11시 30분경 대원사 부근에서 경찰 정찰대(偵察隊) 5명이 반군 약 70명과 조전하여 과감한 응전으로 전후 6시간의 격전 끝에 최후의 일탄까지 발사하고 전사하였다 하며 그 익일 27일에는 국군 제3여단 5연대 ○○○명이 현지에 진주하여 국군 경찰이 합류하여 평촌부락 주변 산봉에 출몰하는 반군을 전후 4시간에 걸쳐 소탕 공

격하였던 바, 이 전투에서 대원사 주변 산봉까지 점령하고 반군을 대원사에 몰아넣은 다음 28일에는 대원사에 대한 집중사격을 개시하여 반군 집결본부의 철저적 섬멸공격을 행한 결과 반군은 29일 함양군(咸陽郡)과의 접경지인 오봉산(五峰山) 방면으로 도주하여 버렸다고 한다. 이 집중사격으로 말미암아 지리산 명승지 대원사는 전괴 전소(全壞 全燒)되었고 오봉산 방면으로 도주한 반군은 그 후 산청방면에는 그 자최를 감추었다.

[65] 동광신문 1949.1.12.
思想的 叛徒는 感化教育 後 歸順對委서 卽時釋放

金 제5여단장 再次 言明

지난 10일 상오 10시 제5여단장 김백일(金白一) 대령은 요즘의 반폭도 귀순문제와 기타의 문제에 관하야 요지 다음과 같은 담화를 발표하였다.

▲ 歸順問題: 금월 말일까지에 전부 귀순하기 바란다. 귀순한 자의 생명은 절대로 보장한다. 사상적으로 반란에 가담한 자로 인증할 적에는 조직원교화소(組織員敎化所)를 만들어 사상적으로 훈련과 감화교육을 실시한 다음 귀순대책위원회(歸順對策委員會)에 회부하여 심사를 거쳐 돌려보낸다. 따라서 절대로 군법회의에 회부치는 않는다. 그리고 만약 기한 내에 귀순치 않는 자는 종전 몇 배 이상의 가혹한 처단을 내릴 것이다.

▲ 時局對策委員會 問題: 종래 각 지방의 시국대책위원회의 활동상황을 보면, 막대한 비용을 일반 인민에서 증수하여 사용하고 있지만 군으로서는 하등 유효한 점을 인증할 수 없었으며 정보에 의하면 약간 부정사실도 있는 듯하다. 그러니 차후부터는 군(軍) 경(警) 도(道)의 연합으로 감찰위원회를 조직하여 그런 폐단이 없도록 철저 단속할 것이며, 차후 군의 출동 시에는 하등 일반민의 부담이 없을 것이다.

▲ 歎願書 問題: 이미 결정된 군법회의 결과에 대하야 수십 통의 탄원서가 도착하였는데, 이유가 있는 것은 얼마라도 수리하게 되었으니 차후부터도 군법회의 결과에 대하여 억울하다고 생각한 자는 탄원서를 제출하기 바란다.

[66] 호남신문 1949.1.13.
叛暴徒들의 早速 歸順을 促準
宣撫工作隊 各地 巡回

앞서 반란폭도에 대한 군 당국의 온전 형태로도 귀순하면 무조건 포섭한 전남계엄령지구사령관 전남도지사 제8관구 경찰청장 공동명의의 포고문이 발표된 후, 반도 및 폭도 좌익분자들의 귀순이 매일 계속되고 있는데, 아직도 산 속 □이 피해 다니는 일부 반란병 및 폭도들은 귀순하면 참말로 살려주나? 하고 반신반의를 품고 아직 귀순을 주저하고 있음에 비추어, 육군 제5여단 사령부에서는 무□행사로서 반도 적멸책에 병진하여 그들 반도들에 대한 선무공작을 극도로 활용, 반란병과 지방폭도들의 조속 귀순을 꾀하여 우리 정부의 국제적 승인과 우리 육군의 무위를 선양하는 동시에, 북한 소위 인민군의 반족적 행위는 국제정세에 입각하여 자연적 자멸의 운명에 봉착하고 있다는 사실을 반도 및 좌익계열에 대하여 철저 인식시키고자 특별선무공작대를 편성하여 13일부터 앞으로 15일간 각 지방을 순회 선무공작을 활발히 전개하기로 되었다고 한다. 동대 편성은 언론계를 비롯하여 군 보도대, 도청 공보과, 경찰 홍보실, 각 청년단체 의용단, 군 후방부, 시국대위 국민회, 광주의대생, 육군병원 도립병원 등 약간의 지원으로 계몽대를 조직하고 이를 제4분대로 나누어서 활약하고 별도로 군경으로써 수사대를 조직하여 활동하리라고 하며 공작대장에는 장교 1명이 취임하게 되었다는 바 이 공작대의 선무공작에 기대되는바 크다고 한다.

[67] 남조선민보 1949.1.14.
叛軍反省을 促求코저 第五旅團 宣撫工作 努力

【光州 12일 發 合同】제5여단장 金白一 大領은 11일 상오 9시 반 記者團과 會見하고 다음과 같이 말하였다.

一. 歸順에 對하여 = 現在 軍에서는 叛徒에 最後 反省을 促求하기 爲하여 宣撫工作과 歸順工作에 힘쓰고 있는데 9일 하오 4시에 警察署에 2명의 반徒가 歸順하여 왔다. 그 2명은 無條件 釋放하겠다. 歸順期間은 今月 末日까지인데 그 期日까지 歸順하지 않는 者는 從前보다도 嚴重히 處斷할 것이다. 그 反面 前期日까지에 歸順하는 者는 道 當局과 協力하여 思想的으로 加擔한 者는 敎化訓練을 實施한 다음 歸順對策委員會에 回附하여 그 審査를 거처 無條件 釋放할 것이다.

二. 時局對策委員會에 對하여 = 여러 가지 雜音이 있는 듯하나 軍에서는 民間에 過重한 負擔을 끼치는 것을 絕對 容納하지 않고 있으며 物質보다도 오히려 精神的 援助와 慰問을 바라고 있을 뿐이다. 情報에 依하면 同委員會 幹部들의 不正行爲가 있다는데, 앞으로 軍과 道 職員 警官이 協力하여 이에 對한 監察을 實施할 것이다. 萬一 이러한 不正行爲가 摘發될 時에는 반徒 以上의 極刑에 處할 것이다.

三. 軍法會議 結果에 對한 歎願書 또는 陳情書 提出은 中央에서는 勿論 本 5여단에서도 接受하고 있으니 抑鬱하다고 生覺하는 者는 提出해주기 바란다. 軍 當局에서는 어디까지나 이에 對하여 善處할 것이다.

[68] 동광신문 1949.1.14.

"死"의 監視에 恐怖 이럴 줄 알았으면 진즉 自首
歸順者 金·蔡 양인 顧談

　기보=어리석고 무지한 탓으로 본의 아닌 □란 사건에 가담하여 진퇴양난(進退兩難) 지경에서 오로지 괴수(魁首)의 강제인솔로 꿈에도 생각지 못했던 고초를 겪어 오다가 무조건 포용이라는 귀순포고문을 주워 보고 지난 9일 함평(咸平)경찰서에 자수해 왔다는 전 제14연대 김하원(金河元) 채희홍(蔡熙洪) 양인을 지난 11일 제5여단 사령부에서 보도부 장교 입회하에 광주 기자단과 대면하여 다음과 같은 참회담(懺悔談)을 하였다.

　19일 밤 열시 30분경 돌연히 비상소집이 있었지요. 거기서부터 반란은 시작되었으나 우리는 반란인지 무엇인지 알지 못하고 그저 대세에 순응하여 행동하다가 20일에는 순천에 도착했습니다. 순천에 이르러서 비로소 그것이 국부적 반란이란 것임을 알게 되자, 우리 소대 약 30명은 광주로 도피해 오려다가 발각되어서 소대장은 총살당하고 우리는 일시 무장해제를 당했지요. 그러나 다시 그들의 설유를 받아 백운산(白雲山)으로 들어갔습니다. 백운산에는 벌써 5, 6백 명 정도 집결되어 있었습니다. 거기서 전원을 1개 中隊 60명씩으로 9개 中隊를 편성하였지요. 그러나 국군의 포위공격을 받아서 산산이 흩어지자 우리들은 지리산(智異山)으로 들어갔습니다. 그러나 지리산에서 또 국군의 맹렬한 공격을 받고 병력은 흩어졌는데 거기서 이 중위라는 자는 70萬 원을 짊어지고 죽었다는 소문만 들었을 뿐 김지회(金智會)가 어찌 되었는지 아무런 정신없이 도피만을 꿈꾸고 구례 곡성(求禮 谷城) 방면의 산속을 헤매다니다가 無等山을 거쳐 함평으로 갔습니다. 그동안의 고초야 말로 형언할 수 없습니다. 산에서 네모나게 굴을 파 가지고 기둥을 세워서 나무나 풀로써 지붕을 해놓고 자게 되는데 발각될 우려가 있을 적에는 또 옮겨야 합니다. 점심은 전혀 없고 며칠이고 연달아 굶은 적이 허다합니다. 총기를 오발(誤發)하면 총살이요, 성의가 없으면 총살이요, 도피의 우려 있다고 인증하면 총살입니다. 거의 태반이 위협에 못 이겨서 따라다니며 중심으로는 저희들과 같이 발등 찍는 후회를 하고 있습니다. 이후로 만약 눈 오는 날이 조금만 더 계속된다면 그들은 불가불 얼어 죽을 것입니다. 우리는 자수하고 나니 이제 처음으로 옥죄인 마음이 풀어졌습니다. 경찰서에서나 군에서나 저희들에게 손 한 번 대지 않고 호의로 상대했습니다. 이리 될 줄 알았으면 진작부터 자수했을 것을 하는 생각이 듭니다.

[69] 호남신문 1949.1.14.
疑訝를 버리고 歸順하라
宣撫工作隊長 옛 戰友의 懇請文

반도의 조속 귀순을 도모하는 귀순촉진위원회가 조직되었다 함은 기보한 바와 같거니와 동회 간사장 李暎奎 소령은 12일 아래와 같이 귀순문을 발표하였다.

구 제14연대의 옛 전우 병사제군! 나는 제군의 옛 선배로서 또한 구 4연대의 옛 중대장으로서 특히 제5여단 귀순촉진위원회의 책임자로서 제군에게 최후의 한 마디 간청을 고하려한다.

그는 제군이 일시 공산당 음모분자의 모략에 미혹되어 이 엄동설한에 이름 없는 부락 심산에서 기아와 공포와 감시 속에서 방황하고 있는 원통하고도 애석에 넘치는 사실을 잘 아는 나머지 또한 매일같이 울음으로써 자식의 억울한 사정을 말하고 있는 제군 부모형제의 진정을 잘 아는 나머지 무엇인가 제군을 구출할 방법이 있을 것을 믿어왔던 나날이다.

다행히도 군은 신년도에 와서 국방부의 양해와 제군 구 14연대 병사의 생명 보호를 대상으로 한 제5여단 귀순촉진위원회를 조직하였다. 물론 제군은 일시 부득이한 사정 혹은 강요에 의한 것이었다 하더라도 여수 순천에서 동포의 귀중한 생명과 국가 재산을 파괴하는 죄과를 범한 것이 사실이며 또한 이로써 국군이 부득이 병력을 동원하여 애석하나마 총검으로써 피차간에 적지 않은 희생을 낸 것도 사실이다. 그러나 제14연대의 옛 전우 제군! 우리는 4, 5개월 전까지도 조국 독립을 위하여 기거 고락을 같이 하였으며 동생공사를 맹세하던 옛 전우였던 것을 상기하자.

이제 우리 대한민국은 남북을 통일한 당당한 국가임이 세계에서 공인되고 또한 양양한 민족대도의 제일보를 내디뎠으니 이 이상의 피와 동족 상잔의 비애를 필요로 하지 않는다.

제군이여 지금이라도 속히 돌아오라! 전우의 옛 품 안으로…… 군은 제군의 반성을 포용할 만단 준비를 완료하고 각지 각처에서 제군의 피곤한 몸을 고대하고 있다. 또한 제군이 살 길은 이 길뿐이다. 조금이라도 지체하거나 주저하지 말고 하기 요령에 의하여 대담하게 솔직히 본 위원회의 품을 찾아오라. 각지의 국군부대 경찰 및 모든 관민단체는 도처에서 제군을 온정으로써 포섭할 것을 약속한다.

『귀순요령』

가. 귀순자는 단기 4282년 1월 말일까지 국군부대 혹은 경찰관서에 신고하라. 이때 반도 중에 방해하는 자가 있으면 용감히 사살하고 탈출하라.

나. 특히 무기휴대자는 귀순촉진위원회에 성명이 보고되고 수속을 완료하면 즉시 무조건 석방한다.

다. 귀순촉진위원회는 각 지구 군부대 경찰은 귀순자에게는 귀순표를 교부하여 신분을 보호한다.

라. 일반 지방폭도 급 남로당계열 조직계열 가담자도 역시 이에 준하여 보호한다.

마. 본 표 또는 국군에서 살포한 제 포고문을 휴대한 자는 이를 귀순증
으로 인정하여 우대한다.

단기 4282년 1월 12일
귀순병심사위원회 간사장
제5여단 특별선무공작대장
작전참모 육군소령 李暎奎

[70] 남조선민보 1949.1.15.
營門 모르고 加擔 歸順兵 叛軍 實態 談

【光州 14일 發 合同】반도들의 强壓에 못 이겨 뜻 없는 加擔으로 名目的
인 追從을 하다가 제5여단 司令部의 歸順 布告文이 公布되자 銃을 들고 눈
물의 歸順을 하여 온 반도 2명이 있다함은 旣報한 바 있거니와 前記 2명
은 지난 12일 記者와 會見하고 다음과 같은 반도들의 實態를 말하였다.
우리는 14연대 出身 2等兵으로 지난 10월 19일 麗水반亂事件 발발 當時
무슨 속인지도 모르고 危脅에 못 이겨 그들의 行動에 끌려 다니다가 順天
을 거쳐 白雲山 속으로 들어갔으나 거기에는 벌서 金智會 以下 5, 6백 명
의 兵丁이 있어 어마어마한 監視를 하여 自己 父母兄弟를 그리워 집으로
돌아가고 싶다 하는 氣色만 보이여도 여지없이 銃殺을 敢行하고 밤중에는
誤發만 하여도 銃殺하였다. 大槪 이들은 作戰 中이나 平常 時에는 暗號로
서 同志의 眞否를 識別하고 있으며 山中 반도들의 食糧은 소위 동무들이
主로 갖다 주고 있다. 首魁 金智會는 머리를 깎고『홈스팡』製의 紳士服을
입고 作戰 指揮를 하고 있으며, 그의 妻도 亦是 머리를 깎고 軍服 男裝으
로 行動을 같이 하고 있다. 李 中尉(소위 반도 副指揮者)는 麗水에서 약탈

한 現金 中 70萬을 背낭에 지고 다니다가 國軍의 包圍作戰에서 뿌리는 歸順 삐라를 보고 脫出 機會를 엿보다가 九死一生으로 目的을 達하여 故鄕 咸平에 와서 歸順하였던 것이다.(現地 司令部 檢閱濟)

[71] 동아일보 1949.1.15.

山中에 叛徒 蟄伏 第五旅團 歸順者 目擊談

【光州 14일 發 合同】반도들의 강압에 못 이겨 뜻 없는 가담으로 맹목적인 추종을 하다가 제5여단사령부의 귀순 포고문이 산포되자 총탄을 뚫고 눈물의 귀순을 하여온 반도 2명은 지난 12일 기자와 회견하고 다음과 같은 반도들의 실태를 말하였다.

우리는 14연대 출신 2등병으로 지난 10월 19일 麗水반란사건 발발 당시 무슨 속인지도 모르고 위협에 못 이겨 그들의 행동에 끌려 다니다가 順天을 거처 白雲山 속으로 들어갔었다. 거기에는 벌써 金智會 이하 5, 6백 명의 병정이 있어 어마어마한 감시를 하여 자기 부모형제를 그리워 집으로 돌아가고 싶어하는 기색만 보여도 여지없이 총살을 감행하고 밤중에는 오발만 하여도 총살하였다. 대개 이들은 작전 중이나 평상시에는 암호로써 동지의 전부를 식별하고 있으며 산중 반도들의 식량은 소위 동무들이 주로 갖다 주고 있다.

그리고 金智會는 머리를 깎고 흠스팡세의 신사복을 입고 작전지휘를 하고 있으며, 그의 처도 역시 머리를 깎고 철모를 쓰고 군복 남장으로 행동을 같이 하고 있다. 이 중위(소위 반도 부지휘자)는 麗水에서 약탈한 현금 중 70만 원을 배낭에 지고 다니다가 국군의 포위작전에 사살당하였다. 우리는 비행기에서 뿌리는 귀순『삐라』를 보고 탈출 기회를 엿보다가 구사일생으로 목적을 달하여 고향 咸坪에 와서 귀순하였던 것이다.

[72] 동광신문 1949.1.18.
歸順하라! 無條件 釋放한다
民心不安을 一掃 軍警 義勇團 不法 行爲 嚴罰
旅行證明制 今明間 撤廢

계엄령 하 비상사태 수습에 영일(寧日)이 없는 계엄사령관 제5사단장 金白一 대령은 지난 15일 하오 동 사단장실에서 화기애애 리에 기자와 회견하고 계엄령 하의 민심의 안정과 평화를 갈망하고 있는 군(軍) 본의와 여행증명제도 등 제반 당면 문제에 대하여 다음과 같은 담화를 발표하였다.

金 師團長 談話

▲戒嚴 下의 民心安定에 關하여 = 일반의 주지하는바 현 긴급사태를 수습하기에 주력하고 있는 우리 군대의 최고 유일한 목표는 국리민복(國利民福)에 있으며 우리는 언제든지 국민생활의 안정을 위하여 싸우고 있다. 그럼에도 불구하고 만일 군(軍) 자체가 일반 국민의 공포의 대상(恐怖의 對象)이 된다면 심히 불행하고 유감스러운 일이다.

군으로써는 이러한 현하의 민심의 불안을 마음 아프게 생각하는 바이며 금후 선무공작에 적극 힘을 씀과 동시에 국부적으로 일반에게 옳지 못한 행동을 한 자에 대하여는 단호히 숙청의 철퇴를 가할 방침이니 이 점에 일반 국민의 적극적 협력을 바라는 바이며 이 방법으로 이러한 군인의 불법행위는 직적 군(軍)에게나 혹은 신문사(新聞社) 도 홍보과 등에 투서하여 주기를 바란다.

▲歸順工作에 對하여 = 귀순하여 온 반폭도 등 무조건 용허하고 포용하는 방침은 군이 진정 진심으로 고수할 것이며, 또 이 군의 근본방침은 요지부동의 것이다. 그리하여 이미 이 귀순공작은 다대한 성과를 거두고 있다. 일편이 군의 행동방침을 방해하는 경향이 있으니 즉 산간에 잠복 중인 반폭도는 내 자신의 이름을 사칭하여 『귀순하면 죽인다』는 등의 모

략삐라 등을 산포하고 있는 것을 볼 때, 이러한 반대모략에 속지 않기를 다시 한 번 여기에 경고하는 바이며, 이러한 사이 음모 선동분자는 반도 이상의 엄벌을 가하겠다. 그러나 이 반대음모는 사실로써 자연 분쇄될 것이며, 15일에는 寶城 光陽 등지에서 15명의 무장폭도가 귀순하여 왔으므로 군은 즉시 이를 석방하였다.

▲軍警義勇團 不正不法 行爲에 對하여 = 앞서도 말한 바 일반국민을 괴롭히는 불법행위 대하여는 군경의용단을 구별할 것 없이 단호 이를 처단할 방침이다. 무기명도 좋으니 거리낌 없이 직접 본관에게 고발하여 주기바라며 만일에 사실이 판명되면 용허 없이 적발하여 군법회의에 회부할 터이다.

▲新聞記者 身分 保障에 對하여 = 이상과 같은 견지에서 군의 사명 완수에 신문기자의 군에 대한 공헌의 다대함을 여기에 재확인하는 동시에 만일 신문기자의 신분을 존중하는데 유감이 되는 행위를 하는 자는 직접 본관에게 통보하여 주기 바란다.

▲戒嚴令의 存續과 旅行證明制의 廢止에 對하여 = 계엄령을 폐지하지 않은 이유로는 오로지 방금 시행 중인 귀순공작의 성과를 올리기 위한 것이며, 즉 사람을 살리기 위한 계엄령이다. 그러므로 이 귀순공작이 완료되면 즉시 폐지할 예정이나 일반국민은 이러한 견지에서 조금 더 부자유를 참아주기 바란다.

한편 현재 시행중인 旅行證明제는 이주일 내에 전적으로 철폐할 예정이다.

[73] 동아일보 1949.1.18.

湖南 宣撫工作 活動을 開始

【光州 17일 發 合同】호남지구귀순촉진위원회 선무공작대가 조직되어

착착 사업을 추진시키고 있다함은 기보한 바이어니와 이번 군경민으로 구성된 동 대에서는 15일부터 15일간 예정으로 寶城 筏橋 光陽 등지로 선무공작을 하게 되었는데, 동 공작대의 출발에 앞서 동 대장 제5사단[제5여단] 작전참모 李여숴[이영귀] 소령은 이번 기회를 놓치지 말고 속히 귀순하라는 요지 다음과 같은 담화를 발표하였다.

누차의 포고문 등으로 귀순자가 속출하고 있으나 아직 깨닫지 못한 사람을 위하여 이번 각지를 순회하니 반도폭도 제군들은 살 수 있는 이 기회를 놓치지 말라. 나는 한 사람이라도 생환하기를 원한다. 공작대장인 내가 제군을 살게 하는 유일한 사람이니 본 공작대에 귀순하여 주기 바란다. 그리고 이 기회에 무기를 들고 자녀형제를 데리고 따뜻한 내 품안에 넣어주기 바란다.

[74] 경향신문 1949.1.25.
軍警 協調로 完全 掃蕩 麗水司令官 金 大領 現地報告 談

여수 순천지구반란사건이 발생한 후 현지 전투사령관으로서 혁혁한 무공을 세운 제5여단장 김 대령(金 大領)은 제6사단장[제6여단장]으로 전임하게 되어, 그동안 전투상황 보고차 20일 상경하여 현지사태에 관하여 다음과 같이 말하였다.

▲全般的 事態 = 사건 발생 이후 오늘날까지 3개월 동안 약간의 잔비(殘匪)가 이곳저곳에 출현하여 민심이 다소 불안하였으나 이제는 잔비 소탕에 희망을 가질 수 있게 되었다. 군 당국에서는 입수한 통계적 숫자에 의하면 무장폭도의 총수는 약 5백 명 정도에 불과하며 반군 잔존자는 그 중의 약 3분의 1밖에 안 된다.

▲歸順工作에 對하여 = 군 당국에서는 1월 말일까지의 기한부로 잔비

에게 귀순공작을 실시 중에 있는데 국군의 부단의 토벌로 말미암아 잔비는 최후적인 궁경에 빠져있어 매일 평균 10명 내지 20명이 속속 귀순하고 있다. 그런데 잔비들은 전투보다 오히려 감시가 심하여 귀순하는 것이 결사적이라는 것을 귀순자들은 말하고 있다. 귀순한 잔비들은 무조건으로 무기를 압수하고 교화소(敎化所)에 입소시켜 사상교육을 하게 되었다.

▲現地 軍法會議에 對하여 = 단시일 내에 실시하였던 관계로 간혹 조사가 불충한 것도 없지 않아 이미 보도한 바와 같이 확실한 증거만 있으면 탄원서를 받아 재심하기로 되었다.

▲現地事態에 誤報된 데 對하여 = 그동안 국회의원 기타 지방인사가 다수 현지를 시찰하고 돌아갔는데, 그들은 피상적(皮相的)인 국부사태만을 보고 돌아가서 국회나 기타 장소에서 발표하여 민심에 악영향을 끼치고 있는데 대하여 유감으로 생각하는 바이다.

▲民心動向에 對하여 = 현재 주민들은 절대로 군에 협조하고 있다. 적은 1개월여에 걸친 준비 후 지난 12월 15일 이후 조직적인 제1차 파괴공작을 실시하였는데, 주민의 정보제공 등 협조로 이를 포촉 섬멸하면 1월 초순 이후는 조직적인 활동을 하지 못하고 있으며 「의용단」의 활약은 다대한 바 있다.

▲戒嚴令에 對하여 = 계엄령은 해제된 것과 다름없다. 행정 사무 등도 전부 이관되었고 다만 민심을 안정시키고 주민을 보호하기 위하여 계속 실시 중에 있음에 불과하다.

▲其他 = 정보에 의하면 군인 경관의 의용단원들이 다소간 월권행위가 있었던 모양인데 그런 사실이 있다면 서면 또는 구두로 보고하여 주면 철저히 처벌될 것이다. 귀순 전에 있어 본관 명의로 포고문을 산포하였던 바, 적의 지휘자는 전혀 반대내용의 포고문을 위조하여 역시 본관의 명의로 산포시킨 일도 있다. 산중에 있는 적이 박격포 등 중화기를 가지고 있다고 모 국회의원이 국회에서 보고한 것은 전연 사실 무근이다. 최후로 말하고 싶은 것은 불원간 사태는 완전히 진압될 것이니 군경민이 일심합

력하여 하루속히 잔비를 완전 소탕하도록 매진하여야만 한다는 것이다.

[75] 남조선민보 1949.1.25.

宣撫工作隊 奏效
寶城 管下 305名 歸順

【光州 24일 發 合同】제5사단 宣撫工作隊가 寶城邑에 臨時本部를 두고 行動을 開始한지 不過 5일 만인 지난 19일 하오 6시 現在의 寶城 管下 歸順 暴徒 數는 勿驚 305명에 달하고 있다하는데, 이중에 武器를 所持하고 兵籍을 가졌던 者가 約 3分의 1에 달한다 한다. 그런데 이들은 工作隊의 따뜻한 溫情에 눈물로 感謝를 表示하는 한便 故鄕으로 갈 수 없다 하여 適當한 措置를 呼訴하고 있는데, 軍에서는 于先 이들에 對하여 歸順者 臨時 證明書를 發行하여 身分保障을 하여 주는 한便 앞으로의 對策을 講究 中에 있다. 반도들이 歸順하는 地域을 보면 寶城郡 兼白面 近傍이 約 8割을 占有하고 있어 그동안 離散 暴徒들의 준동으로 말미암아 더 한층 治安 確保가 요청되고 있던 이 地方도 今後로는 完全히 安定될 것으로 보인다 한다.

[76] 동광신문 1949.1.28.

筏橋地區만 三六五名
宣撫工作隊에 歸順者는 陸續

제5사단 반도폭도귀순촉진 선무공작대는 23일 벌교를 비롯하여 아직도 잔여 반도의 출몰로 공포에 허덕이는 낙안면과 동강면의 행사를 예정대로 순조롭게 진행시켰다. 대회에 참집한 청중은 무려 연인원 7, 8천 명에 달하였으며 25일 무기를 소지한 폭도 1명을 위시하여 구 14연대원 1명 지방폭도 2명이 때마침 자수하여 2천여 군중에 뜨거운 감격을 주는 한편 동 공작대에서는 이를 따뜻한 손으로 어루만져주며 석방시켰다.

이리하여 벌교 지구의 일정을 끝마친 동 공작대 일행은 25일 하오 6시 30분경 순천에 도착 즉시로 군악대의 취주 행진으로 반란사건 이후 처음 보는 명랑한 공기를 만들었다. 동 공작대의 활약은 반폭도들에게 거대한 치명상을 주고 있으며 귀순한 반도들이 고백한 바에 의하면 군의 귀순 포고문이다. 동 공작대의 활동으로 반폭도 간부들은 이를 두려워하며 분산 행동을 취하지 않고 삼엄한 경계로 탈주자를 감시하는 한편 귀순하면 무조건 석방한다는 것은 허위 선전이라 하며 38선이 터진다는 등 감언이 설로서 귀순을 주저시키고 있으나 귀순자는 앞으로도 많을 것이라 한다.

그리고 귀순포고문이 발표되고 동 공작대가 활동한 이래 벌교 지구에서 귀순하여 온 반폭도 수는 무려 365명인데 그 중 무기휴대자가 37명이며 나머지는 각각 석방되어 희망에 벅찬 세계에서 힘차게 일하게 되었다. 그리고 순천서 관내에서는 지난 25일 현재 반도 4명 폭도 67명의 귀순자가 있었다 한다.(順天 發 合同 선무대 檢閱濟)

[77] 동아일보 1949.1.28.
筏橋 澄山서 掃蕩戰

【光州 25일 發 合同】제25단장[제20연대장] 위대선(위大善) 중령은 23일 기자단과 회견하고 이즈음 작전상황에 관하여 다음과 같이 말하였다.

현재 적은 長城, 寶城, 光陽, 和順, 筏橋 등지 부근에 몇 명씩 분산적으로 출몰하고 있는데 그들은 모후산(母後山) 조계산(曹溪山) 영산(影山) 불각

산불갑산 등 산악을 타고 행동하고 있는데, 지난 5일에는 寶城郡 筏橋面 증광산(證光山)에서 폭도 16명과 함께 金智會의 동료인 인민군총사령 홍순석(洪淳錫, 14연대 순천 파견 중대장, 중위)을 사살하였는데, 아방도 전사 5명의 피해가 있었으며, 의용단원 1명은 눈 속에서 동사하였다. 현재 국군은 머지않은 장래에 폭도를 전멸시키고자 맹렬한 전투를 계속 중에 있다.(現地 司令部 檢閱濟)

[78] 동광신문 1949.2.1.
가는 곳마다 大成果
宣撫隊 偉勳 남기고 凱旋

【順天에서 本社 特派員 奇峻山 發】25일 順天지구 본부에 도착한 제5사단 반도귀순특별선무공작대는 6일 순천으로부터 서남방 14킬로 지점 반도들의 유격지역으로 지목되는 상사면 쌍지리 상사국민학교 광장에 도착 즉시로 동 공작대장 李暎奎 소령의 선두지휘로 울창한 앞山 산정에서 군악대의 취주가 있었는데 이 처량한『멜로디』는 부근 토굴 속에서 갈 바를 당황하고 있는 반폭도들에게 동포애의 뜨거운 아량을 베풀어주는 듯 또 옛 전우를 부르는 듯하였다. 약 20분간에 걸친 주악이 끝나자 즉시 하산하여 식장에 이르러 힘차게 불러주는 군악대의 취주로 막은 열려 동대장 이영규 소령의 간곡한 담화 주악 민요노래 등 다채로운 행사는 산간벽촌에서 모여든 8백여 군중의 이맛살을 펴게 하였다.

그리고 동 행사를 끝마친 공작대는 順天에 도착, 고요히 잠들고 있는 順天 시가를 순회하며『우리 선무공작대는 피비린내 나는 順天, 은은한 총성이 끊일 줄 모르든 순천의 여러분들을 위안하려 찾아왔다』는 등의 구호를 마이크 통하여 시민에게 방송하였다.

27일 선무공작대는 順天邑에서 공작을 시작하기로 되었는데 회장인 재판소 앞 광장에는 5千餘 관중으로 人山人海를 이룬 가운데 어수선한 장내는 군악대의 취주로 개막되어 호화판 선무행사가 진행되었다. 이날 동 공작대장 이영규 소령의 강연에 이어 위안편에 들어가 順天女 李美沙 양의 독창은 관중의 이목을 집중시켰다. 그리고 동 공작대는 행사에 뒤이어 하오 4시부터 군청 회의실에서 유지 50여 명 참집리 좌담회를 개최하였으며, 하오 7시부터는 순천극장에서 위안회를 열었다.

이날 행사가 끝난 뒤 구 14연대원 1명이 귀순하여 왔는데, 이는 전일 동 공작대가 선무행사를 하였던 상사면에서 나왔는데, 이로 보아 동 공작대의 성과는 자못 현저한 바 있는 것으로 보인다.

익 28일 동 공작대는 光陽읍내에서 행사를 개최하고, 또 1명의 구 14연대원을 귀순하게 했다. 이날 동 회장에는 李 지사도 참석하여 공작대에 대한 간곡한 위문사가 있었다. 그리고 광양서 관내에서 귀순한 반폭도수는 27명이라 한다. 이로써 동 공작대의 제1차 선무행사는 다대한 성과를 남기고 대장 이영규 소령의 선언으로 종료되어 29일 각각 귀광하였으나 귀순주간으로 결정된 31일까지는 귀순자를 받아들이리라 한다.(特宣隊長 檢閱濟)

歸順者 1,021명
宣撫工作隊 綜合成果
李 隊長 報告

지대한 기대를 등지고 지난 1월 15일부터 31일까지의 만 15일간에 걸쳐 寶城지구를 비롯한 筏橋 順天 光陽 등의 제 지구에 긍하며 반도의 귀순공작에 주야를 불문코 활약한 호남지구 반도귀순促進委員會 제5사단 特別선무工作隊는 1次 선무공작을 마치고 작 31일 5사단 사령부에서 전 대원 참집 하에 귀환 보고식과 더불어 공작대장 이영규(李暎奎) 소령으로부터 전 대원에 대한 감사장(感謝狀) 수여식이 있었는데 당일 공작대장이 보고한 공작대의 총 성과는 다음과 같다.

▲歸順 叛徒 31명

▲地方 폭도 991명

계 1,021명

▲回收 銃기 及 實彈

M1 1정(468발) 카-빈 10정(323발) 99式 7정(293발) 38式 11정(19발) 輕機關銃 1정(20발) 其他 (200발) 계 32정(1,323발)

그리고 오는 2일 상오 10시부터 동청 회의실에서 본사를 비롯한 신문사 주최로 귀환보고 좌담회를 개최하게 되었다.

[79] 호남신문 1949.2.9.

歸順時期 늦지 않다

期限 經過했어도 無條件 釋放

8관구경찰청 徐 査察課長 談

제8관구경찰청 徐 사찰과장은 계엄령 해제 후의 반폭도 귀순자 조치에 대하여 어제 8일 다음과 같은 담화를 발표하였다.

지난 1월부터 군경민 협력하여 반폭도에 대한 귀순선무공작을 전개하여 온 결과 무려 1천100여 명의 반폭도 등이 전비를 회개하고 새로운 대한민국의 충량한 국민으로 소생하겠다는 굳은 결의 아래 무기를 소지하고 혹은 제반 죄상에 대한 증거를 자기 손으로 가지고 투항하고 있어 군경당국에서는 전적으로 관대한 아량으로써 무조건 석방하고 귀순증을 발부하여 그 신분을 보증하여 온 바이나 포고에 제한된 귀순기간 1월 31일이 경과하였고 또 계엄령이 해제됨에 따라 항간에서는 혹 귀순자가 있을 때 과연 종전대로 관대 처분할 것인지 의아를 가지고 있는 듯하나 귀순기간이

경과하였다든지 계엄령이 해제되었다는 이유로써 충량한 국민으로 소생 출발하겠다는 그 성의를 무시할 수 없는 것이 사실임에 본청에서는 이미 관하 각 서에 이 취지를 충분 체득하여 종전과 같이 관대 처분하도록 명시(明示)한 바도 있어 계속 각 서에 귀순자가 쇄도하고 있을 뿐 아니라 직접 본경에까지 귀순하여 온 자가 있다. 우선 근일 본청에서 취급한 바만 하여도 곡성군 곡성면 읍내 거주 소위 인민위원회 부위원장 朴貴男(41)과 그 밑에 각지에서 10여 명의 남로당 극렬분자로서 각종 파괴행위를 거듭 감행하던 자 등이 자수하여 세밀히 진술하였으므로 역시 관대히 처리를 하였다. 앞으로도 당분간 관대히 처리하여 한 사람이라도 더 충량한 국민이 되도록 노력을 아끼지 아니할 것이니 이때에 하루바삐 개과천선(改過遷善) 솔직히 귀순하여 새나라 통일의 힘이 되어 주기를 요망한다.

[80] 호남신문 1949.2.10.

靈岩 美岩面에 叛徒 擊退시킨 支署長에 廳長이 表彰

제8관구경찰청장 金炳玩 씨는 지난 7일에 咸平에서 거행된 순직경관의 군민장에 출석차 咸平을 거쳐서 아직껏 반폭도가 출몰하고 있는 靈岩郡 美岩면 현지에 출장하여 폭도섬멸전을 계속하고 있는 동 지서원을 격려한 바 있었는데, 동 청장이 당지 체류 중 7일 상오 3시께에는 약 15명의 반폭도가 내습하여 면사무소의 일부 건물과 민간 가옥 1호를 방화 전소시킨 사건이 발생하여 동 지서주임 曹賞호 경사 이하 5명의 경관이 용감하게 대전하자 반폭도들은 동 4시 30분쯤 근방의 산속으로 도주하여 버렸다 한다. 金 청장은 그 반폭도 격멸작전에 용감히 싸운 전기 曹 경사에게 그 자리에서 금일봉으로 표창하는 동시에 경찰청을 비롯한 羅州 靈岩 康津의 각 경찰부대를 동원시켜 폭도들이 숨은 모 산악지대에 포위망을 펴고 점차 축소시키고 있다고 한다. 이 靈岩작전을 지휘하고 돌아온 金 청장은 어제 9일 상오 10시 기자단과 회견하고 아래와 같이 말하였다. 美岩면의 반폭도 섬멸작전은 방금 활발히 진행 중인데 최후적 단계에 이른 반폭도의 토벌에는 무엇보다도 일반의 협력이 앞서야 한다. 靈岩 현지에서 느낀 것은 일반 부락민이 반폭도인줄 알고 있으면서도 경찰에 대한 협력이 소극적인 데서 사건이 발생하고 따라서 일반의 피해를 당하게 된 것이므로 차후로는 일반 부락민들이 더욱 협력하여야 할 것이다.

[81] 호남신문 1949.2.15.

非行軍人은 嚴罰
具體的 事實 提示하라
蔡 陸軍參謀總長 談話 發表

【서울 12일 발 합동】참모총장 채병덕 준장은 12일 다음과 같은 담화를 발표하였다

一. 요즘 항간에는 군인의 비행에 대한 많은 비난과 충고가 있는데 이에 대하여는 대단히 죄송스럽게 생각한다. 군으로서는 이러한 것을 철저히 조사 규명하여 엄중 처단하고 있는데, 현재 군법회의에 회부된 것만도 10여 件이나 된다. 軍紀는 軍의 命脈이다. 嚴然한 軍紀가 必要함은 더 말할 것도 없는 것인데, 軍에 對한 非難 中에는 全혀 事實無限인 것과 어느 政治 色彩를 띠운 謀略的인 것이 있는 것은 遺憾이다. 國民 여러분은 우리 國軍이 우리의 家族親戚으로서 編成되어 있다는 것을 잘 認識하여 非行에 對해서는 具体的 事實을 군 당국 責任者에게 通告하여주면 대단히 고맙겠다.

二. 西北靑年會, 民族靑年團 等 靑年團体員이 軍에 大量 包攝되었다는 말이 떠돌고 있는 模樣인데 이것은 事實을 모르는 沒常識한 말이다. 國家를

사랑하고 忠誠心 있는 靑年들로 構成되어 있는 것이 우리 國軍이며, 그들은 개인資格으로 入隊하여 있는 것이고 前의 團体와는 아무런 關聯이 없는 것이다.

三. 요즘 가짜 憲兵과 軍 情報員이 橫行하고 있는데 國家와 國軍에 미치는 害毒이 莫大한 바 있는 것이다. 正式 憲兵과 情報員은 所定의 證明書와 腕章을 所持하고 있으니 國民 諸位는 이러한 것에 속지 말 것이며 그들을 團束하는데 積極 協調하여 주기를 바라마지 않는다.

[82] 호남신문 1949.2.16.
女子까지 섞인 暴徒 軍警 頭輪峯 包圍코 主力 潰滅
海南署 被襲事件 續報 歸任한 金 廳長이 發表

지난 13일에 海南경찰서 피습의 정보를 듣고 급거 현지에 출동하여 폭도토벌을 직접 지휘하고 지난 14일 밤에 귀청한 제8관구 경찰청장 金炳玩씨는 어제 15일 기자단과 회견하고 海南경찰서 피습사건의 경위를 다음과 같이 말하였다.

지난 13일 상오 1시 30분쯤에 약 50명의 무장폭도가 海南경찰서를 습격하여 경찰서에서 경비 중에 있었던 鄭 공안주임 외 6명을 살해한 다음 총기 30정과 탄환 4천발을 탈취하여 갔는데, 이 급보를 접한 국군과 경찰측에서 2개 중대의 국군과 약 200명의 경찰토벌대가 즉시 현지에 출동하여 교전을 개시한 결과, 폭도들은 頭輪峰 산속으로 도피하여 이를 추격 14일 중에는 그 頭輪峰을 완전 포위하여 맹공을 가하였는데, 이 작전에서 27명의 폭도를 사살하고 총기 27정 탄환 5천발 압수 포로 15명의 전과를 올렸다. 그리고 포로 중에는 23세 된 파ー마를 한 여자 1명이 섞여 있었는데 海南 읍내의 민간 피해는 전연 없었다. 현재는 경찰청 韓 공안과장의 지휘로 나머지 폭도들의 섬멸에 노력 중인데 이 토벌에 경찰청 金相玉 부대에서 1명의 순경도 순직하였다. 그리고 폭도 중의 16명이 어제 14일 중에 康津 道岩에 나타났는데 이 폭도들의 완전 섬멸은 시간문제이고 海南경찰서의 건물 피해는 극소량에 불과하였다.

[83] 동광신문 1949.2.17.

下淸山 附近서 暴徒 擊滅
長城警察部隊 戰果 赫赫

지난 15일 장성(長城)과 담양(潭陽)간에 있는 하청산 중 정이암(鄭李庵)에 무장 폭도 40여 명이 잠복하여 있다는 정보를 듣고 장성경찰서(長城署) 토벌대는 즉시 현장에 출동하여 동일 정오부터 1시까지 약 한 시간동안 치열한 전투가 계속되었는데 그 전과를 보면 다음과 같다.

적 사살 16명, 포로 3명, 총기 8정, 탄환 300발, 아방 피해 전사 1명, 중상 2명, 경상 2명

그런데 제8관구 경찰청장 김병완(金炳玩) 씨는 이번 장성(長城)부대의 혁혁한 전과에 감격하여 동 서장 이하 대원에게 금일봉을 표창하였다 하며 이에 대하여 다음과 같이 말하였다.

처음 정보는 40명으로 보고가 왔으나, 알고 보니 27명이며 무기 소지는 11정을 가지고 있는 것이 판명되었다. 그러므로 나머지 무기는 전기 전과로 보아 적이 소지하고 있는 것은 3명에 불과한데, 이를 전부 압수하자면 시간문제이며 민간의 이에 대한 협력을 요청하는 바이다.

[84] 동아일보 1949.2.17.

智異山 叛徒 宣撫

광주(光州) 제5사단사령부[제5여단사령부]에서는 금번 지리산(智異山) 잠복 중의 반란도배에 대한 선무공작을 개시하였는데 귀순해 오는 자에게는 죄의 경중을 불문하고 무죄석방하기로 되었으며, 특히 그 수괴 김지회(金智會)의 수급(首級)을 잘라오는 자에게는 일금 백만 원의 현상을 걸었다 하며 그 다음 총기 1정에 만 원, 탄환 백 발에 역시 만 원씩 상여하기로 되었다 한다.

[85] 호남신문 1949.2.17.

高興서 叛徒擊滅 軍警聯合 一網打盡

【高興】고흥군 占岩면 八影山 雲岩山 天登山 일대를 근거로 부근 농촌에 출몰하는 반폭도 50여 명과 寶城 筏橋 방면에서 침입한 무장폭도 30여 명이 八影山 雲岩山에 잠복 중이라는 정보를 받은 고흥경찰서에서는 지난 4일 오전 9시 즉시 제15연대 李善道 中尉 지휘 국군부대와 金永台 서장 지휘의 경찰부대가 합류하여 八影山을 중심으로 浦□過□□垈占岩지대에 포위작전을 개시하였는데, 특히 金萬福 경위 지휘의 경찰대는 지난 5일 오후 5시쯤 적의 주력 근거지를 발견 소재의 적 30여 명을 포위 8명을 사살하고 심야를 이용하여 해안지대로 도피하는 적 약 20명과 격전 끝에 이를 일망타진하였는데 그 전과는 다음과 같다. 폭도 사살 8명, 포로 다수, M1 1정, 동 실탄 800발, 천막 3장, 침구 21장, 면포 20필, 백미 3가마니, 현금 4000원, 여자옷 12벌, 트렁크 2개, 기타 서류 다수, 아방에도 전사 1명

[86] 동광신문 1949.2.18.
大擧 歸順 豫想 二次 宣撫工作 展開

기보 호남지구반도귀순촉진위원회 제5사단 특별선무공작대장 任大淳 大尉는 제2차 선무공작 출발 직전 요지 다음과 같은 담화를 발표하였다.

사단장 각하의 명령을 받들어 본관이 이번 중책을 맡게 되었다. 元容德 准將께서는 착임 이래 섬멸작전과 병행하여 도내 각지 특히 반폭도가 출몰하는 지방을 순회하여 선무공작을 실시하고 반도 폭도의 맹성을 촉진시키며 그들로 하여금 자발적으로 지난날의 과오를 청산케 함과 동시 신생 대한민국의 참된 국민으로 재생(再生)하도록 계몽 감화를 실시 중에 있다. 그런데 제1차 선무공작 기간에 있어는 세인이 주지한 바와 같이 다대한 성과를 거두었는데, 이에 비추어 이번 제2차 공작대는 1차보다도 인원을 상당수 증가하여 충분한 자위(自衛) 능력을 가진 세력으로서 1차 때보다 더욱 활발한 선무공작을 전개하게 되었다. 그리고 이번 공작대는 본부 계몽부 경호부 군의부 군악부 보도대 각 청년단체 도청 경찰청 등의 각부로 편성되어 있는데 총인원은 2백여 명이고 실시 지역은 ○○방면이다.

[87] 호남신문 1949.2.19.
各地에서 掃蕩戰 女子遊擊隊員도 逮捕
金 8管區廳長 最近 戰果 發表 二次 宣撫工作 展開

제8관구경찰청장 金炳玩 씨는 어제 18일 상오 10시 기자단과의 회견 석상에서 도내 반폭도 토벌 전과를 아래와 같이 발표하였다.

13일에는 三山面 頭倫峰에 잠복 중인 폭도들을 본청 韓 공안과장 지휘하의 경찰부대로 포위 수색한 결과 탄환 2,464발 피복 군화 철모 등 다수를 발견 압수하고 여자유격대원 崔又順 해남부녀동맹 위원장 외 2명을 포로로 하였으며, 동일 중에 삼산면 아지트를 발견하고 비밀문서와 쌀 등을 압수, 또 16일에는 군 아지트를 발견하여 사살 2명 포로 4명의 전과를 올렸는데, 이 사살 2명 중에는 해남 경찰습격 총지휘자인 金永述(군 선전부장)이 포함되어 있었다. 17일에는 頭倫峰에서 99식 실탄 500발, 기관총 탄환 15발, 화약 5되, 도화선 100미터, 쌀 1가마니, 취사용 솥 2개를 압수하였다.

△靈岩方面: 지난 15일 하오 2시 30분쯤에 靈岩郡 三西面 揚基村에 무장폭도 10여 명이 출현하였으나 경찰대의 포위작전으로 3명 사살, 5명 체포, 등사판 1개, 불온문서 다수 압수의 전과를 거두었다.

△海南地區: 지난 16일에 海南에서 道岩面의 산속으로 경찰대의 토벌로 인한 3명의 유기시체를 발견하였다.

△寶城地區: 17일 상오 9시쯤에 福內面 眞峰里 부락에 약간 명의 반폭도가 출현하였으나 경찰지서원 15명의 출동한 결과 반도 1명 사살 반도 1명 폭도 1명을 체포하고 귀순폭도 2명을 구출하였으며 M1총 1정과 실탄 100발을 압수하였다.

그리고 金청장은 그 석상에서 일반의 주의를 요망하는 아래와 같은 담화를 발표하였다.

최근 관하 각 지방의 토벌작전을 격려하기 위하여 몇 지방에 출장하였는데 그 지방의 유지들 지도층에서나 경찰관들이 다같이 국가와 민족을 위하여 사력을 다하여야 할 근본적 정신을 몰각하고 탈선적인 행위를 더러 하고 있는 것은 유감천만이었다. 일례를 들면 본관이 출장가면 필요 이상의 술과 음식물로 접대하려는 시국대책위원들이 있었고 경찰 간부도 있었는데 우리는 누구를 막론하고 다같이 사태 수습에 있는 힘을 다하여서 국가 백년대계를 세워야 할 것임에도 불구하고 이러한 지방지도자들의 추태를 보게 된 것은 실로 한심한 일이다. 그리고 이 사태를 하루바삐 수습하기 위해서는 누차 호소한 바와 같이 반폭도 및 파괴분자들의 출몰에 대한 정확한 정보를 당국에 제공하고 적극적인 협력을 하여야 한다.

그럼으로써만이 우리 전남 사회에 하루라도 빨리 평화가 회복될 것이고 국민적 의무를 수행하는 것이라고 생각한다. 다음에는 군과 경찰의 부족한 점을 지적하면서 공격 비난하는 경향이 보이는데 물론 부족한 점이 있을 것이다. 그러나 그 부족한 점을 공격만 함으로써 시정되는 것은 아니므로 우리 대한민국의 군이고 경찰인 만큼 육성한다는 대승적 견지에서 도와주어야 하며 그 반면으로는 군경에서도 수양과 노력을 아끼지 아니하고 있는 것이므로 과도적 현실 속에 있는 현하의 혼돈상태의 제거에 참다운 삼위일체의 굳은 실력배양을 기하고 다같이 노력하여야 할 것이다.

[88] 호남신문 1949.2.22.
暴徒 殲滅에 某種 對策
軍部와 4道 警察廳長會議 合意

지난 19일 당지 경찰학교에서 꼬박 하루 동안 개최되었던 호남지구사령부 및 전남북 경남북 경찰청장 연석회의는 해동(解冬)을 앞두고 최후적으로 준동하려는 반폭도 섬멸에 일대 획기적인 대책이 있을 것으로 기대되던 바 제8관구경찰청장 金炳玩 씨가 언명한 바에 의하면 발악하는 반폭도의 완전한 섬멸에 관한 모종의 구체적인 중대 방침이 의견의 일치를 보게 되었다 한다. 앞으로 호남지구 국군의 협조 아래 4도 경찰부대는 철통같은 적멸전을 전개하여 반폭도 준동을 근절할 것으로 자못 기대된다. 【고려통신 제공】

[89] 호남신문 1949.2.23.

遺棄屍體 8名 等 筏橋 潛入 叛徒를 掃蕩

제8관구경찰청 공보실 22일 발표에 의하면 筏橋경찰서에서는 지난 19일 하오 9시 30분쯤에 筏橋읍 尊帝山 부근에서 반도 수십 명이 집결하고 있다는 정보에 접하고 동 서에서는 급거 경찰부대가 출동 현장을 추격한 결과 동 읍 秋舊부락 뒷산으로 도피한 적과 교전하였는데 다음과 같은 전과를 올렸다.

① 유기시체 8명 중상 4명 포로 2명 ② M1 총 2정 동 실탄 150발 ③ 카 -빈총 3정 동 실탄 50발 동 케이스 3개 ④ 99식총 2정 ⑤ 의류 다수 ⑥ 불온문서 다수

[90] 동아일보 1949.2.26.

寶城 近方 襲來

【光州 發 고려통신】 보성(寶城) 철도경찰지서 주임이 광주(光州)철도경찰서에 보고한 바에 의하면, 지난 21일 오전 1시 30분경 보성 북방 약 1킬로 지점에 무장폭도 40명이 출현하여 봉화를 올리고 발포를 개시하였으므로 즉시 경찰부대가 출동하여 맹렬한 소탕전을 전개하였다 한다.

[91] 호남신문 1949.3.5.

各地에 叛徒 蠢動 警察이 反擊殲滅

【筏橋】 지난 23일 오후 8시쯤 벌교읍 내 호농부락에 무장폭도가 침입하

였다는 정보에 접한 벌교경찰서에서는 즉시 경찰대가 출동 소탕전을 개시한 결과 폭도 2명을 체포하고 카ー빈총 1정과 동 실탄 30발을 압수한 후 읍내 칠동 후산 아지트를 습격 폭도 사살 2명 38식 총 1정 동 실탄 5발 99식 소총 1정 실탄 48발 일본도 2정 백미 2가마니 침구 취사도구 서류 등을 압수하였다 한다.

【高興】지난 2월 19일 寶城 筏橋 방면에서 침입한 반폭도 약 50명은 占岩面 지서를 습격할 계획으로 沙浦里에 침입 동 부락 회장 郭玉泰(40) 씨를 살해하고 임신 중에 있는 동씨 부인과 아들 3명을 방에 몰아넣고 방화하여 가족 6명을 살해한 후 高興面 虎形山에 잠복 부근 농가에 침입 식사를 강요하고 있다는 정보에 접한 浦頭지서 주임 趙圭絢 씨는 즉시 고흥경찰서에 연락한 결과 지난 21일 오전 9시쯤 제15연대 李善道 중위 지휘의 국군부대와 金永台 서장 지휘의 경찰부대가 합류하여 맹렬한 포위작전을 개시하여 약 40여 명의 반폭도와 2시간여에 걸친 전투 끝에 반도 3명을 사살하였는데 잔도는 심야를 이용하여 雲岩山으로 도망하였다. 이를 安延 경위 지휘부대가 목하 포위작전 중에 있는데 21일의 전과는 다음과 같다
반도 사살 4명 M1 총 3정 동 실탄 500발 99식 2정 서류 기타를 압수

[92] 경향신문 1949.3.9.
來襲 叛徒를 擊退

【河陽】지리산(智異山)에 잠복 중이던 반도 약 2백 명은 지난 5일 밤 화계면[화개면]과 안약면[악양면]에 분산 내습하였으므로 경찰대는 반도들과 5시간 응전 끝에 격퇴시켰다 한다. 그런데 이 전투의 결과 반도의 방화로 면사무소와 양민 가옥 2호가 전소되었으며, 반도 사살 2명, 수십 명 사상, 카빈 1정, 실탄 2백, 수류탄과 폭탄을 압수하였으며, 아방의 피해는

경찰관 1명이 순직하였고 양민 납치자 1명과 전상자 1명이었다고 한다.

[93] 호남신문 1949.3.10.
八影山 潛伏의 叛徒 軍警 合勢로 徹底한 掃蕩戰
警察局 公報室 發表

전남도 경찰국 공보실에서는 어제 9일 지난 5일 이후의 도내 각 지방 반폭도 토벌 상황을 다음과 같이 발표하였다.

全南道 警察局 公報室 發表

康津地區 = 海南경찰서 관내의 玉泉面 月平里 부락에서 약 200여 명의 반폭도가 출현하여 동 부락에서 식사를 강요하고 있다는 정보를 접하고 康津경찰서 25명의 기동부대가 海南경찰서와 긴밀한 연락 아래 추격 교전한 결과 사살 8명 일본도 4개 실탄 다수를 압수하였다. 그리고 계속하여 암야를 이용하여 추격하였는데 海南서원 1명 전사 1명 중상자를 내었다.

高興地區 = 지난 5일 11시쯤에 占岩面 八影山에 잠복하고 있는 반폭도들을 군경 합류로 추격 교전한 결과 유기시체 11명 M1 총 2정 카-빈 총 2정 실탄 60발을 압수하였다. 아방의 손해는 없다.

順天地區 = 7일 새벽 4시쯤에 서면지서 관내의 九山부락을 소탕 중 順天邑『아지트』를 발견하고 포위작전을 개시한 결과 사살 2명 체포 2명 카-빈 총 1정을 압수하였다.

靈岩地區 = 지난 6일 하오 8시에 新北面 月平里 부락 뒷산에서 남로당 북부지구『오르그』에 수 명의 폭도가 집결하고 있다는 정보를 듣고 포위한 결과 사살 2명(新北面 위원장 포함) 포로 6명 인공기 120장 불온문서 다수를 압수하고『아지트』4개소를 파괴하였다.

筏橋地區 = 7일 鳥城面 大谷里 작전의 종합전과는 다음과 같다. 적의 유기시체 9명 그리고 아방에서 1명의 경관이 순직하였다.

[94] 호남신문 1949.3.12.
金智會 指揮 叛徒 主力部隊와 智異山麓서 交戰中
叛徒 130名 死亡 完全 殲滅도 在邇

警察局 公報室 特別發表

어제 11일 상오 10시 전남도 경찰국 공보실 특별발표에 의하면 지난 10일부터 국군 제3연대와 제9연대는 智異山에 잠복하고 있는 金智會와 洪淳錫이 직접 지휘 중인 반도 주력부대를 반격하여 이를 포위하고 맹렬한 대연전을 전개하고 있다 한다. 어제 상오 9시까지의 전과는 반도 사살 100여 명 총기 기타 100정을 압수하였다 한다. 그리고 적을 완전 소탕하는 것은 시간문제라고 한다.

[95] 동아일보 1949.3.13.
金智會 叛徒 擊退

【釜山 發 고려】경남도경찰국 발표에 의한 하동(河東)지구 악양(岳陽)지서에 내습하여 온 반도와의 교전결과는 다음과 같다.

▲智異山에 潛伏한 叛亂軍 主力인 金智會, 洪淳錫이 直接 指揮하는 約 210명이 3월 8일 오전 6시 河東警察署 岳陽支署를 急襲하여 왔으므로 同

支署에 駐屯 中이던 金 監察官 以下 60명은 即時 應戰 同日 오후 10시까지 交戰 끝에 岳陽 後山으로 이를 擊退시켰는데 此 戰鬪의 戰果는 如左하다.

▲叛軍의 射殺 11명(屍體 發見), 포로 1명, 負傷 10명, 武器押—M1銃 4 同 實彈 多數

△我方의 被害 警官 4명, 戰死 負傷 2명, 民保團員 1명 戰死

▲同日 오전 7시 河東署 捜査主任 金警衛가 指揮하는 應援部隊가 岳陽支署에 急行 中 岳陽面 入口에 伏兵 中이던 叛軍 約 100명이 前記 應援部隊를 挾擊하여 왔으므로 同 部隊는 應戰 끝에 叛軍 2명을 射殺, 5명에게 負傷을 입혔고 로켓砲 1門, 實彈 多數를 押收하였으며 我方의 警官 6명이 戰死하였고 3명이 負傷을 입었다.

▲咸陽郡 馬川面 前線에 出動 指揮 중이던 李益興 警察局長은 保安, 警務局 課長을 帶同하고 前記 岳陽에 急行하여 總指揮 中이고 一方 警察後援部隊가 急行하여 警備 中이라 한다.

[96] 서울신문 1949.3.17.

暴徒 大部分을 潰滅 地下組織網 徹底히 粉碎
濟州道 事態는 이렇다
(李 國務總理의 現地視察 報告)

반란지대의 실정을 정확히 파악하여 혼란사태를 급속히 수습하고자 이(李) 국무총리는 신(申) 내무장관을 대동하고 약 1주일 동안 제주도(濟州道)를 비롯하여 전남북도의 일대를 시찰하고 돌아와서 16일 신문기자단과 회견하고 반도진압에 대한 소신을 다음과 같이 피력하였다.

금번 38이남에서 공산당의 준동이 가장 치열한 제주도 및 전남북 지방을 시찰하고 돌아와서 절실히 느끼는 바는 우리 대한민국정부가 국제승인과 각국의 원조를 받아 나날이 육성되어 나아가는 것을 파괴하기 위하여 공산당원들이 선량한 민중을 선동하여 폭동을 일으키고 이것을 과대히 국제적으로 선전해서 소위 공산세력이 38이남에 있어서도 위대한 것처럼 보이게 하는 동시에 마치 대한민국정부가 치안확보에 역량(力量)이 미급한 것처럼 선전하고 책동하고 있다는 사실이다. 그러므로 정부는 단기간 내에 무장폭도를 완전히 소탕하여 공산도배의 소위 지하조직망을 철저히 분쇄할 것을 결의하고 군, 경, 민을 선도하여 정부의 방침을 효과적으로 실천하기 위하여 금번 본관은 현지에 향하였던 것이다. 금번 시찰에 있어서 나는 먼저 제주도로 향하여 도내(島內)의 무장폭도 토벌공작과 이재민 구호 및 이재지구 재건의 실정을 보았는데, 가장 효과적으로 추진되고 있었고 국군은 2월 15일부터 제주도 해변(海邊) 근역의 각 부락을 수색하면서 점차 한라산(漢拏山)으로 병력을 전진시키는 한편 일단 수색하여 숙청된 구역은 경찰에 맡기어 치안을 유지토록 하였다. 그리하여 병력은 포위망을 축소하여 한라산 서남(西南)쪽에 있는 폭도의 주력을 압박 총공격을 가하였다. 대체로 무장폭도 수는 약 260명으로 계산되며 또 무장폭도의 총 한 자루에 약 20명가량의 죽창(竹槍)을 든 폭도가 추종하고 있었다. 이들 죽창을 든 폭도들은 대부분이 우매한 민중으로 무장폭도의 위협에 못 이겨 반란에 가담한 자들이었다. 그러나 국군의 맹렬한 공격으로 소위 260명으로 구성된 폭도의 주력은 이미 태반이 소멸되고 나머지 폭도들도 산산이 흩어져 산골짜기로 도피 중에 있다. 그리고 3월 5일경부터는 무장폭도에 추종하였던 민중들이 하루에 수백 명씩이나 귀순하고 있는데, 그 이유는 국군의 공격으로 견딜 수 없었다는 것과 우리 선무공작대의 활동으로 폭도의 선전이 거짓이었다는 것을 알게 되었다는 점에 있는 것이다. 또 현지의 군경은 선무정책에 배합하여 귀순자들을 안전지대로 수송하여 생활재건에 힘쓰게 하는 동시에 도(道) 행정당국에서도 폭도의 방화로 폐허화한 부락재건을 설계하고 자위(自衛)의 태세를 갖추고 있었다. 그리고 행정당국에서는 양식을 보급하여 도민의 기아(飢餓)를 방지하기 위하여 노력하고 있었다. 현지 군경의 합작은 지극히 원만하며 전 제주도에는 부흥의 기상이 충만하였다. 나는 제주도를 떠날 때 군경의 과오를 철저히 시정할 것을 지시하고 동시에 경찰의 치안확보를 위하여 다수 무기를 보급할 것과 제주도 재건을 위하여 양식을 수송할 것을 약속하였다. 여기에 이상스러운 소식은 이북괴뢰정권 소유의 기선(約 2千톤級)이 제주도 연안(沿岸)에 나타나서 한라산상의 폭도와 화광(火光)신호를 교환한 것과 또는 국적불명의 기선이 제주해변 2, 3마일 지점을 잠행(潛行)한 사실이 있다는 것이다.

[97] 호남신문 1949.3.19.
飛行場 新規 增設 順天 寶城 求禮 務安 4個 郡에 元 5旅團長 郡守 會議에서 發言

제5여단장 元容德 준장은 18일 군수회의에 임석하여 전남도내 반란 수습에 관한 문제와 비행장 설치문제 등에 대하여 요지 다음과 같이 말하였다.

이 국방장관의 지시에 의하여 몇 마디 말을 하겠다.

사태수습에 관하여 = 반란사태 수습은 급속 시일 내로 단축하여야 하며 관군경민의 연대책임으로 협력 정도는 안 된다. 그리고 군대 내의 인사문제에도 군수의 협력을 얻겠다.

정보수집에 관하여 = 신속 정확한 정보로 반도의 발본색원에 힘써야 한다. 반도들은 남로당을 최고로 그 밑에 야산부대 등을 비롯하여 세포망이 있으니 이것을 분쇄하여 버려야 한다. 또한 작전에 있어서는 군수도 일선에 나아가서 민중에게 안도감을 주어야 한다.

비행장 설치문제 = 본도 내 순천 구례 보성 무안의 4개소에 비행장을 설치하기로 되었으니 즉시 작업에 동원시킴과 동시에 지주층의 협력을 얻어 전답 사용에 유감이 없도록 하기 바란다.

반도의 군사기지 = 반도들은 구례 지리산 광양 여수 등을 특별지구라 하여 군사기지로 삼고 있고 조계산을 중심한 곡성 일대와 보성 벌교 고흥 등지는 보급기지인데 일지대의 반도는 80명씩이고 지리산의 잔도 수는 400 내지 500명 정도이다.

호국군 조직 = 우리는 반도 완전 섬멸을 기하고 호국군을 조직 전국민이 헌신하여야 하며 호국군의 책임자에 사단장 자신이 겸임할 것이다.

[98] 호남신문 1949.3.20.

新北面서도 交戰 暴徒 20名을 擊退

지난 17일 전남도 경찰국에 들어온 정보에 의하면 동일 상오 6시 30분 靈岩郡 新北面 長山里 뒷산에서 유격대『아지트』가 있다는 것을 탐지한 靈岩경찰서에서는 즉시 경찰부대를 출동시켜 무장폭도 20명과 교전한 결과 다음과 같은 결과를 올렸다고 한다. 적 유기시체 2명 무기 기타 불온문서 다수 압수

春期攻勢 앞두고 警察樂隊 巡廻

전남경찰국 공보실에서는 춘계 폭도섬멸작업 전개에 앞서 도내 일반인에게 계몽선전과 위문을 목적으로 경찰악대와 그밖에 약간의 연예가들을 합한『평화악극단』을 조직하고 오는 25일부터 4월 1일까지 호남선 연변의 중소도시를 위시하여 木浦 莞島 珍島 등지를 순회공연하리라 한다.

[99] 호남신문 1949.3.22.
魏大善 中領 戰死
羅州 鳳凰面서 暴徒와 激戰 끝에

어제 21일 제5여단[제5사단] 참모장 石柱岩 중령은 기자단과 회견하고 그 석상에서 지난 19일 羅州郡 鳳凰面의 동남방 약 9킬로 지점의 長城里 부락에서 완전무장한 폭도로써 소위 『라□산』부대라고 하는 朴모 외 30명과 국군은 치열한 전투를 계속하던 중 최전선에서 직접 지휘를 한 제20연대장 魏大善 중령이 흉탄으로 혁혁한 무훈을 남기고 전사하였다고 발표하였다. 한편 이 전투에 있어서 魏 중령의 용감무쌍한 전투 지휘로 반도 사살 30명과 포로 3명 그밖에 총기 전부를 노획하였다 하는데, 魏 중령의 장렬한 전사와 함께 아방에서 국군 3명 전사 동 6명 부상 경관 3명의 중상을 받았다 한다.

그런데 불의의 전사를 보게 된 魏 중령은 금년 28살로 작년 10월 여수, 순천반란사건 돌발을 보자 솔선 반폭도 진압에 용맹을 떨치고 각 장병들의 숭배를 받고 있었던 청년 연대장으로 이번의 전사에는 군은 물론 일반에서도 애도를 금치 못하고 있다.

准將으로 特進

지난 19일에 폭도의 흉탄으로 애석하게 장렬한 전사를 한 제20연대장 魏大善 중령은 동일부로 2계급이 특진되어 육군 준장으로 발령되었다 한다.

略 歷
▲當 28세 咸鏡南道 咸興府 會上町 出生
▲1941년 3월 咸興永生中學校를 卒業하고 日本巢鴨高等商業學校 卒業
▲1943년 6월 □知山 中部軍 豫備士官學校
▲1946년 3월 朝鮮警備隊 陸軍少尉 任官

▲제1연대 제3연대 士官學校 校長 等 歷任

▲1948년 10월 麗水·順天叛亂 當時 湖南地區戰線戰鬪司令部 作戰參謀長으로 活躍

▲1948년 11월 20일 聯隊長 被命

▲1948년[1949년] 3월 准將으로 被命

[100] 호남신문 1949.3.22.

暴徒 鎭壓 戰果 兩日間에 85名 射殺

전남도 경찰국장 金炳玩 씨가 어제 21일 발표한 바에 의하면 지난 19, 20의 양일간에 올린 관하 지방의 폭도 토벌전과는 羅州군 25명 求禮 30명 順天 15명 和順 15명을 사살하고 그밖에 다수의 무기 등을 압수하였다 한다. 한편 羅州군의 맹렬한 토벌작전에 있어서 金 국장의 직접 지휘로 長城리 부락의 산중에서 거지를 가장한 폭도 측의 연락원 23살가량의 남자 1명을 체포하였다 한다.

[101] 동광신문 1949.3.29.

脫線者는 嚴罰
金 警察局長 義勇團問題 言及

작 28일 상오 10시 본도 경찰국장 김병완(金炳玩) 씨는 기자단과의 정례회견 석상에서 최근의 의용단문제와 좌익계열 가담자의 귀순문제에 관하여 다음과 같은 담화를 발표하였다.

△義勇團問題 = 세인이 주지하고 있는 바와 같이 현재 의용단은 주야(晝夜)를 가리지 않고 실로 형언할 수 없는 고생을 겪어가며 치안 유지에 쇄신적(碎身的) 헌신을 하고 있다. 그럼에도 불구하고 그들에게 대하여 맹목적(盲目的)인 공격을 일삼는다면 그것은 도리어 기예(旣譽)가 상반되는 일이니 선의로써 육성 협력해 주기 바란다. 그러나 그 반면에 만약 의용단원으로서 직권을 남용하여 탈선행위가 있다면 경찰국장의 직책으로서 철저히 엄벌에 처할 것이다.

△歸順問題 = 최근의 세밀한 정보를 종합하여 좌익계열의 세포망과 기타의 모든 지하(地下) 관계를 전부 탐지하였다. 그러나 그들 좌익계열에 가담한 자는 이때에 빠짐없이 자수하기 바란다. 그러면 어떠한 죄과를 범한 자라도 책임지고 무조건으로 용서하겠다. 이것은 나의 독단적 방침이 아니라 제5여단장[제5사단장] 元容德 준장과 충분히 협의한 결과다. 듣건대 종전에 말단에서는 상부의 방침을 무시하고 귀순자 취급에 왕왕 그릇된 일이 있었던 모양인데 차후로 만약 그런 일이 있다면 철저히 단속하겠다.

[102] 동아일보 1949.4.1.

暴徒 巢窟을 急襲 寶城署 殲滅에 凱歌

【寶城】3월 23일 상오 5시경 보성경찰서(寶城警察署) 사찰주임 이하 서원 15명이 회천면 화죽리(會泉面 花竹里) 산을 포위하고 반폭도의 소굴을 급습 교전하는데, 다음과 같은 전과(戰果)를 거두었으며 아방의 피해는 없었다고 한다.

射殺 3명, 카빈銃 1정, 實彈 60發, 白米 5가마, 不穩文書 等 押收

[103] 동광신문 1949.4.2.
羅州 金川에 暴徒

탐문한 바에 의하면 금 31일 오전 2시 30분경 羅州署 관내 金川面 新加里 新村부락에 무장폭도 약 20명(그중 6명이 비무장)이 침입하여 동 부락에 거주하는 金川支署 후원회장 李漢基 씨를 살해하고 光山군 모 방면으로 도주하였다 하는데, 이 정보에 접한 나주 주둔 국군부대와 羅州署 경찰부대는 목하 이를 추격 중이라고 한다.

[104] 동광신문 1949.4.2.
最後 決定的 討伐戰 展開 叛徒 完滅을 期必
軍警合作 大部隊 出動 元 師團長 總指揮

거반 李 국무총리가 본도 시찰 직후 4월 초순까지는 어떠한 희생을 무릅쓰고라도 사태를 완전히 수습하지 않으면 최악의 정세에 봉착할 것이라고 당지에서 경고한 바 있으며 간이(簡易) 비행장까지도 조속한 시일 내에 설치하라고 시사한 바 있어 불원 최후적인 결정적 토벌전이 벌어질 것으로 기대되던 바, 탐문한 바에 의하면 작 1일 오후 ○○시를 기하여 종전에 보지 못한 대규모 군경합작부대가 ○○방면 제1선으로 출동하였다 하는데 금번 작전에는 元 제5사단장 및 김 경찰국장이 진두지휘한 것이라 한다. 그런데 금번의 결정적 토벌작전은 順麗사건 발발 이후 분산적인 소탕전의 범주를 벗어나서 집중적인 대규모 섬멸전이 예상되는바 작 1일 光州 시내는 출전전야의 무장병사와 『트럭』 등으로 전장 그것의 분위기이다.(고려 提供)

[105] 연합신문 1949.4.3.

慶南 西部地方에 叛徒出沒 頻繁 大規模의 掃蕩戰 展開

【晋州에서 본사 李種善 특파원 발】전남·경북지방에서 치열한 소탕전이 전개된 관계인지 백운산(白雲山)과 지리산(智異山)에 근거를 둔 김지회(金智會) 총지휘의 약 5백 명가량으로 추산되는 반도들은 하동(河東) 산청(山淸) 함양(咸陽) 거창(居昌) 합천(陜川) 지대에 빈번히 출몰하여 면사무소 혹은 경찰지서를 습격하는 등 하루에도 4, 5차례나 피습사건이 발생되고 있는데, 지난 27일에는 거창경찰서 관내 모 지서를 습격한 후 금융조합과 우편국을 습격하여 거액의 현금을 강탈 도주하였다고 하며 그들의 출몰은 날이 갈수록 심하여지고 있다 한다.

그들은 2, 30명씩을 단위로 밤을 이용해서 습격하여 오는데 경찰책임자가 말하는 바에 의하면, 군(郡)을 단위로 경찰서가 있고 면을 단위로 경찰지서가 있는데 1개 지서에는 10여 명의 경관밖에 배치되어 있지 않은 관계상 관할구역 전체의 치안을 유지하기에는 많은 곤란을 느끼고 있음은 물론 경비망을 펴고 교묘히 각 지방에 출몰하는 반도들은 경찰지서를 습격하여 때로는 경찰관을 살해하고 경찰지서에 불을 지르는 일도 있으며 우익간부들을 살해하는 일도 적지 않다 한다.

이러한 실정에 비추어 경남 이(李) 경찰국장은 31일 급거 진주에 도착하여 곧 반란군 출몰지구 9개 경찰서장회의를 개최한 다음 1일부터 전투사령부를 설치하였다는데, 이 국장의 말에 의하면 "이번 설치되는 전투사령부는 특공 공격 정보 계몽 등 다각적인 작전을 전개하게 될 것이며 ㅇㅇ명의 경찰관은 1개월의 훈련을 마친 다음 다시 1개월을 3기로 나누어 돌격주간을 실시하는 한편 결사대도 조직하여 철저한 소탕전을 개시하기로 되었다 한다.

[106] 동아일보 1949.4.8.

暴徒 掃蕩戰 進陟 國防部 三月 中 戰果 發表

국방부에 들어온 38선을 비롯한 호남, 영남, 제주, 지리산 등 제5개 전구에서 거두어진 폭도 소탕전 3월 달 전과를 종합하여 보면 대략 다음과 같다.

◇「38地區」 적 사살 39명, 포로 21명에 무기 다수 압수, 아방의 군 전사자 1명, 부상자 6명, 경찰관 사망 1명, 부상자 1명

◇「湖南地區」 적 사살 165명, 포로 112명, 소총 44정에 실탄 식량 등 다수 분취, 아방 50명(警 22명 포함)의 전사자와 57명(警 27명 포함)의 부상자, 민간 양민의 사망 4명

◇「嶺南地區」 적 사살 25명, 포로 209명, 실탄 기타 무기 다수 입수

◇「濟州地區」 적 사살 729명, 포로 999명, 소총 32정, 탄환과 식량 289가마 압수, 아방에 28명(이 중 民間良民 1명) 전사, 15명 부상

◇「智異山地區」 적 사살 213명, 포로 185명, 소총 1백 정, 탄환 1천여 발, 식량 다수를 압수, 군 전사자 8명, 경찰 사망 3명, 민간 사망 2명, 군 부상자 16명, 경찰 2명 민간 양민 1명 부상

[107] 호남신문 1949.4.10.

各地 暴徒 掃蕩戰 活潑 3月中의 綜合戰果 發表

【서울 8일 발 고려】국방부 보도과에서는 전남을 비롯한 제주, 智異山, 경북, 38선 등 각 지구의 3월 중 종합전과를 다음과 같이 발표하였다. 군은 정민의 절대적인 협조 하에 남한 각 지구에서 상금 계속 준동하고 있는 극악한 좌익도배들을 소탕하려고 밤낮 분투하고 있는바, 3월 1일부터

3월 말일 현재까지의 종합전과는 다음과 같다.

가. 전과

	全南	濟州	智異山	慶北	38線	合計
射殺	165	821	213	25	397	1621명
捕虜	112	999	185	209	21	1526명
武器	53	35	86	0	9	183정
實彈	607	30	1845	66	530	3078發
槍	1정	12	0	2	0	15挺
現金	1萬圓	0	0	0	0	1만원
食糧押收	289	49	0	0	0	388가마
日本刀	0	4	0	0	0	4정
鐵帽	0	16	0	0	0	16개
通信機	0	2	0	0	0	2태
其他 敵 機密書類	0	166	0	0	0	166部
名簿	12	185	0	0	0	197部

나. 我方被害

△軍關係

戰死	28	27	8	0	1	64명
負傷	30	15	15	0	6	66명

△警察關係一

戰死	22	17	3	0	1	43명
負傷	27	0	2	0	1	30명
44式 小銃	1	0	0	0	8	9挺
99式 小銃	3	0	5	0	0	8挺

△民間關係

戰死	5	1	2	0	0	8명
負傷	0	0	1	0	0	1명

[108] 경향신문 1949.4.12.

智異山 叛亂輩 主力 撲滅　蔡 參謀總長 特別 發表

여수 순천 반란사건의 반란군 총사령관인 홍순석(洪淳錫)과 남로당 정치부장 (趙)모와 김지회(金智會)의 처 조경순(趙庚順)은 지리산 속에서 제3연대 유격부대에게 사살되었는데, 이에 관하여 11일 채(蔡) 참모총장은 다음과 같이 특별담화를 발표하였다.

지난 9일 지리산 산내면 반선리(山內面 伴仙里)에서 제3연대 한(韓) 유격부대에게 홍(洪)과 조(趙)는 사살당하였으며, 김지회의 처는 10일 조(趙)유격대에게 사살당하였다. 반란도배의 참모장인 김지회가 아직 생사불명이나 근일 중 명확히 될 것이며, 이로써 지리산 반란배의 주력은 완전히 박멸되었다. 지리산지구 전투의 총지휘는 정일권(丁一權＝陸軍本部 參謀副長) 준장이 지휘하고 있다. 그리고 지리산지구 전투의 종합전과는 다음과 같다.

　◇遺棄屍體 193, 捕虜 246, 鹵獲武器 163, 實彈 6천여 發
　◇國軍 戰死 6명, 負傷 약간 명

[109] 호남신문 1949.4.12.

智異山 叛徒 總司令 洪淳錫과 金智會 妻 射殺
蔡秉德 參謀總長 特別談話

【서울 11일 발 고려】국방부 참모총장 蔡秉德 소장은 11일 반도 총사령 洪淳錫 및 金智會의 처를 사살하였다고 다음과 같은 특별담화를 발표하였다.

여수, 순천사건의 주모자이며 반란도배 총사령관인 洪淳錫 및 남로당 趙 정치지도부장은 1949년 4월 9일 智異山 산내면 伴仙里에서 智異山 전투부대 제3연대 한 유격부대에 사살당하고 동 10일 17시 智異山 깊숙한 곳에서 金智會의 처 趙慶順趙庚順은 智異山 전투부대 제3연대 2대대 趙 유격대대에 사살당하였다. 이로써 智異山 반란도배의 주력은 완전히 궤멸되었다. 金智會는 반란도배의 참모장이며 아직도 생사불명이나 금일 중에 명확히 될 것이다. 智異山지구 전투 총지휘는 국방부 육군본부 참모부장 丁一權 준장이 친히 지휘하고 있다. 본관은 丁 준장 및 이하 부대의 전투에 대하여 깊이 감사하는 바이다. 현재까지 智異山 전투의 종합전과는 다음과 같다.

　暴徒: 遺棄屍體 193명, 捕虜 256명, 鹵獲武器 165挺, 實彈 6천여 발
　我方 損害: 戰死 6명, 負傷 약간 명

[110] 호남신문 1949.4.20.
151戶 放火로 全燒　占岩面서 天人共怒할 暴徒의 蠻行

【고흥】지난 16일 오후 4시쯤 고흥군 占岩面 蛇浦 南烈, 能龍부락에 반폭도 약 40여 명이 침입하여 소위 반동분자라 하여 구장을 위시하여 양민을 속속 호출한 후 그자들의 상투적인 무자비한 학살을 감행하고 있다는 정보에 접한 군경 측에서는 급거 현지에 출동하였던 바 반폭도는 蛇浦부락 51호 중 46호, 南烈부락 215호 중 46호, 能龍부락 40호, 전부 도합 151호에 방화 전소시킨 후 산중으로 도주하였으므로 이 천인공노할 만행에 격분한 군경부대는 목하 맹렬한 추격을 전개하고 있다 하며, 이날 군경부대의 출동이 빨랐기 때문에 다행히도 인명피해는 4명에 그쳤으나 가옥을 소실당한 151호의 주민들은 적수공권으로 고도(孤島)로 피난하고 이재민의 일부 93명은 현재 蓬□면으로 역시 피난하고 있는데, 갈 곳이 없는 남은 이재민들은 헐벗고 굶주리며 가마니 천막을 치고 떨고 있는 참경은

눈물 없이는 볼 수 없다하는데, 동면 면장 高良碩 씨 외 면내 유지들이 궐기하여 목하 구제방책을 계획하고 있으나 관계 당국 및 일반의 적극적인 구호책이 요망된다고 한다.

[111] 호남신문 1949.4.26.

叛亂 首魁 金智會 遂 射殺
智異山 鶯谷峰서 第3聯隊 凱歌

金智會가 사살되었다. 24일, 제5여단 사령부에 들어온 정보에 의하면 韓忠烈 소령이 지휘하는 제3연대 제3대대가 智異山 鶯谷峰에서 소수의 반도와 만나게 되어 이를 전멸시켰는데, 마침내 金智會의 시체가 발견되어 방금 南原도립병원에 시체를 보관 중에 있다 한다. 韓忠烈 소령이 지휘하는 이 부대는 앞서 金智會 처 趙慶順趙庚順을 생금한 부대이며 이로써 반란군 토벌전은 결정적으로 완료되었다.

[112] 동아일보 1949.5.1.

智異山은 生地獄
金智會 妻의 懺悔談

한때 사살설이 전하여지던 조경순(趙庚順＝金智會 妻) 및 서울 청계국민학교 4학년생 박철(朴哲, 12)은 지리산전투사령부의 손에 체포되었는데, 그들은 참회담을 각각 다음과 같이 말하였다.

◇金智會 妻 談 ＝ 김과 알게 된 것은 광주도립병원 간호부로 있을 때

알게 되었는데, 여순(麗順)사건이 일어났을 때 김은 말하기를 이북 군이 광주까지 점령하였다고 허위선전하여 우리들의 판단을 현혹케 하였다. 그리고 지리산(智異山)에 입산 후에는 귀순하면 사살한다는 등 협박공갈로서 하산을 방해하였으며 지리산중의 생활이야말로 생지옥인 것이다. 일반 동포에게 바라건대 나 같은 어리석은 사람이 이 땅에서 다시 나오지 않기만을.

◇朴哲 談 = 우리 외삼촌이 편지를 연락하라고 해서 몇 번 했을 뿐인데, 외삼촌은 내게 죄를 덮어씌우고 어디로인가 도주하여 버렸다. 공산주의가 무엇이냐고요? 우리 외삼촌이 내게 하는 행동을 말하는 것인가 봐요. 우리 집은 서울 중앙극장 부근에 있습니다.

[113] 자유신문 1949.5.1.
金智會 射殺 確認
屍體 發見 南原에 移送

國防部 報道課에서는 金智會 시체를 수사하였다고 다음과 같이 보도하였다. 즉 지난 4월 7일 야음을 기하여 전격적인 행동을 개시한 智異山지구 전투사령관 丁一權 장군 지휘 하 제3연대 제2대대 유격대는 그 다음날인 8일 오후 5시 드디어 智異山 산록 「달궁」 부근에서 반도의 최대 주력을 포촉 이에 치열한 일대 공격전을 전개한 결과 폭도의 총사령 洪순錫을 비롯하여 이를 완전히 섬멸하였다.

국군에 포촉된 폭도의 증언에 의하여 폭도의 참모장인 김지회도 사살되었음을 확인하고 그 시체 수사에 착수한 국군의 손에 지난 4월 23일 오후 3시 드디어 그 시체를 발견 목하 南原 野戰病院에 이송 보관하고 있다.

[114] 경향신문 1949.5.10.
智異山 叛徒 完全 鎭壓
丁 准將 部隊 武勳 세우고 歸京

5월 9일 지리산(智異山)지구 반도소탕은 완전히 끝났으며, 당지 소탕전의 전투사령관 정(丁) 준장은 휘하 부대를 거느리고 9일 오전 10시 서울에 귀환하였으며, 역전에서 귀환보고식이 있은 다음 곧 시가행진을 행하였는데, 국방부 보도과에서는 이에 대하여 다음과 같이 발표하였다.

國防部 發表

지리산지구 반도 소탕에 혁혁한 무훈을 세운 지리산지구전투사령관 육군 준장 정일권(丁一權) 씨 휘하 부대는 그 임무를 완수하고 작 9일 오전 10시 서울역에 전원이 원기 왕성히 귀환하였다. 동일 역두에는 국방장관을 비롯하여 군 최고수뇌부 및 환병 내빈 다수의 열렬한 환영 하에 엄숙히 귀환보고식을 거행하였다. 동 부대는 반란군의 수괴 홍순석(洪淳錫) 김지회(金智會) 및 주모자를 전부 사살하고 김지회의 애인 조경순(趙慶順)[趙庚順]을 생금(生擒)하였으며 반란도배를 완전히 진멸(殄滅)한 무공은 길이 찬양할 바이다.

[115] 경향신문 1949.5.12.
筏橋에 暴徒 來襲

지난 6일 하오 12시경 벌교(筏橋)서 관내 지동(池洞)부락을 비롯한 10여 개 부락에 반폭도 약 40명이 내습하여 부락민 및 의용단장 등 20여 명을 살해하고 부락마다 방화를 감행하여 10여 동의 가옥을 전소게 하였는데,

급보에 접한 군경부대는 부근 산속으로 도주하고 있는 폭도를 방금 추격하고 있다 한다.(광주 발 합동)

[116] 호남신문 1949.6.4.
射殺 478 · 捕虜 127 警察局 5月中 戰果

전남도 경찰국에서는 지난 5월 1일부터 동월 말까지의 1개월간에 걸친 관하 각 지방의 반폭도 토벌작전의 경찰 종합전과를 어제 3일에 다음과 같이 발표하였다.

敵 射殺 478명, 捕虜 127명, 敵 負傷 2명, 武器押收 36挺, 同 實彈 912發

[117] 동아일보 1949.6.6.
寶城 暴徒 掃蕩

【光州 發 고려】경찰당국 비공식 발표에 의하면 지난 2일 오전 2시경 보성서(寶城署)에서는 득량문(得糧門) 오봉산(五峰山)에 폭도 20여 명이 잠복 중임을 탐지하고 즉시 경찰기계화부대를 동원하여 이의 소탕전을 전개한 결과 다음과 같은 전과를 거두었다고 한다.

暴徒射殺=4명, 捕虜=21명, 現金 1만 5천 원, 白米 1叺, 카빈銃 1挺, 기타 物品 다수 압수, 한편 동일 오전 1시경 광양서(光陽署) 관내 옥곡면 묵상리(玉谷面 墨箱里)에도 완전 무장폭도 약 20명이 출몰하여 경찰에서는 이를 섬멸하고 다음과 같은 전과를 올리었다 한다. 暴徒射殺=2명, 엠·완銃 1挺, 實彈 30발 압수

宋 將軍 陣頭指揮 白雲山 叛徒主力 潰滅

【白雲山 ○○基地에서 千吉鳳 特派員 18일 발 고려】1초의 광선도 비추지 않은 수목이 울창한 절호의 지물을 이용하여 이 白雲山 일대에는 아직도 약간의 무장폭도가 주야를 가리지 않고 출몰하고 있다. 치열한 소탕전은 밤이나 낮이나 그칠 줄 모르고 계속되고 있으나 白雲山 험악한 정글 속 색적(索敵)은 형용할 수 없는 난사 중의 난사이다. 오늘 18일 새벽 2시 李김東 소령이 지휘하는 제15연대 제1대대는 內回고지에서 무장폭도 100여 명을 발견하고 섬멸전을 전개 격전 4시간 만에 적의 주력부대를 괴멸하여 적 사살 14 부상 23 카-빈 1정을 노획하는 대전과를 거두는 한편 아방 전사 3 중상 6 경상 10의 희생을 내었다. 치명적인 타격을 받은 반폭도 측은 퇴각을 개시 남방 億佛峯방면으로 도주하고 있는데 역전의 노장 宋虎聲 장군이 진두지휘하는 국군부대는 이의 퇴로를 차단하는 한편 맹렬한 추격전을 전개하여 목하 億佛峯 고지에서 포위 현격의 맹공을 가하고 있다.(18일 13시 현재)

各地 暴徒 殲滅

전남경찰국에서는 각지 군경 합작작전 전과를 다음과 같이 발표하였다.

△潭陽 龍面 월桂里 福龍部落 = 반폭도 潛伏『아지트』발견 폭도 3명 사살

△靈岩 群西面 羊陽里 後山 =『아지트』탐지 敵 1명 사살

△寶城 得량面 正興里 = ① 暴徒 5명 사살 ② 카-빈 銃 2挺, 實彈 15發 押收 ③ 警官 制服 等 押收

△光陽 津上面 內回部落 = 武裝暴徒 100여 명 侵入 ① 敵 사살 142명 ② 負傷 24명 ③ 長銃 1挺 押收

我方 被害

戰死 3명 重傷 6명 輕傷 10명

△同郡 多鴨面 錦川里 = 地方暴徒 1명 叛徒 1명 兩人이 99式 1挺 實彈 10發을 携帶하여 所轄支署에 自首 6월 20일 9시

△光陽 玉龍面 東谷里 = 武裝暴徒 20여 명의 奇襲을 받아 交戰結果 敵 사살 1명 카-빈 1挺 實彈 15發 押收

[119] 호남신문 1949.6.21.
軍警 各地서 掃蕩戰 殘徒 被害 多大 · 我方은 輕微

경찰국에 들어온 전남도내 각 지역별 치안상황 보고는 다음과 같다.

△筏橋: 6월 17일 오후 1시 松廣面 九山里에 무장폭도 30명 출현. 양민 □명 살해 농우 □두 약탈

△光陽: (가) 6월 18일 오후 7시 津上面 內錦里 部落에 무장폭도 1□0여 명 침입. 군경합동작전 결과 적 사살 4명 부상 4명 장총 □정 압수 아방 손해 전사 3명 중상 □명 경상 10명 (나) 동 18일 오전 7시 多鴨面 錦川里 에 지방폭도 1명과 반도 □명이 99식 총 1정과 동 실탄 □0발 휴대하고 자수하다. 동 18일 오후 9시 玉龍面 東谷里에 무장폭도 □□여 명 기습 교 전 결과 적 사살 1명 카-빈 □정 압수

△長城: 6월 18일 오전 4시 參溪面 富成里부락에 무장 폭도 □명 침입. 양민 □명 구타 생명 위독, 가재도구 일체 파괴 의류 및 식량 약탈

△潭陽: 6월 18일 오전 1시경 龍面 月桂里 福龍뒷산(後山)에 폭도 아지 트 잠복 중이라는 정보에 접하고 군경 합동작전 결과 폭도 3명 사살

△谷城: 6월 18일 오전 3시 石谷面 芳松里 뒷산의 적 아지트 포위작전 결과 적 1명 사살

△靈岩: 6월 18일 오전 □시 德津面 雲岩里 大川洞에 무장 폭도 다수 출

현. 자수자 1명이 있었는데 이를 납치 도주. 6월 17일 오후 6시 郡西面 羊場里 뒷산 아지트 탐지 적 1명 사살

△寶城: 6월 18일 오전 □시 得粮面 正興里 뒷산서 군경 합류 소탕 결과, 폭도 사살 □명 카-빈 2정 동 실탄 1□발 기타 경찰관 제복 등 다수 압수

[120] 경향신문 1949.6.24.
暴徒 아지트 襲擊

【順天】順天警察署 査察係에서는 지난 11일 오전 2시 順天郡 西面 淸所部落 後山 아지트에 폭도 십여 명이 潛伏 중임을 탐지하고, 동 署 李 사찰주임 지휘 아래 형사대가 출동하여 동 아지트를 포위 약 1시간에 걸쳐 交戰한 끝에, 敵 射殺 2명(郡責 1명 郡被 等 1명), 카빈銃 2挺, 實彈 47發, 望遠鏡 1個, 기타 不穩文書 다수를 押收하였다.

[121] 동아일보 1949.6.27.
寶城서 包圍作戰 細胞網 粉碎에 注力

【寶城 발 고려】제20연대장 박(朴基丙) 중령 일행은 潭陽에서 1박하고 和順을 거쳐 23일 하오 1시경 이곳 寶城에 도착하였다. 寶城지구전투사령부 관내는 長興, 唐津 和順, 靈巖 등지에 국군 대부대의 출동 이래 양민피살사건은 없다 하며 험악한 산곡으로 유명한 望日峰을 비롯한 尊帝山, 草岩山, 日林山, 澄光山 등에는 완전무장폭도 2백 명이 잠복하여 부근 일대에 출몰하여 살인, 방화 파괴, 약탈 등의 만행을 감행하고 있어 동 전투지구

사령부에서는 和順을 필두로 한 梨陽, 福內, 寶城, 得粮, 熊峙 粟於 등에 국군부대를 주둔케 하여 포위작전 중이라 한다.

한편 전투사령부 언명에 의하면 당지 寶城지구 지방세포는 도내에서 제일 많다고 하며 작전상 다대한 고통을 주고 있다는데 당지 전투사령부에서는 경찰과의 긴밀한 연락으로 우선 세포망 분쇄에 노력하고 있어 반폭도 측에 치명적 타격을 주고 있다 한다. 寶城지구전투사령부에 보고된 지난 5월 14일부터 6월 18일까지의 관내 전과는 다음과 같다.

▲적의 피해 사살 51, 부상 5, 엠원 카-빈총 5정(탄환 320), 아지트 파괴 3개소, 쌀 두 가마니, 기타 천막 피복, 재봉기, 불온문서 등 다수 압수

▲ 아방피해 전사 1명

제4장

외지(外紙)에 반영된 여순사건

[1] 자유신문 1948.10.26.

安全과 獨立 要求의 大韓政府 試金石
南韓叛亂과 世界反響

美紙 評

【워싱톤 25일 發 AP＝合同】이곳에 있는 2個聞[2個 新聞]은 그 社設에서 남한에서 이러한 반란사건이「유엔」內에 反影을 갖게 될 것이라고 다음과 같이 論하고 있다.

▲『포스트』紙 = 李承晩 博士의 政府가 반란에 대하여 確固한 態度로서 處理할 수 있느냐 없느냐는 安全과 獨立을 要求하는 大한政府의 試金石이 될 것이다. 그리고 同 반란사건은 한국問題의 討議를 기다리고 있는「유엔」총會의 行動에 畢竟 影響을 미치게 될 것이다.

▲『스타ー』紙 = 이번 南韓 叛乱事件은 美國뿐만 아니라「유엔」에 支障을 줄 切迫한 위기로 指向하는 凶兆일 것이다. 南韓에 이러한 叛亂을 鎭壓시키는데 國軍의 注意를 分散시킴으로써 北韓政權은 突然의 攻擊을 容易하게 할 수 있을 것이다. 韓國 內의 叛乱 勃發은 소련이 그 軍隊를 北韓으로부터 撤去시킬 時에 韓國 全體를 支配하려는 典型的인 手段일지도 모른다.

[2] 자유신문 1948.10.26.

內戰 誘發로 美軍과 衝突 圖謀

紐타임스

【뉴ー욕 23일 RP 共立】『뉴ー욕 타임스』紙는 朝鮮問題에 對하여 다음과 같이 論하였다. 美軍이 駐屯하고 있는 南朝鮮에 왜 暴動이 일어났을까? 그

러나 이와 같은 것은 말할 수 있을 것이다. 그것은 全面的인 內戰을 朝鮮에서 勃發시키자면 어떤 形式으로든지 美軍 當局과 衝突을 行하지 않으면 안 된다는 것이다.

[3] 동아일보 1948.10.27.
叛亂은 計劃的 모니타紙 論評

【南京 26일 發 RP】미 크리스챤 · 사이언스 · 모니터紙는 南朝鮮에서 勃發한 暴動의 原因에 關하여 다음과 같이 論하고 있다. 이 暴動은 北朝鮮에서 소련軍이 撤退를 開始함과 同時에 일어난 點으로 보아서 처음부터 計劃的으로 된 것이다. 소련의 訓練을 받은 北朝鮮의 軍隊와 南朝鮮의 共産黨員은 全 朝鮮을 占領하려는 計劃의 一部로 보인다.

[4] 동아일보 1948.10.28.
南韓 叛亂 長期計劃 後 發生

美의 現地使節團 報告

【워싱톤 27일 發 UP】今般 美國務省은 共産主義者들이 오랜 동안 南韓의 叛亂을 計劃하였다는 것을 示唆하는 正式報告를 接受하였다고 發表하였다. 國務省 代辯人 『맥더모트』 氏는 『順天의 美 官吏로부터의 報告에 依하면, 叛亂軍은 5백 명에 達하는 警官 右翼分子 基督敎信者 富者들을 殺害함으로써 想像 以外의 野蠻的 行動을 取하였다는 것을 暴露하고 있다』고 말하였다.

그러나 『맥더모트』氏는 서울駐在 美 外交團員이라는 것 以外에는 順天에 行次한 人物의 氏名을 發表하지 않았다. 그런데 同 外交報告書 內容은 아래와 같다.

『서울駐在의 우리 外交使節團員은 南海岸 近方의 騷擾地帶에 行次하였다. 그는 24일에 지난 20일부터 22일까지 叛軍에게 占據되었던 順天을 방문하였다. 그의 報告에 依하면, 叛軍은 同市 占據 中 北韓 正體의 旗를 揭揚하였는데, 이로보아 今番 事態는 얼마동안 計劃 中에 있었던 것으로 보인다. 그리고 同 期間 中에는 南韓의 主要 共産主義 前衛組織인 南勞黨이 活動的이었다는 것을 알았다. 그들은 21일에는 所謂 北朝鮮人民共和國을 爲한 巨大한 行進에 住民을 動員하였다. 또한 그의 報告에 依하면, 叛軍의 占領은 想像 以外의 野蠻的이었으며 警官을 함께 결박 殺害하였다고 한다. 그리고 基督敎 富者들도 同樣으로 殺害를 當하였다.

叛徒는 順天에서만 約 5백 명의 人命을 殺害한 것으로 推定된다. 22일 政府軍의 攻擊 後 叛軍은 車輛과 補給品을 가지고 逃走한 것이 分明하다. 그 後 暴力行爲는 左翼分子에게 加하여졌으며 25명이 被殺되었는데, 이러한 殺傷中止에 關한 政府軍 指揮官의 命令으로 이는 停止되었다. 今番 戰鬪에 美國人이 包含된 것은 없다. 서울의 우리 外交使節團의 報告에 依하면 南端의 騷擾地區를 除外한 全域은 平穩을 維持하고 있다고 한다.』

[5] 동아일보 1948.10.28.
左翼系列의 使嗾 美國務省 叛亂 發表

【워싱톤 27일 發 AP合同】美國務省은 26일 南韓暴動에 關하여 同 叛亂은 蘇聯이 支持하는 北韓地區에 樹立된 政府 國旗 밑에 共産主義者 指揮 下의

叛徒들에 의한 警察 及 市民의 慘酷한 殺傷이라고 發表하였는데, 이는 國軍이 順天을 奪還한 後 24일 同市에 들어간 한 美軍將校가 蒐集하여 在서울美國外交使節에 보낸 제1차 報告를 이곳 美國務省 報道官「미카엘 · 지 · 맥더모트」氏가 發表한 것이며 그 內容은 다음과 같다.

南韓의 共産主義 中心機關인 南朝鮮勞動黨의 地方指導者들이 今般 叛亂에서 活潑히 움직였다. 叛亂軍은 順天 占領 3일간에 同市를 北韓共産政府의 國旗 밑에 두었고 그 國旗가 이같이 많이 供給되었다는 것은 이번 事件이 벌써 相當한 期間에 걸쳐 計劃된 것이라는 것을 보여주는 것이다. 勞動黨의 地方指導者들은 住民들을 所謂「人民共和國」을 위한 一大示威로 組織하였던 것이다. 叛亂軍의 占領은 想像하기 어려울 만큼 野蠻的이어서 警官을 한데 묶어서 차례로 죽이고 그밖에 右翼人士, 基督敎人, 富裕한 市民들도 같이 죽였는데, 그 數는 順天에서만 約 5백 명에 達한다. 叛亂軍은 國軍의 攻擊을 받고 22일 自動車로 物資를 가지고 달아난 것이 明白하다. 其後 報復殺傷이 벌어져 左翼分子 約 25명이 國軍에 依하여 死刑을 받았는데 이 報復殺傷은 國軍司令部의 命令으로 中止되었다. 이번 事件에 美國人은 한 사람도 包含되지 않았고 叛亂이 일어난 南部地方 外에는 모두 平穩하다.

[6] 동아일보 1948.10.29.
韓國 早速 援助 必要 美紙 全南叛亂 評

【뉴욕 28일 發=UP】「뉴욕 타임스」社說은 韓國에서 發生한 叛亂에 관하여 다음과 같이 論하였다.

『流血의 叛亂이 迅速히 鎭壓된 것은 分明히 李承晩 政府의 威信을 增大하였다. 萬一 유엔總會가 只今 이 政府를 韓國을 爲한 唯一한 合

法的 政府로 承認하고 西方諸國이 早速한 經濟的 援助와 外交的 承認을 賦與한다면 李 博士는 韓國 全土를 自己便으로 統合하는데 있어 有利한 發言權을 가지게 될 것이다. 그리고 未久에 그와 같은 措置가 具現될 것이 希求되고 있다.』

[7] 남조선민보 1948.11.10.

타스通信 報導
南韓 叛亂 鎭壓에 美軍 部隊가 參加

【모스크바 8일 發 AP 合同】蘇聯「타스」通信은 지난 6일 叛亂事件에 關하여 美軍도 鎭壓戰鬪에 參加하고 있다고 報道하였다. 그리고 同 通信은 「萬若 南韓 傀뢰政府에 對한 반亂이 開始된다면 □擴大의 一路를 밟는 것이다」는 平壤放送을 認定하여 다음과 같이 放送하였다.

14연대의 兵士와 住民은 合流하여 遊擊戰을 展開하였다 軍事作戰은 열의 열까지 擴大되어 있는데 南韓 傀儡政府軍 側에는 美軍도 參加하고 있다.

[8] 남조선민보 1948.11.10.

上海를 國際都市로
國府 美海軍에 保護 要請

【서울 發 AP 合同】韓國駐屯 美陸軍司令部는 美軍部隊가 叛亂事件 鎭壓에 參加하였다는 6일의 蘇聯 側 報道를 否認하였다. 그런데 「타스」通信은

蘇聯 占領 下에 있는 北韓의 平壤放送에 依據한 것으로 觀測되고 있는 바 平壤放送은 大邱府 近傍에서 일어난 韓人 相互 間의 小銃射擊서부터 擴大된 戰鬪에 美軍部隊로 參加하고 있다고 報道하였던 것이다. 그런데 事實에 있어서 美軍이 取한 單한가지의 役割은 반亂 鎭壓 後 武器를 버리고 投降하는 叛亂兵士를 接受하였다는 것뿐이며 그들 投降者는 共産主義者들의 報復을 免하려고한 것 같이 生覺되었었다.

[9] 경향신문 1948.11.13.
惡質共産分子의 殘忍無道한 叛逆的 虐殺
外紙에 反映된 麗水事件

지난 20일 南韓의 港都 麗水에서 勃發한 叛亂事件은 單純히 國內的 問題뿐이 아니라 國際的 關聯性을 가지고 있었음에 同 事件의 餘波는 UN에도 커다란 衝動을 주었다. 그러므로 一 外國記者는 亞細亞의 銃聲은 西歐 外交官들의 發言을 들리지 않게 하였다고까지 表現하였거니와 그만큼 世界의 視聽을 모았던 것만은 事實이었다. 이 民族的 悲劇이 骨肉相殘의 慘狀을 凝視할 때 우리는 悔悟의 눈물이 없어서는 안 될 것이다. 이 눈물과 더불어 또 한 가지 外國에 어떻게 反映되었으며 그들은 이 事件을 어떻게 보고 있는지 現在까지의 資料를 綜合하여 同 事件을 돌아보자.

大韓政府의 實力을 證明하는 最初의 一大 試金石
事件이 發生하자 駐서울 AP特派員 「무어」氏는 『이 叛亂事件은 지난 8월 15일에 겨우 樹立된 大韓民國에 對한 最初의 큰 試鍊이었다』라고 論評하였다. 좀 抽象的이기는 하나 確實히 同 事件이 가져온 結果의 한 가지를 把握하였다고 볼 수 있다. 行政移讓, 物資援助, 人士決定 等 幾多의 일거리를 處理 중에 있는 政府로서는 國軍에 對한 方針에 있어서는 充分한 規範이 채 完成되기 前이다. 그럼에도 불구하고 同 事件을 美軍의 손을 빌리지 않고 一週日 以內에 鎭壓시켰다는 것은 現 政府의 實力을 證明한 것이 될 것이다.

▲ 駐서울 AFP 特派員은 麗水叛亂에 對하여 『40명의 共産主義 兵隊가 叛亂의 先鞭이 되었다. 이것은 서울에서 爆彈으로 李承晩 博士를 暗殺하려는 共産主義 陰謀와 날을 같이하는 것이다』라고 報道하였다. 이 外國記者의 報道에도 明示되어 있거니와 이번 叛亂의 主謀者는 共産主義者임은 이제 재삼 말할 必要조차 없다. 다만 알아두어야 할 것은 40명이란 數字가 能히 2천 乃至 3천 명의 軍隊를 左右할 수 있었다는 무서운 事實을 忘却하여서는 아니 되겠다.

▲ 지난 21일 INS合同을 通하여 入手된 華府 側의 見解를 보면,『蘇聯地區에서 訓練을 받은 暴徒들이 南韓政府를 顚覆하고 全 韓國을 手中에 넣으려고 하는 것은 事實이다』라고 看破하였다. 우리는 이 華府 側의 見解를 通하여 今般 事件의 究極의 目的은 卽 共産主義者들이 全 韓國을 自己네의 手中에 넣으려는데 있었다는 것을 알 수 있고, 그 目的을 爲하여 앞으로 警戒를 要한다는 것을 알 수 있다.

▲ 그리고 美國의 星條紙와 포스트紙는 그 社說에서 叛亂事件은 UN에 支障을 줄 것이라고 다음과 같이 論評하였다.

▲ 포스트지 = 李承晩 博士의 政府가 叛亂에 對하여 確固한 態度로서 處理할 수 있느냐 없느냐는 卽 安全과 獨立을 要求하는 大韓政府의 試金石이 될 것이다. 그리고 同 叛亂事件은 韓國問題가 討議를 기다리고 있는 「유엔」總會의 行動에 畢竟 影響을 주게 될 것이다.

▲ 星條紙 = 이번 南韓 叛亂事件은 美國뿐만 아니라 「유엔」에 支障을 줄 切迫한 危機로 指向하는 凶兆인 것이다. 南韓에 일어난 叛亂을 鎭壓시키는데 國軍의 注意를 分散시킴으로써 北韓政權은 突然의 攻擊을 容易하게 할 수 있을 것이다.

以上과 같이 이번 叛亂事件에 對한 外國人의 一致한 見解는 共産主義者들이 南韓을 自己들의 手中에 넣으려는 것이라 한다. 그리고 그 影響은 UN에 큰 支障을 줄 것이라고 보고 있다.(?生)

[10] 민주일보 1948.11.14.

美人 記者가 본 叛亂事件

「나는 당신의 편이요」 恐怖에 싸인 避難民의 인사말

미국의 보수적(保守的) 주간잡지 『타임』 11월 8일부에는 「조선」란에 『타임』지 특파원 『칼─마이던스』 기자가 순천과 여수반군사건의 조선국군 종군기사를 다음과 같이 게재하였다. 총에는 『저는 당신 편이요』라고 되어 있다.

『평화스러운 하늘』이라는 뜻의 순천(順天), 아름답고 자그마한 골은, 여수(麗水)항 북쪽 11마일 지점, 준엄한 지리산(智異山) 산록에 조용히 누워 있다. 10월 20일 아침 순천의 농사꾼들이 벼 추수를 하고 있을 즈음 돌연 정거장으로부터 『사이렌』 소리와 소총 소리가 들려왔다. 농사꾼들이 보니 2천 명의 반군(叛軍)과 4백 명의 시민이 여수로부터 기차를 타고 달려온 것이다.

반군은 순천읍으로 아무 일없이 가까이 왔다. 그러나 시가지에 들어서자 경찰 측은 이에 총을 쏘기 시작하였다. 시가지의 다리목을 지키고 있던 병정들과 합친 반군은 이에 총으로 반격하였다. 잠간 동안의 맹공으로써 반군은 전 시를 점령하였다. 항복한 백 명 가량의 경찰관이 경찰서 담장을 등지고 늘어세워진 후 총살당하였다. 그런 후 반군은 일부 시민들과 합쳐서 「북조선 인민공화군 만세!」를 부르면서 북조선 공산당의 깃발을 들고 시가행진을 하였다.

星條의 셔츠

황혼이 되었을 때에 공산당의 사형집행대(死刑執行隊)는 집집을 뒤지며 잠자리에 들어있는 「우익들」을 사살하고 또는 몰아내어 모은 후에 살해하였다. 만 2일 반 동안에 5백 명의 시민이 살해당한 것이다.

순천에 있는 미군 「스트위트·M·그린봄」 중위와 「고-든·모어」 중위(조선군 고문)는 가까스로 죽음을 면하였다. 이들을 죽이기로 지시받은 반군의 하사(下士)는 이들과 여러 차례 그 병사에서 맥주를 나눈 친구였다. 이 하사는 미군 중위들을 뜰로 데리고 가서 총을 땅에다 쏘고 「거짓 죽이는 체」하고 장로교회 선교사 「존·커-티스·크레인」 박사한테로 인도하였는데 선교사 부처는 다른 선교사 4명과 함께 집에 「바리케이드」를 쌓고 숨어 있었다.

의사의 셔츠와 다른 헝겊으로 여자들은 「별(星)」 열여섯과 「줄(條)」 열한 줄을 꿰매어 미국 국기를 만들어 꽂았다. 반군은 문을 두드리며 고함쳤다.

『미국○들을 죽이자』

그러나 한 사람이 돌연 고함질렀다.

『아니오, 죽이지 마오. 그들은 우리 친구요』

그는 미군 중위들의 동무인 그 하사였다. 이리하여 반군은 가버렸다.

순천을 탈환한 국군은 처음 몇 시간 동안 공산당이 한만큼 ○○하였다. 순천 농림학교(農林學校) 넓은 교정(校庭)에 우리는 순천의 전 인구가 나와 있는 것을 보았다. 어린애들을 업은 부인네들이 그들의 남편과 아들이 곤봉과 총대와 쇠투구로 매 맞는 것을 바라보고 있었다. 그들은 24명의 남자가 가까운 소학교로 끌려가는 것을 보았고, 뒤이어 그들은 죽이는 「라이플」 총의 일제사격(一齊射擊)의 총성을 들었다.

『미국○도 나가라』

이틀 뒤에 반란이 일어난 여수에 들어갈 때, 정부군의 활동은 좀 더 단정(端正)하였다. 여수 점령의 공산당은 남조선 전체에 이와 똑같은 형체가 취하여지기를 바란 것이었다. 경찰관과 애국지도자들을 체포 총살한 후 반군은 전 통신기관과 은행, 학교와 식량배급소를 점령하였다. 그들은 새 정부기관으로 『인민공화국』을 세웠다. 『인민위원회』는 다음과 같이 선언하였다!

『우리의 두 가지 강령은 다음과 같다!

1. 우리 형제를 죽이는 동족상잔에 반대한다.【제주도 반도 토벌 반대의 뜻】

2. 미국○도 나가라』

여수탈환은 일시 반군을 옴짝 못하게 하였지만 반군의 대부분은 무기를 가진 채 시골과 산속으로 도망쳤다. 여수 함락은 이 싸움의 종식은 아니라 이는 이제 시작인 것이다. 일반시민의 방금 전투가 끝난 후 입장을 우리가 여수 교외의 오막살이집에서 만난 한 여인이 말하였는데, 우리가 그 여자더러 어느 편이냐고 물었더니 대답하기를

『저는 당신들 편이지요. 당신들이 제일 강하니까요』 하였다.

[11] 남조선민보 1948.11.16.

타스通信 又 復虛報
各 處 戰鬪 熾烈을 報導

【모스크바 15일 發 AP 合同】「타스」通信은 南韓 傀儡政府에 反對하는 軍事行動이 潮潮 增大하고 있다는 平壤放送을 引用하여 다음과 같이 報道하였다.

平壤放送이 傳하는 바에 依하면, 慶尙北道 大邱에서 叛徒 側과 政府軍 側에 激戰이 벌어지고 있다. 그리고 □□에서는 市街戰이 展開되고 麗水 附

近 山岳地帶 濟州島 及 順天地區도 戰鬪가 繼續되고 잇다.

[12] 남조선민보 1948.11.28.
連發하는 莫府 虛報
南韓에 人民政權 樹立

【모스크바 27일 AFP 合同】 26日 「모스크바」放送은 南韓 叛亂事件에 關하여 다음과 같이 傳하고 있다.

南韓의 叛亂은 꾸준히 그 地盤을 擴充하고 있다. 한편 同 地區에는 人民政權이 새로 樹立되고 人民委員會는 民主主義人民共和國 憲法 선포에 奔走하고 있다. 數많은 山岳地帶에서 守備隊가 반란을 일으켰던 것이다.

제5장

사설로 본 여순사건

[1] 동아일보 1948.10.28.
社說: 全南事態의 悲劇

1. 政府軍이 順天, 麗水에 進擊하여 叛亂의 勢力을 擊破하였으므로 戰略的으로는 全南事態가 多少 改善된 점도 없지 않으니 이 分散된 叛徒勢力이 求禮, 寶城, 長興, 河東 等地로 方向을 돌려 隣接 郡으로 飛火하게 되니 事態收拾에는 아직도 樂觀을 不許한다. 現地實情을 보고 온 사람의 말에 의하면, 그 慘狀이야말로 同族同胞로서 눈물 없이는 차마 볼 수 없는 글자 그대로의 生地獄을 이루고 있다 한다. 우선 順天만 하더라도 民間 側 被害가 3백 명을 넘으리라고 하며, 人民裁判이라 稱하여 無辜한 同胞를 殺害 凌辱하는 等 적어도 나라에 法과 正義가 있다면 그 殘忍無道한 非行이야말로 永遠히 용서할 수 없을 것이니, 우리는 民族의 이름으로 被害者의 冥福을 빌며 그 遺家族에 深甚한 弔意를 表하여 마지않는 바이다.

2. 政府 側 發表에 의하면, 이번 叛亂事件은 現 政府를 反對하는 左翼分子와 極右分子의 合作이라고 한다. 그러나 政權을 獲得하는데 이 나라 憲法이 規定한 平和的 手段이 아니고 暴力으로 나올진대 그 動機如何 그 所屬如何를 莫論하고 人民의 支持를 받지 못할 것이며, 民族이 이를 容納하지 않으리라. 확실히 이번 全南事態가 일어나게 된 책임은 國聯 決議를 拒否하는 彼方 左翼에 있는 것은 말할 것도 없거니와 그러나 이 事態收拾에 대한 우리의 責任을 저버릴 수 없을 것이다. 順天, 麗水도 아직 完全히 平定되지 못하고 局部的으로는 散發戰이 벌어지고 있다하니, 그 掃蕩殲滅에 대한 國軍의 責任도 重大하려니와 그렇다 하여 이 全南事態를 軍事的인 解決에만 放任할 수는 없을 것이다. 다행히도 智異山으로 들어가는 길을 遮斷하게 되어 全南事態가 慢性化하지 않을 것만은 確信하는 바이나, 우선 濟州道事態만 보더라도 軍事力만을 가지고는 도저히 完全한 解決을 지을 수 없는 것이다.

3. 鎭壓된 地方에 있어 被害者의 家族 또 이에 背景이 되는 社會的 集團

과 加害者의 家族 또 이에 背景이 되는 社會的 集團들 사이에는 感情의 對立이 尖銳化 할대로 할 것이다. 또 이런 때일수록 地方民의 私感이 政治的인 形態를 가지고 表面化하는 것이며, 가장 被害가 많은 警察로써는 治安確保를 떠나서 復讐로 나오기 쉬운 것이요, 목숨을 걸고 討伐에 當하고 있는 國軍 역시 이에 加勢하기 쉬운 것이니 그렇게 되면 地方民은 그 大部分이 反動化하지 않을 수 없을 것이다. 따라서 全南事態는 1차적으로는 軍事力이 解決 지어줄 問題라고는 하나 이 事態를 根本的으로 收拾하는 길은 역시 政治的인 解決에 있는 것이니 이 點에 對하여 特別注意를 喚起하여 마지않는 바이다. 더구나 國軍이 暫定나마 地方民政을 把握한다는 것은 極히 危險한 일이라 아니할 수 없다. 이것이 決코 事態를 根本的으로 收拾하는 길이 아니기 때문이다. 앞서 國會 側으로서도 調査團을 派遣한다고 하였는데, 이런 非常時일수록 政府와 協調하여 이 事態가 기위 일어난 地方의 한 局部的인 소요에 그쳐 이후 다시 이와 같은 同族相殘의 悲劇 없도록 事態收拾에 萬全을 期하여야 할 것이다.

[2] 조선일보 1948.10.30.
社說: 收拾對策과 眞相糾明

1. 麗水, 順天叛亂地帶의 慘報를 들을수록 民族의 前途에 아득한 느낌을 禁할 수 없는 것이다. 良心에 물어 答을 얻으려하매 답답할 뿐이다. 우리 民族이 걸어온 길은 너무도 기구한 苦難의 길이었다. 特히 外敵의 侮害는 北으로 滿族, 漢族, 蒙古族이 끊임없었고, 南으로는 倭의 侵寇가 또한 不絕한 가운데 國權마저 빼앗기고 奴隷의 40년 生活을 하기까지, 이 땅의 患難은 世界 어느 땅에 못지않을 만큼 우리 民族의 피로 거름을 했음을 잊을 수 없는 것이다. 比較的 잘 알려진 記錄으로는 高麗時代의 遼, 蒙古의 殘酷

한 原始的 殺戮의 侵犯, 李朝의 壬辰倭亂, 淸의 丙子胡亂 등 强大優越한 武力에 依한 國土의 修羅場化를 생각할수록 先人들의 無數한 죽음의 呻吟이 지금도 귀에 들리는가 싶거든, 韓末 亡國哀를 몸소 體驗한 記憶도 새로운 오늘, 國家를 再建하려는 者 이 難局에서 먼저 무엇을 생각하고 무엇을 아껴야 할 것이냐. 지금 小學, 中學에서 길어나는 天眞素朴한 次世代의 어린 子孫에게 다시는 남의 구박 안 받고, 매 안 맞고, 죽음의 苦役을 다시 치르지 않을 平和로운 統一의 一家를 세워 隣邦과 自由平和의 親善을 다할 수 있도록 正義, 和睦의 國家基礎로 나갈 것뿐이었다. 그런데 解放 後 어떤 外的 制約이 있었다 하더라도 繼續하는 流血의 同胞相殘이 戰力化하기까지는 이 웬일인가. 우리는 먼저 冷靜하게 人間만이 가진 理性의 힘으로써 모든 事態를 嚴正히 直視하면서 民族受難의 記錄을 거울삼아 熟考反省하여 今後에 對處하여야 할 것이다.

2. 오늘 이 事態의 收拾에는 全 民衆이 한가지로 嚴肅하게 國民의 責任으로써 그 萬全을 다하기에 努力하여야 할 것이려니와 政府와 國會는 國家 最高機關의 責任으로써 國民의 깊은 理解와 協力을 求하여 最善 最迅速한 適切한 施策을 다하여야 할 것이니, 먼저 이번 事態의 動機와 發端 以來의 全貌를 남김없이 알려주어 國民의 健全한 良心으로써 明確한 判斷을 내리도록 모든 資料를 提示할 것이 極히 必要하리라고 본다. 그리고 國會는 國民의 代表機關인 責任에서 또한 政府와 協調하여 獨自的 立場에게 遺漏없는 調査와 批判을 내려 國民 앞에 提示하여야 할 것이다. 政府와 國會의 合意 下에 必要하다면 國會는 非公開로 할 수 있을 것이나 적어도 오늘 같은 事態에 臨하여 이를 國民에게 的確한 理解를 求하기 爲해서는 國會를 通하여 事態의 全貌를 밝힘이 賢明할 것이 아닌가 한다. 國務長官과 內務長官의 現地報告가 非公開이었다는 것은 理由 없지 않겠지만, 하루바삐 政府와 國會는 具體的 內容을 國會를 通하여 國民에게 알리라. 그리하여 政略, 政策에서가 아닌 眞正한 客觀的인 正當한 批判에서 事件의 圓滑한 收拾과 나아가서 建設의 새 方向도 잡을 수 있을 것이다. 軍의 叛亂이라고 하

지만 單純한 一部 軍隊의 謀反만이 아닌 모든 複雜 險惡한 突風的 慘劇인 만큼 이에 對處할 政府 方途도 手苦가 한두 가지 아닐 것을 믿으나, 이런 때일수록 언제나 民族과 國家의 崇高한 目的에 立脚하여 國民의 理解와 批判에서 더 큰 協力을 얻어야 할 것이다.

[3] 조선일보 1948.11.2.

社說: 叛亂에 學徒 參加를 보고

아직도 그 完全한 鎭定을 보지 못한 全南의 叛亂事件은 同族相殘의 未曾有의 不祥事로 누구나 痛歎하는 바이거니와 우리는 그 事件에 對處하기에 最善을 다하는 同時에 古人의 이른바 「善惡이다! 吾師」라 하는 말과 같이 어떠한 不幸 속에서도 그 處理를 爲하여는 嚴正할 것이나 한편으로 反省과 敎訓의 材料로 삼을 바 不少할 것이다. 그 事件 勃發 中에 比較的 純眞하여야 할 男女學生이 參加하였다는 것은 不祥事 中에도 더욱 놀라운 일이다.

돌아보건대 朝鮮의 學生은 過去에 3·1運動과 光州學生事件 等 反帝運動에 參加하였던 일이 있어서 一般으로 學徒들의 하는 일을 純情과 大義에 움직이는 것으로 보아왔었는데, 이번은 同族을 殺害하는 不祥事에 비록 一部라도 휩쓸리었다는 것은 오늘의 그런 叛亂을 過去의 反帝運動과 混同시켜 利用에 資하려는 이의 말에 그릇되었거나 그렇지 않으면 魚魯와 黑白을 分別치 못한데서 나온 것이다. 이런 見地에서 今後의 우리는 成人敎育에 對하여도 힘쓰려니와 特히 文敎當局을 中心으로 敎育에 對한 深甚한 考究와 强力한 實踐이 있어야 한다. 이에 對하여 吾人은 몇 個의 示唆를 하여 參考에 資하려 한다.

첫째로 學徒에게 健全한 國民主義를 鼓吹하여야 한다. 모든 사람의 눈에 비추는 現實에 對한 不平이 나라가 政治, 經濟, 其他 各 方面으로 完全히 解放되지 못하였다는 苦憫은 그들의 머리에도 反映되었을 것이다. 또는 世界的으로 팽배하게 흐르고 있는 大潮流는 單純히 「學生은 工夫나 할 것이지 政治問題에는 머리를 쓰지 말라」든지 또는 이 나라의 神話 속에서 길러 나온 國粹的 傾向이 있는 標語만으로는 不足하다. 도리어 이러한 線을 넘어서 充分히 靑少年의 感激과 理性에 訴하는 바 또는 우리 國民運動과 世界史的 結付에서 똑바로 나가야할 路線을 가르쳐 健全한 國民主義를 涵養시켜야 한다. 卽 消極的인데서 積極的인 方向으로 나가야 한다.

둘째는 敎育家의 生活保障과 함께 그 人格의 高尙, 威信의 維持에 힘써야 한다. 解放 後의 敎育界는 그 全部라고는 할 수 없으나 一部에서는 神聖하여야 할 敎育에까지 商賈的 考案, 謀利의 對象이 된 感이 있었다. 그것은 甚한 例라 할지라도 現在의 報酬로는 生活保障이 不可能한 敎育人들의 一部는 그 生活資料를 學徒에게서 抽斂하는 金品에 賴한 바 있으니 이러고서는 스승의 威信을 保할 수 없고 따라서 완전한 敎育도 어려울 것이다.

셋째는 學科 注入에 偏重하지 말고 社會生活, 情緖敎育에 置重할 것이다. 學校의 制度가 그 模倣을 많이 한 西洋의 「스쿨」이라는 말은 그 語源이 「休息과 趣味」라는 뜻이 包含되었다. 智的 偏重, 試驗 第一主義에서 德性을 기르고 體育을 힘써서 均衡된 人格을 養成하기에 主力할 것이다. 「學校는 어느 一部面으로만 通할 것이 아니라 모든 部面으로 通한다」는 見地에서 깊은 再考가 있어야 한다.

[4] 동아일보 1948.11.3.

社說: 强力政治에의 길

1. 國軍의 一部를 先鋒으로 한 麗水順天叛亂徒黨의 殘忍無道한 同胞殺害

狀況은 都下 各 新聞의 報道에 依하여 그 大略을 알게 되었거니와 그 手法에 있어서 그 計劃性에 있어서 그 規模에 있어서 實로 天人이 共怒하고 戰慄하고 激憤하지 않을 수 없다. 이제 山積된 屍體 앞에 그 遺家族과 더불어 慟哭하고 또 慟哭하되 오히려 한이 깊어질 뿐이다. 嗚呼라! 叛徒의 銃劍에 억울하게 쓰러진 善男善女여! 反動의 累名을 쓰고 「人民裁判」의 이슬이 된 兄弟姉妹여! 반도와의 戰鬪에서 勇敢히 戰死한 勇士들이여! 저 殘忍無道한 叛徒는 거의 捕捉殲滅되어 南天을 휘덮었던 妖雲은 걷혔으니 명目할지어다.

2. 有史 以來 未曾有한 今般 悲劇의 原因을 살피건대, 南北을 通한 共産分子의 大韓民國을 破壞하려는 陰謀와 策動이 主流를 形成한 것은 말할 것도 없거니와 그렇다고 그것만이 全部가 아니었다는 것도 明白한 바 있으니, 政府의 發表를 通하여 볼지라도 極右政治 不平分子의 加擔을 云云한 바 있고, 政府의 處事에 있어서도 또한 우리가 首肯할 수 없는 點이 있으니, 그것은 今般 叛亂의 先鋒이 된 제14연대 內 不純分子는 吳東起 연대장의 휘하로서 事前에 그 不純性을 알고 있었다 하면서 이러한 不純分子를 赤色叛亂의 中心地 濟州道로 派遣하려고 麗水에 集結시킨 그 不可思議한 措置다. 이러한 조치는 共産主義者의 活動과 力量을 너무나 過小評價한데서 招來된 失手라 하겠지만 解放 後 反託鬪爭에서 5·10選擧에 이르기까지의 民族陣營의 反共血戰을 몸소 體驗한 鬪士라면 이러한 失手는 있을 수 없는 일로서 實로 長嘆息을 禁할 수 없는 바이다. 須臾라도 反共鬪爭을 疎忽히 할 수 없음을 생각할 때에 政府樹立 後 3개월간의 이 眞空狀態를 政權移讓에 隨伴되는 單純한 準備라고 하기에는 너무도 遲遲하고 其間에 錯雜한 諸般事態는 政治의 貧困만을 露出할 뿐 民心의 解弛는 날로 尤甚하여 日□道□의 感만 짙어가니 앞서는 寒心을 抑制하고 民心收拾에 勇氣를 振作하여야 할 것임에 回想하라! 5·10選擧 그 當時 大韓民國政府의 誕生을 爲하여 93%의 全國民이 궐기한 사실을! 民族存亡의 이 가을 어찌 궐기하지 않으랴! 다만 그 責에 있는 當路者가 求하지 않음을 遺憾으로 생각할 뿐이다.

3. 現下 우리가 處해 있는 複雜微妙한 內外情勢는 무엇보다도 民族의 힘

을 總集結시키는 政治的 力量의 偉大性을 優先的으로 要求하고 있는 것이다. 大韓民國政府의 赤色傀儡政權에 對한 勝利는 民主主義의 共産主義에 對한 勝利요, 國際民主主義의 赤色全體主義에 對한 勝利인 것이다. 國際的으로는 世界 各 民主國家를 動員하는 것이요, 國內的으로는 自我中心的 勢力을 扶植하는 것이 아니라 民族의 이름으로 鐵筒같이 團結하는 것이다. 거기에는 個個의 團體나 勢力이 있을 수 없고, 모든 個體가 하나의 總體的인 呼吸 밑에서 謙虛한 協力과 奉仕가 있을 뿐이다. 우리가 期待하는 바 이러한 强力政治는 또한 寬容과 理解를 前提로 하는 것이요 獨善的 排他主義나 强權恣用을 前提하는 것은 아니다. 그러므로 政府는 民族的 力量을 總集結하는 强力的 政治態勢를 갖춤으로써 今般 叛亂에 犧牲된 겨레의 冥福을 祝願할 생각은 없는가? 이것이 겨레가 다 같이 一刻千秋와 같이 苦待하고 있는 것이다.

[5] 동아일보 1948.11.5.
社說: 麗水叛亂과 學徒의 妄動

1. 한때 世人의 耳目을 驚動케 하던 麗水叛軍徒黨의 騷亂도 忠勇無比한 國軍과 警察隊의 果敢한 進擊과 宣撫로 因하여 이제는 거의 鎭壓되어감에 따라서 治安도 漸次 回復되어 간다는 것은 참으로 不幸 中 多幸의 기쁜 消息이다. 그러나 治安回復과 同時에 叛亂 當時의 情景을 들어보면, 叛亂徒黨의 同胞殺傷, 家産破壞, 掠奪, 强姦 等等 갖은 行패는 實로 天人이 共怒할 殘忍極惡이었음을 알게 될 때, 우리는 그들을 우리와 핏줄이 같은 同胞라기보다도 차라리 人面獸心의 鬼畜輩라고나 하여 두는 것이 民族的 體面도 좀 덜 損傷되는 듯 하며, 正義感에 불타는 憤怒도 어느 程度로 自慰되는상 싶다. 그러나 이번 麗水, 順天 等地의 叛亂 때 그처럼 至毒極惡한 殘忍行動

의 下手者 中에 男女中等學徒가 多數 加擔하였다는 事實에 對하여는 우리는 다시 한 번 더 크게 놀라는 同時에 억지의 自慰도 받기 어려운 痛嘆을 禁할 수 없다.

2. 解放 後 一般 學徒의 □□이 激□混亂하게 된 것은 讀者의 慨歎不已하는 바이거니와 所謂 民主主義라는 美名 下에서 自由와 放縱을 區別치 못하고 全然 混同하여 무엇이든지 맘대로 하는 것을 民主主義的 自由로 誤認하고 모든 것을 맘대로 自行自止하려고 한다. 그리하여 口尙乳臭의 學徒들이 言必稱「學園의 民主化」를 부르짖고 同盟休學을 能事로 하며, 甚至於 一知半解도 못 되는 識見을 가지고서 思想의 新舊를 云云하며 政黨의 左右를 論評하고 正課의 事業은 마치 무슨 제2, 제3의 副業처럼 等閑히 한다는 것은 近 40년간 노예생활하다가 별안간 解放된 우리 韓人의 社會가 아니고서는 구경하기 어려운 奇現象이며 해괴사라 아니할 수 없을 것이다. 아직 모든 常識을 배워야할 修學 途中에 있는 어린 學徒로서「修身」의 階段도 完了치 못하고 훌쩍 건너뛰어서 대번에 治國平天下의 最高峰에까지 오르려고 한다는 것은 이야말로 깃도 돋아나기 前 나르려고 파닥거리는 것과 마찬가지의 어리석은 짓이다. 하물며 천진난만하여야 할 學徒로서 當然히 하여야 할 學業에는 힘쓰지 않고 所謂「主義」에 共感하여 어떤 思想的 □□에 加勢 暗躍한다는 것도 千不當萬不當의 일이거늘 하물며 叛軍의 作亂에 加擔하여 무고한 同胞를 男女老幼도 莫論하고 殘忍無雙한 方法으로써 함부로 殺傷하며 財産掠奪, 處女輪姦 等等 못된 罪惡을 남김없이 恣行함에 이르러서는 吾人으로 하여금 그에 對한 痛歎과 憤怒를 形容할만한 말조차 알지 못하게 만들 뿐이다.

3. 그러나 解放 後 學徒의 氣風이 極度로 墮落混亂하게 된 所以然을 探求하여 본다면 勿論 急輸入된 民主主義의 서투른 解釋에도 그 原因이 있다고 할 수 있지마는 이와 同時에 그 責任의 半分 以上이 敎師 自身들에게 있다는 것을 忘却하여서는 안 될 것이다. 解放 後 日人의 代身으로 자리를 채우기에 敎員의 부족은 初, 中, 大學을 勿論하고 거의 共通된 現象이었다. 그러

므로 自己가 希望만 한다면 미처 그 學歷의 虛實, 實力의 有無 같은 것은 찬찬히 알아볼 餘暇도 없이 함부로 막 採用하였다. 따라서 남의 子女를 맡아서 所謂 薰陶涵養시킨다는 教師 中에는 아직 未成半熟의 얼간이들이 如干 많지 않다. 教師 自身이 修身上으로나 學識으로나 不足한 點이 많기 때문에 그것을 掩蔽하려는 얕은꾀로써 學徒의 歡心을 사기 爲하여 自己도 잘 理解치 못하는 所謂 主義思想에 關한 이야기를 함부로 지껄여 들려주는 것을 能事로 한 까닭에 아직 志氣未定한 어린애들이 惡舊向新하는 호기심으로 所謂「새 思想」에 精神없이 마취되어 함부로 날뛰게 되는 것이다. 이번 麗水叛亂에도 麗水女中校長 宋旭宋郁 같은 자의 罪가 얼마나 큰가는 世人이 共認同歎하는 바이다. 以前부터 異色分子라는 指彈을 받고 있던 者를 中等校의 責任者로 採用한 全南學務局에 不察도 決코 적다고는 못할 것이다. 麗順地方의 叛亂에 加擔 作亂한「學徒」輩는 勿論 軍法에 依하여 容赦없이 處斷될 터이나 앞으로는 다시 이런 學徒叛亂의 □□를 없게 하기 爲하여 此際에 文教當局으로서는 教師, 學徒를 莫論하고 不純分子는 徹底히 肅淸하여 學□의 明朗化를 實現하기 바라마지 않는다.

[6] 동아일보 1948.11.16.
社說: 同胞여 反省하자

1. 人類와 금獸가 다른 點은 여러 角度로 觀察할 수 있으나, 그 여러 가지의 다른 것 중에서도 特히 顯著하고 가장 主要된 差異點은 다른 一般 動物 即 禽獸는 日常의 모든 行動이 單純한 食慾, 生慾, 性慾 3者만의 本能的 衝動에 基因한 것인 所致로 徹頭徹尾하게 利己的이오 愛我的인 것뿐임에 反하여, 人類는 모든 事物의 是非曲直을 잘 區分 判斷하는 理智와 廉恥와 禮儀를 알고 지키는 謙讓性과 自己 몸뿐만 아니라, 同族 乃至 他族까지도

사랑하는 博愛心을 가진 點이라고 할 수 있을 것이다. 卽 理智, 謙讓, 博愛이 세 가지야말로 우리 人類가 저 모든 禽獸魚鼈에게 君臨하게 되는 優秀點이며 特異處다. 우리 人類가 이 세 가지 長點을 가졌기 때문에 비로소「萬物의 靈長」으로 뽐낼 수 있으며 萬物 自體도 우리의 앞에 머리를 숙이고 우리의 支配와 命令에 順從치 않을 수 없게 되는 것이다. 그런데 더욱이 우리 韓族은 古來 東方禮儀國民으로 自處해 왔다. 只今 그「自處」의 可否에 對하여는 論外로 두거니와 어쨌든지 우리가 一般的으로「禮儀國」민으로 自處行世하여 온 만큼 우리 韓族은 다른 民族보다 禮儀를 잘 알고 잘지키며 따라서 博愛心 같은 것도 많다고 自認해온 터이다.

2. 그러나 이번 麗水地方의 叛亂事件 같은 것을 본다면 누구나 우리 韓族 보고 禮儀를 알고 博愛心도 있는 理智的 文化民族이라고 하기를 크게 躊躇치 않을 수 없을 듯하다. 첫째 우리겨레 3千萬이 글字 그대로 一致團結하고 協心勠力하여야만 비로소 저 虎視탐탐하는 比隣의 帝國主義를 물리치고 겨우 獨立自存할 수 있는 危機一髮의 難局에서 함부로 內訌이나 叛亂을 꾀한다는 것은 슬기 있는 理智的 國民의 할 짓이라고 할 수 없으며, 둘째로는 無고한 男女同胞를 多數 殺害하였으되 그 殺害方法이 禮儀 알고 博愛心 있는 文化人으로서는 到底히 夢想조차도 할 수 없는 殘忍性과 凶怪性의 發露이었다. 이에 우리는 從來 自處하던「禮儀國民」의 根基가 흔迹도 없이 무너짐을 깨닫게 되며, 乃至「萬物의 靈長」으로 自許하던 體面까지도 餘地없이 汚損하게 되었음을 스스로 부끄러워하지 않을 수 없게 된 듯하다.

3. 더욱이 麗順地方의 騷動 以後로는 一般의 人心이 서로 疑아와 恐怖속에서 不安히 지내는 感이 자못 많은 듯하다. 서로 핏줄이 다 같은 同族끼리 이게 무슨 羞恥스러운 일인가. 近 40년간이나 異民族의 노예생활을 하다가 그 羈絆을 解脫하게 된 오늘날 우리 同族끼리 서로 疑訝할 點이 어디 있으며 恐怖할 것이 무엇 때문인가. 都大體 사람이 自己와 思想이 좀 다르면 意見이 틀린다고 막 죽여 버리기로 든다면 이 世上에 살아있을 者

는 果然 몇이나 되며 또 누구인가. 萬一 自己와 主義나 思想이 相違된다고 다 排除하기로 한다면 아마 이 世上의 人類는 全滅의 運命을 免치 못하게 될 것이다. 그러나 사람은 서로 사랑하고 協調하고 信賴하고 合心하고 協力함으로써 비로소 「한 民族」으로서 團結할 수 있으며 「한 나라」로서 獨立繁榮할 수 있는 것이 아닌가. 願컨대 同胞여 此際에 한번 다시 一齊히 反省하여 「禮儀國民」의 體面을 汚損치 말자. 「萬物之靈」의 尊嚴을 끝까지 維持하기로 하자.

[7] 동아일보 1949.1.20.
社說: 歸順 勸誘를 徹底히 하라

1. 麗水叛亂事件 發生 後 이미 3朔이나 되어가되 비록 叛亂徒黨이 거의 殲滅之境에 가까워 간다고는 할지라도 아직도 各處의 山近村落에는 叛徒輩의 出沒이 無常頻繁하며 따라서 掠奪, 放火, 殺傷 等等이 無時 發生되는 附隨的 事件이다. 그러므로 그들을 討伐하려고 恒時 準備·出動하는 國軍이나 警察隊의 苦難도 筆舌로써 다 말하기 어려운 狀態이려니와 一般 民衆 側의 困難이야말로 到底히 第3者의 想像할 程度가 아니다. 어느 때, 어느 곳, 누구의 집에든지 叛亂兵, 暴徒輩가 侵入하는 경우에는 當場 誠力을 다하여 하는 飮食物의 供給을 비롯하여 時急한 納稅用으로 겨우 準備하여둔 金錢의 掠奪, 甚至於 婚日이 迫頭한 子女의 衣服寢具까지도 남김없이 다 掠奪을 當한다. 그리고도 조금만 어물어물하다가는 함부로 毆打, 殺傷을 當하게 되는 것이 雪上加霜格인 점이다. 그리고 또 叛徒의 退去 後에는 即時 報告치 않았다는 理由로써 다시 軍警 側의 假借없는 叱罵를 免치 못하게 된다. □□가 大概 이러한 以上 一般 民衆의 困境難狀이야 다시 더 擧論할 餘地조차 없는 形便이다. 따라서 一般 人心이 朝不顧石의 狀態로서 極度로

흉흉할 것은 勿論之事이다.

2. 그러므로 한 時刻이라도 빨리 이런 叛徒輩의 騷動을 完全히 鎭壓하고 마치 칼날 위에 선 것처럼 모두 戰戰兢兢하는 人心을 安定시키지 않으면 안 된다는 것은 軍警民을 不問하고 異口同聲의 共通的 念願이 아닐 수 없다. 그런데 들리는 바에 依하면, 今月 初부터는 湖南地區司令官 全南道知事 및 警察局長의 連名으로써 叛徒의 歸順을 勸誘하는 布告文이 發布되었다고 한다. 卽 叛亂兵이나 暴徒로서 武器를 가지고 歸順하는 者는 良民으로 待遇하여 卽時 釋放한다. 그리고 南勞黨 系列의 左翼運動者도 歸順者는 軍政裁判에 붙이지 않는다는 意味의 布告文이다. 이야말로 도리어 晩時之歎이 크게 있다고 할 수 있을 만큼 가장 得宜한 措處라고 讚揚하는 바이다. 元來 이러한 歸順勸誘文은 麗·順叛亂 後 卽時 布告하였어야 할 것이다. 왜 그러냐 하면 그들 — 卽 惡質的 賣國徒黨의 터무니없는 甘言利說에 眩惑되어 一時的 附和雷同한 大多數를 假借없는 處刑□□로써 嚴治하는 것보다는 하나라도 더 釋然□□하여 大韓民國의 善良한 國民으로 되게 하는 것이 國家的 見地로도 利益이 되며, 또 그들의 同胞된 義務로도 應當한 措置인 까닭이다.

3. 그러나 이러한 歸順勸誘의 布告文이 너무 늦게 發布된 것은 적지 않은 遺憾이라고 하겠으나 이제라도 速히 널리 周知시키기에 最善의 方法과 努力을 다하여 하나라도 더 많이 한시라도 더 빨리 歸順者가 □起 續出케 하여 아직 前途洋洋한 靑年同胞들로 하여금 空然한 개죽음의 길을 밟지 않도록 善導하여 주기를 간절히 바란다. 그리고 所謂 南勞黨 系列의 者에게도 改過遷善할 良心을 가지고 歸順하는 者는 오직 軍政裁判에 부치지 않을 뿐만 아니라 그들의 昨非를 徹底히 曉認시킨 後 卽時 釋放하여 善良한 大韓國民으로서 再出發하도록 잘 抱容 善導하는 方途를 取하기 바란다. 이렇게 하는 것은 우리 겨레가 當面하고 있는 最大課業인 南北統一에의 先決條件인 社會安定을 圖謀하는 點으로나 또는 當場 非常한 困境에서 헤매고 있는 多數 國民을 塗炭에서 救濟하여 주는 點으로나 가장 賢明한 得策

일 것이다. 이에 當局의 再思三考를 促求하는 바이다.

[8] 호남신문 1949.2.6.
社說: 戒嚴令의 解除

4개월에 亘하여 全南北道 一帶에 實施되었던 戒嚴令은 마침내 昨 5일로써 解除되었다. 想起하면 昨年 10월 20일 湖南의 一角 麗水에서 發端된 叛亂의 民族哀史는 그간 4개월 陰害 亂鬪와 暴力掃蕩의 酸鼻한 混亂이 그대로 □□되어 流血이 淋漓한 渦中에서 씻을 수 없는 全南의 汚史에 나아가 韓國의 汚史를 찍고 말았다. 都大体 누구를 爲한 流血이었으며 누구를 爲한 同族의 殺戮이었더냐? 戒嚴이 解除된 오늘 이 時刻에 冷靜한 反省과 함께 올바른 民族의 進路를 指向하기에 深思熟考가 있어야 할 것이다.

戒嚴은 解除되었다. 이는 事態의 好戰을 말하는 것이요, 叛徒의 完全 掃蕩도 在邇함을 意味하는 것이다. 따라서 叛徒의 跋扈와 더불어 번거로운 謀害 中傷 가운데 不安의 深調에서 『어떻게 했으면 헤치고 살아날까?』 하는 民心에 安堵感을 주게 될 것이니 이로써 □□의 민심은 □□□□ □□될 것은 勿論이거니와 그렇다고 해서 現下의 事態는 반드시 樂觀만 할 수 없는 것이 現實인 것이다.

現實을 直視할 때 于今도 山門에 □居하는 반도들은 때를 가리지 않고 最後 手段인 『게릴라』戰으로써 神經을 어지럽게 할 것을 꾀하고 있다.

이들의 完全鎭壓 없이는 全南 300만 道民은 勿論 全國民은 高枕을 期하기 어려울 것임에 앞으로 더욱 果敢한 반도의 鎭壓과 事態의 收拾策이 要請되는 것이다.

軍 當局에서는 事態 如何에 따라서는 何時든지 再戒嚴을 發動할 準備를 갖추고 있다고 듣는다. 우리는 여기에 戒嚴令 下 4개월의 쓰라린 經驗을

다시금 回想하여 이 땅에 再戒嚴의 發布가 없도록 各自가 留意해야 할 것이다. 事態의 收拾은 決코 國軍이나 警만으로써 이룩되는 것이 아니요, 實로 民의 積極的인 協力에서 비로소 所期의 目的은 達成할 수 있는 것이니 個個人이 民族理念에 歸一하여 뭉치고 엮어서 現下 當面한 危機의 克服을 爲해 挺身해야 할 覺悟와 決意를 새롭게 해야 할 것이다.

叛亂 이후 우리 수많은 愛國愛族의 同胞를 犧牲시켰다. 그리고 지금 이 時刻에도 雪山氷野 晝夜를 가리지 않고 叛亂의 完全 收拾에 挺身하고 있는 수많은 軍警이 있는 것이니, 犧牲된 愛國同胞의 □魂에 對하여 冥福을 빔과 아울러 軍警의 勞苦에 對하여 敬虔한 黙禱로써 感謝를 드리는 바다.

이제 兩分된 祖國은 어지러운 國際勢力 아래서 또 하나의 悲劇을 자아내고 있으니 요즘 □□지고 있는 以北軍의 越南侵入이 그것이다. 그 勢에 있어서 重大視할 바는 아니나 外勢의 그릇된 思想에 물들어 그의 主義를 實踐하기에는 長久한 歷史와 民族과 國家를 無視하고 同族 앞에 敢히 銃을 겨누는 그의 無慈悲함을 말하고 남는 것임에 이 全南의 叛亂事件과 다를 것이 없는 것이다. 當局에서는 이에 對한 態勢를 萬般 갖추고 있는 터이니 國民은 秋毫도 動搖할 必要가 없는 일이거니와 이러한 重大危機에 處하여 우리는 무엇을 求心할 것인가? 먼저 自主民族團結에의 歸一이다. 民族的 團結에 다 힘써야만 自主 韓國은 健全한 發展을 볼 것이요, 國民의 安寧도 거기에서만이 期할 수 있을 것이다. 먼저 全南의 叛徒는 빨리 歸順하라, 올바른 民族의 大道를 國民 全體가 뭉치어 갈 수 있도록 現下 門戶는 開放되어 있는 것이며, 危機에 逢着한 祖國의 □□을 爲하여 일어설 때는 지금을 두고 없는 것이다.

(반줄 미판독) 体만이 아니다. 世界의 □□으로서 列國의 視聽을 集中시키고 있는 것이다. 더욱이 民族의 至上命題인 南北의 統一과 外軍의 撤兵을 監視하기 爲하여 來韓한 UN韓委 一行이 續續 入京 中에 있는바 □□이들은 現下의 事態를 어떻게 볼 것인가? 지난날 文化民族이 아니니 自治能力이 없느니 等等의 뼈아픈 말을 들은 적을 想起하더라도 우리는 急速

히 現下의 事態를 收拾해야 할 焦燥感조차 갖는 것이다. 附和雷同한 擧皆의 叛徒는 이미 宣撫工作 等에 依하여 歸順하였다. 宣撫工作의 效果로 미루어보아 그들이 附和雷同하였다는 것을 더욱 理解하게 되는 것이니 여기에 우리는 깊이 느껴지는 바가 있는 것이다.

먼저 우리는 民衆이 附和雷同할 수 있는 要素를 주지 않아야 할 것이며, 장터를 찾아다니는 □□大衆의 心理를 깊이 把握해야 한다. 우리는 過去에 있어서 反省해야 할 일이 許多히 있다고 본다. □□의 □□官吏의 □行□□ 等은 □□大衆들이 附和雷同할 수 있는 要素가 안 되었다고 할 수 없는 것이며 여기에 깊은 反省이 促求되는 것이다.

우리는 이러함에 있어서 過去 四色黨派의 쓰라린 亡國史를 回想하고 全南叛亂의 哀史를 想起함으로써 이를 거울삼아 前轍을 밟지 않도록 해야 할 것이다.

제6장

기자와 문인의 눈으로 본
여순사건과 빨치산 활동

[1] 경향신문 1948.10.28.
目不忍見의 慘狀「順天地區」
叛軍의 順天 來襲부터 敗退까지
本社 特派記者 李秀道 君의 目擊記

　여수(麗水) 순천(順天)지구에서 일어난 반란군사건은 거족적인 비통한 관심 가운데 과감무쌍한 국군과 국립경찰의 결사적 진압작전으로 지난 20일 사건이 발생한 후로 1주일째 되는 현재는 반란지구에 치안은 거의 완전히 복구되고, 뿔뿔이 흩어져 방황하는 반도의 잔적을 송두리째 소탕하기에 진력중이다. 이번 사건의 중심지는 여수와 순천 두 도시이고 그중에도 반란군의 수중에 들어가 목불인견의 참상을 빚어낸 것은 순천이거니와 사후의 보도가 아니면 추상적인 단편적 정보로 반란의 진상을 상세히 알 수는 없었던 바, 이번에 순천으로 가서 여수로부터 반란군이 순천으로 들어와 국군의 진격으로 쫓겨날 때까지 잔혹한 가지가지 사태를 직접 목도하며 체험한 본사 이수도(李秀道) 기자의 체험담을 소개하여 특히 순천지구 반란의 참모습을 전하고자 한다.

實로 靑天의 霹靂!

　내가 사무(社務)를 띠고 순천역두에 내린 것은 때마침 여수에서 반란을 일으킨 반란군이 기차로 순천역에 당도한 때였다.

　서울 방면에서 내려온 여객 가운데 끼여 나는 반란군이라고 있는 거리를 보니 그들은 군대 정복 정모에 총들을 들고 있었으나 모자의 모표는 떼어버리고 있었다.

　우리는 역에서 나왔으므로 총총히 들어가는데, 도중 순천교 제방(順天橋 堤防)에는 순천경찰서 경관대가 여수로부터 반란군이 온다는 급보를 접하고 부근 지서원과 철도경찰까지 동원하여 약 백 명이 무장을 하고 비장한 결의로 대기 중이었다. 차에서 내린 우리들 일행을 보고 국립경찰

대는 위험하니 빨리 읍내로 들어가라고 재촉을 하는 것이었다. 때는 20일 오전 9시 20분경

留置人에 武器주고 避難警官을 모조리 銃殺

걸음을 빨리하여 우리가 읍내에 들어설 즈음에 정거장 편에서는 이미 전투가 개시된 듯 총성이 자지러지게 콩을 볶기 시작한다. 읍내는 처음에는 영문을 모르는 읍민들이 상점문도 열고 관공서에서 사무도 보았으나, 반란군이 차차 읍 가까이 들어옴에 따라 읍민들은 경관의 지시로 일제히 집속으로 피신을 하였다. 생각하면 반란군은 8백 명인데 수비를 하는 국립경찰은 겨우 백 명이니 중과부적으로 형세가 불리하여 가는 것은 어떻게 하는 도리가 없는 일이었다. 나는 어느 민가에 숨어서 형세만 보고 있는데, 같은 날 오후 한 시경에는 슬프게도 순천경찰서가 반란군의 수중에 들어갔다는 소문이 들렸다. 반란군은 경찰서를 점령하자 먼저 유치장의 죄수를 풀어 무기를 주고, 죄수 혹은 좌익학생들을 선두로 집집을 모조리 수색하여 피난을 한 경관이 있으면 그 자리에서 혹은 경찰서 마당으로 데려다가 총살을 시키는 것이었다. 그들이 있는 동안 순천경찰서 마당은 계속되는 잔혹한 사형으로 생지옥을 이루었던 것이다.

家家戶戶 人共旗 虛無孟浪한 宣傳을 鼓吹

반란군에 협력한 사람은 중학, 농업중학, 여자중학 등의 좌익학생이었으며, 이밖에 청년들까지 넣어서 반란군의 세력은 약 2천 명가량 되는 모양이다. 반란군은 순천읍을 완전히 포위하고 5분을 간격으로 계속하여 밤새도록 총을 노며 경찰서 부근에서는 「인민공화국만세」 소리가 끊이지 않는다. 반란군은 탄환이 풍부하여 한 사람이 두 어깨와 허리까지 여섯 둘레나 되는 탄환을 지니고 있었다.

피비린내 나는 폭동 가운데 날이 밝으니 아침부터 반란군은 시가지 시위행렬을 하는 것이었다.

행렬을 보면 선두에는 「트럭」을 탄 무장 반란군 다음으로는 「하찌마 끼」[はちまき(鉢巻き), 머리띠를 한 남녀학생과 일반청년 끝으로는 「트 럭」을 탄 무장 반란군으로 그들은 전부 약 1천 명가량 되는데 어디서 나 온 것인지 손에는 모두 「인민공화국」기를 들고 「적기가」를 부르는 것이 었다.

이날부터 읍내에는 가가호호에 인민공화국기가 날리고 점심때에는 계 속하여 불자동차로 반란군이 시위를 하며 「포스터-」, 「메가폰」, 인쇄물 「삐라」 등으로 선전을 개시하는 것이었다. 선전내용은 『이제는 완전히 노 동자 농민의 세상이 되었다. 반란은 순천뿐만 아니라 각지에서 일어나서 서울 부산도 같은 경우에 이르렀으며 북조선에서 인민군까지 진주하였다.』 는 허무맹랑한 낭설이었다. 이러한 허위적 선전과 함께 살상은 꾸준히 계 속되어 순천경찰서에서는 인민재판소를 설치하고 집집이 이 잡듯이 수색 을 하여 잡아가는 것이었다. 잡아가는 대상은 경관을 필두로 우익정당 청 년단체 예수교 관계 인물들이었다.

感激의 國軍 入城

국군은 들어오자 반란군을 모조리 총살하는 동시에 관공서 기타에 달 린 인민공화국기를 우리 태극기로 바꾸어달고 혐의자는 모조리 순천농업 중학교에 수용하고 자세히 조사를 시작하였다. 반란군에 의한 희생으로는 건물 파괴는 비교적 적고 대개는 무고한 민중이 많이 살해를 당하였으며, 특히 식산은행(殖産銀行)에서 8백만 원, 우체국(郵便局)과 조흥은행(朝興), 금융조합(金組), 읍사무소(邑事務所), 군청(郡廳) 등에서 4백만 원을 약탈당 하여 현금 도합 1천2백만 원과 그밖에 공문서를 약탈당하였다.

死刑도 無罪도 卽決 所謂 人民裁判 判決 光景

경찰서 안에 인민재판소를 설치하고 위원들이 늘어앉아서 피고가 들어 오면 몇 마디 심리가 있다가 사형 무죄 혹은 징계로 구타 등 세 가지 종류로 즉석에서 판결을 하여버린다고 한다.

이 통에 순천경찰서장 「양계원」[양계원(梁癸元)] 씨도 살해를 당하였는데, 양 서장은 먼저 눈을 빼고 소방차로 시가지를 한 바퀴 돈 후에 경찰서로 끌고 가서 서장 의자에 앉힌 후 장작에 휘발유를 뿌리고 불을 놓아 무참하게 살해하였다는 것이다. 이윽고 22일이었다. 반란군은 갑자기 긴장하여 동회 조직을 통하여 18세 이상 30세까지의 청년들을 징발하기 시작하였다. 광주 방면으로부터 우리 국군이 진격을 하여 오는 때문이었다. 사태가 매우 어려워지는 듯 반란군은 대부분이 무장을 하고 동원을 하자 멀리 북쪽 산 너머로부터 소총과 기관총과 간간히 대포소리까지 은은히 들려오는 것이었다. 이어서 23일 오전 8시경 읍 가까이로 총소리가 크게 들리기 시작하더니 마침내 전진을 뒤집어 쓴 채 국군부대가 순천 읍내로 들어섰다. 반란군의 대부분은 하동(河東) 방면으로 밀려 달아났다 한다.

[2] 남조선민보 1948.10.28.
鬼哭啾啾한 順天(上)
一步에 哭聲 二步에 腐屍 正服警官은 모조리 銃殺
街路는 戰慄과 殺氣가 떨쌘

【順天에서 金鎭學 特派員 27일 發 合同】記者는 아직도 完全히 恢復되지 않은 反亂地帶를 踏査하기 爲하여 光陽에 到着한 지 제2일인 24일 國軍部隊에 隨行하여 現地를 踏査하였는데 어제 記者가 反亂軍에게 見聞한 一端을 紹介하기로 한다. 記者는 事件發生 後 제4일인 24일 未明 國軍部隊와 함께 光州를 出發하여 途中 情報를 蒐集하면서 一路 順天으로 向하였는데, 途中 各 部落에 居住하는 靑壯年層은 거의 다 避難하고 겨우 남아있는 노파들은 不安한 가운데 우리 一行에게 힘없는 目禮를 줄 뿐 順天까지 230餘

里사이에는 어느 곳에나 殺風景과 차디찬 空氣에 가득 쌓여 있었다. 記者가 順天에 到着하였을 時는 이미 해는 기울어지려고 머지않아 검은 帳幕이 2일 前의 激戰을 잊은 듯이 고요히 이 땅을 덮으려 하였다. 記者가 제일 먼저 보고 놀란 것은 順天市 郊外에 있는 農業學校 뜰에는 웃옷을 벗은 천여 명의 群衆이 수심이 가득 찬 얼굴로 앉아 있고 이들 生命을 憂慮하여 찾아온 家族들의 울음소리가 이곳에서 터지고 있는 것을 보았다. 記者가 들은 바에 依하면 國軍□의 順天 騷亂 時에 市內에서 반란군에 가담한 嫌疑者도 逮捕한 것으로 警察에 引渡하여 取調하는것이라 한다. 이들 中에 반란군에 가담하여 警察과 右翼 幹部를 殺傷한 人民委員會 副委員長 外 20명의 左翼 幹部는 24일 상오 이미 警察에서 총살형을 執行받았다고 한다. 順天 市內에 제1보를 디디자 비린내는 코를 찌르고 市街에 櫛比한 各 商店 유리窓과 門과 壁은 총 맞은 흔적이 거미줄 같이 눈에 띠었다. 市內는 戒嚴令이 宣布되어 要所要所는 着劍한 國軍이 森嚴하게 守備를 하고 있는 가운데에 이곳저곳에서는 어두워지는 저녁 寂漠을 깨트리고 아직도 총소리가 마음을 서늘하게 들려오는 것이다. 市內에 들어가 한때 反亂軍의 人民裁判所로 되었다는 警察署 正門을 들어서자 차마 바라볼 수 없는 正服 警察의 屍体는 無慮 50여 명이나 눈에 띠고 市內 이곳저곳에는 2일 前의 激戰을 말하는 듯이 無數한 死体가 쓰러져 있는 것을 볼 수 있었다. 또한 死体를 運搬하는 그의 家族이 있는가 하면 死体를 안고 大聲통곡하는 老婆도 있었다. 市民은 거의 反亂軍에 加擔하지 않으려 被殺 또는 逃走하고 오직 自己 父母兄弟의 行方을 憂慮하는 避難民이 한두 명씩 때를 지어 市內에 들어왔다가 警備하는 國軍의 문초를 받아가며 두 손을 들고 죽은 듯이 이곳저곳을 彷徨하는 것이 가끔 눈에 띠일 뿐이고, 一般 市民의 무리는 찾아볼 수 없는 죽음의 街里로 化로 하여 있었다. 記者가 各 方面에서 들은 情報를 綜合하면, 지난 20일 未明 麗水에서 警察署를 接收한 國軍 제14연대는 卽時로 麗水 4시 發 通勤列車를 利用하여 同日 상오 9시 20분경 順天驛에 到着한 後 驛을 占領하는 한편 順天을 包圍 攻擊하였다고 한다. 麗水

反亂을 이미 연락으로 알게 된 警察은 附近 各 署에서 警察을 緊急動員하여 交戰 時에는 이미 4백여 명이 參加하게 되었으나 마침 光州에서 應援隊로 急派된 國軍 第聯[국군 제4연대] 約 2백여 명이 반란군에게 包圍當하여 將校 4명을 殺害한 後 반란군과 合流하게 되어 반란군 측은 더욱 有利하게 되었다 하며 警察과 3시간 餘의 交戰 中 警察은 거의 다 쓰러지게 되고, 반란군은 同 20일 하오에는 順天警察署에 殺到하여 正服을 입은 警官들은 모조리 총살을 당하였다고 한다.

[3] 동광신문 1948.10.28.
叛亂現地 踏査記　住岩은 後方陣地
本社 特派員 奇峻山 記 ①

　20일 미명을 기하여 남해안의 항도 麗水의 심야를 깨트리고 요란히 울린 객주의 총성은 불행한 이 땅의 한민족에게 드디어 또 하나의 커—다란 불행의 씨를 던지고 말았던 것이다. 남해안 일대를 소란과 처참한 학살로 휩쓸고 만 저주(咀呪)의 운명을 등진 (叛亂國軍 제14연대!) 전 민족의 초조와 불안에 싸인 절대한 관심 밑에 기자는 『叛亂現地眞相調査』의 용의치 못한 사명을 띠고 일로 현지 시찰의 길을 떠나게 되었다. 24일 서울서 내려온 AP UP 등 외국 기자단이 현지로 들어간다는 소식을 듣고 기자는 외국 기자에 뒤지지 않고서 미처 여장(旅裝)도 갖추지 못한 채 바삐 서둘러 『現地視察在光記者團』의 일원으로써 24일 오후 3시 50분 한 대의 『스리쿼터』를 몰고 昌平 住岩으로 거친 順天行 가두를 달렸다. 닿는 부락 부락에서 앞길의 정보를 듣고 玉果에까지 닿으니까 지서원이 달려와서 『誰何?』를 한다. 용무를 말하고 지서장과 만나 앞길의 정보를 들었다.
　앞길은 어느 지대까지 안전하느냐? 住岩은 현재 어떻게 되었느냐? 기자의 물음에 지서장은 住嵒은 아무 일이 없었고 거기까지는 절대 안전하다. 順天까지도 별일은 없을 것이다. 일선 지서 경관들이 미리 겁을 내고 없는 낭설을 퍼트려 공연한 데마가 많지 그리 대단지는 않다는 대답이다. 기자가 듣고 오기에는 住嵒은 격전상태에 있다는 말을 들어 저윽한 불안도 없지는 않았었는데 현지에 가까울수록 그런 불안이 필요 없다는 말을 듣게 된다. 밤 6시 반 경 住嵒을 바로 앞둔 石谷에 닿아서 주嵒의 소식을 또 듣게 되었는데 여기서도 주嵒은 이상 없다는 정보다. 그러나 이제 밤도 저물어져서 도중 山길에 반란잔군이 매복하고 있지나 않을까? 하는 근심도 없지는 않았으나 그저 마구 달렸다. 도중에 馬車에 가구 등속을 만재하고 지나가는 피난민을 만났다. 住嵒은 어떠느냐?는 물음에 아무 일은 없으나 순경들이 수천 명 있었다 한다. 그러면 무엇 때문에 피난하느냐는 기자의 재차 물음에 공산당이 언제 올지 모르니까 그런다고 한다. 먹을 갈아 부은 듯한 새까만 산길이다. 등살이 으쓱해진다. 옆에 앉은 K군이 『기분이 과히 좋지 못한 걸!』하고 솔직한 말을 한다. 또 누군지 뒤에서 『38선을 넘어간 것 같다』고도 한다. 그대로 별말들이 없이 묵묵히 한참을 달리니 멀리 자그마한 불들이 번적거린다. 住嵒이다! 경관들이 번쩍이는 총을 들고 수십 명 파수를 보고 있다. 용무를 말하니 중대장이 달려왔다. 여기 있는 경관들은 제○관구에서 응원 나온 부대라고 한다. 여기서 들은 말을 요약하면 『주嵒은 아직까지 평온하다. 자기들은 작일 23일 도착되었는데, 와 보니 지서 직원들이 지서를 비어두고 전부 피난 가버렸었다. 21, 22일에는 8관구경찰청 부청장 이하 경찰 주력부대 천여 명이 있었던 모양인데 전부 순천작전으로 들어가고 여기 도착되었을 적에는 아무도 없었다고 한다. 주암면장을 만나 이 근처에 별 소동은 없었느냐?는 물음에 앞으로 가는 5K 지점 五山里라는 부락에서 2, 3일 지방폭도 백여 명이 지서원의 피난 간 틈을 타서 회의를 열고 구장 면서기들을 살해한 다음 『人共旗』를 게양한 일이 있었다고 한다. 우리 일행은 모두 잔뜩 시장도 하고 몸도 피곤해지고 해서 이날 밤은 주암에서 1박 하기로 정하고 여관을 찾았으나 여기는 여관도 없고 밥 먹을 곳도 없다. 관군이 천여 명이나 2, 3일 동안 주둔하고 있었으므로 식량이 결핍되고 있다는 것이 겨우 민간집 한 채로 찾아 들어가서 침구 없는 냉방에서 저녁을 먹는 둥 마는 둥 끝마치고 이날은 여기서 쉬게 되었다. (계속)

[4] 서울신문 1948.10.28.

叛亂軍의 暴行極惡 屍體 山積한 順天
一般 避難市民 續々 歸家 中

【順天에서 本社 特派員 趙東勳 發 特電】지난 20일 오전 두시 여수방면 국군 제14연대 일부의 반란은 그날은 순천으로 불똥이 튀어 23일에 이르기까지 사흘 동안 순천시는 학살의 선풍으로 말미암아 아비규환의 생지옥을 연출하였다. 20일 전투에 있어 우수한 장비를 한 반란군의 공격 앞에 4백여 명의 경찰전투원은 전멸당했고 격전이 벌어진 시내 동천 제방(堤防)과 경찰서 일대에는 경찰관의 시체와 유탄(流彈)에 쓰러진 양민의 피로써 물들었다.

그 이튿날 22일 반란군의 후원 아래 급작이 조직된 인민위원회의 손으로 무자비한 「피의 숙청」이 시작되었다. 시내 남녀중학생을 선봉으로 하는 숙청대는 경찰관과 우익요인 청년을 물샐틈없이 적발하여 인민재판에 회부하였다. 인민재판의 사형여부는 몇 사람의 증언에 의하여 즉결에 붙이는 지극히 간단한 것이다. 현장은 경찰서 뒤뜰로 좁은 마당에는 총살형으로 쓰러진 경찰관과 일반유지 청년단체원의 사체 백 수십 개가 겹겹이 쌓여있으며 개중에는 두개골이 산산이 깨어진 것도 있다.

특히 경찰서장 양계원(梁癸元) 씨의 주검은 처참하다. 폭도들은 동 서장을 시내로 끌고 다니면서 「그 동안 잘 먹고 잘 살았오」라고 말할 것을 강요하면서 갖은 욕을 다 보인 후 23일 새벽에 총살형에 처하고 시체에 가솔린을 뿌려 불살라 버렸다.

출동 중인 제8관구청 수사과장과 탄약을 공급 중이던 목포경찰서장도 비참한 최후를 마치었다.

23일 오전 7시 군산 제12연대 백(白) 소령이 인솔하는 2개 대대의 시내 돌입으로 말미암아 폭도에 의한 학살은 정지되었다. 이곳 격전으로 쌍방에 많은 희생자를 냈다. 국군에 의한 폭도의 검거가 시작되었다. 경찰은 재편성되어 국군으로부터 인수받은 폭도에 대한 즉결 처분이 시작되었다.

23일에 검거된 일반 청년학도 수천 명의 대부분은 일단 석방되고 현재 혐의자 수백 명을 문초 중에 있으며, 24일에는 인민위원회 부위원장 이하 21명에 대한 총살형이 집행되었다. 25일에야 비로소 경찰은 교외의 가청사로부터 국군과 더불어 치안유지에 착수하였다. 그러나 반란군과 더불어 그들이 살포한 무기를 휴대한 반란민이 시내 도처에 무수히 산재해 있으며 주위의 산중에 잠복한 반란군민은 「게릴라」전으로 나오고 있어, 25일 백주에도 건물에 의거한 폭도들의 기관총성이 있었고 야반에도 부근 산중에서 총성이 끊임없이 일어나 시내는 아직도 긴장한 가운데 불안에 질식하고 있다.

25일 현재로 격전지인 시내 동천(東川) 제방에는 아직도 백 수십 명에 달하는 시체가 흩어져 있으며 시내 거리거리 골목골목에도 시체가 무수히 산재해 있다.

박격포로 부서진 경찰서 현관에도 정복경관의 시체가 쓰러진 채 있으며, 시내와 유치장 그리고 경찰서 뒷마당에 산적된 백 수십 개의 피살된 시체 등등 25일 가을비 내리는 어두운 밤 민족상잔에 희생된 동포들은 원통하다는 얼굴로 부르터 오른 몸뚱이에서 발산하는 냄새로 시내에 귀신의 곡성이 들리는 듯 싫은 분위기를 자아내고 있다. 순천에 벌어진 역천의 행동으로 말미암은 사상자의 수효는 아직 알 수 없으나 부근 산중에 흩어져 있는 시체를 도합하면 천 명을 훨씬 넘을 것이라 한다.

산중에 피난하였던 시민들은 24일부터 허둥지둥 시내로 모여들가 시작
하였다. 자기의 인척지기를 찾는 사람 또는 시체를 찾으려고 헤매어 울고
경찰에 사로잡힌 자들의 일부를 걱정하는 사람들은 총성에 가슴만 졸이
고 있다.

[5] 서울신문 1948.10.28.
暴風지난 順天 거리의 모습 散在한 屍體 안고 哭聲이 낭자
順天 周圍는 아직도 銃聲이 殷殷

기자는 아직도 완전히 회복되지 않은 반란지대를 답사하기 위하여 광
주에 도착한 지 제2일 24일 국군부대에 수행하여 현지를 답사하였는데,
이제 기자가 반란지에서 견문한 일단을 소개하기로 한다. 기자는 사건 발
생 후 제4일 24일 미명 국군부대와 함께 광주를 출발하여 도중 정보를 수
집하면서 일로 순천으로 향하였는데, 도중 각 부락에 거주하는 청장년층
은 거의 다 피난하고 겨우 남아 있는 노파들은 불안한 가운데에 우리 일
행에게 힘없는 목례를 줄뿐 순천까지 230여 리 사이에는 어느 곳이나 살
풍경과 차디찬 공기에 가득 쌓여 있었다. 기자가 순천에 도착하였을 때는
이미 해는 기울어지려 하고 머지않아 검은 장막이 2일 전에 격전을 잊은
듯이 고요히 땅을 덮으려 하였다.

기자가 제일 먼저 보고 놀란 것은 순천시외에 있는 농업학교들에는 웃
옷을 벗은 천여 명의 군중이 수심이 가득 찬 얼굴로 앉아 있고, 이들 생명
을 우려하여 찾아온 가족들의 울음소리가 이곳저곳에서 터지고 있는 것
을 보았다. 기자가 들은 바에 의하면 국군이 순천소란 시에 시내에서 반
란군에 가담한 혐의자로 체포한 것을 경찰에 인도하여 취조하는 것이라
한다. 이들 중에 반란군에 가담하여 경찰과 우익간부를 살상한 인민위원

회 부위원장 외 20명의 좌익간부는 24일 상오 이미 경찰에서 총살형을 집행 받았다고 한다. 순천시내에 일보를 디디자 피비린내는 코를 찌르고 시가에 즐비한 각 상점 유리창과 문과 벽은 총 맞은 흔적이 거미줄 같이 눈에 띄었다.

시내는 계엄령이 선포되어 요소요소에는 착검한 국군이 삼엄하게 수비를 하고 있는 가운데에 이곳저곳에서는 어두워 가는 저녁 적막을 깨트리고 아직도 총소리가 마음을 서늘하게 들려오는 것이다. 시내에 들어가 한때 반란군의 인민재판소로 되었다는 경찰서 정문을 들어서자 차마 바라볼 수 없는 정복경관의 시체는 무려 50여 명이나 눈에 띄고 시내 이곳저곳에는 2일 전의 격전을 말하는 듯이 무수한 시체가 쓰러져 있는 것을 볼 수 있었다. 또한 시체를 운반하는 그의 가족이 있는가 하면 시체를 안고 대성통곡하는 노파도 있었다. 시민은 거의 반란군에 가담하지 않았으면 피살 또는 도주하고 오직 자기 부모형제의 행방을 우려하는 피난민이 한두 명씩 떼를 지어 시내에 들어왔다가 경비하는 국군의 문초를 받아가며 두 손을 들고 쥐 죽은 듯이 이곳저곳을 방황하는 것이 가끔 눈에 띌 뿐이고 일반 시민의 무리는 찾아볼래야 찾아볼 수 없는 죽음의 거리로 화하여 있었다.

기자가 각 방면에서 들은 정보로 종합하면, 지난 20일 미명 여수에서 경찰서를 접수한 국군 제14연대는 즉시로 여수 4시발 통근열차를 이용하여 동일 상오 9시 20분경 순천역에 도착한 후 역을 점령하는 한편 순천을 포위 공격하였다고 한다. 여수반란을 임박하여 연락으로 알게 된 경찰은 부근 각처에서 경찰을 긴급 동원하여 교전 시에는 이미 4백여 명이 참가하게 되었으나, 마침 광주에서 응원대로 급파된 국군 제4연대 약 2백여 명이 반란군에게 포위당하여 장교 수 명을 살해한 후 반란군과 합류하게 되어 반란군 측은 더욱 유리하게 되었다 하며, 경찰과 3시간여의 교전 중 경찰은 거의 다 쓰러지게 되고, 반란군은 동 20일 하오에는 순천경찰서에 쇄도하여 정복을 입은 경찰관들은 모조리 총살하였다고 한다.

그리고 반란군은 경찰서를 접수함과 동시에 마침 유치 중인 죄수 20여 명을 즉시로 석방하여 그들로 하여금 21일 8시경에는 당시 청년학생 수천 명을 동원하여 경찰에서 노획한 무기를 그들에게 제공하는 동시에 인민군을 편성하여 인민군사령부를 경찰서에, 인민위원회를 민족청년단 사무소에, 인민재판소를 군청에 각각 설치하는 한편 그들 청년학생들의 안내로 각 관공리 급 경찰가족, 우익정당, 청년단체를 모조리 검거하여 인민재판소에 부쳤다고 하는데 검거된 사람은 무려 4백여 명에 달하였다고 한다. 그중 간부급은 총살형을 받은 자도 있고 나머지 백여 명은 23일 국군의 진주로 사형집행 수분 전에 구출된 자도 있었다고 한다. 그 중 순천 경찰서장 「양계원」 씨의 총살형은 가장 처참하였다고 한다.

즉 사형집행 전 그를 시내에 끌고 다니며 동 씨로 하여금 『나는 순천군민의 고혈을 빨은 서장이요』라고 외치게 하고 만일 연속해서 외치지 않을 때에는 청년학생들이 주위에서 죽창으로 찔렀다고 한다. 그리고 그들은 당지 경찰, 우익정당단체 부호들의 재산을 몰수하여 부근 주민에게 분배하여 주었다고 한다. 그들은 또한 『이승만 대통령은 일본에 도주하고, 38선은 철폐되어 인민군이 남조선 전부를 점령하였다』는 삐라를 시내에 산포하는 한편 인민공화국 만세와 인민군 만세를 절규하였다고 한다. 이상이 기자가 현지에서 수집한 반란 당시의 실정의 일편이다. 기자가 본바, 순천시내 건물은 불에 탄 흔적도 없고, 다만 경찰서만 폭탄에 그 일부가 파괴되었을 뿐 각 상점에도 상품이 즐비하게 놓여 있었다.

그러나 각 금융기관, 관공서의 금고는 전부 파괴되어 있었다는 것은 간과할 수 없는 현실이었다. 기자가 들은 인명피해 상황을 나열하면 반란군에게 피살당한 자는 경찰관 약 350명(감찰관 4명을 포함), 철도조역 1, 차석검사 1, 경찰후원회장, 한민당 위원장, 대한노총 건설대 교관 2, 대청부단장, 기타 관공리, 우익청년단체 관계자, 경찰가족 급 일반민중 약 500명 포함 9백여 명에 달하리라고 한다.

그러나 이 수효는 치안 완전회복과 동시에 피난민의 귀환으로 다소 변동될 것으로 보인다. 순천 일대는 아직까지 계엄령이 선포된 채 군용 이외의 교통전신망은 전부 차단되고 시내 요소요소에는「바리케이드」가 증축되어 가는 것이 눈에 보이며, 기자가 순천 시내에서 1박하는 24일 밤 부근 주위에는 연속적으로 일어나는 총성은 반란군의 내습을 말함인지 아직도 완전한 치안회복까지에는 상당한 시일이 필요함을 알 수 있었다. 국군에서는 방금 시내에 민사처를 설치하고 피난민 귀환자에게 양민증 발행과 시내 치안회복에 전력을 다하고 있는 것이다. 기자가 25일 순천을 떠나 광주로 돌아올 때는 이틀, 사흘 굶주린 피난민의 무리가 떼를 지어 산과 들에서 힘없이 걸어 들어오는 것이 보이며, 서로 무사하였다는 기쁨으로 두 명, 세 명씩 껴안고 우는 광경을 목격할 수 있었다. 여수를 비롯한 각 지대에는 아직도 치열한 전투가 계속되고 있는 것이다. 기자는 이들 불행한 동포들을 향하여 하루빨리 행복스러운 평화의 날이 그들에게 올 것을 묵도하며 순천을 등지었다.(順天 發 合同)

[6] 동광신문 1948.10.29.
叛亂現地 踏査記 怨恨의 거리에 屍体 더듬는 野犬떼
本社 特派員 奇峻山 記 ㊁

25일 새벽 6시 반 우리 일행은 숙소를 나왔다.

어제 오늘의 처참한 동족상잔의 비극을 서러워하듯 축축이 내리우는 겨울비에 젖어가며 자동차는 일로 順天가두를 질주한다.

双岩 鶴口 西面 앞길의 소식을 알고자 지서에 들릴 적마다 파손된 건물에 주인 없는 빈집들이 서글펐다.

23일, 도주하는 叛軍과 추격 오는 官軍사이에 일대 격전이 벌어졌다는 西面지서는 수많은 탄환의 자국이 그날의 전투를 말한 듯 고요하다.

順天을 시오리 바라보는 西面 街谷에서 조반을 먹으면서 집주인에게 당일의 상황을 물은 즉……『나는 이 마을에 오랫동안 살고 있었습니다. 그러나 나는 우리 아버지 때나 또는 할아버지 때도 이렇게 무서운 곡경을 겪었다는 말은 못 들었소이다.』하고 고개를 설래설래 흔들어 그날의 무서웠던 술회담을 이야기한다.

옆집에 사는 아무개도 잡혀갔던 것이고 아무개 3대 독자도 총에 맞아 죽었다는 것이다.

조반이 끝난 다음에 일행의 차는 목적지 順天으로!『원한의 도시』『죽음의 도시』順天!

누가 만든 그대의 이름이었더냐! 네 이름에 너무도 어울리지 않은 오늘의 현실!

무척 힘없이, 그러나 쉬질 않고 부슬부슬 내리는 차가운 가을비에 기자는 어쩐지 으쓱한 감을 느끼면서 순천 입구의 현지 경비사령부(순천농업학교) 앞에서 차를 내렸다. 순직경관의 유가족 또는 반란가담 혐의자의 가족들 수많은 남녀노소 군중이 옹기종기 모여서 원망한 듯 빨갛게 부은 눈동자와 힘없는 얼굴들에 수심이 가득 차 있다.

반란이 발생한 그날부터 동 소 제1선에 나서서 진두지휘에 사경을 여러 차례 겪은 第8관구경찰청 부청장 崔天 씨가 분주한 가운데서도 그의 묵중한 몸집을 나타내고 우리를 반겨 맞아준다.

그동안의 여러 가지 전투상황에 대한 설명을 해 주고 다음과 같은 소감을 말하였다.

『나는 이렇게도 무자비하고 잔인무도한 학살을 본 적이 없었다. 아마 우리 역사에도 없었을 것이다. 그리고 이 나라 백성의 혈관에는 이와 같은 잔인한 피가 있을 리 없다. 이와 같은 학살 행동은 오직 모스코바를 중심으로 한 공산주의 계열만이 감행할 수 있는 일이라고 생각한다.』

수많은 동료와 부하를 뺏기고 자신이 사선에서 넘어온 그의 눈동자에는 지극한 적개심이 타오르고 있었다. 반군에 가담한 민간 측 주모자 22

명에 대해서는 계엄사령관의 명령으로 23일 총살형을 집행하였다 하는데, 그 중에는 반란 당시 順天 인민재판장이 되어 수많은 우익 요인과 청년들을 사형시켰다는 朴贊吉(順天지방법원 검사)과 順天인민위원회 부위원장 池有燮도 포함되어 있으며, 한명의 순경과 몇 명의 남녀학생도 포함되어 있었다고 한다.

崔 사령과 회견한 바로 옆 교실에서는 □百 여수 청년 남녀학생들이 취조를 받고 있으며, 때때로 그들의 비명이 요란하게 들려왔다. 이들은 반란군에 가담한 자들인 것이다.

학교의 뒤뜰에 거적으로 덮여 있는 다섯의 시체! 그들은 반군에 가담한 주모자들로써 작일(24일)에 총살한 시체들이라 한다. 그러나 그들도 이제는 요 며칠간에 그들이 만든 커다란 불행과 고통으로부터 영영 떨어진 딴 세상에 있을 것이다.

경비사령부를 나왔다. 시내에는 아직도 잔적이 남아 있다고 한다. 국군이 진주하면 잠잠하고 있는데, 경관대가 들어가기만 하면 2층 3층 등의 옥상으로부터 난데없는 총탄의 세례를 받는다고 한다.

우리 일행의 차는 수차의 검문을 받아가며 삼엄한 계엄령 하에서 피비린내 자욱한 順天시가를 조심스럽게 굴렀다. 이따금 느닷없이 연달아 들려오는 총성이 은은하다. 여기저기서 청년들 남녀학생 또는 아낙네들까지도 둘씩 셋씩 손을 들고 뒤에서 군인이 총을 메고 따라 나온다.

거리에 거적으로 덮여있는 시체가 몇 군데 보인다. 시가지 요소요소에는 『바리케이드』를 구축하는 인부들의 동작이 분주하였고 거리에는 사람이 드물다. 시체를 더듬는 야견(野犬)의 떼와 내 귀여운 아들딸을 빼앗겨 심경이 뒤집힌 지아비 지어미의 『내 아들 내놓아라! 내 아들을 왜 죽였느냐?』는 피맺친 울음소리만이 죽음의 거리를 더 한층 처참하게 장식한다.

현지 작전 지휘사령부(順天재판소)에 사령관 金白一 중령을 찾았다.

후리후리한 비교적 장대하게 보이는 키와 전형적 무골 기풍을 가진 金사령관은 기보한 바와 같은 내용의 전투경과를 설명하여 주었다.

여기를 니와서 우리를 기다리고 있는 보도부장 金종문 소령의 안내로 우리는 이곳저곳 이제껏 꿈에도 상상 못할 끔찍한 현실을 목격하게 되었다. (계속)

[7] 동아일보 1948.10.29.

大衆 · 그 속에 敵이 있다 銘記하라 · 慘禍의 結果
屍山의 順天, 叛軍 行悖 全貌

順天에서 本社 特派員 白光河 發 至急報

지난 20일 상오 2시 여수(麗水) 순천(順天)에서 벌어진 피비린내 나는 동족상육(同族相戮) 사건의 진상을 조사하고자 현지에 파견된 기자는 우리 동족의 피줄기 속에 이와 같은 악랄(惡辣)한 죄악의 씨가 숨어 있었던가를 몸서리치면서 아직도 눈동자에 어리어 있는 처참한 광경과 직접 일선에서 적과 싸우다가 구사일생으로 생명을 보존한 용사들의 실전담을 소개하여 필설로 형사하기 어려운 이번 사건의 편모나마 독자 여러분에게 알리고자 한다.

지난 24일 기자는 광주에서 간신히 당국의 허가를 얻어 광주에서 270리를 잠복한 순천현지에 자동차를 달리게 되었다. 동승한 무장 경관들은 날카로운 눈초리로 도로 양안에 잠복한 적의 조전(助戰)을 경계하고 있었으나 순천시에 접근한 때는 우리를 향하여 군데군데서 총탄이 날아들었다. 이윽고 차는 적진의 현장 순천 가두에 도착하였다.

전율(戰慄)! 처참(悽慘)! 차마 눈으로 볼 수 없는 참혹한 광경! 거리거리에는 몸을 묶어 불에 그슬려 죽인 시체, 손과 발을 묶어 놓고 총으로 쏘아 죽인 시체, 도끼로 머리를 쪼개 죽인 시체, 전선대에 붙잡아 매어놓고 수백만의 기관총 소사를 하여 살과 뼈가 흩어져 있는 참혹한 시체가 산재하여 있고, 반군의 점령 당시 소위 인민재판소로 되어 있던 경찰서에는 수백의 경찰관과 양민의 시체가 산재하여 있다. 최초의 격전지였던 철도역전 동천(東川) 냇가 방죽에는 팔다리를 동여 매인 채 총살을 당하여 입으로 코로 피를 뿜고 죽은 경찰관의 시체가 난잡하게 넘어져있다.

아- 이것이 이민족(異民族)의 소행도 아니고 한 줄기의 피를 받은 우리 동포, 그보다도 한 집안 식구와 같이 아침저녁으로 인사를 주고받던 순천읍민 서로 사이에서 행하여진 짓이라는 것을 생각할 때, 사지가 떨리고 눈앞이 캄캄하여졌다. 하느님도 이 참상을 차마 정시(正視)할 수 없었던가. 이날은 아침부터 눈물을 흘리는 듯 부슬비를 뿌려주었고 무심한 까마귀 떼마저 날줄을 모르고 가악-가악- 울고만 있다. 시체를 찾으려고 몰려든 유가족들은 떼를 지어 흩어져 다니면서 송장을 뒤적거리며 통곡을 하고, 만나는 사람마다 인사라고는 『오- 살았구나』하고 서로 부둥켜안고 울고 있을 뿐이다.

우리는 일로 전투사령부와 경찰청을 방문하고 지나간 격전 상황의 대략을 들은 후 당시 일선에서 반군과 격전 끝에 시불리해(時不利해)로 구사일생(九死一生)한 대동청년단장 황우수(黃佑洙) 씨 순천군수 이영하(李永夏) 씨 그 외 순천읍장, 감찰서 주임 또 제1선에서 끝까지 경찰관을 지휘하여 악전고투한 제8관구경찰청 부청장 최천(崔天) 씨의 실전담을 들었는데, 이제 그 실전 경위를 종합하여 보면 다음과 같다.

19일 밤 11시경, 순천경찰서장 임계원(林癸元)[양계원(梁癸元)] 씨는 여수(麗水)로부터 국군 일부가 반란을 일으켜 사태가 위험하다는 급보를 받고 경찰을 비상 동원하는 동시 대동청년단장 황우수 씨에게 전화로 사태가 위험하니 빨리 청년단을 동원하라는 명령을 하였다. 이 전화를 받은 황 씨는 혹시 국경 간의 사소한 충돌이 있는 것만 알고 크게 관심치 않고 청년단원을 동원하고 있는 중 20일 상오 6시 반경 돌연 여수(麗水)에서 반군 약 8백 명이 통학(通學)열차 6량(輛)에 분승하여 순천역에서 4, 5백 미터 떨어진 지점에까지 들어와 정차하고 있었다. 사태가 위급함을 깨달은 황 씨는 곧 순천에서 광주로 통하는 철도를 절단할 것을 철도국원에게 명하였으나 때는 벌서 늦어 철도국원은 거의 전부가 반군에 가담하여 인민공화국 만세를 부르며 인공기를 휘날리고 있었다.

이에 20여 명의 철도경찰과 80여 명의 순천서원이 집결하여 전투태세를 갖추고 있었는데, 이때 제8관구경찰청에서 수사과장 한(韓)경노 씨가 경찰관 4백 명을 인솔하고 와서 합세를 하게 되었고, 다시 뒤로 광주 4연대 응원군 3백 명이 순천으로 오는 중이라는 소식이 있어 사기왕성하여 격전할 준비를 갖추고 있는 중 반란군들은 이때에야 비로소 차에서 내려 한 부대는 바로 역 뒤에 있는 죽두봉(竹頭峰)을 향하여 올라가고 두 부대는 역과 시 사이에 흐르는 동천(東川) 내를 가운데 두고 사면으로 포진(布陣)하여 대진한 우군에게 기관총 소사를 시작하게 되어, 이에 응전한 경찰관과 청년단원들은 악전고투를 하였으나 적은 엠원식의 정예 무기를 가졌고 아군(我軍)은 카빈총으로 싸우는 판에 설상가상으로 탄환조차 공급이 되지 못하여 하는 수 없이 퇴각을 시작하여 경찰서를 사수하게 되었는데, 죽두봉 위에서 이 기세를 본 적군은 곧 부대를 나누어 삼면으로 순천을 포위하고 진격하기 시작하였다.

때마침 국군응원부대 3백 명은 5대의 트럭에 분승하여 가지고 순천에 돌입하여 경찰군과 합세를 하게 되었으므로, 경찰군은 사기 자못 왕성하여 격전하였으나 적군은 벌써 경찰서 앞 백 미터의 지점에까지 육박하여 박격포와 기관총으로 사격을 가하게 됨에 난비하는 총탄에 어찌 할 바를 모르고 있는 중 응원군 3백 명은 어느새 적군과 합류하여 반격을 시작하여 어느덧 재판소를 점령하여 버리고 인접한 경찰서에 집중사격을 개시하게 되어, 아아― 4백의 경찰군은 70인의 도피자를 남기고는 섬멸을 당하고 말았다. 이때 총탄을 보급하러 왔던 목포(木浦)경찰서장은 무참히 전사하고, 남은 아군은 산산이 흩어져 순천시는 완전이 반군에게 점령당하고 말았다.

[8] 서울신문 1948.10.29.
求禮로 進軍 敗殘叛徒 追撃作戰

【求禮 最前線에서 本社 特派員 韓奎浩 至急電】순천(順天) 광양(光陽) 벌교(筏橋) 보성(寶城) 등 반란군의 거점을 완전히 탈환한 국군의 정예부대는 이제 각지로 도주하여 「게릴라」전을 개시하고 있는 반란군의 추격전을 전개하고 있다. 지난 24일 국방부에서 종군기자단으로 편성된 우리 일행 5명은 특별연락자동차로 음산하게 내리는 가을비를 무릅쓰고 일로 현지 광주를 향해 달렸다. 이튿날 아침 삼엄한 경계 속에 광주에서 국군사령부의 특별허가를 얻어 보급차로 다시 지난 22일 오후 4시 30분 제5여단장 김백일(金伯一)[金白一] 중령 지휘 아래 완전히 탈환한 순천으로 들어갔다. 순천은 국군과 경찰의 철통같은 경계 속에 착착 치안이 복구되어가며 반란군 손에 피살된 수많은 시체 처치 작업에 분주하였다. 한편 산중으로 피난했던 주민들은 아직도 공포에 잠긴 얼굴로 불안에 떨며 집을 찾아 들어오는 광경은 표현 못할 미묘한 감정을 자아냈다. 순천의 참경은 이미 보도된 바와 같이 생지옥을 이루고 있었다. 26일 순천작전에서 격퇴당한 약 3백 명의 반란군이 구례(求禮)를 중심으로 집결되어 이를 요격하는 백인기(白仁基) 중령이 지휘하는 국군 정예부대가 출동한다는 급보에 접한 우리 일행은 출동부대와 함께 현지에 온 후 처음으로 전선으로 나가게 되어 복장을 군복으로 갈아입고 국군이라는 완장과 종군기자라는 완장을 양팔에 붙이고 비장한 각오 아래 광주로 다시 돌아 나와 군산(群山) 제12연대의 출동부대와 함께 요격 최전선 구례지구를 향해 국군과 같이 진군 중에 있다.

[9] 자유신문 1948.10.29.
軍警의 尊貴한 피로 光明을 찾은 順天
우름 속에 들여오는 再生의 歡呼聲

【順天 發 本社 林 特派員 27일 特電 第5信】반란군의 장비병력은 관군이 소지하고 있는 것과 동일한 것이며, 전차만 없고 기타 육상병기 모든 것을 소지하고 있다 한다. 이번 소탕전에 있어 반군의 명령계통 불철저와 관군의 총격을 받아 도피하는 그들은 부상자가 많았고 포로도 수백 명이라고 한다. 그들의 작전본부였던 철도국 내에는 그들의 시체 두 개가 있었는데 제법 관속에 넣어 매장할 준비가 다 되어 있는 것과 경찰서 옆 順天橋 부근 등지에는 그들의 손에 경관과 우익 관계자들이 칼에 찔리고 총에 맞아, 그것도 모욕과 고통을 받은 후 쓰레기더미처럼 쌓아 놓은 것이 지난밤에 내린 빗물과 시체에서 흐른 피에 잠겨 악취가 분분한 억울한 시체와 대조할 때 소행이 너무나 무도함을 느끼게 하였다. 그들은 경찰관과 우익단체 관계자들의 집을 찾아 혹은 피신처를 찾아서는 체포 유치하고 일방 살해하였으며, 이 곳 梁 경찰서장은 몇 번 위기를 돌파하다가 드디어 피신처에서 잡혀 자동차에 태워 시가를 돌며 군중들에게 죄상을 사과시키고 군중은 이에 박수를 보내게 한 후 총살하였다 한다. 23일 아침 관군이 탈환한 후 곧 시내 주민들을 두 열로 지어 北國民學校 교정에 집합시키고 민심을 안정시키는 포고문을 발표한 다음 인민재판장이었던 朴贊吉 검사를 위시하여 治安署長 徐俊彌, 부서장 金淇淵 등 좌익폭도 21명을 교정에서 경찰이 총살집행을 하였는데 최후까지 공화국기를 몸에 지니고 있는 중학생들은 인공기로 얼굴을 가리고 군중들 앞에서 총살되었다고 한다. 그리고 대열 속에서 좌익과 반란군에 가담한 폭도들을 추려내고 수용, 취조 하는 한편 양민들은 24일까지 돌려보냈다고 하는데, 검거 취조를 받는 폭도 수는 農中과 경찰서 뒷문에 1천여 명이었으며 특히 중학생이 많았고 여학생 20명, 가정부인 10여 명도 취조를 받고 있었다.

아직도 피신 중이던 폭도들도 골목골목에서 손을 들고 투항하고 있는데 젊은 여인들도 많았다. 반란군의 내습을 또는 시가전으로 부모형제와 갈라지고 안위를 몰라 방황하던 사람들은 다행히 살아서 서로 얼싸안고 기뻐하는 광경은 죽음에서 회생한 그들 자신만이 나눌 수 있는 기쁨일 것이다. 죽음의 도시 順天에서는 지금 서로 살아남아 상봉할 수 있는 기쁨 그것이면 족하다. 모든 것이 비참한 죽음의 장송곡이 매일 계속되는 평화향 順天지대는 논밭에 사람모습 하나 찾아볼 수 없고 유달리 기름지게 익은 후 추곡은 하루하루 썩어만 가고 있다.

억울하게 죽은 양민들도 수많이 있는 한편 九死一生으로 살아나온 사람들의 가지가지의 희비극이 있다. 총살 집행 날 관군이 돌입하여 구출된 사람, 도야지 울(豚舍) 지푸라기 속에 파묻혀서 생명을 건진 사람, 여러 사람과 동시 총살을 집행할 때 총탄을 맞지 않고도 죽은 척 하고 가사하여 구출된 사람, 실로 아슬아슬한 순간을 돌파하여 살아난 사람들이 있는가 하면 온갖 수단으로 피신타가 붙잡힌 불행한 죽음도 많았다고 한다.

[10] 자유신문 1948.10.29.

憎惡의 피비린내 純潔性 이즌 白衣民族

【順天에서 24일 本社 特派員 發 第1信＝延着】남해의 수산도시 麗水를 비롯하여 順天, 벌橋, 寶城 등지의 叛乱은 이제 완전히 평정되고 있으나, 지금 기자가 머물고 있는 順天의 반란 자취가 너무도 크고 선량 무고한 양민에게 끼친 망동이 너무도 의외로 방대함에 놀라지 않을 수 없다. 이번 반란군과 폭도들의 가혹 무참한 그 행동이 남해의 아름다운 도시 麗水, 順天 등지를 이렇게까지 피로 물들여 아비규환의 생지옥을 만들었다는 그것은 과연 20세기의 용납 못할 죄악이오, 인도상 있을 수 없는 최대

한 비극이다. 기자는 눈물을 머금고 이 현지보고를 쓰기로 한다.

　일찍이 첫째 지면으로 허다한 인명의 사상을 낸 것과 혹은 불가항력적인 재앙과 사고로 피 흘린 자취를 실지로 보도한 기자의 경험 전부를 들추어 보아도 이번 順天 등지에 그 무참한 꼴을 일찍이 볼 수 없었으며, 『시산혈해』라는 말은 이번 사건을 말함인 듯하니, 이만하면 독자들은 그 참상이 얼마나 가혹한가를 상상할 것이다. 順天에서 보는 거리의 파괴상태, 죽음의 도시인양 왕래하는 시민의 자취가 없는 것, 그리고 다만 총탄의 파편, 경관과 학생의 제복, 부녀자들의 신발짝 – 이것들이 거리에 즐비한가하면 저것도 이것도 보기에 끔찍끔찍한 신세들이니 이 천인공노할 반란군과 소위 인민위원회가 선도하는 폭도들의 야만 이상의 무지막지한 이 소행을 어찌 용서할 것인가? 국가와 국가 간의 전쟁참화를 입은 폐허에서 보지 못한 기자의 눈에 비쳐지는 이 順天시가의 참담무쌍한 이 광경은 동포 상잔의 가혹한 살육의 겉인 것을 생각할 때 눈이 다 캄캄하고 가슴이 미여질 뿐이다. 이 참담 처참한 이 광경을 빚어낸 그 원인과 경위는 잠간 고사하기로 하고, 기자의 눈앞에 전개된 이 참상의 결과만을 볼 때 도저히 인륜도의로 용납할 수 없다는 것은 나 개인의 주관이 아니오, 이 현장을 보는 사람은 누구나 동감하고 있는 것이다. 기자가 光州로부터 트럭에 몸을 담고 250리 길을 달려 順天으로 향하는 도중 각 부락마다 불안의 빛이 떠도는 듯 언제 어느 때 어디서 반란폭도들이 행패를 할 줄 모르는 그 불안에 오죽 전율과 공포에 양민들은 몸 둘 곳을 알지 못하는 듯하였다. 이번 사건이 한번 전해지자 이 全南일대는 무장한 공포를 느끼었으니, 면사무소를 비롯하여 경찰지서 혹은 학교 등지에까지 이러한 폭풍이 내습하지 않는가 하는 것이었고, 또 일반농민 시민들도 단순한 내습보다도 그 불문곡직하고 총검으로 양민을 사살한 후 가장 집물을 약탈하고 그 폭행에 무한한 공포를 느끼고 있다는 것이다. 이번 사건의 그 참혹과 그 악착한 범행이 우리 단일민족인 순결과 온정을 숭상하는 백의민족의 그 어느 성격에서부터 빚어져 나왔을까를 의심하여 생각할 때, 우리 민족성이 이렇게까지 잔인무도하게 된 것을 한탄하지 않을 수 없으며, 이것이 유래한『볼셰비키』에 대한 증오를 더욱 한번 크게 느끼는 바이다. 이제 順天시내의 모든 정형을 光州 제8관구청 부청장 지휘의 경비대 본부와 順天 戰鬪司令部 지휘 안내에 따라 이를 살피기로 하는데, 먼저 기록한 바와 같이 그 모양이 너무 참담하고 그 형태가 너무 가혹한 것에 놀라서 기자의 머리는 피가 거슬러 오르는 듯 머리가 죄이며 두 손은 부들부들 떨리어「메모」조차 할 수 없으며, 옆에 선『카메라맨』은『셔터』도 제대로 누를 수 없다하며, 우리가 부르짖는 정의와 인도가 이렇게까지 유린될 수 있느냐고 통탄할 뿐이다.(계속)

[11] 호남신문 1948.10.29.

民族悲劇의 点綴 目不忍見의 屍體 到處에 散亂
激戰을 말하는 彈跡 市街 建物에 歷然
叛亂現地踏査(2)

【順天에서 本社 金·崔 兩 特派員 發】

이밖에도 무수히 자행한 인명의 학살은 차마 눈으로 바로 볼 수 없는 처참한 광경이었다고 하는데, 여기에 이르기까지 반란군의 순천 침입과 교전상황을 들면 대요 다음과 같다.

20일 미명 여수경찰서를 접수한 국군 14연대 약 700명의 반군은 그날 4시 30분 여수발 열차로 순천에 동 9시 30분께 도착 순천역을 점거한 후 즉시 순천철도사무소에 소위 인민군사령부를 설치하는 한편 순천을 포위 공격하기 시작하였다. 이때 순천경찰서에서는 비상소집으로 각 지서원까지 400명을 동원하여 미리 대비하고 즉시 응전하여 순천교를 사이에 두고 약 3시간에 걸쳐 치열한 교전이 계속되었다고 한다. 때마침 광주에서 급파된 국군을 응원대 약 200명이 반군에 포위당하여 장교만 살해당하고, 나머지 전 부대가 반군에 가담함에 이르러 반군의 기세는 다시 오르게 되어 결국 중과부적으로 순천경찰서는 점거당하고 말았다고 한다. 이 전투에 있어서 끝끝내 교전한 경찰대는 거의 반군의 총부리에 장렬한 최후를 맺었다고 한다. 한편 파죽의 기세로 순천경찰을 점거한 반군은 당시 유치 중인 죄수 30여 명을 석방하고, 그들로 하여금 당지 좌익계열 청년학도 수천 명을 동원시켜 경찰에서 탈취한 무기를 제공하여 소위 인민군을 편성하는 동시에 사령부를 경찰서로 옮기고 전기와 같은 잔악한 행위에 이른 것이다. 여기 반군에게 검거된 민중의 수효는 물경 4,000여 명에 달하며, 이중 간부급은 모조리 총살을 당하고 23일 국군의 진주로 말미암아 구출된 수는 1,000여 명에 달한다. 이중에는 사형집행 수 분 전에 구사에 일생을 얻은 사람도 허다하다고 하며 총살당하였다고 전하여지던 순천군수 金永璀 씨도 여기에서 간신히 구출되었던 것이다.

일행은 다시 발길을 옮겨 金綜文 전투부대 보도부장 안내로 하룻밤 사이에 주검의 거리로 변한 순천 시내의 구석구석을 답사하기 위하여 『지프』를 달리었다. 거리거리에는 국군의 경비 아래 무더기무더기 두 손을 들고 말없이 교도소로 향하는 폭도 혐의자의 무리가 눈에 띈다. 여기에는 학생도 있고 젊은이도 있고 다시 50을 지난 노년도 섞여 있었다. 가장 치열한 전투가 전개되었다는 순천경찰서를 비롯하여 그 앞 상점가의 건물에는 어제의 격전을 역력히 말하여 주는 탄적이 빈틈없이 새겨져 있고 상점의 『윈도』 등은 거개가 다 파손되어 있다

일행이 순천경찰서 뒷마당에 들어서자 악취가 코를 찌른다. 놀라지 말라. 거기에는 웃옷을 벗겨 팔다리와 허리를 묶인 채 죽어 넘어져 있는 경관의 시체가 산란하여 있다. 『피』를 마시고 다시 『살』을 찾는 야견(野犬)의 고성과 함께 파리 떼가 썩어서 벌어진 『석류』와 같은 총탄의 흔적에 피어 있다. 부풀어 창백한 얼굴, 흐트러진 머리채, 부어오른 복부, 구두를 한 짝만 낀 시체, 구두를 벗은 시체, 엎어져 있는 시체, 꼬꾸라져 있는 시

체. 이것이 이번 반란의 표정이다. 잔인과 혹독과 무도를 말하여 주는 표상이기도 하다. 1,000년을 두고 민족사상에 눈물로서 점철해질 불행의 역사! 이제 꿈이 아닌 현실로서 안전에 가로 놓여 있는 것이다. 여기에 잠깐 회고하여 보자! 이 땅을 휩쓴 저 『동학란』이 이처럼 비참하였던가? 근세의 희랍의 반란이 이같이 처참하였던가? 중국의 국공반전의 모습이 또한 이다지 모질었던가? 아닌 것이다. 민족사를 통하여 다시 세계사를 통하여 동족끼리 빚어낸 비극으로서 이와 같은 양상의 잔인성은 처음 보는 것이다. 근대전의 참혹성은 말할 것도 없거니와 피를 같이 통하고 뼈를 나눈 동족에의 반쟁임에 비애 더 한결 치밀어 짧은 필설로서는 이렇게 벅찬 비극의 표정은 묘사할 길 조차 없다. 뜨거워진 눈시울 차마 바로 볼 수 없어서 돌린 머리 일행은 묵묵히 그 곳을 나섰다. 흥분과 비애에 젖은 기자의 시야에는 다시 순천교 밑의 □방에 무수히 쌓여있는 청년단원 등의 시체가 전개된다.

이곳 역시 전기와 같은 형태로써 이들의 비참한 최후를 말하고 있다. 이 다리 밑 강물에 얼마나 동족의 피를 흘렸으리. 이곳 역시 반군 순천 침입 시 가장 접전이 전개되었던 곳이라 한다. 돌연 총성이 일어나 문득 쳐다보니 원전 竹頭峰 허리에 관군이 짝을 지어 산중수색을 하는 모양이 어렴풋이 눈에 보인다. 일행은 다시 소위 인민군사령부로 되었다는 순천 철도사무소 및 순천서장 관사 및 재판소 앞 사형장 등을 답사하기로 하였다.

기자 일행이 달리는 거리에는 시체를 부둥켜 앉고 애석 통곡하는 어머니! 아내, 아들 그리고 거적이 덮여 매장터로 향하는 '관'의 뒤를 따르며 미치광이처럼 날뛰는 그 가족들의 모습은 목석(木石)이라도 눈물 없이는 바라볼 수 없는 처량한 광경이었다.(계속)

[12] 동광신문 1948.10.30.

叛亂現地 踏査記 本社 特派員 奇峻山 記 (三)
順天篇 山積된 屍體 아페 交驅된 喜悲의 雙奏曲

金 보도부장의 안내로 우리 일행이 맨 처음에 닿은 곳은 격전이 제일 치열하게 벌어졌다는 順天경찰서였다. 흰 테 두른 경관이 4, 5명 파수를 보고 있다. 경찰서 정문은 수백의 탄흔(彈痕)이 산산이 유리창을 부수고 콘크리트 바람벽을 무섭게 파냈다. 유치장으로 통하는 옆문을 들어서니 강령한 시체가 코를 찌르고 처참한 광경이 눈앞에 전개된다. 기자는 재빠르게 손수건을 꺼내어 코와 입을 가리지 않을 수 없었다.

무참한 광경! 형언할 수 없는 시체의 모습! 2, 30명의 형체모를 시체가 즐비하게 늘어져 있다. 여기는 20일 반란군이 점령하여 유치장 죄수를 모두 개방시킨 다음 보안서를 설치하고 우익 요인과 우익 청년단체원들을 감금한 곳이라 하며, 보안서장과 부서장에는 반란 전까지 포고령 위반으로 유치 중에 있던 徐준필과 金홍연이란 자가 담당하고 있었다고 한다.

23일 관군이 진주하기 직전에 그들은 마지막으로 감금한 우익요인들을 총살하기 시작하였고, 관군의 집중공격이 임박하자 급작스레 도주하여 버렸던 것이다.

경찰서 앞뜰에는 부인들이 대성통곡하며 시체를 더듬고 이제는 없는지 아비와 내 귀여운 자식을 찾고 있는 모양이 차마 볼 수 없었다. 경찰서를 나왔다. 다음은 順天橋로!

도중에서 바라보이는 산마루에는 수십 명의 흰 옷 입은 겨레들이 여기저기 엎드려져서 시체를 매장하는 듯한 광경이 보인다. 통곡하는 울음소리도 바람결에 들려온다.

순천교에 닿았다. 차마 눈으로 볼 수 없는 광경이다. 참담한 죽음의 행렬! 불행한 이 땅의 나이 어린 청년들이 무엇 때문에 이렇게도 수없이 참담한 죽음을 하지 않으면 안 되었단 말인가? 누구를 위한 희생이란 말인가? 3, 40명을 셀 수 있는 다리가 즐비하게 놓인 그들의 시체! 반란군의 무자비한 만행을 원망한 듯 허공을 쳐다보고 불끈 쥐어진 그들의 주먹은 힘없이 놓여 있다. 두어 군데 피에 물들인 강물이 고여 있다.

참담한 이 광경에 무어라 형언할 수 없는 감회에 잠겨 먹먹히 바라만 보고 있는 일동을 金 보도부장은 재촉하여 차는 다시 순천역으로 닿았다.

또 연달아 총소리가 난다. 길 가는 수상한 청년 하나를 군인이 그 성명을 묻고 데리고 간다. 順天역! 여기는 반란군 7百명이 20일 새벽에 順天에 몰고 왔을 때 용감한 철도경찰과 격전이 벌어진 곳이다. 여기서 철경서장 이하 수많은 철경이 전사하였다 한다.

사무실에 들어가 보니 전화선이 여기저기 절단되고 의자와 기구 등이 산란히 헤쳐 있다. 조역 한 명이 여기서도 총살당하였다 한다.

바른편에 굵직한 건물 하나! 이것이 순천지방철도 운수국이다. 金 보도부장은 다음과 같이 설명한다.

『여기가 반란군이 소위 인민군 전투사령부로 사용한 곳이다』 2층으로 올라가는 계단 옆에 깨끗한 소나무 관들이 놓여 있다. 소위 인민군의 전사자란 것이다.

여기를 나와 우리 일행은 다시 코—스를 뒤돌아서 경찰서 후문 앞에 다다랐다.

수십 명 경관의 포위 수비 가운데 경찰서 뒤뜰에는 수백 명의 청년, 학생, 노동자, 아낙네들이 웃옷을 벗긴 채 또는 그대로 열을 지어 앉아 있다. 이들은 모두 반군 가담 혐의자들이라 하며 특별히 앞줄에 한 줄 십여 명은 뒤로 화지게에 매여 있는데, 이들은 총살형 후보자들이라 한다. 또 하나 눈에 띄는 것은 아직 15, 6세 되어 보이는 애띤 여학생들의 일단인데 이들도 반군에 가담하였던 것이라 한다.

『무엇 때문에 잡혀왔느냐?』는 기자의 물음에 이들은 애원하듯이 눈물 머금은 어성으로 「민애청 완장을 두르지 않으면 죽인다 하기에 민애청 완장을 두르고 있다가 잡혀왔어요」하는 대답이다. 옆에서 金 보도부장이

「이 애들을 그렇게만 보아서는 안 됩니다」하며 23일 전투 시에 국군장교 한 명이 어린 여학생이라 하여 안심하고 있다가 대창에 찔려 죽었다는 설명을 한다.

수많은 죽음 가운데 순천서장 梁癸勵[梁癸元] 씨 죽음이 제일 무참하였다는데, 반군은 故 양 서장을 총살하기 전에 가가호호에 끌고 다니며 「나는 순천서장 아무개요. 여러분에게 죄 많이 지은 사람이요」하고 강제로 외치도록 하였다는 것이다.

이외에도 順天감찰서장, 木浦감찰서장, 전 서울경찰전문학교장, 한민당 지부장, 경찰후원회장 등 수십 명의 지방 유력자들이 무참하게 총살당하였던 것이다.

경찰서 정문 앞에서 어떤 아낙이 남편이 죽은 줄만 알고 실신하다시피 되어 시체를 더듬고 다니다가 구사일생으로 살아나온 지아비와 까박 만나게 되어 꿈인가 생신인가 하여 서로 껴안고 오열하는 장면이 벌어진다. 아들 잃은 지어미의 목매인 울음소리 여기저기서 참담한 희비쌍주곡(喜悲双奏曲)을 교환하고 있다.

이제까지의 모든 말을 종합하면 반란군이 順天을 점령하여 일반에 대한 선전수법으로는 「이제 38선이 터졌다. 북조선의 인민군은 서울 大田까지 진격하고 있으며, 李承晩은 日本으로 도망갔다」는 등 갖은 간교한 수단으로 시민들을 선동하였고, 그들은 이로써 상당한 선전효과를 거두었다고 볼 수 있을 것이다.

그렇기에 23일 관군이 진주하여 총을 겨누고 『誰何?』를 할 적에 관군이 진격하여 온 줄은 꿈에도 상상 못하고 어리석은 시민들이 「나는 좌익이요」하고 나섰다는 웃지 못 할 사실도 있었다는 것이다.

하여튼 모두가 무서운 현실이다. 이것은 꿈도 아니오, 지옥에서 연출된 살인극도 아니다. 이 땅 이 강산에 이 나라 백성 아닌 인면수(人面獸)들이 꾸며놓은 무서운 살인극의 한토막이다.

(끝)

[13] 동아일보 1948.10.30.

硝煙 속에 復旧되는 順天 一帶
굴둑에 밥 짓는 연기 田畓엔 벼 비는 農夫
學校, 官公署 復舊에 專力

【順天에서 白光河 本社 特派員 發】지난 20일 하오 5시 순천(順天)을 불법 점령한 반군과 폭도들은 전 시가를 횡행하면서 집집에 인민공화국기를 달게 하고 적기가를 부르며 우편차와 소방차에다 메가폰과 마이크를 달고 시가행진을 하면서 가지가지 허위선전을 하는 한편, 변전소를 점령하여 순천시내에 일제히 전기를 보내 놓고는 『보라— 38선이 끊어져 전기가 마음대로 오게 된 것이다』라고 선전을 하여 무지몽매한 농민들을 의아케 하였다.

일편 형무소를 개방하여 죄수들에게 무기를 주어 내보내며 농업학교, 여자중학교, 사범학교 등의 중학생을 충동하여 집집마다 돌아다니면서 공포에 떨고 있는 시민들을 모조리 적발하여 경찰서와 군정에 인민재판소란 간판을 부쳐 놓고 인민재판을 시작하였다. 당시 반군에게 붙들려 경찰서에서 행한 인민재판에 사형선고까지 받았다가 때마침 국군의 돌격으로 위기일발에서 목숨을 보존한 순천읍장의 목격담에 의하면, 당시 인민재판소 검사는 순천검찰청 검사였던 박찬길(朴贊吉)로 그는 원래 우익 탄압과 경찰 탄압에 맹활동을 하여 순천에 적색분자를 침투시킨 장본인이었는데, 20일 격전 당시에는 경찰서에 나타나서 『이것 보시오. 좌익탄압을 하면 이렇게 됩니다.』하고 필연적 사실인 듯이 말을 하고는 적진으로 가버렸다는 자이다.

우리나라 검사로서 일약 인민공화국 검사가 된 박은 수백 명의 학생들이 포착하여 오는 양민들에게 일일이 사형을 선고하며 생살여탈(生殺與奪)을 마음대로 하다가 23일 국군에 포박되어 총살을 당하고 말았다. 그밖에 사업세를 2천 원씩 올렸다는 등 배급표를 더 올려주지 않았다는 등 별

별 심문을 다하면서 수많은 생명을 빼았는데, 이 인민재판소에서 쓰러진 생명은 대동청년단과 독촉국민회 간부 20여 명을 필두로 정당단체와 경찰관 및 그 가족 등 무려 4백여 명에 달하며 사형선고를 받고 죽을 때를 기다리다가 국군의 진격으로 인하여 살아난 50여 명 생환자의 말에 의하면, 이 반란 속에서 가장 가증한 활약을 한 것은 남녀중학생으로써 모두 카빈총을 들고 집집마다 돌아다니면서 『요것도 우익이다』하고 보는 사람마다 쏘아 죽이는 데는 참으로 몸서리가 쳤다고 한다. 이와 같이 흡혈귀(吸血鬼)의 마굴로 화한 순천시는 철의 장막에 가까운 채로 23일 하오 4시까지 계속되어 만 3일 만에 그 속에서 행하여진 가지가지의 처참한 비극은 이루 말할 수 없었던 것이다.

발을 돌려 20일 하오 5시 순천에서 철수를 하게 된 소수의 경찰군은 육군당국과 긴밀한 연락을 취하면서 먼저 전주(全州) 광주(光州)를 통하는 철도와 도로를 폭파하여 적의 진군을 저해하는 한편 수도청에서 파견된 70명의 경찰군과 광주방면에서 파송된 국군 7백 명으로 순천탈환에 전력을 다하였으나 중과부적(衆寡不敵)으로 악전고투를 하고 있는 중 23일 제5여단장 김백일(金白一) 중령이 지휘한 국군정예대부대가 이날 하오 3시경 내원하게 되어, 하오 4시부터 순천에 돌입하여 적군과 대격전이 벌어진 끝에 포로 5백 명과 폭도 다수를 포착하고 하오 10시경 완전히 순천을 탈환하였는데, 이에 당황한 적은 광양과 보성방면으로 4, 5백 명이 탈주하였을 뿐 순천의 폭동은 완전히 진압되었다.

이리하여 순천에 진주한 국군과 경찰군은 산간과 시가 각처에 잠복한 잔적을 소탕하는 한편 공포에 떨고 있는 시민들을 순천농업학교에 집합시켜 그 중 괴수 21명을 총살하고 양민들은 그대로 돌려보냈으며, 용의자 2백여 명을 아직 문초 중에 있는데 용의자들을 보면 대개가 15, 6세의 철없는 남녀학생들과 봉두난발의 무지몽매한 농민뿐이었다.

동포여! 주시(注視)하라! 이 철없고 몽매한 학생과 농민을 교사(敎唆) 선동한 적귀들의 죄악을! 24일 아침 동천에 햇빛이 비치자 산간 풀 속에 숨어 연 3일 동안이나 굶주린 시민들은 하나씩 둘씩 모여들기 시작하고, 국군과 경찰대와 청년대들은 무장을 갖추고 시가 각처에 출동하여 작전 소탕에 분투하고 있었다. 폭도인 듯 7, 8명 혹은 십여 명씩 두 손을 들고 경찰관에게 호위되어 경찰서로 꼬리를 물고 들어오고 있다.

참극이 지나간 25일에는 완전한 건설의 서광을 보여주었다. 집집에서 아침 연기가 떠오르고 길거리에는 하나둘씩 행인이 늘어간다. 때마침 유량한 나팔소리가 들리며 국군 수○명이 자동차에 분승되어 시가행진을 할 때 부녀자나 아이들까지도 거리에 나와 실로 오장육부에서 울어나는 울음 섞인 목소리로서 『국군 만세』를 부르며 감격에 넘쳐 울고 있었다.

24일 하오 5시 군사령부 민사처 간부와 경찰간부 그리고 군수, 읍장, 재판관, 각 학교 교장, 각 청년단장 등 각계 요인들은 순천 시내 식도원에 회합하여 식량문제 기타 교육문제 등 당면문제 해결책을 토의하고, 반군이 탈취하여 가고 남은 식량을 모아 각 가정에 배급하는 등 시민의 생활보장에 만전을 다하고 있으며, 군과 경찰에서는 전선, 도로 등의 복구와 시체 수습에 분망하고 있다. 악(惡)을 뽑아 버린 순천시민의 혈관에는 동포애, 동족애의 거룩한 피가 용솟음치고 있는 듯 군경민(軍警民) 일체가 되어 평화한 얼굴로 건설의 궤도에 오르고 있다. 부근 논밭에는 이른 아침부터 벼를 비는 농부의 그림자가 늘어가고 있다.

[14] 서울신문 1948.10.30.
　　叛徒掃蕩戰은 一段落! 麗水는 宛然 불바다
　　父母妻子를 찾아 헤매는 아우성 소리

【麗水에서 本社 特派員 韓奎浩 27일 發 至急電】반란군의 반란 거점인 여수(麗水)의 소탕 완전탈환전은 27일 오후 4시경 완전히 끝났다. 지난 22일

순천(順天)지구를 국군이 완전 탈환하자 반란군은 분기되어 일부는 하동(河東), 벌교(筏橋), 여수(麗水)방면으로 패주하여 순천지구의 소탕전을 끝내고, 이어 20일 오전 4시를 기하여 기계화부대를 포함한 국군 정예부대는 하동(河東)으로 진출, 하동지구를 완전 탈환한 후 도반 주력은 함양(咸陽)으로 도망한 반란군의 잔병을 추격하여 23일 오후 3시경 함양(咸陽)을 완전 탈환 점령하였다. 한편 순천지구로부터 일부 정예부대는 벌교(筏橋) 방면으로 진출, 동 지구를 점령, 역시 같은 날 결사적인 전투를 개시 보성(寶城)을 점령하였다. 그동안 순천지구를 포기한 반란군 주력은 다시 여수로 도주, 여수읍을 최후의 반란근거지로 하여 여수를 신 14연대 반란군 약 20명을 중심으로 학생군 약 4백 명, 민애청(民愛靑) 약 4백 명, 여수읍 민중 약 4백 명 등이 총규합한 안전한 전투기지를 만들고 조직적 태도를 갖추고 있었다. 국군은 25일 오전 5시를 기하여 순천지구 일부 주력은 여수반도에 돌입, 여수 읍내의 두 고지(高地)를 점령 즉시 소탕전을 전개코자 하였으나 야간(夜間)전투로 인하여 반란군 보다 양민(良民) 희생이 컸으므로 이를 중지하고 날이 밝기를 기다렸다. 한편 일부 주력은 장갑차부대를 선두로 총사령관 송호성(宋虎聲) 준장 진두지휘로 여수에 돌격, 여수읍 입구 도중 미평(美坪)에서 반란군 자동차 제2호를 격파, 돌입하였으나 예상 밖으로 반란군의 반격이 심한 까닭으로 다시 순천으로 돌아왔다가 26일 8시 다시 여수로 진주 즉시 구봉산, 장군산, 종고산 거점을 점령, 여수 사방을 완전히 포위하고 여수반도로부터 상륙한 부대와 호응하여 본격적인 소탕전을 전개하였다. 이날(27日) 기자단이 도착하였을 때는 오전 11시경 시가전은 한 고비를 넘어 반란군은 집결하였던 장소에 불을 지르고 시가 동북쪽으로 쫓겨 갔다. 시내는 이곳저곳에서 불길이 충천하고 총소리와 불에 타는 기와장 터지는 소리 등 콩 볶듯 하고 화약 냄새와 화재의 불길과 연기로 타는 냄새는 숨이 막히었다. 피난민은 이불을 이고 옷 보퉁이를 들고 두 손을 들고 눈물이 글썽글썽 하면서도 울지도 못하고 공포에 가득 차서 떨리는 걸음으로 딸을 아들을 업고 이끌고 갈팡질팡 피난소로 미친 사람 모양으로 걸어간다. 불속에서 아버지를 찾고 어머니는 아들을 찾아 불속으로 무서운 줄도 모르고 뛰어 들려고 한다. 반란군 보안서(전 邑事務所)에 집결하였던 반란군은 오후 4시경 완전히 격퇴하였다. 이날뿐만 아니라 순천작전에서도 제1착으로 돌입하고 큰 공을 세운 제2단[제2여단] 12연대(群山 所在)는 이날도 제1착으로 돌입하여 큰 공을 세웠다. 한편 피난민들은 우선 서(西)국민학교나 여수국민학교에 수용하였다. 피난민들은 서로 붙들고 울었다. 하룻밤 사이에 여수읍은 완전히 지옥으로 변하였다. 그리고 임시로 서국민학교에 군정부(軍政部)가 설치되고 피난민에게는 주먹밥을 나누어 주었다. 길거리는 이곳저곳에서 총탄에 쓰러진 시체가 여기저기 눈에 띄고 문자 그대로 주검의 거리이다. 화염은 바닷가로 퍼져 해상의 선박에까지 붙어 바다 역시 불바다로 화하였다. 밤이 되어 우리 일행이 여수를 떠나던 오후 7시경까지 불은 꺼질 줄 모르고 화광이 충천하여 불똥은 별똥같이 밤하늘에서 번쩍였다. 여수의 밤은 화염으로 가득 찬 채 점점 깊어갈 뿐이었다.

[15] 호남신문 1948.10.30.
"人委" 副委員長 等 21名 銃殺刑
順天 再建은 快速調 悲哀어린 거리에 힘찬 숨결 胎動
叛亂現地 踏査(3)

【順天에서 本社 金·崔 兩 特派員 發】순천철도사무소에 들어보니 인민군의 전사자라는 시체가 두 개 관에 넣어 가지런히 놓여 있다. 이들은 지금 무슨 꿈을 꾸고 있을까? 민족 앞에 총을 겨눈 죄를 지옥의 길에서나 깨닫고 있을 것인가? 서류와 기물 등이 산란하여 있는 실내는 살풍경 그대로이다. 여기서 모—든 반란의 작전이 빚어졌으려니 하고 생각하니 끼

치는 소름과 함께 흥미를 돋구어준다. 경찰서장 관사에 이르기 전, 경찰서 뒷마당에는 수백 명의 폭도 혐의자들이 내일의 운명을 예측 못한 채 앉아 있다. 여기에는 연락을 하였다는 혐의로 아직 어린 여학생들도 끼어 있어 비둘기처럼 떨고 있으니 어찌하여 이러한 여학생까지도 그러한 길을 걷게 되었을까. 기자의 질문에 그들은 눈물을 흘리면서 붉은 완장을 두르지 않으면 총살한다는 반군의 위협에 붉은 완장을 둘렀기 때문이라고 말하고 있다. 이곳을 나온 일행은 경찰서와 지척의 거리에 있는 서장 관사를 살피기로 하였다. 산산이 부서진 가?에[원문 그대로 표기] 모든 기물은 파괴되어 있었다. 다만 응접실의 한 구석에 한 폭의 그림이 동란의 액을 면하여 영원히 오지 않을 주인을 기다리는 듯 변함없이 걸리어 있을 뿐이었다. 이렇듯 비참한 모—든 반란의 대가로서 그들은 이제 국군의 정의의 총에 소탕 섬멸되고 있는 것이다. 그들 반란군에 가담한 자 역시 관의 대상에 오르고 있는 것이다. 그리고 순천 내의 각 금융기관 금고를 파괴하고 700여만 원에 달하는 현금을 탈취한 후 고흥(高興) 방면으로 행방을 감추었다는 인민위원회 위원장 鄭모를 제외하고는 동 부위원장 池모와 인민재판을 집행한 당시 검사 朴모를 비롯하여 반군의 거사에 가담한 경관 등 수뇌부급 21명은 관군 순천 진주 이후 계엄령 법에 의하여 총살형이 집행되었다고 한다. 전국은 아직도(25일 오후 현재) 순천 부근의 산록에 잠복한 반군유격대에 대한 소탕전과 아울러 반군의 총지휘자 金機會[金智會] 중위(24)와 함께 백운산(白雲山)에 몰린 반군산악부대에 대한 포위전, 여수(麗水)에 있는 반군의 주력부대에 대한 집중공격 등 치열한 3면 작전이 계속되고 있다. 이러는 동안 순천에는 이미 복구된 치안 아래 민사처를 중심으로 순천 재건의 활동은 맹렬하여 쾌속도로 순천의 재건은 달성되어가고 있다. 관군 경찰이 수비하는 삼엄한 경계망 속에도 총 끝에 칼날이 번쩍이는 가운데에도 순천 부흥에의 힘찬 발자국 소리를 역력히 들을 수가 있었다. 불의의 난에 산중으로 피신 갔던 민중들도 속속 시가로 들어오고 있으며 서로 무사한 얼굴들을 본 가족 친우끼리 서로 얼싸안고 안도의 염□ 함께 희비가 교차되어 눈물을 흘리는 감격적인 장면도 허다히 연출되고 있다. 여기에 난을 면하고 생환한 사람들의 이야기를 단편적으로 들으면 사형 직전에 관군에 구출된 사람은 말할 것도 없거니와 돼지우리에 숨어서 이틀 동안을 돼지와 동거하여 액을 면한 사람, 굴뚝 속으로 들어가 굴뚝과 같이 24시간을 서 있다가 살아난 사람, 총살당할 때 맞지 않은 탄환을 명중한 것처럼 숨을 죽이고 있다가는 채전 밭을 십리나 기어서 피신하여 생환하였다는 사람 등 듣기에 쓰라려 차마 웃지 못 할 생환의 일화(逸話)는 여기에 일일이 소개하기에는 너무도 많은 것이다.

끝으로 기자는 반란군이 맨 먼저 사형을 집행하였던 것이라는 재판소 앞 둥구나무 앞에 머물렀다. 여기서도 무수히 인명을 살해 한 곳이다. 이 둥구나무는 100여 년쯤 되었다니 그는 이조 말엽부터 내려오는 이 땅의 역사를 보았을 것이다. 인명을 살해해도 그대로 보고 섰건 □심한 둥구나무는 기자의 원망스러운 눈초리와 말없는 질문에 역시 말없이 불어오는 싸늘한 바람을 타서 가지를 소요시킬 따름이다. 때마침 석양노을이 고요히 갓을 펴기 시작하여 어제의 사형장인 이곳 둥구나무 밑에도 변함없이 어둠의 장막은 내리었다. 순천의 반란은 이제 종식되었다. 순천 재건의 숨결이 힘차게 들려온다.… 불행하게도 쓰러진 순천의 동포여 명부에나마 행복 있으라…. 내일은 최전선 여수로…【순천편 끝】

[16] 동광신문 1948.10.31.
　　怨恨의 地! 叛亂現地를 차저서 本社 特派員 趙孝錫 發 至急報
　　生地獄化한 麗水 市街! 五分之 三은 完全 廢墟化

『원한의 지 순천(順天)! 여수(麗水)! 민족상잔의 피비린내 나는 비극이 벌어진 이곳 국민은 눈물겨운 금번의 여수 등지 반란사건 진상을 알고서 몹시 애태우고 있다. 본사에서는 사건 돌발 즉시 본사 특파원 기준산(畜峻山) 군을 순천지구에 파견하여 그 진상은 이미 발표한 바이거니와 지난 28일에는 금번 사건의 본거지 여수 광양 전선에 본사 조효석(趙孝錫) 김영국(金永國) 양 특파원을 파견하였는데, 금일 오전 9시 각각 다음과 같은 생생한 반란현지 순천 여수지구 실정을 기록한 지급보가 본사에 도착되었다.』

【麗水 前線에서 29일 發】처참무비한 죽음의 시가 順天에서 피비린내 나는 분위기 속에 동족상잔의 대비극을 한없이 원망해 가며 가슴 답답한 수일을 보낸 기자는 세계의 시청을 일점에 끌고 있는 반란의 근원지 麗水에 발을 옮기고 지금도 한번 통곡(痛哭)하고 있다. 아름답고 평화스러워야 할 麗水는 벌써 과거의 그림자를 찾으래야 찾을 수 없고, 건물이라는 건물은 반란군 측의 방화로 말미암아 모조리 타버렸으며, 산기슭에 조심스레 놓여 있는 헤아릴 수 없는 오두막집만이 눈에 뜨이는 麗水는 무참하게도 약 5분지 3이 폐허화(廢墟化)되고 있는 것이다.

『봄베이市』의 廢墟도 이다지는 심하지 않았을 것이며,『셰익스피어』의 비극에도 이만한 비통(悲痛)은 없을 것이라고 느끼는 것은 한낱 기자만의 생각은 아닐 것이다. 화마(火魔)의 잔연(殘煙)은 지금도 지난날의 충천하는 화염(火焰)을 말하는 듯 시가 아닌 시가를 저미『低迷』하고 있고, 주인을 잃은 말(馬)들은 갈 곳을 모르고 광주(狂走)하고 있다. 불에 탄 어린애의 시체를 안고 넋 나간 얼굴로 눈물만 흘리고 있는 젊은 어머니, 그리고 노모(老母)의 시체 앞에서 미친 듯이 통곡하고 있는 아들 딸, 아버지의 시체 위에 엎드려서『나는 원수를 꼭 갚을테요 꼭 원수를…』하고 저주(咀呪)하는 아홉 살 난 어린애의 원성을 반란군아 들었느냐! 오오 여기도 시체 저기도 시체! 기자는 西국민학교 교정에서 반란군이 학살하였다는 양민의 시체 약 4백을 보았고 시체 위에 세워놓고 총살을 한 다음 넘어진

시체 위에 또 사람을 세워 쏘아 죽이고 하는 것을 거듭한 결과라는 장작
쟁이듯이 쌓여진 시체의 산(山)을 기자는 경찰서에서 보았다. (第一信)

[17] 동광신문 1948.10.31.

動亂現地報告 本社 特派員 金永國 發 ㊀
太極旗 보고 萬歲 부른 兒孩들 地獄에서 解放된 그날의 麗水
麗水篇

『스파이』땜에 銃殺될 뻔
可觀! 頭目 宋郁 君의 講演 廣告
○体運搬 2일에 虐殺된 金 氏

김연주(金鍊珠) 씨를 단장으로 한 내무부 특파 의료반 40명과 본 기자는
27일 하오 2시 광주를 출발하여 동 10시경 순천에 도착하였다. 본 기자와
41명 일행은 먼저 경찰에 찾아 들어가 숙소 등 기타 의료반의 본부를 물색
하여 달라는 부탁을 하고 경찰 알선으로 순천역전 평화여관(平和旅館)에
투숙하였다. 하루 종일 추위에 떨고 숙소라고 들었으나 불도 때지 않은
온돌방에서 쓴 담배만 피우고 전 반란군이 사용하였다는 이불 한 장을 가
지고 다섯이 나누어 모두가 어슬어슬하는 28일 오전 2시경이었다. 난데없
는 총소리와 함께 우리 방 문전에는 국군 십여 명이 나타나 총을 겨누고
『손 들어라』「움직이면 쏜다」는 고성과 함께 전신의 수색을 당하고, 우리
는 빤스 한 장을 입은 채 거리로 쫓겨나왔다. 거리 이곳저곳에서는 총소
리도 그치지 않고 몹시 찬바람 치는 밤이었다. 여관 문전 거리 노상에는
누구인지 한 사람이 나체로 묶여 노상에 있었다. 우리는 몹시 떨었다.
몸수색을 재차 받았다. 그리고 시체를 운반하는 『트럭』에 실려 순천
총지휘사령부 영창에 들어갔다. 거기에는 포로병인 듯한 3인이 있었다.

아무런 죄 없이야 총살되겠나? 우리는 내무부 특명으로 왔으니까! 하고 의료반원들은 죄 없다는 것을 표시하려 하였다. 본 기자는 광주서 동 적십자사의 활동을 보도하러 온 것을 주장하려 하였다. 먼저 사령부 인사과에서 나와 일행의 책임자를 찾아 묻는 것이었다. 여러분과 같이 오신 소령(少領)은 반란군의 내통자로써 가짜 소령입니다. 여러분 중에는 그와 행동을 같이 하신 분은 없으리라 생각하나 방침에 따라 조사하겠다는 것이었다. 그 말도 미처 끝나기 전에 우리 일행 중의 한 의사와 조사관과의 사이는 구면인 듯 오—하며 굳은 악수를 하고 서로 당겨 안듯 이전에는 극친한 친구이었다 한다. 거기서 우리 일행은 모두 변명이 아닌 사실상 가짜 소령과는 하등 관계가 없다는 것을 말하고, 전후사를 물은즉 군부에서는 우리 일행을 전부 반군의 一미로 보고 있었다는 것을 알았다고 방면에서 소식이 들어왔는데, ○○방면에서 군 소령과 함께 가는 赤十字구호반 일행은 『요주의』라는 통지를 받았다 한다. 우리는 깜짝 놀랐다. 그리고 2, 3인의 같은 차에 타서 동행하였던 간호부와 몇몇 의사와 차중의 대화(對話) 조사가 있은 후 우리 일행의 신분은 진정한 赤十字구호반이라는 것을 알게 된 것이었다. 놀랐던 가슴을 다듬고 떨린 수족을 만지며 다시 국군의 보호 하에 여관에 들어갔었다. 여관에 와 단장과 맞아 가짜 소령의 진상을 물은즉, 그는 서울역에서 만나 기차도 같이 타고 광주에 와서는 은행에 돈도 같이 찾으러 갔었다 한다. 그리고 차중에선 과자 과실 등도 사 가지고 간호부 의사들에 나누고 반란군의 군세는 이러저러하다는 등 갖은 각도로 일행의 관심을 살려하고 있었다 한다. 단장은 다만 군인이었기에 군인 대접만 하고 왔었다 한다. 그 후 군에서 알게 되었는데, 가짜 소령은 韓, 崔, 洪 이라는 세 가지 성을 가지고 다니는 반군의 『스파이』라는 것을 알았다. 일행은 대담하기 짝이 없는 전기 가짜 소령이 이 자리에서 잡힌 것을 다행으로 여기며, 한편 국군의 세밀하고도 침착한 움직임에 한층 더한 신뢰감을 느끼며 믿음직한 국군의 차에 몸을 실고 마음 놓고 제1선 여수로 향하였다. 28일 상오 9시 순천을 떠나 달로와 같이 달리는 국군의 차에 몸을 실코 여수로 향하였다. 약 20분 해창(海倉)이라는 곳 이곳은 별다른 격전은 없었으나 며칠간의 반군의 폭악한 행동에 못 견디어 소란한 2, 30호의 마을이었다. 호호마다 태극기를 높이 걸고 남녀노소 어른 아이 태극의 수기를 들고 우리 일행의 달리는 차를 향하여 만세를 부르고 있었다. 우리 일행도 쌍손을 들어 힘차게 만세를 불렀다. 한창 바쁜 시기를 방안에서 떨며 지내다가 오늘의 기쁨과 함께 늦어진 추수에 마을 밭에서 미영 따는 어머니도 우리를 향하여 손을 쉬고 만세를 불러 주었다. 율촌(栗村), 덕양(德陽) 곳곳마다 태극기는 높이 휘날리고 만세소리는 그칠 틈 없었다. 미평(美坪)은 국군과 반란군 사이에 격전이 벌어졌던 곳이며 파손된 가옥도 많았다. 경찰지서 문 앞에는 책상 등이 산란하게 늘어서 있었다. 옹호병이 말하기를 이곳에는 아직 반란군이 숨어 있을지 모르니 좌우를 잘 살피라는 것이었다. 전속력으로 달리는 차 위에서 우리는 모두 쪼그리고 말없이 앉아 여수에 이르렀다. 여수경찰서 뒷방 공굴 속에는 소위 인민재판으로 생명을 빼앗긴 수십의 사체가 접혀접혀 놓여 있다. 경찰서 현관 앞 군청 읍사무소 여기저기 벽에는 아직도『인민대강연회』,『들어라 전 인민은』강사 송욱(宋郁) 이용기(李容起)라는 등의 벽신문이 부쳐있다. 과연 학교 교장으로서 인민강연회을 개최하였다 함은 사실이다. 여수의 지명인사인 김영준(金英俊) 씨는 삼일간이나 시체 운반작업을 강요당한 후 인민재판을 받아 결국 반군의 총알에 쓰러졌다 한다.

[18] 동아일보 1948.10.31.

叛徒의 占據 週餘에 各 方面 被害 莫大
學徒 雷同은 痛嘆事 그 뒤의 麗水 多難한 再建

【麗水에서 本社 特派員 金浩鎭 至急報】공포의 10월 27일의 무거운 장막

속에 저물어간 각종 화기의 포호성도 잠잠하고 때때로 우리 국군의 경계 사격이 고요한 장막을 깨칠 뿐 염염한 화광은 그 세력을 점차 멈추었으나 각처 창고에서 온갖 물자가 타는 악취는 여전히 코에 깊이 스며든다. 출렁대는 해변 조수에 반사되는 화광은 일종 황홀한 광경을 보여 준다. 난군의 발단지요 최후의 아성으로 그 횡포를 마음대로 한 것도 이 여수란 항구였다.

이리하여 이번 전남에서 발생한 반군 소요도 가장 큰 고비를 넘어 이제는 『게릴라』부대로 변한 패잔반도들에 대한 소탕전만이 남아있을 뿐이다. 우리 민족이 세계의 주시를 받는 가운데 총을 쏘고 피를 흘린 커다란 불상사, 그러나 법에 어그러지고 도덕에 어긋난 행위로 무력 반항을 꾀한 반군의 소행은 다시 더 말할 것도 없다. 너무나 엄청나고 기막힌 악행이다.

×   ×

저녁노을이 질 무렵 읍내에 있는 서(西)국민학교와 여수국민학교 두 곳 넓은 마당에는 여수시민이 가득히 모여들고 있었다.

우리 국군의 따뜻하고도 준엄한 경계 속에 피난보퉁이를 진 남자, 젖먹이 어린아이를 업고 안은 아낙네들, 수만 여수시민은 가뜩 들어찬다. 이곳에 와야만 산다, 국군의 보호를 받아야 산다. 반군의 모략으로 여수를 떠나면 결국 죽음이 있을 뿐이다 하는 것이 피난민들의 표정으로 잘 알 수 있었다.

그러나 이곳 수용소에 모여 든 사람들이 전부가 양민은 아니다. 태극기를 배반하고 소위 인민공화국 깃발 아래 우리 국군에 총을 겨누던 자, 『바리케이드』를 쌓고 전차호를 파서 우리 저격부대의 방편을 가로 막은 자, 우익요인들을 적발 무고 그리고 총살의 억울한 처형에 처하게 한 자 등등 우리의 적이 되는 자가 많이 섞여 있는 것이다. 이윽고 이들 수많은 피난민에 대한 색별을 시작한다. 철모군장의 늠름한 국군용사들과 씩씩한 경관 그리고 일부 청년단체원들이 날카로운 눈초리로 신속 정확하게 악질분자들을 적발하여 데려간다.

수십 열로 앉아있는 주민들은 초조한 모양으로 이 청년들의 일거일동을 살피고 있다. 이리하여 끊임없는 피난민 단속이 되풀이된다.

×   ×

한편 서국민학교에는 임시군정부(물론 우리 국군의)가 설치되고 피난민들에게는 주먹밥을 나누어 주고 병자나 부상자에게는 응급야전진료를 실시하는 등 만반의 대책을 세워 『위엄과 온정』 양양의 처리를 하고 있다.

그러나 기보한 바와 같이 여수읍의 타격은 너무나 크다. 일주일 전 반란이 일어나던 그때부터 27일 국군의 탈회가 완수되는 동안 반군도배의 악행은 너무나 참혹하고 컸었다. 여수금융기관에서 탈취한 현금 수천만 원은 오히려 가벼운 문제다. 최후 발악으로 반군도배가 총 패퇴할 찰나에 방화로 인하여 생긴 2천 수백여 호의 가옥소실과 식량을 비롯한 가지가지 물자의 소모량은 너무나 엄청난 것이다.

한편 수많은 향읍의 유지가 희생당하는 동시에 양민이 입은 정신적 타격은 물질적 손해에 못지않은 커다란 치명상일 것이다. 더욱 한탄할 것은 나이어린 남녀학생들이 이들 반도의 사주를 받아 맹목적으로 날뛴 갖은 죄악과 만행이다. 교육의 근본정신을 그르쳐 좌익의 충동에 용이하게 움직였다는 것은 앞으로도 중대한 사단으로서 재검토할 큰 문제가 아닐 수 없다. 시급한 여수의 상처 회복을 빌면서 기자는 야영의 꿈에 잠겼다.

[19] 자유신문 1948.10.31.
平和의 喇叭소리 울렷스나　麗水는 死의 都市化하다
同胞여 反省하자 누굴 爲한 相爭인가?

우리 민족사에서도 드물게 보는 금번 반란군사건은 그 규모로나 학살 방화 등으로 무고한 백성들이 억울하게 무수히 생명을 빼앗기고 어버이와 아들딸들을 잃은 이 땅의 이 겨레가 수천 명에 달하여 그들이 썩어가는 시체를 껴안고 목 놓아 울고 심지어는 발광하는 유가족도 있는 등 민족의 곡성은 하늘을 찌르는 듯하며, 무고히 죽음의 길을 밟은 겨레의 피로 이 강산을 물들이는 감이 있다. 이 무자비한 민족의 참사는『두 개의 세계』가 빚어내는 오늘날의 인류 비애의 하나려니와 무자비한 이번 반란사건도 모─든 세계사가 그렇듯이 후세의 역사가의 손으로 냉엄하게 준열히 청사의 오점으로 남을 것이나 목첨 간에 가로 놓인 이 현실은 너무나도 민족의 비애 산이었다.

【麗水에서 29일 林 特派員 發 第6信 急電】지난 27일 계엄군사령부의 특별호의로 麗水로 수송하는 증원부대의 트럭에 몸을 실었다. 반란군의 근거지인 이곳의 공격작전은 25일부터 개시되어 27일 오후에 완전 탈환을 보게 된 것이다. 아직 시내는 위험하다하여 떠나려는 기자를 사령부 金보도부대장은 만류하는 것이다. 20일 麗水를 반란군이 점령한 후 그들의 선전공작으로 38선은 벌써 터지고 남조선은 우리의 것이라는 맹랑한 선전으로 좌익을 비롯한 일반 양민들도 그들에게 가담하고 죽창 무기 등도 나누어준 것이라고 한다. 특히 남녀 중등학교 학생들은 적극 가담하였고 국군이 시내를 돌아다녀도 안심 할 수 없으며 심지어 13, 4세 되는 소년 소녀들까지 무기를 소지하고 국군을 살해한 일도 있다 한다. 麗水읍 어귀에 들어서니 화재로 인한 불꽃이 하늘을 덮었고, 이로 인하여 밤이면 멀리 1백리 지점인 順天에서도 남쪽 하늘이 붉게 보였다. 반란군 폭도 어린 아이들까지도 가담하고 있으니 관군의 작전상 고심이 많았다고 하며 본의는 아니나마 최소한의 피해를 덜기로 하여서는 장갑차, 화염기 등으로 공격을 개시한 것이라고 한다.

지리상으로 보아 順天으로부터 여수의 공격은 통로가 하나뿐이고 반란군은 공격하여 들어가는 관군을 산위에서 집중 공격을 하기 때문에 희생자도 다소 있었으나 용감히 뚫고 제일먼저 들어간 부대는 2연대 □대대

玄錫珠 大尉 인솔하는 부대였다고 한다.

자동차로 들어서는 구 麗水로부터 바라다 보이는 일대는 가옥이 쓰러지고 각 은행, 회사, 관공서 등이 화재로 소멸된 것이다.

[20] 자유신문 1948.11.1.

懺悔에 싸인 順天農中
叛軍 便은 누구? 무릅에 얼골 뭇고 判決밧는 女學生

【順天에서 本社 林 特派員 發 特信】光州로부터 트럭에 몸을 실어 동족의 피비린내 품기는 順天으로 떠난 것은 저녁노을이 서산에서 가물거리는 25일 오후 4시였다. 싸늘한 가을바람이 소맷자락에 스며든다. 차는 어둡고 험난한 산길을 고개 넘고 개울을 지나 順天으로 밤 10시경에 住岩에 닿았다. 목적지까지 약 절반 밖에 남지 않았다. 우선 경찰지서를 찾아 주민들의 안위와 앞으로의 행로가 과히 위험치 않을 것을 물으려 하였으나, 이곳 경관도 약 1시간 전에 全州에서 응원을 온 부대여서 지리가 생소하여 기자와 같은 불안과 일종의 공포심을 가진 얼굴 표정이다. 이곳 경관은 20일 날 벌써 지서를 텅텅 비워놓고 피신하였다는 것이다. 일 경관의 말이『인심은 조석변이라더니 이럴 때 쓰는 말 같구려』이 추운 밤에 도착하여 숯불을 피우려 하여도 주민들은 언제 보았던 양 물 한 그릇도 줌을 두려워 한다는 것이다. 그러고 보니 주민들도 있는지 없는지 문은 꼭꼭 닫혀있다. 다시 출발하여 雙岩, 鶴口로 향하였으나 발조차 안 보이고 무거운 침묵 속에 잠겨 있는 컴컴한 하늘에서는 이 겨레의 비애를 저주하는 듯 빗방울이 떨어지며 삽시간에 폭우로 변하였다.

평화와 순결을 사랑하는 이 민족에게도 어느덧 역사의 비애는 어찌할 바 없어 이곳 湖南 千里 평야에도 한밤의 총성과 더불어 전율 속에서 신음하면서 그들의 당황하는 태도를 보고 기자 일행은 東편에 솟는 햇빛을 바라보며 바라던 順天에 닿다.

시내 어귀에 있는 農中에는 2, 3백 명의 주민들이 웅크려 앉거나 혹은 서서 비를 맞고 그 얼굴에는 수심이 가득 찬 표정이다.

사유를 물으니 반란군에 가담한 폭도들을 방금 구금 취조 중이며, 한편 총살을 실시하고 있으니 그 안위를 염려하여 모여든 가족들이라고 한다. 교실에 들어서니 무장경관들에 쌓여 3백여 명의 반란군들에게 가담한 주민들이 교실에 열을 지어 꿇어앉아 있는데, 좌익청년을 비롯하여 남학생이 1백여 명 있었고, 별개로 한 구석에 여학생이 웅크리고 앉아 무릎팍에 얼굴을 푹 파묻고 있었다. 2학년 정도로 4학년까지의 그들 20명은 초조한 표정에 얼굴은 부석부석 부은 것으로 보아 어린 몸인지라 생전 처음 겪는 공포심에 떨며 장시간 울었다는 것을 알 수 있었다. 그런가하면 그 옆에는 젊은 주부가 우는 어린아이를 젖꼭지를 물려 달래가며 따라 울고 있는 것이다. 경관들은 긴장에 찬 얼굴로 그들을 감시하고 한명한명 다른 교실로 데려다 취조하는 것이다. 그들의 옆에는 그들과 같이 몇 시간 전까지 살아있는 동지들이 쓰러진 싸늘한 시체가 거적에 덮여 가을비를 축축이 맞고 있는 것이 눈에 띈다.

[21] 경향신문 1948.11.2.
廢墟化된 麗水市街 建設譜

【麗水에서 本社 特派記者 朴興燮 特電】모진 악몽처럼 여수와 순천지구를 휩쓴 반란사건은 국군과 국립경찰의 헌신적 노고로써 한바탕 크나큰 비극을 치른 후에 마침내 진압이 되었다. 그러나 비록 어떻게 비참하고 잔학한 사건이었다 할지라도 이미 지나간 일을 되풀이하며 연약한 감상

에 빠지기에는 새나라 건설에 대한 우리들의 할 일이 너무도 바쁜 형편이니, 불타고 무너진 집을 고쳐짓고 다친 사람을 치료하여 다난한 건국행진을 더욱 힘차게 계속하는 일이 현재 우리 앞에 부과된 대한국 국민의 책무이다. 이하 기자가 직접 보고 온 여수시가의 사건 후 뒷수습과 건설보를 소개한다.

暴徒에 짓밟힌 屍體
國軍 赤十字 等 處理에 大活躍

여수를 탈환한 지 사흘만인 29일 아침에도 여수 근방 산속에서는 잔적(殘敵)을 소탕하는 총소리가 들려오고 있었는데, 이는 당시 전투사령관 김백일(金白一) 중령 지휘 밑에 여수를 침범하려는 반군들을 물리치고 있는 국군 젊은 장병들의 활약이었으며, 5, 6명씩 경관들에게 포위당하여 끌려가는 청년들은 당지 치안사령관 최천(崔天) 씨의 지휘 아래 치안확보에 신명을 돌보지 않고 활약하는 경찰관들의 수사로 말미암아 부락에 잠복한 폭도들과 극렬분자들이 검거를 당하고 있는 광경이다. 여수에 설치한 야전병원에는 부상을 당한 경찰관과 시민 약 72명이 수용되어 신음하고 있다. 여수 해안 오상도(梧相島)[오동도(梧桐島)]에는 폭도에 가담한 혐의자 1천63명을 수용하고 국군이 엄중 감시하고 있으며, 치안사령부인 종산(鍾山) 국민학교 마당에서는 1천여 명의 군중 가운데 폭도들을 이 잡듯이 적발하여 엄중히 취조를 하고 있다. 불타버린 경찰서 뒤에 있는 방공호에는 무참히도 살해를 당하여 폭도들에게 짓밟힌 시체를 국군 적십자 부대와 경찰관에 의하여 유가족들에게 보내고 있는데, 젊은 남편과 자식을 잃은 수십 명의 유가족들의 통곡하는 울음소리는 보는 사람으로 하여금 창자를 끊게 한다. 탄환 세례를 받아 격전의 모습을 역력히 나타내고 있는 여수읍사무소 앞 광장에는 수백 명의 양민들이 모여 통행증을 받으려고 쇄도하고 있다. 2천6백여 명에 달하는 여수 시내의 남녀중학생들은 간 곳이 없으며 불과 수십 명 되는 남녀학생들이 학련(學聯)을 조직하여 치안유지에 협력하고 있을 뿐이다. 순천(順天)소방서 대원들은 여수소방소 대원과 협력하여 악취가 코를 찌르는 거리로 다니며 임자 없는 시체를 운반하기에 분주하다. 무기를 손에 든 채 결박당하여 경찰관에게 끌려오는 폭도들은 한두 사람씩 매일 끊일 사이가 없으며, 산과 밭 사이는 물론 여수 시내 집 속에서 적발되는 무기는 헤아릴 수 없이 많다.

오! 내 아들아!
子息은 어머니의 어머니는 子息의 鬼神도 눈 가릴 屍體 안고 우는 光景

국군의 위력으로 반란군의 수중에서 27일 오전 11시경을 기하여 완전히 구출된 여수는 다음날인 28일까지도 방화된 가옥이 여전히 불에 타서 5백여 호의 중요한 건물은 재로 되었으며 귀중한 양민들의 생명은 영원히 사라지고 말았다. 자식을 잃은 어머니들은 시체를 안고 거리에서 통곡하고 부모를 잃은 자식들은 불타버린 집 앞에서 넋을 잃고 하늘만 쳐다보고 있는 것이다.

임자를 찾지 못한 소년의 시체는 길가에 쓰러진 채 그대로 뒹굴고 있으며 여학생의 시체는 밭고랑에 그대로 파묻혀 있는 것이 여기저기 눈에 띈다. 소위 인민군의 최후 발악으로 끝까지 저항한 격전의 모습은 여수 시내의 어느 집이고 실탄을 맞지 않은 곳이 없음으로 보아 얼마나 처참한 격전이었는지를 알 수 있다. 기자는 여수전투에 있어 눈부신 무훈을 세운 제4연대 부대장 박기병(朴基丙) 소령의 안내로 여수 시내의 격전 현지를 돌아보았다. 반란의 발단 지점인 제14연대 병기창고(麗水 市內에서 西方 約 3粁 海岸 側)는 파괴를 당하였으며, 반란군이 탄환과 총기를 약탈해 흩어진 자취가 그대로 남아있고, 그 옆 장교실에는 병기장교 외 3명의 시체가 아직도 선혈이 묻은 채 그대로 놓여있다. 20일부터 27일에 걸쳐 국군에 격퇴된 날까지 그들의 행장(行狀)은 대략 다음과 같다.

人共國 天下 一週日
옛 平和 다시 찾아오다

(1) 반란군과 극렬분자들은 20일 오후 3시 4만 명의 시민을 동원하여 시민대회를 열었다. 그리고 군중에게 선동하기를 「38이남에 인민군이 진주하였으며, 우리는 잘 살게 되었다」는 허위 낭설 등으로 민중을 기만하는 한편, 시민들을 인솔하여 시내를 행진하였으며, 반란군이 발사하는 총소리는 끝일 줄을 몰랐다.

(2) 그리하여 폭도들은 군중이 모인 가운데서 소위 의장단 5명(李容戢李容起, 朴樂永朴采永, 劉牧允俞穆允, 文成輝, 金貴榮)을 선정하게 되었으니, 그들은 반군과 폭도들의 압재비가 되어 여수의 요인과 유지들을 체포하여 총살한 것이다. 21일 오후 6시 경에는 경찰관과 요인들을 약 60여 명 체포하여 보안서(現 邑事務所) 앞에서 그 중 八명(女警官 2명, 鞠具來=31歲, 鄭元子=26歲도 包含)은 즉석에서 군중들 앞에서 총살하였다. 그리고 경관 42명을 경찰서 앞에서 총살하고 여수의 요인(金英俊 天一고무 社長, 車活仁車活彦], 金昌業, 金玉俊金玉東], 金東俊) 등 외 수다한 유지들을 학살한 것이다.

(3) 그들은 주민들에게 선전하기를 「인민군이 지리산(智異山)까지 왔으며, 해군도 항복하였다」는 등의 낭설로 민중을 기만하고 가가호호를 다니며 총으로 위협하며, 「라디오」를 통하여 중앙의 소식도 전연 듣지 못하게 한 것이다.

(4) 25일 오전 10시 경 국군의 여수공격이라는 정보를 듣고 피난하여 반가이 국군을 맞이하려는 주민까지 위협하고 피난하는 자는 총살한다는 등 그들은 7일 동안 순전히 위협과 기만과 허위선동으로 여수시민들을 혹사하고 불응하면 살해하고 부녀들은 겁탈하는 등 인간으로서는 도저히 상상하지 못할 악행만을 감행한 것이다. 하룻밤 사이에 전평(全評)과 전농(全農) 등 좌익단체를 □락같이 만들어 자기들의 천하 같은 행동을 하기 1주일 동안이었으나, 악(惡)은 번성치 못함이 천리였으니, 27일 오전 7시 장군산(將軍山) 줄기로부터 강필원(姜弼遠) 중위가 지휘하는 수색부대

를 선두로 제12연대가 출동하고, 구봉산(九鳳山)으로부터는 제4연대, 제3
연대는 마래산(馬來山), 제4연대 1중대는 종고산(鍾鼓山)으로부터 여수를
포위하고 반군과 폭도들로 구성된 인민군에 대한 총공격을 개시하게 되
자 여수 땅에는 다시 옛 평화를 회복하게 된 것이다.

[22] 동광신문 1948.11.2.

動亂現地 報告 本社 特派員 金永國 發 ㊀
銃殺体 燒殺体! 家系 끈긴 老婦는 痛哭
麗水篇

하늘높이 충천에 날리고 있는 새까만 연기는 원통한 죽음의 장송곡(葬
送曲)을 그린 듯이 끝없이 솟고 화장터 문밖에는 말없이 왕래하는 여인들
뿐이다. 여기도 있고 저기도 있고 주인 없는 시체에 거뭇거뭇 『쉬파리』가
당겨 뜯고 있다. 방안 살림을 산란히 어질러놓은 주인 없는 무인가(無人
家)! 아마 이집 주인도 역군의 총알에 쓰러졌는지? 시가의 5분지 3이란 번
영가는 하룻밤에 사라지고, 동(東)으로는 한천회사 창고가 지금도 화염을
올리고 있고, 서편으로는 갱생원 농업창고가 겨우 남아 있을 뿐 전날에 번
영가도 지금은 벌판화되어 있다. 우리 일행은 전남에서도 손꼽아 세우던
만월(滿月)이란 갑종 요리점이던 광대한 집을 빌려들었다. 목전에는 금강
호텔, 식은(殖銀), 금융조합, 우편국, 무역회사 등등의 잔해인 금고와 철근
만이 우뚝우뚝 서 있고, 새까맣게 불에 탄 燒屍體가 궁굴궁굴 볼 수 있다.
반란군들은 소위 우익이라고 하면 덮어놓고 총살 또는 전신에 휘발유를
뿌려서 태워 죽였다고 한다. 이 어찌 천인공노할 바 없으랴! 안식처를 태
워 잃은 주민들은 전날의 영화를 새로이 심산하는 듯 구름에 가득한 하늘
을 무심히도 바라만 보고 있다. 용감히 최후에까지 역군과 격전을 하였다

는 경찰서를 찾아 들었다. 아무것도 없다. 다만 시체와 시체의 내음새 뿐이다. 뒤 방공굴 속 뒷마당에는 5, 60개의 시체가 거퍼거퍼 산적되어 있다. 여기 시체는 소위 인민재판으로 사형당한 시체라 한다. 마당에 시체를 껴안고 대성통곡하는 늙은 할머니 젊은 어머니와 아들 딸 눈물 있고 인간이라면 이 어찌 통분치 않으리오. 칼로 찌르고 쫓고 끝에는 총으로 생명을 빼앗았다. 우리 일행은 주먹을 불끈 쥐고 참혹한 광경을 세세히 들여다보았다. 부상자의 임시 구호소인 산비탈 숙소에서 시가는 一망철리이다. 밤 8시 해군의 조명등(照明燈)이 캄캄한 황폐도시의 이곳저곳을 비추고 있을 뿐 고요한 밤이다. 임시 적십자구호소 간판을 내건 지 몇 시간 후에 벌써 한 사람 두 사람 발을 동이고 전신의 화상(火傷)으로 움직이지 못하고 심한 유혈로 하얗게 안색도 변한 환자가 수없이 들어오고 있다. 오늘밤도 주먹밥 2개에 반찬은 소금이다. 의료반원들은 분주히 강심제 페니실린 등 응급구호에 호흡을 맞추려고 애쓰고 있다. 밤 11시 환자의 입원실에서 여인의 울음소리가 들려온다. 몇 시간 전에 들어온 환자가 세상을 떠났다고 한다. 들자니 환자의 아버지는 우익이라고 역군들에 잡혀간 후 아직 시체도 찾기 전에 자식마저 죽었다고 50길의 노인이 미칠 듯이 울고 있다. 부슬부슬 가랑비 내리는 28일 아침 9시 악대를 선두로 한 장갑차 등등 제12연대의 시가행진은 장관이다. 이곳저곳 거리에서는 태극기를 들고 만세를 부르는 소리, 이 나라 수호신(守護神) 아! 길이 영광 있으라! (完)

[23] 동아일보 1948.11.2.
가지가지 中傷과 謀陷 叛徒 摘發에 重大한 支障
원한과 눈물! 全南叛軍騷擾 余聞

【麗水에서 金浩鎭 本社 特派員 發】싸움은 끝났다. 만산수목은 진홍 단풍

에 고이 물들었고 논에는 벼 비는 농부들의 부지런한 모습도 눈에 많이 띈다.

여지없이 파괴된 가옥 벽에는 좀먹듯 구멍들이 격전을 말하는 탄적(彈跡) 모든 것이 악몽과도 같이 피비린내 나는 현실은 이미 사라지고 평화의 건설은 착착 시작되어가고 있다. 굳게 닫혔던 점포문도 열리고 거리에는 집짐승들도 돌아다니고 있다. 교회당의 종소리도 들리고 학교의 사이렌도 난다. 이 싸움이 지나간 이후 돌아오는 무서운 현실이 있으니 그는 즉 모함 밀고의 싸움판이다.

순천(順天), 여수(麗水) 등지에서는 군정 하 치안이 확보되고 질서가 잡혀감에 따라 폭동 당시의 협력한 폭도 가담자를 샅샅이 적발 조사 중인데, 일반은 야비한 사감(私感)으로 누구는 폭도들에게 무엇을 협력하였소, 누구는 무엇을 하였소 하고 밀고하여 오고 있어 오히려 군의 조사에 방해를 하는 경향이 있어 현지 당국자들도 두통을 앓고 있다.

그러나 당국으로서는 피해 유가족들로 하여금 물샐틈없는 수사를 거듭하고 있다. 다만 여수의 양민수용소에는 폭동 당시 폭도를 지휘하던 두목들이 버젓이 나타나고 있음에 분개한 군중은 군 당국이 현지 주민들로 조사단을 조직하여 폭동 당시 협력인물을 추려 처단하여 달라는 건의가 답지하고 있다.

[24] 서울신문 1948.11.2.
　　　叛亂地區를 보고 와서 國防部 報道班 韓 記者 記
　　　宋 將軍 陣頭指揮 (上)

　　叛軍은 裝甲車로 集中 射擊
　　지난 10월 19일 밤 열시를 전후하여 여수(麗水) 제14연대 안에서 일어난 일병사의 일발의 총성은 그 이튿날 20일 오전 2시를 기하여 여수 시내를 비롯한 순천(順天) 그리고 전남 각지에 동족상쟁의 인명과 물질의 막대한 희생과 피해를 끼친 반란을 일으켰다. 이에 국방부 출입기자단에서는 사건 발발과 동시에 즉시 현지에 출동하여 정확하고 신속한 보도를 전하고자 국군 보도반(報道班)을 조직하여 보도단장 곽우불(郭牛佛) 소위 이하 두 병사와 함께 종군기자로서 광주(光州)에 도착한 것은 26일 오전 7시 반경이었다. 쉴 사이도 없이 곧장 제5여단사령부인 동시에 금반 반란사건 진압의 전투사령본부로 달려가니, 송호성(宋虎聲) 총사령관은 순천(順天)에 김백일(金白一) 제5여단사령관은 여수(麗水)에 각각 출동하여 부재중이었고, 이날 아침 7시경 들어온 정보에 의하면, 구례(求禮) 방면에 폭도 2백 명이 집결하여 있다 하여 12연대의 일부가 동 방면으로 이를 진압코자 백인기(白仁基) 중령 지휘로 출동 준비 중에 있어, 우리 일행은 이 부대와 함께 현지로 떠나기로 하였다.

그런데 또 현재 여수에서는 시가소탕전이 전개되었다는 정보가 있어, 구례 방면과 순천 여수 방면 두 곳으로 나누어 떠났다. 기자는 순천 여수 방면으로 결정되어 군복으로 갈아입고 청색의 보도완장을 오른편 팔에, 흰색 바탕에 중앙에 태극을 그리고 먹으로 국군이라고 쓴 완장을 왼편 팔에 각각 달고 무장은 없이 다만 군인 두 명이 「카―빈」「엠완」의 총 두 자루를 가지고 오후 3시 반 일로 여수로 향하여 떠났다. 순천에 도착하니 오후 6시 20분, 해는 이미 떨어져 황혼으로 접어든 이 거리는 군인의 그림자와 군화 소리만이 유난스레 크게 들릴 뿐, 일반 행인은 통행금지 시간인 오후 7시 직전으로 이따금 전재민 아닌 전재민이 조심조심 지나갈 뿐이었다. 우선 작전부대 전투지휘소로 송(宋) 총사령관을 찾았다.

송 총사령관은 이날 여수시가지에 장갑차로 몸소 진두에 서서 돌진하다 동 장갑차 운전수와 동 조수를 잃고 송 총사령관은 뺨에 유탄이 스치자 더욱 앞으로 들어갈 것을 명령하였으나, 부관 장교를 비롯하여 수행원들이 몸소 앞을 가리는 등 송 총사령관의 신변을 보호하고 서로 다투어 앞을 서니 송장군은 할 수 없이 부하의 말을 들어 다시 순천으로 돌아와 피로함에도 불구하고 부하장교들에게는 전 지휘를 하고 있는 때였다. 간단한 인사만 마치고 오늘밤은 위험하다 하여 내일 일찍이 떠나기로 하고 지휘소를 나왔다.

[25] 자유신문 1948.11.2.
萬事를 運命에 매끼고 幽明의 길을 彷徨
叛軍 機銃 下 最後 默想타 生還

【順天에서 本社 林 特派員 特信】거센 폭풍과 같이 반란군이 이곳을 휩쓴 22일까지 그야말로 3일 천하를 이루었던 동안 이 곳에는 가지가지의 비애와 비화가 있었다. 반란군이 들어온 이튿날인 21日에는 경관, 21일에는 우익 정당사회단체원들을 수색, 체포, 총살하는 까닭에 순경 5명도 피신하다가 유치되어 취조 받고, 남자경관과 같이 미구에 총살당할 얄궂은 운명이 점점 다가옴을 각오하였다는 것이다. 기관총은 그들의 감금되어 있는 유치장 창살을 향하여 겨누어 있어, 조금의 반항이나 저항적 언사를 쓰면 총알은 사정없이 가슴에 박힐 무렵, 의외에도 밖에서 총소리 요란하게 들리고 방안에 있는 반란군의 당황하는 빛이 보이더니 큰소리로 유치장 안에 있는 놈들을 모조리 죽이라는 호령과 더불어 반란군이 기관총을 발사하려는 순간 국방군이 물밀듯이 들어와 반란군들은 뒷문으로 도주하고 여경관들은 무사히 구출된 것이라고 한다. 또 전직 경관이 역시 유치되어 폭도들에게 취조를 받을 때, 여러 가지 이유를 죽음만 면하여 주기를 애걸하니 그들도 들어줄 듯하다가 집총한 다른 폭도에게 손을 목에 갖다대며 툭치는 형용을 하니 사형장인 뒤뜰로 끌고 나가려고 하였다고 한다.
　그는 눈앞이 캄캄하여짐을 느꼈으나 최후로 부모형제의 건강을 기도할 여유를 달라고 애걸하고 묵상을 하고 있는 동안 국군에게 생명을 건지게 된 것이라고 한다. 이것을 시간으로 보아 총살 바로 15분 전에 생긴 일이었다 하며, 각각 본인들에게서 직접 들은 아슬아슬한 九死一生의 비화이다. 또 다른 순경이 죽음에서 살아났다가 다시 비참하게 총살당한 눈물겨운 이야기도 있다. 폭도들에게 붙잡혀 한 번에 4, 5명씩 열을 지어 멀리서 총을 쏜 순간 옆에선 동지가 푹 거꾸러짐을 따라 죽은 척하고 쓰러졌다가 그들이 가버린 후 옷을 바꿔 입고 어둠을 타서 도피하다가 학생에게 발각되어 드디어 총살당하였다고 하며, 이와 반대로 역시 가장하여 옆집에 숨었는데 이를 알고 부근 일대를 샅샅이 뒤졌으나 용케 빠져나와 생환하였다는 이야기도 있다. 순천 주민들은 모여 앉으면 이런 이야기가 끝이 없이 꼬리에 꼬리를 물고 계속된다. 역시 「人命은 在天」이라는 문구를 언제 어느 때 보담 절실히 느끼는 양 일생 처음 겪은 무섭고 처참한 악몽 아닌 지난날의 현실의 환상을 느끼면서 다시금 몸서리치는 것 같은 표정이다.

살아났다는 환희! 이것뿐이 죽음의 슬픔보다는 훨씬 크고 사무친 비애를 어느 정도 덜게 하는 단하나의 요소가 되어있다. 가는 곳마다 죽음의 비통 속에 싸여 있으면서도 국군의 탈환으로 말미암아 다시 소생의 길을 찾아 앞날의 가냘픈 설계도를 누구나 심중에 그리고 있는 것이 이곳 주민들의 당면한 일과이다. 어제까지 조금 전까지 죽었으리라고 인정한 친척 친구들이 우연히도 골목에서 또는 집으로 찾아오면 서로 얼싸안고 반가운 감격의 눈물을 흘리기도 한다. 이러한 광경이 매일 계속되다시피 전개된다. 그리고 경관들의 가족을 비롯하여 우익청년단원들은 더욱 큰 고비를 겪어온 만큼 유달리 감격이 크고 또 다른 새로운 각오를 가지는 것 같다.

[26] 조선일보 1948.11.2.

現地報告 麗水의 그 後 本社 特派員 尹鼓鍾 記

벽마다 窓마다 彈痕! 1週日의 死線을 넘어
市民은 生途 찾아 廢墟를 彷徨

20일 새벽부터 일어나기 시작한 반란의 선풍이 27일까지 1주일 끊임없는 총성과 피의 수난을 겪는 여수의 거리는 27일 오전 11시경의 보기 드문 격전을 한 고비로 하고 국군의 진주와 동시에 27일 오후에는 완전히 치안을 회복함에 이르렀다.

반란군이 도망칠 때, 휘발유를 뿌려 때마침 부는 서북풍에 2천여 호가 소실된 거리는 지금 얼빠진 것과 같이 모든 것이 자실(自失)한 듯한 표정이다. 아직 타다 남은 여진(餘燼)에서 연기가 나고 화재에 휩쓸려 타는 시체의 냄새가 지나가는 사람의 코를 찌른다. 다행히 불길을 면한 집은 벽과 창에 처참한 당시의 격전을 말하는 탄흔(彈痕)이 남아 있고 길가에는 지저분하게 유리창 나무의 파편 등이 흩어지고 있는데, 1주일간의 혼란에 신경이 둔하여 졌는지 시민들은 무표정한 얼굴로 그를 대수롭게 생각도 하지 않는다. 길가에 흩어졌던 시체는 27일 저녁부터 군 당국으로부터 거두라는 지시에 따라 현재에는 그리 볼 수 없어졌는데, 그 대신 임시야전병원이 설치된 요정 만월(滿月)로 향하는 일반 시민들의 담가(擔架)가 많아졌다.

계엄령 발표와 동시에 자치위원회가 조직되어 1시 인민위원회의 본부였던 읍사무소가 다시 열려 29일부터 집무 준비를 하고 있고, 27일부터 비롯한 일반에 대한 반란에 가담여부는 아직도 준열히 계속되고 있다. 동편에 있는 종산(鍾山)국민학교 뜰 안과 교실에는 문초를 받을 사람들 천여 명이 서리가 내리는 밤에 뜰 안에 꿇어앉아 자기의 앞에 가로 놓인 운명의 흑백에 불안한 밤을 새고 있다. 이 종산국민학교 외에 여수항 방파제(防波堤)의 끝인 오동도(梧桐島)에는 학생이 약 2백 명, 일반이 약 6백여 명이 수용되어 역시 양민과 폭도의 판별(判別)을 기다리고, 그들의 아침 저녁 식사를 머리에 이고 학교 앞과 방파제 위를 내왕하는 여인네의 행렬이 뒤를 이어 그칠 줄 모른다.

거리의 이곳저곳에는 순천과 동일하게 기중(忌中)이라고 써 부친 집이 한 집을 격하여 있을 정도로 많고, 관을 운반하는 기계와 구루마도 눈에 띈다. 여기저기 벽에도 반군과 폭도가 개최한 시민대회의 삐라와 그들이 시민을 현혹케 한 「데마 뉴―스」를 붙였든 자리가 아직 남아 있다. 파괴되고 구멍 뚫어진 유리창과 벽이 산란한 거리를 군인과 총을 가진 경관과 양민으로 인정된 사람이 내왕하든 때때로 시내에 잠복하였고, 총을 소지한 폭도가 총을 쥔 채로 꽁꽁 결박당하야 끌려가는 것을 볼 수 있는데, 아직 기억에 생생한 반란의 공포에 풍광이 명미한 남국의 항도 여수 7만 시민은 금후 살아갈 방도를 찾아 불타고 파괴된 거리를 골골이 헤매고 있다.(續繼)

[27] 서울신문 1948.11.3.
叛亂地區를 보고 와서 國防部 報道班 韓 記者 記
到處에 銃彈 痕迹 (中)

警察官은 한 명도 빼지 않고 殺害

순천읍을 완전 탈환한 것은 22일 오후 8시경, 교외(郊外) 전투와 아울러 치열한 시가전(市街戰)이 있은 후였다고 한다. 그러나 민심은 전율과 공포에 싸여 각 상점은 물론 각 민가는 대문을 꼭꼭 닫쳐버리고 전부 피난하고 없었다고 한다. 23일에야 전기(電氣), 수도, 철도 등 중요시설을 복구하고, 그밖에 교육기관 등 대개 평상대로 회복하자 24일부터 피난 갔던 사람들이 자기집으로 돌아오기 시작하여, 26일까지 대략 3분지 2가 돌아왔다고 한다. 그리고 반란군의 주모자 김지회(金智會)는 국군사관학교 3 기 졸업생으로 26세, 육군 중위 14연대 중대(中隊)장이었다고 한다.

반란군이 경관을 비롯하여 우익청년단체 관계자 우익요인들을 살해한 것은 역시 26일까지 판명된 것으로 약 2천 명으로 추산할 수 있다고 한다. 방화는 6개소였고, 소위 인민재판소는 경찰서와 북(北)국민학교, 남(南)국민학교 세 곳이었다고 한다.

순천 조흥은행 지점 자리에 설치된 특별조사국(特別調査局)에 가니 국군이 완전 탈환 후 시내로 돌아온 사람 중에서 또 그밖에 탈출한 폭도들을 잡아 모아놓고, 반란군에 가담 혹은 원조 여하에 대한 전부를 조사하여 처벌하는 곳이다. 용의자들은 두 손을 들고 조사관 질문에 벌벌 떨며 대답을 하고 있다. 2층에는 그날 밤(26日) 현재 50여 명이 앉아 있었는데, 그중 기자가 9명가량이었고, 각 금융기관은 반란군이 현금을 전부 탈취하여 가지고 달아나 금고를 잠그고 열쇠를 가지고 가서 열지를 못하고 있는 형편이라고 한다.

그 이튿날(27일) 우리 일행은 오전 5시 반 여수로 떠날 결사적인 결심을 하고 숙소를 나와 먼저 송(宋) 총사령관을 찾아 여수로 떠난다는 인사를 하니 웃으며 위험하다고 또 주의를 시킨다. 인민군이 치안대를 약 □십 명으로 조직하여 치안대본부로 사용하던 순천경찰서를 들르니, 벽과 창문에는 총탄의 흔적이 치열하였던 시가전을 연상케 한다. 책상도 모두 그리고 반란군이 제일 먼저 침입하였다는 순천지구 경찰감찰서는 실내에는 책상 의자 등 전부 부서져 버리고 나무조각과 서류가 산산이 흩어져 수라장이 되어 있다. 여기서 이 감찰서 직원 유(柳) 경사를 만나 이야기를 들으니, 반란군이 들어온 것은 20일이고, 21일까지 인민위원회와 인민군이 조직되었고, 학생들이 가담한 것은 22, 23 양일에 걸쳐서라고 한다. 동구 밖 장천리(長泉里) 가는 길가에는 약 1백○명의 시체가 있다. 대개 손목을 잡아매고 또 수갑을 채웠는데 총살을 하여 죽인 것 같다. 차마 눈으로 볼 수가 없었다. 처음에는 2백여 명에 달하였는데 유가족이 찾아갔다고 한다. 인민군 치안대 속에는 현직 순천경찰서 사찰과 형사 일명도 가담하여 협력하였다고 한다. 이곳에서 돌아서니 벌써 오후 9시 반이 넘었다. 금번 사건의 발단지인 동시에 최종의 주작전이 끝나는 가장 치열한 시가전이 한창 전개되고 있다는 여수로 비장한 결심을 하고 일로 여수로 달렸다. (계속)

[28] 조선일보 1948.11.3.
現地報告 順天의 그 後 몸만 남은 市民 衣食住가 先決問題
本社 特派員 尹鼓鍾 記

반란군이 도망하고 국군이 진주한 오늘 여수 7만8천 시민의 앞에 가로놓인 가장 긴박한 문제는 겨울 추위를 앞둔 그들에게 집과 옷과 식량을 제공하는 문제이다.

그 중에도 제일 긴요한 것은 식량이라고 하겠다. 20일 새벽 반란이 일어나던 당시 여수에는 다른 지방으로 회송하고자 하륙(下陸)한 외미 5천 석이 있었는데, 반란과 폭동 1주일 동안 그 중 수백 석이 없어지고, 그 뒤 반란폭도군이 궤주(潰走)할 때 방화하여 약 천여 석이 소실되고 현재는 3천 내지 5천 5, 6백 석이 남아 있다고 한다. 이것이면 당분간의 식량은 문제없으나 식량영단 지부는 선풍의 화중에 휩쓸림을 당한 뒤인 만큼 종전과 같이 원활히 배급되려는 지 문제이고, 또한 당국의 적절한 대책이 금후 서지 않으면 7만여 시민의 양도가 걱정되는 바 있다. 특히 4만 명 이상으로 추산되는 화재 이재민에 대한 식량공급은 그들이 가산을 소실당하고 맨 알몸으로 남아 있어, 당국의 시책 여하에 따라서는 아사자가 나지 않으리라고 보장 할 수 없는 형편이다.

식량 다음에는 집인데, 2천여 호가 타버린 뒤인 만큼 이재민 4만여 명을 어떻게 거주케 하느냐가 또한 두통거리가 되고 있다. 우선 천막만이라도 쳐서 아무리 남쪽지방이라고 하여도 서리 내리는 추운 밤에 노천에서 헤매고 조는 일이 없게 하여야 하겠다. 군 당국의 의견에 따라 설치된 여수자치위원회도 이 문제에 대해 어떠한 성안도 갖고 있지 않았다.

우선 천막 또는 「바락크」 정도의 집을 지어 그들 이재민을 수용케 하여야 하겠는데, 여수시내에 있는 자재는 거의 없다고 하여도 과언이 아닐 만큼 적다. 불탄 자리에서 그래도 혹시 무엇이 파여 나오지 않을까, 또는 타다 남은 것이 없나하고 작대기로 불탄 재를 뒤지고 있는 그들의 자태를 볼 때, 순천 여수의 여러 가지 참상에 신경이 둔하여진 기자에게도 애처롭게 보였다. 어떤 사람은 친지의 집에 또는 일부는 학교, 기타 큰 건물에서 떨고 있으나, 목전에 닥쳐오는 추위를 생각할 때 주택문제 해결을 위하여 군관민의 종합적이고 과단성 있는 대책이 요청된다.

다음에는 집과 동시에 옷을 태워버린 이재민의 의류사정이다. 우선 이불부터가 문제이다. 학교와 기타 각종 큰 건물에 수용은 되었다 치더라도 이불이 없이 밤을 새울 수는 없다. 이불과 동시에 옷도 없는 그들에게 박도하는 추위는 하루하루 사정없이 심하여 가고 있다. 길을 왕래하는 사람들의 거개가 입은 채로 불타는 집을 뛰어 나온 그대로의 단벌옷만 입은 사람들뿐이다. 여기에 검은 꺼림옷을 입고 그들은 살길을 찾아 이리저리로 헤매고 있는 것이다. 시내에 얼마 있는 각 상점의 섬유제품(纖維製品)은 반군과 폭도가 거의 약탈하여 가버리고 소실을 면한 사람들의 옷도 많이 빼앗긴 뒤라 서로 동정하여 나눠 입을 정도도 못된다. 특히 불붙은 곳이 시내의 부유한 층이 살던 번화가(繁華街)였기 때문에 타버린 의류가 막대하여 변동할 의류가 거의 없는 형편인 것이다. 과연 옷과 이불 문제에 대하여 당국과 관계 각 방면은 지금 어떠한 방책을 강구하고 있는지 기자가 여수시내에 머물러 있는 동안 이렇다 할 어떠한 소식도 듣지 못하였다.(계속)

叛亂地區를 보고 와서 國防部 報道班 韓記者 記

猛虎隊의 殊勳 (下)

銃聲을 들으며 順天으로 歸還

순천에서 약 40「킬로」즉 백리길이다. 어제도 오늘도 여수에서는 치열한 싸움이 벌어져 있었다. 연도(沿道) 논에서는 태연자약 농부들은 벼 베기에 바쁘다. 이 길에는 다만 군용열차가 왕래할 뿐 보통 행인은 하나도 없으며 간혹 인가 □전에 나선 사람들은 늙은이 아낙네 어린아해들까지 두 손을 든다. 미평(美坪)리에 닿으니 군용「트럭」몇 대가 이곳에서 집결하여 있다가 여수 시내로 이동한다. 우리 일행은 이 뒤를 따라 여수 시내에 들어서니 오전 11시 반란군은 시내 수처에 불을 지르고 시가 북쪽으로 옮겨가 집결하였다고 한다. 기관총 소총 소리는 끊일 사이 없이 콩 볶듯이 들려오고 탄환은 빗발치듯 공중을 나른다. 피난민은 머리에 이불을 이고 손에도 옷 보퉁이를 들고 떨리는 걸음으로 갈팡질팡 걸어간다. 어머니를 따라가는 아이들은 □□한 것과 이□ 혹 노인 뿐 눈물도 울음소리도 □□ 이불을 뒤집어 쓰고 지팡이를 이끌고 비틀비틀 걸어가는 칠십 노인도 있다. 집에 붙은 불은 제멋대로 타들어가 순식간에 연소되어 큰 상점 큰 공장에 옮겨 붙어 총탄의 화약 냄새와 아울러 화염과 연기는 숨을 제대로 쉴 수 없어 질식할 지경이다. 용기를 내어 이곳을 뚫고 나가려 하였더니 국군이 말려 할 수 없이 현지 사령부인 서(西)국민학교로 갔다. 이곳 운동장에는 어젯밤에도 꼬박이 앉아 새웠다는 피난민들로 꽉 차 있었고, 뒷산에는 어제 밤에 총살을 당하였다는 반란군의 3명의 시체가 보였다. 그리고 운동장 한편 구석에는 양민과 구별하여 반란군에 가담 혹은 협력한 청년 학생과 여학생이 두 곳으로 나눠 앉아 있고, □ 반란군의 포로가「빤쓰」하나만 입고 떨고 앉아 있다. 이들은 즉시 재조사를 하여 죄과가 판명되는 대로 총살 그밖에 처벌을 내릴 것이라고 한다. 시가의 불길은 전 시가를 뒤덮고 있었다.

우리 일행은 다시 또 자동차로 시가로 들어가 화염 속을 뚫고 들어가려 했더니 전기 고압선 수 가닥이 가로막혀 수천 도의 고열로 타오르는 불덩이 속이라 단념하고 다시 돌아 나와 자동차에서 내려 옮겨 탔다. 돈대길로 걸어서 여수경찰서에 이르니 아직도 길거리에는 시체가 즐비하고 경찰서는 불에 타버리고 안마당에는 반란군이 살해하였다는 시체 6, 7이 보였다. 반란군이 오후 4시까지 완강히 버티고 있었다는 읍(邑)사무소 앞을 지나 금번 반란사건에 순천 여수를 비롯하여 그밖에 여러 곳에서 제1착으로 돌입하였고 많은 공을 세웠다는 맹호대라는 별명을 가진 제12연대를 찾으니 벌써 오후 6시가 넘어 황혼으로 접어들었다. 초불을 켜놓고 오늘(27일)의 전과(戰果) 백(白) 부연대장에 대강 듣고 갈 길이 바빠 이곳을 나와 다시 순천을 향하며 시가를 내려다보니 아직도 그칠 줄 모르는 화염은 하늘을 뒤덮고 육지의 불길은 바다로까지 뻗어나가 바다에 뜬 배에 불이 붙어 불바다를 이루고 있다. 여수의 밤은 화염에 가득 찬 채 이따금 은은히 들려오는 총성과 함께 점점 깊어 갔다.(끗)

[30] 자유신문 1948.11.5.
오직 寬容으로 骨肉相殘을 삼가하자

【麗水에서 本社 李惠馥 特派員 特電】31일 자동차로 麗水로부터 順天에 이르는 동안에 기자는 연도에 인접한 촌락마다 태극기가 휘날리는 것을 보았다. 많이 보다도 자동차마다 논에서 벼 베는 낟가리 위까지도 태극기가 붙어 있는 것을 보았다. 국군을 실은 자동차가 지날 때마다 벼를 베던 농부는 벼 베던 손을 멈추고 지나가던 행인은 걸음을 멈추고 두 손을 들고 만세를 부르는 것이 특히 눈에 띄는데, 이것은 일시에 인민공화국화 하였던 부근 일대의 주민들이 혹시나 □□로 오인되어 총격을 받을까 염려하는 때문이

며, 간혹 논에서 일하던 농부들이 혹은 5, 6명 혹은 7, 8명씩 무릎을 꿇고 두 손을 들고서 경찰관에게 문초를 당하고 있는 것은 반란 발발에 호응하여 麗水, 順天 부근에서 봉기하였던 농민들을 검거하기 위한 것이라 한다. 이같이 봉기한 좌익 농민들이 우익진영 인사를 살해 혹은 구타, 가산파괴를 자행한 반응으로 반군이 물러간 지금에는 또다시 가족을 살해당한 우익 진영 청년들의 보복적인 좌익계열 습격사건이 벌어지고 있다. 이날 順天에 이르기 약 5리쯤 못 되는 촌락에서는 이러한 보복행위로 좌익 농민의 집에 방화사건이 일어났다. 이같이 지나간 살육에 이어 또다시 동족상잔의 기미가 태동하고 있는 것은 이 어찌 민족의 장래를 위하여 우려할 일이 아니라 할까? 관계당국의 긴급 적절한 민심 수습책이 절실히 요망된다.

[31] 독립신문 1948.11.9.
屍體와 거지의 거리 잿터에서 彷徨하는 失神한 邑民들

麗水의 近況

전 시가가 거의 재가 되어버린 항도 여수는 아직도 공포에 싸인 채 부두에 닿은 배는 닻을 내렸을 뿐 거리에는 계엄령 포고 국군만세 벽보와 아울러 반도들의 치하 한 주일 동안의 기억의 여진을 말하는 듯이 인민위원회니 인민은 들으라 … 따위의 문구를 쓴 반쪽씩 남은 벽삐라가 엇바꿔 붙어있어 참담한 이번 사건의 자취가 씻겨지기를 기다리고 있다. 4일 기자는 재 속에서 헤매이는 반란군의 기점 여수를 보고자 순천으로부터 들어갔다. 지난달 25일부터 개시된 3일간의 격전으로 아직도 논바닥에 시체가 있다는 시가 어귀를 거쳐 보기 흉하게도 벌집 뚫어진 듯한 길가 집집의 총구멍 자리를 보며 한참 바다 쪽으로 가자 다시 한 번 크게 놀라지 않을 수 없었다. 해안통과 서정(西町) 일대의 여수 심장부는 완전히 재가 되어 버렸다. 원형을 찾아볼 수 있는 건물의 뼈다귀 하나 없이 홀딱 1천5백38호가 사라져 버린 것이다. 그 전 기억으로도 도저히 옛 모습을 찾아낼 수 없고, 그 중에도 각 운수기관, 식산은행, 상호은행 지점을 비롯하여 극장, 우편국, 금강호텔, 여수호텔, 여수일보사, 합동통신 지사, 각종 제철공장 등 근대적 건물이 모조리 타 버렸다. 그러나 천일(天一)고무공장은 그 주인 김영준(金英俊) 씨는 피살되었으나 공장만은 타지 않았다고 한다. 이런 잿더미 속에 충혈한 여인이나 노인들에게 욕을 먹으며 무엇인지 뒤지고 다니는 거지 떼의 이리 몰리고 저리 몰리는 광경은 일찍이 이 땅에 없던 인간상의 또 한 폭 비극적 그림이 아닐까. 필시 집 잃고 아들과 딸을 잃은 이들 같은 또 한 뭉치의 사람들은 거의 실신상태에 빠져 재 속을 헤치며 이리 가보고 저리 가보고 하다가는 한참씩 넋을 잃고 서성댄다. 부둣가를 지나 구 시가로 들어가니 경찰서는 앙상하니 뼈다귀만 남아있고, 총구멍으로 도배를 한 듯한 읍사무소에는 여수부흥기성회(麗水復興期成會)라는 새 간판이 붙어있다. 군청 자리에는 여수지구사령부로, 종산(鍾山)국민학교는 군기대사령부(軍紀隊司令部)로, 여수여자중학에는 제5연대 전투사령부와 경찰사령부로 각각 자리 잡고 있어 시가의 전 기능은 계엄령으로 사령관 송석하(宋錫夏) 소령이 완전히 잡고 있다. 그밖에 거리 처처에 반란군과 폭도들이 우익간부들을 처단한 핏자리가 남아 있고, 이제 다시 나와 거리를 다니는 전일의 지도자들 중에는 다리를 저는 이들이 한둘이 아니며, 이는 반도 치하 악몽 같은 며칠 동안의 행상을 말하는 것 같이 보인다. 군기대와 경찰사령부에는 젊은 청년들이 폭도에 가담한 혐의로 준엄한 문초를 받고 있었다. 여수여자중학교 교장 송욱(宋郁) 등 약 4백 명이 체포되었는데, 죄상에 따라서는 무죄와 사형이 그때그때로 즉결한다고 한다. 또 한편 학생총연맹지부, 민족청년단지부 사무소는 엄중한 경계리에 청년들이 부산하게 드나들고, 그 앞에는 부인네들이 시름없이 오뇌에 떨고 있었다. 말인즉 이번 통에 『자기 아들은 집안에 꼭 숨어 있었는데, 총을 쏘았다고 저러니 어떠허신다우』 하며 발을 구르며 호소한다. 완장 찬 한 학생이 나와 『왜 이리우. 그 놈이 총을 안 쏘고 지금도 인민공화국 만세를 보기 좋게 다섯 번이나 부(2줄 누락) 소녀를 앞에 세우고 그 앞을 지나간다. 그 뒤에는 가족인 듯한 이들이 둘 셋 공포에 찬 걸음걸이로 따라가고 있다. 길 좌우의 상점 문은 반만 열려 있다. 다만 대서소만은 모두 분주하다. 신원증명, 여행증명 등등 남의 손을 빌려야 되는 수속이 많기 때문이라고 한다. 기자는 다시 발을 옮겨 타다 남은 경찰서 자리로 들어갔다. 다만 남은 것은 감방뿐이었다.

언제나 잠겨만 있게 마련된 감방 열쇠는 부서져 있고 감방 마루 창에는 장기판이 그려져 있었다. 그밖에 이루 옮겨 말하기 어려운 글귀가 처처에 새겨져 있었다. 수십 개의 시체를 꺼내었다는 서안(署內)의 방공호 쪽에서는 아직도 피비린내가 풍기어 코를 찌른다. 4일 현재로 판명된 총 시체 수는 1천2백이 넘고 중경상자 수는 이루 헤아릴 수조차 없다고 하며, 여수의 전 피해액은 무려 백억 원을 넘으리라고 한다. 이재 호수는 1천6백여 호에 약 1만여 명이라고 한다. 통행증이 없으면 함부로 다니기도 어려운 여수 시내의 10시간 체류를 마친 기자는 다시 발을 돌려 순천길로 나섰다. 이때였다. 군기대와 경관이 탄 『트럭』 둘이 시내로 들어간다. 거리에 나왔던 사람들은 모두 쳐다보고 수근댄다. 무슨 차냐고 물은즉 오늘 24명을 처형하였다는데 지금 처형하고 돌아오는 차라는 것이었다.(合同 提供)

[32] 경향신문 1948.11.13.
文敎部 派遣 現地 調査班 本社 特派員 崔永秀 記 ①

漠漠 廢墟 麗水市街 季節風만이 悲曲을 演奏

반란—피의 선풍(旋風)이 겨레의 생명과 재산을 일시에 휩쓸고 지나간 순천 여수지구의 그 후…이미 가족을 여위고 집을 태워 지금은 잿(灰) 내음새 풍기는 폐허 위에서 암담한 생도(生途)의 갈피를 찾지 못하고 방황하는 난민의 참경은 그대로 또한 바라볼 수 없는 참경이요, 전율(戰慄) 그칠 바 없는 신산한 정경이다.

지난 5일, 나는 광주를 경유 순천을 거쳐 다만 슬픈 이야기만이 천지에 가득 찬 여수읍에 들어섰다. 동리 어귀에서부터 국군의 삼엄한 경계는 벌써부터 이 지구의 참담한 며칠 동안을 연상케 한다. 한사람마다 증명서로 신분을 제시하여 관문을 통과한 자동차가 시가지로 들어서니 오고가는 사람의 표정은 아직도 창백한 채 이미 스쳐간 매혹한 선풍에 놀람과 피로와 무서움을 여실히 나타내고 있는 것은 그대로 인간의 비극을 들려주는 것 같다. 전신주 위에는 복구공사에 바쁜 전공들이 여기저기서 바쁜 손을 놀리고 있고, 자동차가 통과하는 대로 지나가는 길가의 집들은 크고 작은 탄적(彈跡)이 벽에, 유리창에, 지붕에 뚜렷이 남아있어 처참한 반란의 역사를 여실히 보여주고 있다.

이윽고 여수 도심지대 이미 반란군의 방화로 폐허화한 해안통 일대에는 지난날의 모습도 일모를 찾을 길 없이 타다 남은 몇 개의 벽돌담과 돌기둥만이 여기저기 무심한 하늘을 향하여 호소하는 듯 서 있을 뿐이다.

여기가 내 집 자리였든가…하고 모여드는 난민들이 초라한 모습으로 흙 속을 후벼도 보고 잿더미를 제쳐도 보나 티끌 하나 건질 것 없고 찾아볼 길 없어 다만 종기종기 모여서 있는 가족들! 일찍이 어떠한 재변의 뒤에도 맛보지 못한 울분과 비통 속에서 그들은 지금 폐허 위에 살아있다는 것밖에는 아무 것도 없다.

이렇게 재가 된 집이 1,538 — 그리고 지금 집과 재산을 모조리 잃고 막연한 생도에 오열하고 애소하는 요구제자가 9,800명 — 뜻하였으랴 가족을 일조에 여위고 일석에 집과 재산을 회진(灰塵)한 그들에게 있어 전율과 공포 그 다음에 오는 것은 폐허에 스치는 초겨울 싸늘한 바람과 함께 헐벗음과 주림이니 이 가긍한 겨레의 참경을 동포는 어떻게 보려는가?

군정이 실시되어 민심이 수습되고 행정과 치안이 회복되어, 군경관민의 일치로 이미 복구와 구제의 사업이 실시되고 있는 부흥기성회가 조직되어 급속 부흥에 필사적 노력을 하고 있는 것이 보는 이의 눈을 뜨겁게 한다.

이리하여 여수는 천지 그대로 악몽에서 깨인 채 비참한 현실 속에서 피와 불의 선풍이 스쳐간 폐허 위에 무심한 계절풍만이 난재민의 발버둥치는 폐허 위로 스쳐가고 있다.(계속)

[33] 경향신문 1948.11.14.
文敎部 派遣 現地 調査班 本社 特派員 崔永秀 記 ②

피 얽힌 兄弟 누가 죽였나
옷깃 바로잡고 犧牲者 永福을 빌다

여수지구의 부흥예산은 적어도 백억 원 대에 오르리라는 군수의 호소도 호소려니와 기아와 혹한의 협위에 나서 새로운 전율에 부닥뜨린 1만의 난재민에 거족적 원호의 꽃다발을 보내야 할 것이다.

기차 전화도 완전히 복구되고 학무당국은 시내 초중등학교의 개교를 하루라도 빨리하기에 노력하고 있다. 원호단체의 봉기도 활동도 맹렬하거니와 그러나 군정 계엄령 하의 여수는 침울한 저기압 속에서 어디서 들려오는가. 총소리가 가끔 탕탕하고 주민의 가슴을 경련케 한다. 반란에 가담하였던 사람들이 예민한 군경의 손에 묶여 혹은 열 혹은 스물 혹은 마흔 열을 지어 저벅저벅 사령부로 걸어 들어가고 있다. 일찍이 그들의 얼굴에 무슨 원한이 있었던가! 동족이라기에는 오히려 멀다. 그 대열 속에는 이 고을에서 낮밤으로 대하던 형제요, 모녀요, 부자의 피가 얽힌 겨레가 아니었던가! 부두에 나는 갈매기 발동선의 기적소리마저 슬픈 역사의 「피의 노래」를 부르는 것 같다.

다시 순천으로 왔다. 1천여 명의 생명을 일조에 잃고 격전의 자리도 처열한 시가에는 완장을 두른 사람과 군인 경관으로 여전히 긴장의 연속이다. 작전사령관의 이야기로 당일의 정황, 현재의 전황을 듣고 차를 교외로 달려 일반 시체를 가매장한 곳으로 갔다. 일방 화장이 실시되고 있고, 일방 거적에 묶긴 시체가 놓여 있다. 잔인 처참함이 이에서 더 어찌 있으랴! 잠시 옷깃을 가다듬고 고개를 숙여 몰자(歿者)의 명복을 빌고 돌아서니 큰 까마귀 떼는 중천을 선회하여 위대한 비가(悲歌)를 장송하는 듯하였다.

순천시가의 동북을 흐르는 옥천(玉川)을 중심으로 기차로 들어온 반군 약 2천과 급보를 듣고 달려간 경관대 약 2백50의 대치 — 이것이 순천의 최초의 총화였다. 이 최초의 총화는 순시로 순천 전 시를 피와 불로 물들여 놓았고, 인민공화국기는 3일 간의 순천하늘 아래 휘날린 것이다. 실로 과격하고 순간적인 전율의 충격은 그들 주민의 뇌리에 못을 박아 그것은 마치 꿈이었기를 바라는 이재민의 눈이 아직도 젖어있는 것을 보았다.

은행도 개업하고 시장에는 갖은 해산물도 나와 매매된다. 여인네들은 푸성귀를 이고 나와 길거리에 쭉 늘어앉아서 거리를 번거로이 하고 있다. 시가지에는 큰 피해가 없고 중심지대 가옥에 콩알 같은 탄흔(彈痕)이 처절한 그날을 말하여 준다. 어데로 가고 어데서 오는 건가 … 사령부 앞에는 군용「트럭」이 드나들며 수많은 국군이 혹은 내리고 혹은 타고 … 오늘도 나는 약 백 명의 반란군이 벌교(筏橋)변전소를 습격하였다는 정보를 들었다.(계속)

[34] 경향신문 1948.11.14.

廢墟에 우는 女性들! 麗水·順天에서 본 대로 들은 대로!

생각만 하기에도 몸서리가 치는 10월 20일—피비린내 풍기는 살벌과 잔인의 기록을 남기고 반란의 광풍이 스쳐간 지 이미 보름 … 꿈조차 꾸어보지 못한 하룻밤 하루낮 사이에 집을 잃고 모든 물건을 태워 날리고 거기다 남편을 자식을 무참히도 여윈 허다한 여성들이 남쪽이라 하여도 싸늘한 계절풍이 사정없이 불어오는 폐허 위에 서서 허황한 운명을 탄식할 여념도 없이 막연한 생도(生途)에 울부짖고 있다. 이미 군경(軍警)의 따스한 손으로 치안이 회복되고 안도할 수 있는 행정이 착착 진행되고 있기는 하나 너무도 큰 재변의 흔적은 일조일석의 회복과 복구를 가져올 수 없을 뿐더러 이미 탄 것은 탔고 죽은 남편과 자식은 또한 영원히 간 것이다. 이제 내 몸 하나 가릴 옷과 거처할 지붕을 가지지 못한 이들 이재여성(罹災女性)들은 엄동의 무자비한 계절을 앞두고 잿(灰)내 나는 폐허 위에 서서 과연 무어라 부르짖는가! 겨레를 향하여 무엇을 애소하고 있는가? 우리는 잠시 눈을 바로 뜨고 귀를 기울려 그들의 처절한 모습과 애절한 호소를 듣기로 하자!

戰慄 · 恐怖의 밤은 가고
재밭된 집터에 살길 찾는 그 모습
文敎部 派遣 現地調査班 崔永秀 記

이미 전남반란의 모습은 신문보도에 의하여 누구나가 알고 있는 사실입니다. 꿈에도 생각지 못할 무시무시하고 끔찍끔찍한 반란의 광풍(狂風)을 겪고 난 여수(麗水) 순천(順天)지구의 지금은 다만 폐허와 같이 재(灰)밭이 되고 혹은 어버이를 혹은 남편을 혹은 아들을 무지한 반도의 총칼에 빼앗기고 난 이재(罹災) 여성들의 모습을 살피려고 기자는 지난 5일 여수를 찾아갔습니다.

아무리 남쪽이라고는 하나 싸늘한 초겨울 바람이 불어오는 여수읍에는 거리거리마다 창백한 얼굴과 가다듬지도 못한 머리를 흐트린 채 분주히 오고가는 많은 여성들이 창황히 오고가는 모습부터가 처참하였습니다. 어느 곳에를 가나 탄환이 벽이며 유리창이며 사정없이 깨트려놓고 그날의 참상을 연상하기에 충분하리만큼 집집마다 탄환의 흔적이 콩을 뿌린 것 같습니다.

질식하리만한 전율(戰慄)과 공포(恐怖)의 이레(7日)를 겪고 지금은 다만 모－든 것을 잃어버린 폐허 위에 서서 정신을 차리지 못하고 집터를 바라보는 여성들－기자는 이들의 얼굴에서 세상에 다시없는 비극의 이야기를 들을 수가 있었습니다.

여기서 일조에 집을 잃고 재산을 모조리 태우고 그리고 또 가족을 잃은 이재민이 9천8백 명에 이른다는 이런 숫자를－그리고 하루 낮에 타버린 집이 1천5백38호나 된다는 이 숫자를－1천2백 명이 사망하고 1천1백50명이 혹은 중상(重傷) 혹은 경상으로 누어 신음하고 있다는 이 숫자를－숫자(數字)에서만 놀랄 것이 아니라 지금 여수의 현지에서 눈으로 보고 귀로 들을 때 기자는 다시 한 번 가슴이 뜨겁게 느껴짐을 참을 길이 없었습니다.

생철 두 쪽의 지붕
찌그러진 냄비 한 개의 살림살이

이들 여성들이 지금 어떻게 지내고 있는가? 타다 남은 생철쪽을 모아 움집 모양으로 지붕을 삼고 거기 찌그러진 냄비 몇 개로 살림을 차린다. 그들에게는 추운 바람도 언제 올지 모르는 빗줄기도 가릴 여념조차 없이 다만 당장 몸을 지닐 수 있는 지붕과 밥을 끓일 한 개의 냄비만이 요구되었습니다. 어제까지 있던 것 가졌던 것을 다 잃고 이제는 살아나가야 하는 암담한 현실 앞에서 떨고 있는 그들의 모습－아무리 팔을 걷어붙이고 난잡한 장소를 정리하는 여성의 모습이 씩씩하다고 할지라도 그것은 그대로 보는 이의 가슴을 더욱 아프게 할 뿐 아니라 여기저기 철모르는 어린아이들이 발발 떨며 영문도 모르는 참화의 빈터에 옹기종기 모여서 있는 모습은 더욱 반란의 비극을 말하는 것이었습니다.

[35] 동아일보 1948.11.14.
南行錄 (一), 朴鍾和
痛哭 左水營 傷心 鎭南樓

文敎部에서는 麗水 順天의 叛亂事件이 일어나자 우리들 文人과 畵家를 招請해서 現地의 慘담한 모양을 실지로 踏査하여 자세히 살핀 뒤에 그 發生된 遠因과 近因을 올바르게 把握하고 觀照해서 民族正氣에 呼訴하고 國家再建의 方策에 이바지해서 다시는 이러한 不祥事가 이 땅 이 나라에 일어나지 않도록 글과 그림으로 쓰고 그려달라는 간곡한 부탁이 있었다.

우리의 眞正한 報告와 建策이 採擇되고 안 되는 것은 爲政當局이 判斷해야 할 바이어니와 重大하고 非常한 時局에 있어서 國民의 한 사람으로 이것을 辭讓할 수는 없는 것이매 우리들 文人은 調査班을 두 班으로 나누고 한 班에 다섯 명씩 도합 열 사람이 11月 3日 아침에 서울驛에서 出發하는 湖南線에 몸을 던졌다.

서울서 떠나기 前에 잠깐 朝刊을 뒤적거리니 大邱서 軍紀隊와 兵士 사이에 衝突이 일어났다는 記事가 大書特筆로 報道되었다. 一行의 마음은 緊張될 대로 緊張되고 앞길은 暗澹한 것 같았다. 우리의 지금 타고 있는 汽車가 大邱를 通過하는 京釜線이 아니고 光州 松汀里로 直行하는 湖南線이매 우선 그대로 떠나기로 했으나 앞으로 11月 3日과 11月 7日 等 許多한 難關이 가로놓였음을 생각하매 大事는 運命에 맡기려니 하는 覺悟까지 있었다.

기차간의 雰圍氣는 마치 準戰爭狀態를 말하는 듯했다. 산뜻한 바다의 制服을 입은 海軍將校, 軍紀隊의 완章을 두른 兵士들, 그리고 武裝을 차리고 銃劍을 몸에 지닌 쇠투구를 쓴 警察特攻隊들! 웃으며 弄짓거리하여 푸른 山을 손가락질하여 指摘하고 맑은 물을 칭찬하고 賞주면서 가는 줄 모르게 지내갈 長途의 旅行이 아닌 것이 分明했다.

논뫼 江景이의 나락을 걷어드린 뒤에 넓고 기름진 들 風景도 지나갔고,

金堤 萬頃 이 땅의 穀倉에서 平野에 떨어지는 落照의 壯觀도 눈 깜짝할 사이에 黃昏을 불러 일으켜서 西天에는 어느덧 初사흘 가는 □月이 妖婦의 눈썹처럼 凄絶했다.

松汀里에 내리니 벌써 밤은 漆黑같았다.

光州에서 一行을 맞아주어야 할 사람은 나오지 아니했고, 鐵警에게 말해도 車 얻을 길은 막然했다.

서울서 내려온 特警隊에게 交涉하여 「트럭」의 末席에 겨우 참례하니 一行은 40여 명이나 되었다.

光州에 이르러 旅館門을 두드리니 이곳은 準戒嚴令의 狀態였다. 오후 7시엔 벌서 通行을 禁止했고 特警隊와 우리들의 一行밖에는 사람의 그림자도 보이지 않았다. 『밥을 좀 지어주시오』 『밥 질 사람이 없어서 못 지어주겠소』 하고 야박한 인정으로 승강이질하는 동안에 밤은 벌써 밤중 열한점이 넘었다.

자정 때에나 한줄 밥을 얻어먹고 새우잠을 자고 누었으니 꿈은 이루어지지 아니하고 어서어서 順天 麗水의 第1線을 가보고 싶은 마음이 간절해서 이리 뒤척 저리 뒤척 날 밝기를 苦待할 뿐이었다.

이튿날 道廳을 찾아서 內務局長과 社會敎育課長의 案內로 順天에 1泊, 5일날 早朝엔 바로 麗水로 「트럭」을 달렸다. 森嚴한 軍紀兵 속에 몇 번인지 調査를 받고 軍司令部로 向하는 途中 鍾鼓山 밑 鎭南樓 아래 市街地 繁華한 一帶는 그대로 廢허였다. 타고남은 鐵筋 콘크리트에 네 기둥만 남은 초熱에 타고남은 形骸의 집과 집들! 彈흔은 壁과 窓과 마루와 처마 끝에 어지럽고 悲慘하게 박혀있었다. 倉庫자리엔 소금가마가 새까맣게 쌓인 채로 타고 산같이 쌓인 自轉車들은 엿같이 녹아 구부러졌다.

이 荒漠한 재만 남은 廢허 위에 百姓들은 하나 둘씩 돌아오고 있었다. 그래도 廢허나마 자기의 집이 일찍이 있던 곳이라 해서—의지간도 없었다. 덮을 것도 가지지 아니했다. 다만 알몸으로 女子 男子들이 옹기종기 모여서 일그러진 남비쪽과 깨여진 솥에다 불을 살려 밥을 짓고 있었다.

장차 비가 오면 어찌하리—눈이 오면 어찌하리—판장 하나도 가릴 것이 없고 내리는 찬서리와 강하게 부는 겨울바람을 피할 거적조각도 없었다. 그대로 彷徨하고 헤매고 어정어정하고 중기종기 모였을 뿐이었다.

『이곳이 당신의 집자리오니까.』

『그렇소.』

늙은 노파는 어린 딸을 데리고 愁心에 가득한 얼굴로 눈물도 마른 듯이 손에 턱을 고여 대답한다.

저편에는 사내들이 너덧 사람 모여섰다. 역시 피난을 갔다가 廢허 위에 자기집을 찾아온 젊은이들이었다.

하늘은 앝고 바다에는 갈매기도 날지 않았다. 배도 없고 돛대도 보이지 않았다.

이 땅 이 樂土에 불을 놓은 자가 누구냐!

내가 선 이곳은 朝鮮民族의 一大試鍊期인 壬辰倭亂 때 忠武公 李舜臣 將軍이 불타는 民族正氣를 억제치 못하여 거북배를 만들어 倭賊의 海兵을 막아내고 쫓아내서 바다의 制海權을 홀로 차지하여 倭賊의 肝膽을 서늘하게 만들어 왔던 左水營이다.

누가 뜻하였으랴. 오늘날 李舜臣 將軍이 일찍이 倭賊을 막아내던 聖스러운 이 터 左水營에서 兄弟가 서로 싸우고 同族이 서로 피를 흘린 痛哭할 이 現狀이 일어날 줄을 뜻하였으랴(筆者 文教部 派遣 現地調査班)

[36] 동아일보 1948.11.14.
詩: 새벽의 處刑場, 永郎

새벽의 處刑場에는 서리찬 魔의 숨결이 휙 휙 살을 애웁니다
탕탕 탕탕탕 퍽퍽 쓰러집니다

모두가 씩씩한 맑은 눈을 가진 젊은이들
낳기 前에 임을 빼앗긴 太極旗를 도루 찾어
3年을 휘두르며 바른길을 앞서 걷든 젊은이들
탕탕탕 탕탕 자꾸 쓰러집니다
연유 모를 떼죽엄 원통한 떼죽엄
마즈막 숨이 다져질 때에도 못 잊는 것은
下絃찬 달 아래 鐘鼓山 머리 나르는 太極旗
오… 亡해가는 祖國 이 모습
눈이 참아 감겨졌을까요
보아요 저 흘러내리는 싸늘한 피의 줄기를
피를 흠뻑 마신 그해가 일곱 번 다시 뜨도록
비린내는 죽엄의 거리를 휩쓸고 숨 다졌나니
處刑이 잠시 쉬는 그 새벽마다
피를 싯는 물車 눈물을 퍼부어도 퍼부어도
보아요 저 흘러내리는 生血의 싸늘한 피줄기를

[37] 경향신문 1948.11.16.

文敎部 派遣 現地調査班 本社 特派員 崔永秀 記 完

國軍은 아직도 싸우고 있다.
異鄕의 초생달 아래 銃聲을 동무 삼아 30里 밤길을 武器 없이 徒步 强行

전화(戰禍)의 여수 순천에서 나는 다시 아직도 반도가 출몰하는 백운산(白雲山) 근방으로 가려고 6일 아침부터 군부에서 돌려주기로 된 트럭을 기다렸다. 종일을 기다리다가 이윽고 차를 타게 된 것은 오후 5시 반 —

운전병사가 『무기가 없으면 못 간다』는 말을 하며 날도 저물고 또 위험지대를 통과하므로 만일의 경우에 대비할 무장이 필요하단 말에 잠시 주저하였으나 이왕 나선 길이니 그대로 가겠다는 간청에 트럭은 발동소리를 요란히 내며 순천을 떠나 광양(光陽) 방면으로 달리고 말았다. 날이 점점 저물어 오고 길에는 오고가는 사람조차 없다. 이윽고 차는 평지를 떠나 산길로 들어섰다. 산에서 산으로 고개에서 고개로 … 차의 이동에 따라 돌고 도는 산 그리고 숲 으슥한 골짜기 - 모두가 긴장된 일행의 가슴을 조릴 대로 조린다. 전속력으로 달리는 차는 커-브의 연속이어서 몸이 앞으로 뒤로 쏠릴 때마다 말할 수 없는 공포와 전율이 몸에 소름을 끼친다. 이윽고 어느 산장에 이르렀을 때, 「팽!」하는 한 방의 총소리가 귀장을 울리자 트럭은 방향을 잃고 길가에 탁 멎어버린다. 운전대의 병사 두 사람은 총을 들고 날쌔게 내리고 일행은 꿩처럼 머리를 맞대고 차 바닥에 찰싹 달라붙어 한 덩어리가 되었다. 누구하나 숨소리를 내는 사람도 없다.

차 앞바퀴가 펑크를 했다. 이 이상 더 진행할 수가 없어 병사의 권고로 일행 열 명이 캄캄한 신작로를 걸어 광양을 향해 떠났다. 초엿새 초생달이 이향(異鄕)의 찬 하늘에서 무심한 듯 무서움과 추위와 시장기에 떠는 일행의 그림자를 흘려주었다.

적은 동리를 통과하니 인적은 고요한데 개 짖는 소리 요란하다. 어데서 누가 쏘는 건지 총소리가 가깝게 세 방 들려왔다. 일행은 다시 싸리담 밑 달그림자 어둠 한 곳에 가슴을 졸이며 서 있을 뿐 누구 하나 말 한마디 하는 사람이 없다. 『무기 없이는 못 간다』, 『위험지대를 통과한다』 떠날 때 병사에게서 듣던 말이 되올라온다. 얼마 후 일행은 다시 길을 걸었다. 어차피 당할 바에는 아무데서나 마찬가지다 - 숨을 죽이고 고개를 숙이고 발소리를 죽여 공포의 보행이 계속된다. 얼마를 갔는지? 『누구냐?』하는 벼락소리 - 우리는 광양지구 작전사령부 앞에 이른 것이다.

「후유-」 그제야 한숨을 쉬고 사령관실로 안내를 받으니 마침 하동과 전화 중이다. 『오늘 오후 세시 반 약 30명의 반도가 보성군 문덕면 주재소

를 습격 — 음음 현재 광양 하동 사이에서 전투 중 — 흠흠 명조를 기하여
주력부대를 순천으로 집중 — 네네 그럼 문교부 파견원 일행은 여기서 재
우겠습니다.』 — 이런 전화소리를 들으니, 나는 곧 지금 독 안에 들어간
신세였다. 그리고 이렇게 생각하였다.『국군은 싸우고 있다. 아직도 국군
은 싸우고 있다.』 찬서리 끼치는 어두운 들에 산에서 있는 보초 — 동리는
그들의 보호아래 고요히 고요히 잠들고 있는 것을 나는 보았다.

[38] 동아일보 1948.11.16.
詩: 絶望, 永郎

玉川 긴 언덕에 쓰러진 죽엄 떼죽엄
生血은 쏟고 흘러 十里 江물이 붉었나이다
싸늘한 가을바람 사흘 불어 피江물은 얼었나이다
이 무슨 악착한 죽엄이오니까
이 무슨 前世에 없든 慘變이오니까
祖國을 지켜주리라 믿은 우리 軍兵의 槍끝에
太極旗는 갈갈이 찢기고 불타고 있습니다
별 같은 靑春의 그 총총한 눈물은
惡의 毒酒에 가득 醉한 軍兵의 칼끝에
모조리 도려빼이고 불타 죽었나이다
이 무슨 災변이오니까
우리의 피는 그리도 불순한 배 있었나이까
무슨 政治의 이름 아래
무슨 뼈에 사모친 원수였기에
훗한 겨레의 아들 딸이었을 뿐인듸

이렇게 硫黃불에 타죽고 말았나이까

근원이 무어던지 캘바이 아닙니다

죽어도 죽어도 이렇게 죽는 수도 있나이까

산 채로 살을 깎기여 죽었나이다

산 채로 눈을 뽑혀 죽었나이다

칼로가 아니라 탄환으로 쏘아서 사지를 갈갈히 끊어 불태웠나이다

흣한 겨레 이 피에도 이러한 不純한 피가 섞여 있음을 이제 참으로
알았나이다

아! 내 不純한 핏줄 呪詛咀呪받을 핏줄

산고랑이나 개천가에 버려둔 채 까맣게 鉛毒한 죽엄의 하나 하나

탄환이 쉰방 일흔방 여든방 구멍이 뚫고 나갔습니다

아우가 형을 죽였는데 이렇소이다

조카가 아재를 죽여는데 이렇소이다

무슨 뼈에 사모친 원수였기에

무슨 政治의 탈을 썼기에

이래도 이 民族에 希望을 부쳐 볼 수 있사오니까

생각은 끈기고 눈물만 흐릅니다

[39] 서울신문 1948.11.16.

叛亂 現地 見聞記 ①, 李軒求
文化民族을 冒瀆 이에 더한 慘變이 또 있으랴?

C兄.

나는 文敎部 派遣 叛亂現地調査班의 一員으로 11월 3일 아침 서울을 떠나
同 8일 밤 서울에 歸還하기까지의 1주간 내 平生에 처음일 뿐 아니라 우리

民族으로서의 最大 不幸이요 이는 또한 現 世界 各國이 直面하고 있는 有史 以來 一大 慘禍의 一場面을 全 心身에 사무치는 무서운 戰慄과 恐怖와 苦痛으로써 目擊하였습니다. 비록 日帝의 强壓 下에서 몸서리치도록 뼈아프게 弱小民族의 悲哀를 느껴왔습니다마는 이번과 같이 殘忍하고도 慘酷한 具體的인 事實을 目睹하리라고는 꿈에도 생각 못했든 일입니다. 일찍이 日本 東京大震災 때에 저들 日帝가 國內의 反亂을 念慮하여 不逞鮮人 來襲이라는 虛無孟浪한 流言蜚語를 捏造하여 無辜한 우리 同胞에게 極惡한 刑罰을 加하여 異域의 冤魂이 되었을 때 우리는 얼마나 저들 皇國國民의 野蠻根性을 痛憤히 여겨왔습니까. 그러나 이번 不祥事는 그 類가 아닙니다. 이것이 異民族도 아니요, 同族間에 벌어진 極凶極惡한 殺戮이라는 事實 앞에 우리 3千萬 民族은 自己自身에 對하여 또는 自民族에 對하여 무어라고 辨明할 그 무슨 適切한 一言半句라도 가질 수 있겠습니까. 5千年 文化民族이라는 史實을 피로써 冒瀆함이 이에서 더함이 또 없을 것입니다.

그러므로 이번 同行하였던 永郞 兄이 몇 번이고 몇 번이고 나에게 「이 民族에 絶望하라?」고 울부짖으면서 거의 民族의 絶望에서 救援되리라고 생각하는 意慾까지 抛棄하라」고 나에게 强要하다시피 冤痛해 하는 것이 었습니다. 그러나 率直히 告白하면, 그 어느 瞬間瞬間에 發作的으로 느끼는 極度의 絶望과 失心를 또한 막아내기도 어려운 바가 없지 않습니다. 게다가 이번 叛亂의 事態에 對하여 어딘지 모르게 多大數의 民衆이 啞然히 放心한 채 끝없는 沈默 속에 잠겨져 있는 듯한 이 無氣味한 不安狀態는 또 무엇이라고 說明해야 되는 것입니까. 이 亂局에 處하여 鬱然히 치밀어오르는 同胞愛와 民族正氣의 氣焰이 熾烈히 타오르는 强力하고도 生生한 脈搏과 激動을 가슴 깊이 體感하지 못한다면 우리는 스스로의 滅亡의 길을 밟지 않을 수 없는 것이요. 더군다나 이 民族的 危機를 가르쳐 日帝時代에 지긋지긋이 우리를 괴롭히든 「時局」이라는 말과 混同하여 錯覺하는 人士가 있다면 이는 또한 새로운 屈辱의 時代를 自招하는 結果밖에 안 될 것입니다. 그러나

C兄.

이제 兄에게 傳해드리려는 내가 聞見한 바 現地 實情을 할 수 있는 대로 仔細히 傳해드림으로써 우리에게 두 번 다시 이러한 不幸이 이러나지 않도록 하는 조그마한 參考로 하려는 바입니다.

[40] 동아일보 1948.11.17.
南行錄 (二), 朴鍾和
이것이 누구의 罪 滂沱雙行淚

麗水의 옛 모습을 가진 것은 오직 鎭南樓가 높다랗게 솟은 丘陵의 一帶와 건너편 언덕 忠武公의 戰捷碑를 세운 付近의 民家가 혹독한 재앙을 免했을 뿐이다.

鎭南樓란 무슨 뜻이냐. 우리 民族의 偉大한 先民 李舜臣 將軍이 남쪽으로 倭賊을 鎭壓해서 눌러왔다는 데서 起因된 左水營 衙門의 이름이다.

나는 鎭南樓에 올라 멀리 바다를 바라보며 黙黙히 거닐었다. 옆으로 突山島가 海洋의 水口를 가로막았다. 아직도 叛亂暴徒가 이곳에 두서너 명 소出沒한 데는 길쭉하게 엎드려 있는 섬이다.

푸르고 푸른 바다는 아물아물 하늘가에 닿았는데 눈앞에는 어렴풋한 환상이 떠오른다. 李舜臣 將軍이 倭賊 10萬을 몰아 내쫓든 용감스런 거북배의 떼들이 두둥실 떠서 간다.

『閑山섬 달 밝은 밤에 무樓에 혼자 앉자 큰칼 옆에 차고 깊은 시름하는 次에 어디서 一聲胡가는 斷我腸을 하느니』

하던 李舜臣 將軍의 노래소리가 山山히 높고 높게 내 귓가에 들려오는 듯하다.

露梁의 어디엔가 閑山大捷이 금방 눈앞에 벌어지는 듯하구나.

부끄럽구나. 將軍께 부끄럽구나! 國土는 두 동강에 끊어지고 外來의 兩
大勢力의 侵入은 357年 前인 壬辰倭亂 當時에 比하야 오히려 열 곱절 스무
갑절 크건마는 3千萬 겨레는 다같이 한맘 한뜻이 되어 이 國難을 突破하
려고 努力하고 애걸해도 될동말동 한 이 마당에 罪없는 兄弟는 갈려지고
찢어져서 서로 총과 칼을 들어 겨누고 찔렀으며 제 財産 제 文化를 제 손
으로 불 질러 亡치어 버렸으니 이 民族의 갈 곳이 어디냐!

싸움을 부쳐놓고 뒤로 슬며시 물러나 앉은 外人들은 제각기 돌아앉아
서 소리를 죽여 가며 어깨를 흔들어 코웃음을 치고 있지 아니하냐! 또한
저 바닷물 건너 敗殘 日本은 얼마나 손뼉을 쳐가면서 자지러지게 우리를
嘲笑하고 있겠는가. 생각이 이에 미치니 그대로 더운 눈물이 방타하야 옷
깃을 적실뿐이다.

하늘이 무너지고 땅이 꺼지는 듯한 光武 乙巳와 隆熙 경무에 우리 朝鮮
民族은 歷代 萬古에 없던 國恥를 짊어진 채 41年 동안 日人의 말굽 아래
유린되고 搾取당했던 것이다.

1945년 乙酉 8월에 日人이 敗戰으로 因하여 美蘇 兩軍에게 武裝解除를
당하고 조선 땅을 물러갈 때 우리들 朝鮮사람, 더욱이 血氣가 펄펄 끓어
오르는 朝鮮靑年들은 40年 동안 학대받고 짓밟혔던 원수를 갚기 위해서
쫓겨 가는 저 日本사람에게 반드시 크나큰 危害를 더하리니 하야 一部 識
者層에서는 진실로 관심하는 바가 컸었던 것이다. 크나큰 殺戮이 벌어질
것을 염려해서 —

그러나 그것은 헛근심이었다. 우리들은 쫓겨 가는 그들에게 秋毫도 犯
하지 아니했다. 진실로 大民族의 襟度였다. 보따리 하나와 「게다」짝 한 개
로 男負女載가 되어 어린 자식들의 손을 이끌고 蓬頭垢面에 거지의 身勢로
玄海灘을 건너가는 그 꼴을 볼 때 우리들은 가슴속 깊이 『아아! 亡國民族
이 되어서는 아니 된다!』하고 强하게 强하게 주먹을 쥐어 부르짖고 원수
였던 日人을 우리의 피와 기름을 빨어 먹었던 日人을! 한 사람도 죽이지
않고 곱게곱게 살려서 보내고 배웅해서 보냈던 것이다. 진실로 높고 높은

文化民族의 크나큰 雅量이었다.

當時에 있어서 日本사람들 自身이 우리 朝鮮民族에게 感謝하는 것은 말할 것도 없고 이 일은 世界的으로 알려져서 外國 사람들이 모두 다 우리들을 稱송하고 歎服했던 노릇이다.

그러나 所謂 解放 뒤에 3年을 거쳐 온 오늘날 麗水와 順天에서 일어난 이 現狀은 同族의 피를 보고 이리떼처럼 날치고 눈깔을 빼고 骸骨을 바시고 죽은 자의 屍體 위에 銃彈을 八十여 방이나 놓은 이 殘忍無道한 食人鬼的 野蠻의 行動은 어데서 배어온 思想이냐, 어데서 感染된 惡劣한 手段이냐! 3年 동안에 베어온 것이 모두 이것뿐인가. 이 나라를 스치고 民族을 스치는 이 짓뿐인가.

이것이 누구의 罪냐? 朝鮮民族의 本心은 아니다. 謀略에 걸렸고 魔術에 넘어졌구나. 民衆은 너무도 純眞했구나. 너무도 無識했구나!

아 아 朝鮮사람 너희들은 弱小民族인 것을 잊어서는 아니 된다. 解放이란 아름다운 장막을 걷고 본다면 그들은 우리들에게 「얄타」의 秘密協定을 뒤집어 씌우려고 했다는 것을 잊어서는 아니 된다.

同胞가 서로서로 피를 흘릴 때가 아니다. 머리를 冷靜히 하여 창과 칼을 거두고 앞길을 바라보라.(筆者 文敎部 派遣 調査班)

[41] 서울신문 1948.11.17.
   叛亂 現地 見聞記 ②, 李軒求
   精神武裝 缺如 無道한 鬼畜을 同族이라 할까

C兄.

이번 叛亂을 일으킨 主動部隊인 14연대에 對한 이야기를 하기 前에 軍政 下 國防警備隊 時代의 狀況을 우선 얘기해보겠습니다. 이번 現地에서

만난 靑年將校 중 한 분은 이렇게 말했습니다. - 이 將校가 各地로 募兵하러다닐 때 痛切히 느낀 것은 地方의 各 家庭에서 兵丁에 내보내기를 싫어했다는 것입니다. 大槪 有能한 靑年들은 警官을 志願하거나 그렇지 않으면 左右翼 靑年團體에 加擔하고 그 나머지 집안에 남아 있어 할 수 할 수 있는 子弟들을 志望시켰다는 것입니다. 이로 因하여 장차 國家의 干城이 될 兵丁의 質이 말할 수 없이 低下되었다는 事實입니다. 解放 後 3年間 實로 우리는 政治的 興奮 속에서 國防에 對한 遠大한 計劃을 세우기에 여러 가지 隘路를 가졌던 것이 또한 事實입니다. 게다가 左翼系列의 暴動과 謀略이 甚함에 따라 이를 鎭壓하려는 當局의 團束을 謀免回避하는 길 中의 하나로는 이 系列의 靑年들이 國防警備隊를 志望하는 가장 安全한 關門이 그들 앞에 提示되어 있었다는 것입니다. 이것은 이번에 만난 地方 有志들이 다 한가지로 痛歎하면서 摘發한 事實의 하나입니다.

C兄.

이와 같이 오늘의 國軍은 다른 政治 社會 各 分野와 마찬가지로 그 內部에 여러 가지 矛盾과 不安과 危險을 내포해왔던 것입니다. 그 위에 가장 큰 矛盾의 하나로는 軍政 下의 國防警備隊는 技術的으로는 여러 가지 새로운 知識을 얻을 수 있었겠으나 不幸히도 軍隊 訓練에 있어서 軍人의 使命과 精神的 武裝에 대한 確乎不動한 信念이 缺如되었다는 것입니다. 우리 一行이 順天旅舍에 旅裝을 풀고 막 저녁밥을 마치고 났을 때, 우리가 이곳에 倒着하여 往訪하였던 作戰本部의 作戰參謀 李 大尉는 우리를 찾아와 다음과 같은 要旨의 피를 吐하는 熱辯으로써 우리를 感動感激시켰습니다.

『나는 이번 叛亂을 鎭壓하면서 가장 뼈아프게 느낀 것은 우리 大韓民國이 誕生한지 얼마 아니 된 오늘에 이와 같은 우리 歷史와 民族을 더럽히는 一大 痛恨事가 發生되었다는 것입니다. 過去 軍政下 國防警備隊時代는 남들이 너희들은 美軍의 앞잡이라고 嘲笑할 때 그것도 우리는 달게 받으면서 참아왔습니다. 그때의 모든 最高責任은 美軍政에 있었던 것입니다. 그러나 오늘 우리가 美軍政을 벗어나 國軍으로 改編된 이 마당에서 우리는 同族끼리 銃뿌리를 맞겨누는 千秋에 남을 一大 不祥事를 演出하고 말았습니다. 실로 痛憤해 죽을 일입니다…… 이렇게 말하면 크게 誤解하는 분도 있겠습니다마는 日帝 倭政 下에서 그래도 우리들은 다같이 强力한 民族意識 아래서 한 덩어리로 뭉쳐 地域의 南北도 思想의 左右도 없이 참고 견뎌 오던 그때가 차라리 그립습니다.……』

이렇게 외치는 靑年將校의 주먹은 몇 번이고 옆에 벗어놓은 鐵兜모자를 힘 있게 때리는 것이었습니다. 그는 다시 얘기를 繼續하는 것입니다.

『이번 叛亂의 主動部隊가 되는 第14聯隊는 우리 光州旅團에서 分身해 나간 兵隊인만큼 내가 直接 가르쳤던 兵丁도 많고 또 그 將兵들은 모두 잘 아는 사람들이었습니다. 그래서 順天作戰에 있어서도 될 수 있는 대로 그들을 生捕하려는 同族愛의 立場을 堅持했던 것입니다. 그렇지만 우리가 順天市街에 들어서기 무섭게 우리 눈에 띈 것은 무엇입니까. 여기도 屍體 저기도 屍體 그것이 하나도 아니요 열씩 스물씩 발에 걸려서 다닐 수 없을 만큼 흩어져 있는 것이 아니겠습니까. 그뿐입니까 그 屍體라는 것은 차마 사람이 눈을 뜨고 볼 수 없는 가진 凶惡한 酷刑에 依한 殺戮입니다. 나는 이때에 비로소 깨달았습니다. 가슴을 두드리며 외쳤습니다. 이러한 惡毒한 殺戮을 敢行한 者는 우리 同族이 아니다. 이는 원수다. 우리 民族의 敵이다. 자 저들 叛徒를 쏘아라! 1分1寸의 容恕할 곳이 없는 殘忍無道한 鬼畜들이다! 이렇게 나는 외치며 突擊해 들어갔습니다. 내가 가르치고 잘 알아 오던 그들의 가슴에다가 내 銃뿌리를 躊躇없이 내대었던 것입니다.…… 先輩 여러분 이 事實을 피를 吐할 이 기막힌 事實을 깊이깊이 銘記해주십시요…』

여기에서 李 大尉는 또 한 번 힘 있게 주먹을 들어 부서지라는 듯이 투구를 때리는 것이었습니다. 極度로 鬱憤에 上氣된 이 靑年將校의 눈앞에는 엊그제 같이 치르고 난 이 順天地區의 情景이 그의 가슴을 銳利한 칼끝으로 에이는 듯 피로 물들인 「필름」처럼 지나가는 모양이었습니다. 우리들은 全身에 强電이 通하는 듯한 戰慄과 義憤을 痛感하면서 숨 막히는 沈黙 속에 싸여지고 있었습니다. (계속)

[42] 동아일보 1948.11.18.

南行錄 (三), 朴鍾和
玉石俱焚이 眞可慮 二五月 飛霜이 없게 하소

革命이란 사람을 죽이는 것으로 目的을 삼는 것이 아니다. 혁명의 語義
는 周易에 엄연히 나타나 있다.

『天地革而四時成하나니 湯武革命에 順乎天而 應乎人』이란 데서 나온 말
이다.

하늘의 뜻에 順하고 백성의 마음이 應한 연후에 비로소 성립이 된다는
것이다. 사람의 마음은 곧 하늘의 마음이다.

모든 사람이 그 革命의 주인인 薰薰한 德望에 돌아가 의지하고 부딪힌
뒤에야 바야흐로 成功이 되는 것이다. 모든 사람을 包攝하고 모든 사람을
껴안아야 되는 것이다. 百姓을 排擊하고 백성을 殘忍無道하게 죽이는 것
으로 成功이 될 수는 없는 것이다.

甲午에 全봉準의 東學이 湖南 一帶에 웅거하여 全州에까지 뻗치었으나
貪官汚吏만을 응懲했을 뿐 이렇게 사람을 殺傷한 일이 없었다. 아무리 烏
合之卒이나 軍容이 엄숙해서 民間엔 秋毫도 犯함이 없었다 한다.

司令部을 찾으니 陸軍과 海軍이 방을 달리하여 앉았다.

軍의 案內로 叛亂軍의 巢窟이었던 14聯隊의 兵舍를 돌아보았다.

叛亂의 計劃은 하루아침에 된 것이 아니었다. 14聯隊 속에서 40명이 主
謀가 되어서 濟州 派遣을 契機로 하여 19일 밤에 일어났고 將校들을 죽인
뒤에 軍隊를 召集하여 武器庫를 깨뜨리고 市街行進을 하여 20일 새벽에는
汽車로 8백여 명이 順天을 쳐들어갔다는 것이다.

이 동안에 그들은 벌써 人民報를 發行했고 電燈이 들어오니 宣傳하기를
38線이 터지고 中央에 새 政權이 섰다하며 人共旗를 집집마다 나누어주어
걸게 하고 人民證을 發行하고 人民證 갖은 이에게는 쌀을 3合式 配給하였
으며 邑事務所에는 人民委員會를 두고 열여덟 살부터 스물다섯 살까지 된

靑少年은 强制로 人民軍을 만들었다는 것이다.

이리하여 麗水는 國軍이 26일 밤 鍾鼓山을 占領하기까지 7日 天下를 했다는 것이다.

우리 一行 中에는 그들이 使用하던 쇠로 만든 自動車 鐵札番號를 주어서 軍에게 바쳤다.

얼마나 그들의 計劃이 緻密했던 것을 짐작할 수 있다.

軍紀隊와 警察署에는 戰鬪司令官의 嚴肅한 告諭가 붙어있었다.

無罪한 사람을 무고한 者는 叛亂軍과 同等의 軍律에 處한다는 것이다.

當然 또한 至當한 告諭이다.

뜰과 방 안에는 叛亂軍에 加擔했다는 혐의者들이 取調를 받고 있었다. 모두들 戰戰긍긍하는 얼굴빛이다.

혹시나 기와장 속에 玉이 섞여져 있지나 않을까 念慮다. 밝고 밝은 判斷을 내려줍시오 하고 마음속으로 祝言을 드렸다.

다시 麗水學校長들을 만나서 學校의 動向을 들었다. 女子·中學校 學生으로 暴徒에 加擔한 자가 10명, 麗水中學에 10명, 그리고 水産中學 國民學校 敎員들도 이에 加擔하였다 한다.

警察 側에는 總計 235명 中에서 死亡이 60, 行方不明이 22, 生還이 143명, 濟州派遣이 10명이라 한다. 順天에 比하여 生還者가 많은 模樣이다.

麗水郡廳을 찾아서 被害狀況을 물으니 罹災家屋이 1,548戶에 罹災民이 9천8백 명이요 死亡者가 1천2백 명이요 重傷者가 8백 명이요 要救護費가 百億 圓臺나 되는데 麗水郡에서 3千萬 圓을 釀出할 豫算이고 나머지는 全國的으로 널리 救護의 손을 뻗쳐 주어야겠다는 要請이었다.

[43] 서울신문 1948.11.18.

叛亂 現地 見聞記 ③, 李軒求

님 向한 一片丹心 不幸한 피가 되지 않도록 하라

C兄

이번 叛亂은 40명 程度의 國軍 속에 潛入해 있던 共産系列의 軍人들이 主動이 되었다는 것은 이미 事件 發生 卽時로 報道된 事實이거니와 이번 現地에 와서 見聞한 바를 綜合하면 이는 相當한 시일(적어도 1個月)을 두고 地下組織과 計劃을 세웠다는 것을 알 수 있는 것입니다. 그것은 于先 麗水 市內로 進擊한 그들이 바로 삐라를 撒布하고 放送을 開始하고 市民大會를 召集하며 一方으로는 男女學生을 動員시켜 이미 準備하여가지고 왔던 人共旗(종이로 만든 것)를 家家戶戶에 分配하여 이를 揭揚케 하는 同時에 郡人民委員會 職場人民委員會 等을 卽時 組織했던 것입니다. 이는 順天도 마찬가지여서 麗水는 1週間 順天은 3일간 完全히 人共旗下에서 38線이 열려서 電氣도 오고 以北 人民軍은 仁川 釜山 等地에 上陸하여 서울을 占領하고 一部 人民軍은 光州를 向하여 進擊해온다는 일찍이 나치스軍隊의 제5열이 第2次大戰 初期에 使用하였던 그 謀略戰術을 그대로 踏襲하여 民心을 極度로 攪亂시켰던 것입니다. 이에 7日天下 또는 3日天下에서 行해진 所謂 人民裁判이라는 것에 對한 그 慘狀에 對해서는 여기 일일이 記錄할 紙面을 갖지 못했습니다마는 現地 人士들이 痛憤해하는 것은 이때까지 反託 一員으로 完全獨立을 爲하여 不斷히 鬪爭을 하여오던 民族陣營의 指導者들이 모조리 惡刑에 依하여 殺害된 것은 말할 것도 없거니와 그들이 그렇게 熱熱히 싸워오다가 太極旗 아닌 人共旗 下에서 大韓民國 아닌 人民共和國 共産獨裁의 天下가 完全히 支配되는 것으로 알고 이 世上을 떠났다는 것입니다. 果然 이들 民族을 爲한 鬪士들의 이 怨恨과 抑鬱을 어느 누구가 갚아줄 것이냐고 現地 人士들은 哀痛하는 것이었습니다. 그 中에도 麗水에서는 人民裁判 끝에 處刑 當하게된 各 愛國團體 責任者로 熱熱히 싸워오던 車活彦 氏가 最後의 發言할 機會를 얻어 그가 平素에 품어왔던 民族正義에서 피를 吐하며 울부짖는 『眞正한 民族혼의 소리』에 그 자리의 叛徒들도 다같이 感激되어 그 處刑을 中止하려는 氣色까지 보이었으나 어디선가 銃 한방이 그의 가슴을 向하여 發射되었다는 이 事實은 우리가 다같이 가슴에 손을 얹고 깊이 생각할 크나큰 敎訓의 하나입니다. 더욱 車氏는 그의 熱辯을 끝마치자 最後로 鄭圃隱의 『이 몸이 죽어 죽어 1百번 고쳐죽어 白骨이 塵土되어 넋이라도 있고 없고 님 向한 一片丹心이야 가실 줄이 있으랴』하는 時調 3章을 絕唱하고 다시는 돌아오지 못할 길을 同族이면서 同族이 아니요 敵이 아니면서도 敵인 兇彈에 쓰러졌다는 것입니다. 麗水의 人民裁判(場所는 지금은 形骸만 남은 麗水警察署)은 大槪 새벽한 時부터 세 時사이에 執行되어 無數한 良民은 이곳에서 冤痛한 주검을 마치게 되었던 것이요. 그들이 흘린 피가 舖道에 淋漓하매 이를 씻어낼 양으로 消防車를 利用하여 물을 뿌리고 닦아냈다는 것입니다. 그러나 『피는 물보다 진한 것』이어서 아무리 씻고 닦아도 그 血痕은 가실 줄이 없어서 마치 善竹橋에 남은 鄭圃隱의 血跡과 같이 깊이깊이 麗水의 땅속으로 스며들었던 것입니다. 그리고 그 피는 땅속에만 스민 것이 아니라 장차로 完全히 이루어질 우리의 統一된 國家와 民族의 血管 속을 뚫어 우리들의 靈魂을 고이고이 그리고 힘 있게 씻겨주는 높고 貴한 寶血이요 聖血이 될 것입니다.

C兄

그러므로 現地의 軍, 警, 民 할 것 없이 한가지로 우리들에게 외치고 切願하는 단 한마디 말은 ─

『이 거룩한 피를 不幸한 피가 되지 아니하도록 해 주십시오』하는 것이 었습니다.(계속)

[44] 동아일보 1948.11.19.

南行錄 (四), 朴鍾和
民族魂을 잊은 날 不幸은 오다!

開벽이 된 듯한 荒寞한 피비린내 나는 廢허 위에 흐트러진 머리털을 바람에 흩날리며 한 女子가 나타난다.

나타나서는 우리에게 呼訴한다.

『여러분 들으시오!』

하고 눈물이 뎅겅 뎅겅 떨어진다.

『이것은 내 女동생의 遺骨이요!』 하고 미치듯이 부르짖는다.

자세히 바라다보니 대(竹)상자를 하얀 白紙로 싸서 공손이 안고 섰다.

『내 동생은 女巡警인데 暴徒한테 총에 맞아 죽었고, 麗水의 女巡警은 모두 도합 다섯 명인데, 세 사람이 죽고 지금 두 사람이 살아서 남아 있소.』

이 소리를 듣자 우리들은 遺骨을 향하여 敬□히 모자를 아니 벗을 수 없게 되었다.

『이 기막힌 일을 보시오! 共産黨의 총에 맞아 죽은 것도 원통한데, 社會 사람은 空虛한 말을 만들어 이 원통하게 죽은 내 女동생에게 누명을 씌웠소! 光州 어느 新聞에 우리 女동생이 暴徒에게 辱을 당한 후 銃에 맞아 죽었다고— 그러나 이것은 순 거짓말이오. 해골통에 銃을 세 방 맞고 쓰러져서 이 세상을 떠났을 뿐이요. 원통하게 죽은 것도 불상하거든 깨끗한 處女의 몸에다가 더러운 낙印을 찍는 者는 누구요! 내 女동생의 깨끗한 魂을 위로하기 위해서 나는 그 記事를 실었다는 新聞社를 찾아갈 작정이요. 그리고 살아서 남은 女巡警의 깨끗한 것을 保證하기 爲해서라도 기어코 해骨을 껴안고 光州까지 가서 이것을 천明시킬 작정이요!』 하고 미친 듯이 부르짖는다.

우리는 다시금 고개가 저절로 수그러진다.

이 無秩序한 어지러운 때를 당해서 쓸데없는 流言이 얼마나 傳播되는 것을 알 때, 입 한 번 놀리기와 붓 한 자루 들기가 얼마나 어려운 것인 것을 깨달았고, 더욱이 報道를 맡은 新聞記者의 責任이 가장 重大하다는 것을 두 번 세 번 느끼지 않을 수 없었다.

麗水獎學士의 案內로 廢허를 앞에다 벌려놓은 밥집에 들어가 점심을 먹는 둥 마는 둥 했다. 밥이 목에 걸려 넘어가지 않는다. 獎學士는 검은 넥타이를 목에 맸다. 中學校에 다니는 둘째 아들이 暴徒에게 죽었다는 것이다.

銃彈의 흔跡은 壁과 門과 窓에 가득하다. 우리가 받고 앉은 밥상에도 총알구멍이 셋씩 넷씩 나서 뚫어졌다.

다시 거리로 나오니 廢허에 서 있는 이 고장 男女老少 백성들은 우리들을 쳐다보며

『政府에서는 무슨 對策이 있습니까. 겨울은 닥쳐오고 의지가지 없는 우리들에게 구호의 손길을 내려줍시요』하고 목이 메여 부탁한다.

돌아서지 않는 걸음을 발을 돌려 돌아섰다.

나는 줄 모르게 흐르는 눈물, 夕陽 비낀 해에 나는 또 다시 한번 廢허를 바라본다.

아무리 百忙中이라 하나 忠武公의 戰捷碑를 옆에다 두고 그대로 지나갈 수가 없었다. 忠武公의 一生은 곧 朝鮮民族의 넋이요, 얼이다. 우리가 이 民族이 이 忠武公을 잊어버리는 날에는 朝鮮民族은 永遠히 滅亡하고 말 것이다. 이 忠武公의 향氣 높은 民族魂을 잊는 날 우리 民族은 永遠히 구원을 받지 못할 것이다.

오늘날 麗水 順天에 일어난 叛亂軍의 事件은 軍人이면서 李舜臣 將軍을 모르기 때문 일으켜 놓은 불장난이다.

碑文에는 李舜臣 將軍이 바다에서 倭賊을 크게 평정한 큰 功을 記錄했다.

글 지은이는 丙子胡亂에 斥和臣으로 抗義不屈하고 칠십 늙은 나이로 심陽 獄에 잡혀갔던 淸陰 金尙憲 先生이다.

모자를 벗고 머리를 숙여 몇 번인지 碑石을 어루만졌다. (계속)

(訂定＝第二回 記事中「무樓」를「무數」로,「경무」를「경술」로, 第三回
題目 中 二五飛霜을 五月飛霜으로 各各 訂定함)

[45] 서울신문 1948.11.19.
叛亂現地見聞記 ④, 李軒求
"同族相殘" 이번 叛亂엔 該當치 않는 말

C兄

이번 叛亂事件에 있어서 가장 우리의 마음을 아프게 한 것은 現地의 純
眞한 男女中學生이 多數 參加하였다는 事實입니다. 우리 一行은 할 수 있
는 限 이에 對한 實情을 알고 싶었습니다. 그래서 現地(順天, 麗水) 中學校
當局者들과 會談할 機會를 가졌습니다. 治安이 比較的 完全히 復舊된 順天
에서는 우리가 이곳에 倒着(4일)했을 때, 이미 全 初中學校가 開校되었는
데 叛徒에 加擔된 學生 數爻는 確實치 않으나 軍警當局의 發表로 보면, 順
天師範生 4割, 順天農中生 3割을 筆頭로 麗水水産學校生은 거의 全部라는
것입니다. 그러면 意識的으로 이에 呼應한 實數는 次次로 判明되려니와 順
天農中校 當局의 調査 發表를 一例로 들어보면

▲全校生 848명 中 現(5일) 出席生 289명 ▲缺席生 308명 ▲身病者 28명
家庭保護 中인 者 109명 ▲嫌疑被檢者 25명 ▲行方不明 3명 ▲叛徒에 被殺
1명 ▲處刑者 8명 ▲市街戰 流彈 適中 死亡者 5명 ▲未調査者 72명 ▲叛徒
에 加擔者 34명

▲同校 敎職員 51명 中 出席者 41명 ▲病 及 事故 3명 ▲嫌疑被檢 及 行
方不明 4명 ▲叛徒加擔者 3명

以下의 數字로서 順天地區의 學生과 敎職員들이 直接 叛徒에 自進協力한 實情을 推測할 수 있을 것입니다.

C兄

그러면 무엇이 그들로 하여금 이러한 行動으로 나아가도록 하였는가 하는 問題는 앞으로 文敎當局者의 賢明하고 適切한 敎育方針과 對策으로서만 解決될 일이라고 하더라도 이렇게 事態가 惡化된 原因에 對해서 現地 當局者의 의견을 綜合해보면

1. 軍政 3年間의 敎育方針은 敎育者로 하여금 不偏不黨하다고 하여 生徒나 敎職員으로 하여금 去勢된 眞空狀態에 있게 하여 이 속에서 思想의 自由 學文의 自由라는 美名下에 左翼의 팸플릿 等 各種 書籍과 行動이 容許되었던 것

2. 敎員採用에 있어서 特遇問題 等으로 좋은 敎員을 採用하기 困難한 것과 一旦 思想不穩으로 罷免시킨 敎員이 다시 또 다른 道나 地域에 採用되는 것. 이것은 敎員뿐 아니라 退學處分 當한 生徒가 곧 다시 다른 學校에 編入케 되는 것.

3. 이번 事件에 參加한 敎員은 大部分이 서울官立大學 豫科나 또는 中退한 者를 採用한 中에서 생겨났다는 것 等을 들 수 있겠습니다.

C兄

이번 叛亂에 加擔한 男女中學生 中 얼마나 盲目的으로 果敢히 反抗했는가 하는 몇 個의 事實을 알려드리겠습니다. 順天에서 叛徒加擔의 一女中生이 頑强히 그 事實을 否認하기에 取調責任將校가 그를 死刑에 處한다고 威脅하면서 空砲를 땅 놓았더니 그 女學生은 大膽하게도 雙手를 들어 『人共國 萬歲』를 불렀다는 事實과 아울러 이도 亦是 順天에서 女學生 3명을 訊問하는데 絶對 加擔事實을 否定하기에 그 女學生들이 直接 民家를 다니면서 摘發行爲한 當事者를 面談시키자 그만 풀이 죽어서도 亦是 否認하기에 돌려 세워 걸리게 하고는 『하나 둘』 하고 부르니까 그만 자리에 엎어져 痛哭하더라는 事實, 思想的으로 對立되나 서로 親한 동무사이에서 일어난

일로 左翼係 女學生이 그 親友 右翼 側 家庭에 와서 아무 일도 없다고 하기에 天井에 숨었던 女學生의 父親이 仔細한 것을 알기 爲하여 安心하고 나왔더니, 그 女學生은 泰然히 동무의 父親을 叛徒에게 引渡시켰다는 事實, 麗水는 進擊해 들어오는 國軍將校를『오빠!』하고 반가이 맞으러 뛰어 나온 女學生이 國軍將校의 팔에 매달리는 듯하다가 치마 속에 감추었던 武器로 그 將校를 射殺하였다는 事實이 數件 있었다는 것 … 이러한 實際 目擊談을 우리에게 傳하여주는 靑年將校는 이렇게 외칩니다!

『同情的인 微溫한 態度를 버려야 되겠습니다. 同族相殘이라는 것은 이번 事件에 있어서 絕對로 該當치 않는 말입니다. 叛徒들에게서는 우리를 同族이라고 생각하는 시늉조차도 찾아볼 수 없었던 것입니다.』(계속)

[46] 동아일보 1948.11.20.

南行錄 (五), 朴鍾和
그리웁던 太極旗를 왜, 내리려 하는 거냐!

一行은 麗水의 軍民에게 굳은 握手를 남긴 뒤에「트럭」을 몰아 다시 順天을 향하여 떠났다.

村마다 太極旗가 푸른 蒼空에 휘날리고 들에는 벼를 베고 타작을 하느라고 男女老少가 모두들 나와서 일들을 했다.

엊그제 일어난 일은 하룻밤의 惡夢인 듯 完然이 다시 太平歲月이었다.

汽車가 太極旗를 높이 달고 씩씩히 달린다. 麗水 順天 간의 기차다. 어제 11월 4일날부터 다시 開通이 되었다는 것이다. 乘務員과 乘客들은 우리들의 달리는「트럭」을 향하여 萬歲를 높이 부른다. 다시 소생의 歡喜에 벅차게 터져 나오는 힘찬 소리다.

汽車길이 지돌고 감돌아 우리가 달리는 큰 길 옆으로 나타나다가 끊어지고 끊어졌다가 나타난다.

魔의 叛亂軍 8백여 명이 武裝을 하고 이 길로 車를 運轉하며 順天을 쳐들어가는 모양이 눈앞에 선연하다. 文明의 利器도 惡用을 하면 나쁘게 된다.

山川은 곱고 맑았다. 대숲풀이 우거지고 소나무도 싱그러웠다. 유자나무와 탱자나무가 향그러웠다. 이름부터 麗水요, 順天이다. 이러한 땅에 왜 叛亂이 일어났을까? 곱고 어진 마음을 가진 순박한 백성들에게 악랄한 外來의 獨裁的 陰謀的인 離間破壞의 殘忍無道한 術策이 들어가서 이 不幸한 現狀을 만들었던 것이다.

順天市街에 들어가니 아직 戒嚴狀態라 하나 麗水에 比하여 平穩하기 그지없었다. 銀行도 4日부터 열었고 學校에는 朗朗하게 글소리가 들렸다.

거리에 책가방을 끼고 平和로운 웃음빛으로 어깨를 나란히 하여 걸어가는 男女學生들을 볼 때 가슴이 사뭇 설레어 내 친동생이나 딸들을 만난 듯하다. 『얼마나 苦生들을 했니!』 하고 손을 잡아 묻고 싶었다. 『어떻게 죽었다가 다시 살아났느냐』 하고 어깨를 안고 뺨을 부비고 싶었다.

나도 모르게 두 눈에 눈물이 핑그르 돈다.

一行은 旅舍에 들어가 피곤한 몸을 던졌다.

밤에 作戰參謀인 李 大尉와 몇몇 將校들이 찾아왔다.

熱血的인 젊은 將校들이다. 『처음에 나는 내 손으로 내가 가르친 弟子들을 차마 쏘라고 命令할 수 없었소. 그랬다가 역 앞에 즐비하게 드러누운 累千의 屍體를 보았을 때 또는 눈알을 빼고 銃彈을 죽은 시체 위에 8百여 방씩이나 亂射한 이 殘忍無道한 惡魔같은 악착스러운 行動을 보았을 때 이놈들은 내 弟子가 아니요, 내 民族이 아니라는 것을 直覺하고 義憤이 일어나서 그대로 砲擊命令을 내리었소!』

그는 주먹을 쥐어 방바닥을 치며 외친다.

『기막힌 죽일 놈의 民族들이 아니요, 日本놈의 時代에 그렇게 그리워하던 太極旗가 아니요? 三千萬 民族이 꿈에라도 다시 한 번 보았으면 하던 그 그립던 太極旗를 오늘날 이 逆天의 놈들은 다시 내리려 하는구려!

이런 놈들은 내 民族이 아니올시다. 벌써 딴 나라 民族이요. 왜 내리려 하는 거냐, 太極旗를!』

作戰參謀는 또다시 주먹을 들어 쇠투구를 내리친다.(계속)

[47] 서울신문 1948.11.20
叛亂現地見聞記 ⑤, 李軒求
啓蒙이 必要 文化의 偉力을 再認識

C兄

以上으로 내가 現地에 聞見한 가장 重要한 事實 몇 가지는 말씀드렸습니다. 이제 다시 내가 現地에 가기까지 또는 現地에 간 내 좁은 視野에 點綴된 몇 個의 光景을 傳해 드리는 것도 無意味하지 않을 것 같습니다. 우리가 떠날 때는 朝鮮이 자랑하는 淸秋였습니다. 論山 金堤의 沃野千里에는 이미 우리를 먹여 살리는 豊熟한 秋收가 끝나 논두렁에는 가지런히 차곡차곡 쌓아놓은 볏무지가 整然하게 一字로 縱列되어 있는 것을 볼 수 있었습니다. 同行 中의 銳敏한 觀察眼을 가진 丁氏는 忠南地方과 全北地方의 볏무지 쌓아놓는 樣式이 다르다는 것을 看破해 이야기해 주었습니다마는 그보다도 내 머리를 스쳐 지나간 漠然한 생각 ─ 우리나라에서 第一가는 이 穀倉□ 過去 日帝時代에는 日本으로 6백만 石에서 1천만 石까지가 輸出되어 農民은 고스란히 草根木皮와 滿洲栗□나 外米로 延命하였건만 이제 日帝가 물러나간 오늘 우리들끼리 서로 適正하게 糧食을 分配하자는 이 마당에 新穀收集이니 秋穀買入이니 하는 것이 무엇 때문에 저러도록 一般 農民의 協力을 얻기에 困難을 느끼게 되는 것일까 하는 至極히 單純한 疑問을 가지게 되었습니다. 解放 後 이렇게도 年年이 豊作으로 우리의 食生活은 어느 程度로 自給自足할 수 있는 打開策이 있을 法도 하건만 더군다나 順天 麗水地區에는 언제 그런 叛亂이 있었더냐 하는 듯이 논밭에는 벼 비는 農夫, 農婦와 秋耕에 奔忙한 우리 農民들이 아침 일찍부터 해 저물 때까지 勤勤孜孜하여 일하고 있는 光景을 볼 때에 말할 수 없는 感激이 가슴을 치미는 것이었습니다. 實로 黙黙히 또 悠悠히 예저기서 일하고 있는 白衣同胞의 情景을 보면 볼수록 머리가 숙어지는 것이었습니다.

C兄

나는 「트럭」 위에 앉아서 우리가 가지고간 唯一한 慰問品인 몇몇 新聞 社의 新聞을 그들 앞에 휘뿌려 주었습니다. 일하다가 말고 바람에 펄펄 휘날려 떨어져 굴러가는 新聞紙를 집으러 달려 나오는 그들 農民의 行動 을 바라보는 우리의 感懷는 또한 무어라고 形言하리까. 이 한 장 종이에 서 그들이 이 世上이 어떻게 되어 가는가를 알게 되는 唯一한 機會라고 한다면 앞으로의 農村啓蒙에 있어서 『읽히자 알리자』 하는 運動이 어떻게 具體化되어야 하겠다는 것을 우리는 다시 한 번 생각해보아야 하겠습니 다. 萬一 이렇게 宣布하는 것이 저들 善良한 農民을 欺瞞하는 謀略的 記事 — 傳宣이었다면 그 結果는 어떻게 된 것입니까. 解放 以後 善良한 農民을 衝動시키는 그 許多한 欺瞞的 謀略宣傳이 빚어낸 流血의 慘禍를 생각하고 또 이번 叛亂에 善良한 靑年男女와 一部 農民이 이러한 謀略에 빠져 저렇 듯 殘忍한 天人共怒할 蠻行을 演出시켰다는 事實에 想到할 때 모든 前轍을 거울삼아 三千萬民族이 한마음 한뜻으로 뭉쳐지는 啓蒙運動의 必要性을 또 한 번 痛切히 느꼈습니다.

C兄

우리 탄 「트럭」이 네 時間이나 걸려 해 다 저문 黃昏의 順天에 當到하 였을 때 우리의 想像 以外로 市街는 整然히 安堵 속에 놓여 있는데 놀랐습 니다. 그러나 우리가 가지고 온 新聞紙를 「트럭」 위에서 一般市民에게 나 누어 주려할 때 『와!』 하고 瞬息間에 몰려드는 數百의 群衆을 보고 우리는 다시 한 번 놀랐습니다. 事件 發生 以後 2週日이 지나기까지 그들은 모든 世上 消息에 귀먹었던 것입니다. 인제 平穩된 이 자리에서 그들은 모든 世

上 일이 알고 싶었던 것입니다. 軍人, 學生, 夫人, 警察, 市民, 團體員 할 것 없이 모두 다 손을 우리들에게 내미는 것입니다. 이 한 장 종이 속에서 그들은 마치 오래 오래 그리워하고 기다렸던 가장 親愛하는 이의 한 장 편지와도 같이 모든 궁금症을 풀어버리려는 것이었습니다. 그中에는

『××新聞 주십시오…… ××日報 주서요!』하는 要請까지 하는 소리를 들을 때 文化의 偉力이란 것을 直感하지 않을 수 없었습니다. 이튿날 아침 거리에 나서니 어제 저녁 우리가 配布한 新聞이 군데군데 곱다라니 붙어 있었습니다. 사람은 빵으로만 사는 것이 아니라는 이 平凡한 眞理 앞에서 우리는 또 하나의 새로운 깨달음이 있어야 하겠습니다. (계속)

[48] 조선일보 1948.11.20.
麗 · 順 落穗(一), 鄭飛石

文敎部 派遣 現地調査班의 一員으로서 나는 이번 全南事件의 本據地인 麗水 順天 等地를 다녀 보았다. 連日의 新聞報道로 慘狀의 大略은 미리부터 斟酌하고 있었지만, 實地로 見聞하는 어느 것 하나 悲痛事가 아닌 것이 없었다. 率直히 告白하여 이번 視察의 結論을 一言으로 表現한다면 내가 느낀 것은 오직 暗黑感 뿐이었다. 만약 이 狀態대로만 나간다면 우리 民族은 到底히 未來에 대한 아무런 曙光도 發見하기 어려울 것 같았다고 이런 말을 公言하기는 나 自身의 良心이 너무나 괴로운 일이지만, 暗담無比한 이 現實에 直面해서 자꾸만 치우쳐 오르는 絶望感을 나는 막아내기 實相 어려웠다.

우리는 半萬年 歷史에 빛나는 文化民族이다. 우리의 燦爛한 民族의 傳統을 繼承함으로써 새로운 發展과 向上을 期하여야 할 우리가 더구나 倭政 40年間에 臥薪嘗膽하던 끝에 간신히 解放은 되었으되 아직도 國土는 兩斷

된 채 統一을 보지 못하고 있는 오늘에 우리 스스로가 同族 間에 殺傷事를 일으켰다는 것은 對外的으로나 對內的으로나 一大 羞恥요 汚點이 아닐 수 없다.

1943年 겨울에 저 스탈린그라드에서 20萬의 獨軍이 一時에 沒殺한 事實은 아직도 우리 記憶에 새롭지만, 그것은 他民族 間의 殺戮이었지, 결코 同族相殘은 아니었다. 더구나 우리는 單一民族이다. 他力에 依하여 解放되었다는 事實에 스스로 뼈아픈 苦衷을 느끼면서 大同團結하여 自主獨立의 公道로 邁進해야 할 우리가 오히려 悽慘한 不祥事를 일으켰다는 것은 스스로 墓穴을 파는 것과 무슨 다름이 있으랴. 돌아보아 過政 3年 間의 우리 民族의 行狀은 確實히 어지러웠다. 世界情勢에 依한 外國軍의 分斷占領으로 뜻하지 않았던 38障壁이 생긴 것은 弱小民族의 不可避한 悲哀라고 하겠지만, 客觀情勢가 제아무리 險惡하기로 우리 스스로가 眞正한 愛國精神으로 一致團結 했다면 地理上의 38鐵壁이 우리의 마음까지를 가로막지는 못했을 것이오, 따라서 이번 같은 不祥事도 惹起되지 않았을 것이다.

더구나 이번 事件에는 純眞無垢한 男女 中等學生들까지가 銃劍을 들고 이에 參加했다는 事實에는 오직 肝膽이 서늘할 뿐이었다.(筆者는 文敎部 派遣 現地調査班員)

[49] 동아일보 1948.11.21.
南行錄 (完), 朴鍾和
「國是」 뚜렷한 우에 國軍을 再編成하라

作戰參謀는 또 다시 말을 繼續한다.

『共産主義 思想이 한 번 머리에 들어가면 어떻게 사람이 지독하게 되는 것을 아십니까? 麗水 進駐에서 생긴 일인데, 女學生들이 「카-빈」총을 치마 속에 감추어 갖고 우리들 國軍將校와 兵士들을 誘導합니다. 오라버니 —하고 再生의 歡喜에서 부르짖는 듯 우리들을 歡迎합니다. 無心코 앞에 갔을 때는 벌써 치마 속에서 팽—소리가 나며 軍人들은 쓰러져 버리고 말았습니다. 이 깜직한 일을 보십시오. 이것들은 나이 겨우 열여덟 열아홉 살 되는 것들입니다. 이것들이 무슨 判斷力과 學職과 思想이 있겠습니까마는 體系와 命令 우에서 움직이는 이 行動은 벌써 朝鮮民族이 아니라 外國民族이 다 된 것이올시다. 命令과 行動을 지키지 않는 때는 너를 죽인다 하는 그 徹底한 鐵의 原則이 자기의 죽음 대신 자기의 同族을 쏘게 되는 것입니다.

이러한 女中學生 몇 명을 잡어다가 訊問을 했습니다. 그 꼴을 보느라고 너는 銃殺이다 威脅했더니 처음엔 否認을 하며 엉엉 울다가 하나 둘 셋하고 口令을 불러서 정말 銃殺하는 듯한 모양을 보였더니 「人民共和國 萬歲」를 높이 부릅니다. 기막힌 일이 아닙니까? 平時에 學校敎育이 얼마나 民族的인 育成에 等閑視했다는 것을 證明하고 남는 노릇이올시다. 學校에 다니네 하고 共産主義의 理念만을 머리에 집어넣는 工夫를 한 셈이올시다.

도대체 民族陣營에서는 體系가 서지 않았습니다. 우리 政府가 嚴然히 선 以上 國是와 國憲이 뚜렷이 서서 全 民族이 이곳에 움직여야 됩니다. 겉으로 아무리 「民族之上」과 「國家之上」을 千 番 萬 番 부른댓자 想推思的임에 그칠 뿐 온 軍人, 온 學生, 온 民族에게 그 理念이 徹底하도록 浸透가 되지 못했습니다. 어떠하니 우리 民族은 이렇게 나가야 하고 이렇게 싸와야 하고 이렇게 살아야 하고 이렇게 죽어야 하는 것을—, 確乎不動하게 組織的으로 體系있게 머릿속에 깊이 넣어주어야 할 것입니다. 空然한 美國式 民主主義, 美國式 自由主義가 이러한 混亂을 일으켜 놓은 것입니다.

이 惡辣한 世界制覇의 共産主義者의 思想은 學校뿐만 아니라 軍人과 社會 속 各 層 各 方面에 浸透가 되였던 것입니다. 이것이 이 不幸한 이 叛亂을 일으킨 原因입니다. 政府에서는 우리 民族이 가져야 할 國是를 하루바삐 明確하게 세워서 3千萬 全 民族의 머릿속에 깊이깊이 뿌리박고 일어나도록 敎育하고 宣傳해야 할 것입니다.

우리 一行은 고개를 숙여 黙然이 그의 말을 傾聽했다. 條理있는 말이었다. 우리들의 意思와 符合되는 點이 많았다.

靑年將校는 熱을 띠어 또 한 번 부르짖는다.

『또 한 가지 緊急한 일은 國軍의 再編成이올시다. 지금 軍人의 質은 얇습니다. 美軍政 아래 國防警備隊라는 名稱으로 面面村村에 돌아다니며 郡守나 面長이나 區長에게 哀乞하다시피 해서 뽑아온 사람들이올시다. 이런 亡國的인 現狀이 있습니까.

(너는 집안에서 아무것도 할 것 없으니 거기나 가보아) 하고 보낸 靑年들이 國防軍이올시다. 軍人은 國家의 간城이올시다. 이제는 大韓民國이 뚜렷이 建國되었습니다. 이 나라의 興亡盛衰의 한 部面을 맡은 重責있는 軍人의 質이 이래서야 쓰겠습니까. 學識과 智力과 訓育의 水準 높은 軍人을 많이 包攝해서 하루바삐 徵兵制를 實施해서 이 難局을 打開해서 나가야 할 것입니다.』

將校는 또 다시 말을 계속한다.

『또 한 가지는 軍警의 協調입니다. 靈岩事件과 求禮事件 같은 것은 지금 破壞分子인 共産黨이 이것을 노리고 利用한 것입니다. 爲政當局은 不偏不黨하게 잘 統率시키고 包容해서 다시는 엎어졌던 바퀴자국을 밟지 않도록 해야겠습니다.』

將校는 肅然히 한숨을 쉬여 눈을 감는다.

여기에 모든 遠因과 近因이 明瞭하게 드러난다. 爲政當局은 冷靜한 머리로 綿密히 이것을 判斷하여 이 亂麻같은 現狀을 善處해야 할 것이다.

끝으로 順天公立農林中學校長의 日記를 添付하여 叛亂 當時의 目擊한 實狀을 讀者에게 알리고 南行錄의 끝을 막는다.

順天農林中學校長 日記

順天農林校長 日記

日　記

◇ 10월 20일

午前 9時 반 順天驛 附近에서 銃聲이 났으나 警察官의 訓練인줄 알고 本校 學父兄會長 葬式 參詣次 邑內로 行하는 途中, 本校 父兄會 理事 李云植(本 暴動事件으로 邑內에 있다가 流彈으로 本校 學生인 2男 李석浩와 같이 死亡) 으로부터 本 銃聲은 다름아니라 昨夜(19일)에 麗水警察署 其他 官公署를 襲擊 接受한 麗水 14연대의 軍人이 順天을 襲擊할 計劃으로 鐵道便으로 大部隊 가 到着하여 警察官이 防禦 中이라는 情報를 듣고, 葬式 參詣를 中止하고 小職 外 數人의 職員과 卽時 還校하여 職員會를 開催하고, 舍生 以外의 學生은 2시간 終了 後(오전 11시) 全部 下校시키며 邑內 居住 職員도 12시 반경 歸家 하게 하였으며, 學校는 學校 構內 職員으로써 守備하기로 決定 履行하였음.

오후 2시 반경에 長興署 勤務의 一警官과 오후 3시 반경 順天警察署 刑事 3명이 小職官舍에 出入한 事實이 있었음. 午後 7時경에 突然 軍人(麗水 14연대 叛亂軍人) 10여 명이 來襲하여 實彈을 亂射하며 『너희 집에 警官이 3인 潛伏하고 있다』는 것을 보고 왔으니 내놓으라고 威脅을 하며, 萬若 한 사람이라도 發見된 때에는 全 家族을 銃殺할 터이니 내놓으라고만 하면서 家宅搜索을 한 後 一次 解散하더니, 夜中 하오 11시경에 또 10여 인이 實彈 을 亂射하며 『너희 집에 들어간 것을 確實히 보았는데 나간 形跡이 없다』 하며 警官만 내놓으라고 威脅하며 亦是 家宅搜索을 한 後 警官이 없었으므 로 어디로인지 解散하였음.

(後에 손時計 2個, 革帶 其他 數 點 奪去되었음을 發見함)

◇ 10월 21일

오전 9시에 若干의 學生이 登校하였기로 그 措置에 對하여 相議한 結果 當分間 休校하기로 決定하여 玄關에 周知文을 揭示하였음.

오전 9시 반경 敎師 鄭인채로부터 本部(人民委員會) 指示에 依하여 職場 委員會를 組織하게 되어 創立會를 開催할 터이니 畜産科 3學年 敎室로 全

職員 集合하라는 通知가 있어, 이때 처음으로 順天人民委員會가 設立되었으며, 警察署 其他 邑內 官公署가 全部 接受當한 것을 알았음.

職場委員會는 學校 全 職員 集合하여 教師 鄭인채 司會 下에 左記順으로 執行되었음.

職場委員會 創立會 司會 鄭인채

1. 開會辭
1. 情勢報告
1. 黙念
1. 委員名薄 作成
1. 常任委員 決定
1. 委員長 人事
1. 罷業 宣言
1. 其他
1. 萬歲三唱
1. 閉會辭

開會辭와 情勢報告에 있어 教師 鄭인채로부터 平素에 보지 못한 勇氣로서 南韓 14연대가 全部 蜂起하여 現政府 모든 機關을 打倒하여 새로운 人民의 政府를 樹立하게 되었으니, 從前보다 一層 各其 職責을 完遂하기 바라며, 19일 夜中에 麗水는 完全히 人民軍이 接收를 마치고 昨 20일에 順天도 完全 接收되어 오늘 中에 全 職場에 職場을 지키는 委員會를 組織하기로 되었으며, 學生에 對하여서는 別途 民愛靑 學生部에서 適切한 指示가 있을 터이니, 學校로서는 다른 職場과 같이 本部 人委 指示가 있을 때까지 罷業함을 宣言하였음.

委員會 組織에 있어서는 校長 以下 農夫, 小使, 給仕까지 全員 參加하게 하며 記名捺印을 司會者로부터 시켰음. 今後로부터 秋毫라도 反動的 行爲가 있으면 곧 人民裁判에 부쳐 銃殺하게 되었으니 格別한 注意를 要한다고 威脅을 하며, 始終 全 職員은 一言半句도 發言하지 못하고 默默히 모든 行事가 進行되었음. 常任委員 選擧方法에 對하여 討議하라는 發言이 있자

敎師 金東鎭(現在 行方不明)으로부터 司會者에게 腹案이 있으면 發表하여 그대로 贊否만 묻는 것이 어떠냐고 하니 全職員이 좋다고 하자 司會者 鄭인채로부터 本 職場委員會는 學校 運營을 圓滑하게 하기 爲한 것이며 從前 學校 擔當職務 等을 考慮하여 左記와 같이 決定함이 어떠냐고 發言하니 全職員은 좋다고만 말하고 何等의 意見을 말 못 하였음.

　註 今番 職場委員會 發起 及 一切 指示行動은 司會者 鄭인채 副司會 金東鎭이가 主로 되어 있었고 委員長 尹象鉉과도 一脈이 通하여 있는 것 같으며 其他 委員은 職務上으로 任命됨.

　委員長 學校長(今日 오전 11시 반경에 現 校長 不承認으로 副委員長 尹象鉉 委員長이 됨)

　副委員長 尹象鉉(實科代表 本部 指示로 委員長이 됨)

　　朴圭煥(人文科代表)

　　總務 表鉉九(庶務係)

　　組織 金成호(訓育係)

　　宣傳 朴應淳(敎務係)

　職場委員會 終了 後 校長室로 各 常任委員을 集合시킨 後 鄭인채 敎師로부터 校長 職印은 委員長인 校長이 保管하되 人民委員會의 指示 以外에는 使用하지 못하고 庶務에서 保管 中인 金庫열쇠(鍵)는 總務로 引繼하고 언제 本部(人委)에서 接受하러 올는지 모르니 各 會計帳簿를 整理하며 現金, 預金 等 殘高를 調査하여 引繼에 遺漏 없도록 할 것을 命하였음.

　右 散會 後 11시 반경에 敎師 金東鎭으로부터 本部(人委) 指令으로 現 本校長은 不適當하니 解免되고 副委員長인 尹象鉉 敎師가 委員長에 任命되었다고 하기에 그러냐고 小職은 解免을 當하고 宿直 等을 備人과 職員 2명으로 强化하고 갔았음.

　21일 밤 서울放送에 麗水 順天에서의 叛亂軍을 正規 國軍이 完全 包圍하여 2, 3일 內에 鎭壓되리라는 것을 듣고, 本 事件이 局部的인 것은 짐酌하였으나 事態가 險惡하여 默默히 被動的으로 움직일 수밖에 없었음.

◇ 10월 22일

午前 9시 반경 本部(人委)로부터의 指令이라 하여 모든 會計 其他 一切 事務를 30분 以內에 引繼되도록 準備하라고 委員長인 教師 尹象鉉(現在 行方不明)이가 命하기에, 學校長과 庶務主任이 變更되는 대로 各 會計의 現計表를 作成하는 關係로 相當한 時間이 걸린다하니, 左右間 本部의 命令이니 곧 하라하며 이 政府는 容恕가 없다하며 金錢物品이 조금이라도 符合되지 않는 境遇에는 極端의 責任을 追窮하게 될 것이니 잘 알고 速히 準備하라고 命令하여 各 事務擔任者로서 引繼書를 作成하기 始作하였음.

午後 4시경 별안간 本校 北쪽 1粁 地點 附近에 銃聲이 殷殷하고 前面 山에 野砲丸이 튀며 情勢가 突變하여 正規 國軍이 包圍하여 14연대 叛亂軍을 追擊 中이라는 情報가 들어오며, 刻刻 本校 附近으로 占領하였으니 實彈은 비 오듯 하여 事務引繼는 故捨하고 果然 正規軍이 왔구나하고 本校 全 職員 學生 構內 職員家族은 一切 避難하여 正規軍이 來校 避難者를 詳細히 調査한 後 今般 事件에 對한 槪略을 說明하여 各其 還家시켰음.

22일 夜中에 邑內까지 進駐하고 本校에 正規軍이 約 300명 程度 駐屯하게 되어 軍人用達에 徹夜動務하였음.

◇ 10월 23일

繼續 軍人이 駐屯하고 全 邑內 掃蕩戰을 展開하여 本校로서는 別일 없음.

◇ 10월 24일

邑內 居住 男子와 捕虜 等 10여 명을 本校 運動場에 데려와서 有罪無罪와 有罪者의 罪狀에 依한 區分을 하여 本校 林業科 4教室을 取調 本部로 하여 本道 警察廳 副廳長 指揮 下에 一齊 調査가 있었고, 下午 5시경 5명을 銃殺하였음.

◇ 10월 25일

終日 取調한 後 오후 5시경에 全 嫌疑를 警察署로 移送하고, 副廳長으로부터 小職에 對하여 校舍를 汚損하게 하여 未安하다는 人事말씀이 있었고 軍人만이 駐屯하였음.

◇ 10월 26일

軍人의 交替가 있는 外 特記事項 없었음.

◇ 10월 27일

郡守室에서 邑內 各 中初等學校長 會議가 있어서 처음으로 邑內에 갔음.

郡守의 邑內 駐屯 軍部 各 機關에 對한 說明이 있었고, 各 學校의 事情을 交換한 後로 速히 原狀復舊에 힘써 學生을 登校시키고 授業을 開始하는 것이 民心收拾하는데 가장 緊要하다는 것에 意見이 一致되었으나, 中等學校는 今般 事件에 加擔한 職員과 學生 關係로 各 家庭에서나 學生 自身의 恐怖心으로 登校가 不如意할 터이니, 此後 適當한 時期로 미루고 爲先 國民學校를 먼저 登校시키게 되어 28일에 一齊 登校하라는 廣告文을 邑內 要所에 부치기로 하고 散會하였음.

全 職員을 召集하여 本 事件에 關한 各種 事實을 調査하며 郡에서의 會議事項을 傳達하고 每日 從前과 같이 職員은 出勤 勤務함을 指示하였음.

◇ 10월 28일

郡에 出頭하여 本校에 關聯된 情報와 其他 學校事情 等을 調査하고 身分確定한 職員의 通行用 완장을 民事指導司令部로부터 받았음. 順天復興促進 國民大會에 參加함.

◇ 10월 29일

道에서 李鍾六 企劃課長, 朴在南 獎學士 一行과 光州慰問團이 來順하여 郡守室에서 各 學校의 事情을 調査함에 本校에 있어서의 以上 眞狀을 報告하였음

◇ 10월 30일

校舍 內外 整理整頓 掃除를 함. 邑內 各 機關을 訪問 本校 學生에 對한 內容을 調査하였음.

11월 1일에 各 中等學校 學生 登校키로 決議하였음.

◇ 10월 31일

日曜日이라도 全 職員 登校 整理함. 邑內 要所에 學生登校(11월 1일부터

授業開始)하라는 廣告를 貼付하고 全 職員 各 洞里別로 分擔 家庭訪問을 兼하여 登校를 周知시킴.

郡에 出頭하여 連絡을 取함.

◇ 11월 1일

職員 全員 出勤. 學生 213명 登校. 講堂에 全員 集合시켜 職員과 學生의 本分과 갈 길을 明示하여 學生은 一層 工夫하기에 努力하라는 訓示를 하고, 各 教室 校舍 內外를 掃除하고, 本 事件으로 因한 被害 其他를 調査함.

11월 1일 現在 職員 學生의 動態 다음과 같음.

區別	在籍	出席	缺席
職員	52	45	7
學生	848	213	635

缺席內□	職員	學生
病歸		184
病故	1	18
家庭保護	1	112
檢擧逃避	2	22
行方不明	1	7
被殺		4
死亡		4
未詳		284
私事旅行	2	
計	7	635

[50] 서울신문 1948.11.21.

叛亂現地見聞記 ⑥, 李軒求

心臟이 타버린 麗水 民族更生 再建의 길은 무엇

C兄

光州에서부터 들은 이야기입니다마는, 順天에서도 亦是 마찬가지로 이번 叛亂이 얼마나 慘酷하다는 것은 麗水를 가보면 알 것이라는 것입니다. 우리는 順天의 安頓에 意外로 놀랐으나 그러면 麗水의 慘況은 얼마나 하랴?는 조바심치는 가슴을 鎭靜해가면서 아침 일찍 다시 또「트럭」을 달리게 되었습니다. 집집마다 太極旗가 휠휠 날리고 있음에 形言할 수 없는 感激에 벅찬 우리들은 우리가 탄「트럭」에도 太極旗를 車머리에 꽂았습니다. 疾走하는 快速과 더불어 퍼덕이는 旗발은 우리를 더 한층 激動시켰습니다.

C兄

우리는 第1線 戰地로 勇進하는 듯한 緊張과 痛快 속에서 三三五五 떼를 지어 通學하는 어린 學生들이 손을 들어 萬歲 부르는 소리에 우리도 이에 呼應하여 萬歲를 불렀습니다. 太極旗가 三千里를 뒤덮는 날은 그 언제일까. 이 車가 麗水가 아니오, 三八 以北을 向하여 太極旗를 휘날리며 行進하는 그날 그때까지 이 民族의 앞날에 부디 先烈과 神의 加護가 있을지어다. 이렇게 마음으로의 祈願이 스스로 복받쳐 울음을 禁할 길이 없었습니다.

車를 달려 한 時間 남짓하여 우리는 麗水 市內로 突入했읍니다. 軍紀兵의 檢問을 當하고 보니 여기가 麗水의 關門임을 알았습니다. 左便 축대 위에는 機關銃이 据置되어 있고 國軍이 警備하고 있는 것입니다.

아름다운 麗水 이렇게 불린 것은 이미 지나간 일입니다. 「心臟이 타버린 麗水」 이 以上 이 慘景을 形言할 수 없습니다. 한때의 繁華하였던 거리는 오로지 조각조각의 한줌 흙과 재와 유리 破片과 타다가 남은 소금무더기, 기다란 엿가락처럼 녹아버린 鐵筋, 無氣味하게 남아있는 金庫, 叛亂徒輩의 總司令部였다는 큰 카페집의 凄絶한 아―취形 入口의 形骸. 일찍이 中央洞 喬洞이라고 불린 이 中心地帶의 廢墟 위에는 조그마한 木牌에다가 番地와 世帶數의 人名이 記入되어 군데군데 세워져 있습니다. 이 廢墟를 찾아 男女老少가 表情없이 말없이 모여 있었습니다. 그들은 슬퍼하지 않았습니다. 그들은 絶望하지 않았습니다. 다만 放心된 채로 지나간 1週 間의 惡夢에서 完全히 깨여 나기는 했으나 그 꿈이 고스란히 가시지 않은

듯 때각금 몸서리치는 것뿐입니다. 그들은 너무도 苛酷하고 慘虐한 지내
간 일이 － 銃聲과 아우성과 무시무시한 治安隊의 橫暴에 어린 羊처럼 이
리 끌리고 저리 끌렸던 － 그들의 全 心身을 痲痺시켰던 것입니다.

　　C兄

　　이 廢墟 위에서 우리가 만난 그들은 어떻게 復興해야 되겠다는 아무런
具體的 생각을 가지고 있지 않았습니다. 그 中 좀 점잖아 보이는 오십 남
짓한 中年老人(鍾山旅館 主人)은

『그놈들은 18歲부터 35歲까지의 젊은 사람들로 治安隊를 만들어 가지
고 腕章을 두르고 다니는데 大概 學生들이 先頭에 섰어요. 그리고 집집에
다니면서 人民大會를 하니 나오지 않으면 죽인다고들 하고 다녔지요.…
人民軍이 軍艦 세隻을 押收했다고 했는데 이것도 빨간 거짓말이드군요…』
이렇게 떠듬떠듬 沈着하게 얘기하는 것입니다. 또한 사십 未滿의 壯年(商
人)은

『國軍이 들어오면서 小學校 運動場으로 모이라고 해서 그냥 알몸으로
逃亡치는데 군데군데는 叛亂軍이 뭉쳐 서서 겨우 避해 나갔지요. 이렇게
불에 집은 다 타버렸지만 그래도 늙은이 어린애들의 生命을 救한 것만도
多幸이지요…』 이렇게 말하고 난 그는

『어떻게 國家에서 우리들을 救濟해주는 것입니까?』 하고 漠然한 希望으
로 우리들에게 말하는 것입니다. 우리는 그들에게 激勵의 慰問을 眞心으
로 드리지 않을 수 없었습니다. 열 살쯤 되어 보이는 少年이 호주머니에
손을 찌른 채 타버리고 난 저의 집 앞에 혼자 나무椅子 위에 앉아 있었습
니다. 이 어린이의 表情은 － 슬픔도 괴로움도 말도 모두 잊어버렸다는
듯이 돌부처처럼 가만히 앉아있습니다. 이 어린이의 心情 그 마음속에 숨
어 있는 秘密, 想念을 누가 가장 잘 알아낼 수 있겠습니까. 이 民族의 悲
哀! 虛無를 凝視하고 있는 이 어린이의 視線! 이 수수께끼를 푸는 데서만
이 우리 民族更生 再建의 길은 열려질 것이 아닐까요? (계속)

[51] 조선일보 1948.11.21.
麗·順 落穗(二), 鄭飛石

이번 事件의 本源地였던 麗水市는 文字 그대로 廢墟나 다름없었다. 火災로 因하여 燒失된 家屋이 1千5百戶를 넘어 物質的 損失로 百億 臺를 超越한다는 것이다. 남아있는 重要建物치고 彈丸구멍 뚫리지 않은 집이 없었고, 더구나 麗水邑事務所 같은 것은 거의 千 發에 가까운 彈丸洗禮를 받았으니, 이것이 同族 間에 일어난 悲痛事였음을 생각할 때 새삼스러운 戰慄을 禁하기 어려웠다.

이번 順天奪還 作戰에 作戰參謀였던 一將校는 우리에게 이런 所感을 述懷하였다.

『나는 上司의 命令으로 順天奪還戰에 參加했을 때에도 率直히 말하면 叛軍에게 아무런 憎惡感도 느끼지 않았다. 兵士들도 모두 나와 꼭 같은 心情이었다. 더구나 14연대의 兵士들은 내가 直接 가르친 部下들이오 戰友였으므로 나는 그들을 殺害할 意思는 조금도 없었다. 그러나 정작 順天市에 突入하여 市街 大路上에 同胞들의 屍體가 늘비하게 널려 있는 것을 보고 나서는 兵士들이나 나 自身이나 별안간에 불길 같은 憎惡感이 솟아올랐다. 하지만 順天을 完全占領한 지금에도 나는 『占領』이라는 말을 決코 쓰려고 하지 않는다. 同族 間에 自國 內에서 일어난 叛亂을 鎭壓하는데 占領이 무슨 占領이란 말인가? 이번 싸움이야말로 나로서는 피눈물 나는 싸움이었다.』

이 民族的 良心의 소리에 우리는 肅然히 옷깃을 바로 잡지 않을 수 없었다. 젊은 將校의 이 率直한 告白 앞에 우리는 누구나 다 한결같이 良心의 苛責을 받아야 할 것이다.

나는 구태여 내가 이번에 實地로 目擊한 慘狀을 일일이 列記하여 世上에 廣布할 意思는 秋毫도 없다. 차라리 될 수 있는 대로 이번 일은 한 사람이라도 몰라주었으면 싶고, 可能한 일이라면 나 自身의 記憶조차 지워

버리고 싶다. 그러나 그러한 不祥事가 將來에는 두 번 다시 거듭되지 않기 위하여 事件 發端의 原因을 冷靜히 科學的으로 究明해야 할 必要는 반드시 있으리라고 생각한다. 原因을 正確히 判斷하는데서 비로소 거기 對한 正當한 對策을 樹立할 수 있기 때문이다.(筆者 文敎部 派遣 現地調査班員)

[52] 조선일보 1948.11.23.
麗·順 落穗(三), 鄭飛石

그러면 이번 動亂의 震源은 어디 있었던가? 勿論 根本的으로는 世界情勢에 起因하는 思想的 對立에서 惹起된 事件이었음은 再言을 要하지 않지만, 實地로 第1線에서 活躍하는 國軍將校들의 談話를 綜合하여 보면 動亂의 素因이 반드시 그렇게 單純치만은 않은 것을 알 수 있었다. 指揮理念의 不徹底에서 오는 國家觀念의 薄弱도 그 하나요, 날로 尤甚하여 가는 民生苦의 餘波도 다른 하나이려니와, 그밖에도 여러 가지 微妙한 點이 많이 있는 듯싶었다. 萬一 그 談話에 過誤가 없을진대 當局者로서는 思想的 團束만으로 萬全을 期하였다고는 볼 수 없으므로 今後에는 그에 대한 새로운 方策이 있어야 할 것이다. 이번 事件으로 人命과 物質的 損失은 實로 莫大한 바 있지만, 이 事態가 一般國民에게 미친 精神的 打擊은 더구나 測量키 어려운 바이니, 今後의 安寧秩序를 保障하기 위해서는, 무엇보다도 이제부터의 賢明한 事態收拾이 緊要하다는 것은 再言을 要치 않을 것이다.

우리가 麗水郡을 訪問했을 때에는 國軍과 警察의 不撤晝夜의 辛苦로 治安이 完全히 恢復되었음에도 不拘하고 市民 間에는 不安한 空氣가 濃厚하였다. 그 不安은 一大 不幸을 치르고 난 心理의 餘波이기도 하겠으나, 한便으로는 事態收拾에 對한 今後의 當局處事에 一抹의 不安이 全혀 없지도 않은 듯이 보였다. 當局은 市民들의 그러한 不安을 一日이라도 速히 除去

하기 위하여 事態收拾에 莫大한 雅量과 敦篤한 信賴感을 보여주는 것이 急先務가 아닐까 한다. 그러함으로써만 政府와 國民과의 間隔없는 和衷과 協力이 成就될 것이다.

勿論 우리는 麗水市民의 거의 全部였다고 해도 過言이 아닐 만큼 家家戶戶에 人共旗를 揭揚했던 事實도 알고 있다. 그러나 人共旗를 揭揚했다고 해서 그것만으로 思想的 共鳴者였다고 速斷키는 어렵다. 叛軍은 麗水占領 後에 人共旗를 家家戶戶에 分配하면서 揭揚하기를 强要하였고, 食糧같은 것도 人民委員會의 腕章을 가진 사람에게만 配給을 주는 關係로 오로지 食糧配給을 받기 위하여 各 者가 先을 다투어가면서 腕章 얻기에 努力하였다는 事實도 充分히 參考해야 할 일 같았다. 그런 點을 考料치 않고 當局者로서 萬에 一이라도 公正을 期치 못하는 일이 一事라도 있다면 그 結果가 一般國民에게 미치는 바 影響은 決코 가볍지 않을 것이다.

民心의 動向을 善導하는 寬容을 보이는 同時에 民生問題에 對한 緊急한 對策施行과 아울러 貪官汚吏를 徹底히 團束하여 全 國民으로 하여금 明朗한 氣分으로 國家復興의 公道로 邁進케 하는 것만이 今番事件에 對한 拔本的인 對策일 것이다. -끝-

[53] 서울신문 1948.11.24.

叛亂現地見聞記 ⑦, 李軒求

民族意識 高調 이 事變을 산 敎訓이 되게 하라

C兄

「새벽의 處刑場」으로 民族萬代에 一大汚辱을 남긴 冤魂의 陰府가 되었던 麗水警察署 앞을 지나는 瞬間 우리의 全 心血은 一時에 凍結되는 듯 찬 소름이 팍 끼치고 두 주먹이 쥐여지는 것이었습니다. 數千의 良民이 이 자리에 摘發逮捕돼 와서 「人民裁判」이라는 이름으로 人類歷史에도 찾아볼 수 없는 極惡한 刑罰을 恣行하였던 것입니다. 이 地方(麗水) 某 病院醫師□□ 死體檢屍에서 發見된 事實은 한 屍體에 最高 82發에서 最低 10發로 銃殺하였던 것입니다. 오늘과 같이 科學이 發達되고 死刑法이 制定된 이때 어찌하여 이와 같은 醜醜한 殺戮이 있을 수 있겠습니까. 더군다나 言語와 風俗과 血肉을 함께한 同族 사이에 일어난 同族相殘이라는 말이 어디 該當할 수 있겠습니까.… 不幸이랄까 事實이랄까 우리가 이곳에 當到하였을 때는 이미 凄絶한 現場 - 피와 살과 뼈로 뒤덮였던 殉難의 光景은 軍, 警, 民의 손으로 치워져 버린 후였습니다.

C兄

우리는 아직 戰爭이나 戰場이라는 것을 經驗해보지 못했습니다. 또 戰爭의 피해가 얼마만한 것도 간혹 映畵의 한 場面을 通해서 알았을 뿐입니다. 그러나 우리가 이미 順天에서 散見한 彈跡에서 느껴진 □□은 麗水에 와서는 全혀 比較가 되지 않았습니다. 불타지 않고 남아있는 어느 집에고 彈跡이 없는 집이 없지마는 그 中에도 叛徒가 人民委員會로 使用했다는 麗水邑事務所에는 大小彈丸이 980發이 비오듯 콩볶듯 하여 집 前後 壁은 말할 것도 없고 天井과 땅바닥 할 것 없이 무시무시하게도 彈痕이 나마있는 것입니다. 『最後까지 抗戰하자!』는 暴徒輩의 決死抗爭은 드디어 麗水 市街의 心臟을 불태워 버렸었을 뿐 아니라 남아있는 市街까지도 半身不隨가 되도록 殘虐을 다하였던 것입니다. 우리가 點心을 먹던 海東園이라는 飮食店집 벽에서 우리 一行은 몇 個의 彈丸을 발견하였고 조그마한 둥근 食卓 위에는 두 個의 彈丸이 구멍을 뚫었고 두 개는 빗맞아 비켜 달아난 자국이 남아있었습니다.

C兄

그러나 우리가 찾아간 麗水地區作戰司令部의 海軍參謀 申 中領은 至極히 沈着한 語調로 그의 所懷를 이렇게 말해주었습니다.

『教育者나 軍隊幹部나 社會指導人士는 똑같다고 보겠습니다. 이번 叛亂

에 麗水만 하더라도 水産男女中學校 生徒가 動員 加擔하였다는 것은 一大 遺憾입니다. 勿論 이 中에는 附和雷同한 者도 많으리라고 믿습니다마는 앞으로의 教育에 있어서 이번 事件은 크나큰 산 教訓이 되어야 하겠습니다. 結局 要는 徹底한 民族意識을 高調하는 教育만이 緊要한 것이요. 19歲 以上의 靑少年에게 軍隊的 訓練도 必要할 것입니다.』

今番의 民族的 痛恨事와 恥辱 앞에서 우리는 오로지 새로운 覺悟와 奮發 과 團結과 反省이 必要한 것입니다. 이번 事件의 第1線에 參加하여 가장 勇敢히 싸운 楊 中尉는 叛徒의 彈丸이 뒷덜미에 맞았으나 天幸으로 뒷단 추가 맞아서 살 속으로 파들어 가고 彈丸은 □맞아 달아나 奇蹟的으로 九死一生한 아슬아슬한 體驗談을 웃어가며 씩씩하게 얘기하던 끝에

『우리에게 切實히 必要한 것은 오직 「殉忠報國」이라는 一念만인 것입니다. 이 精神은 教育者나 社會指導層이 徹底히 昂揚해야 할 일입니다. 그래 서 軍警民이 親睦協助하고 上下의 思想과 理念이 統一 되기를 우리 大韓民國 國軍은 간절히 간절히 부탁하고 또 부탁하고 싶습니다.』

C兄

이번 現地視察에서 우리 一行으로 하여금 단 한가지로 感服케한 것은 現地 一線 將兵들이 씩씩하고 親切하고 勇敢하고 活潑한 勇姿였습니다. 이 地域에서 저 地域으로 出動하는 偉容을 바라볼 때, 解放 以後 처음으로 마음 든든하고 우리도 살았구나 하는 痛快感을 느꼈습니다. 이른 아침 殘留 僚友들의 歡送 萬歲 소리와 함께 太極旗를 先頭로 勇進하는 氣象 때마침 淸秋의 香爽한 이 나라 山川의 靈氣는 그들의 壯途를 無限히 祝福하는 것 이었습니다.

『훌륭한 靑年 씩씩하고 健實하고 有能한 靑年을 우리 軍人 속에 보내 주십시오!』하고 熱望하던 李 作戰參謀의 간곡한 부르짖음 소리가 비로소 우리에게 生動하는 듯 實感을 가슴깊이 感銘시키는 것이었습니다. 우리는 다 같이 외쳤습니다. ―

『씩씩하고 勇敢하고 훌륭한 좋은 軍隊를 가지자!』(계속)

叛亂現地見聞記 ⑧, 李軒求

鬱憤과 寃恨 同苦同樂, 未來 앞에 뭉치자

C兄

우리 一行은 이번 慘酷한 最後를 마친 英靈에 弔慰를 表하고저 數日 前까지 屍體 收拾차 假埋葬 끝에 火葬하였다는 火葬場 現地로『트럭』을 달렸습니다. 順天市에서 約 5里 가량 떨어진 곳이었습니다. 人家에서 멀리 떨어지지 아니한 산 밑으로 올라갔습니다. 그러자 우리의 코를 찌르는 그야말로『阿鼻叫喚!』 – 屍山血河는 아직 본 일이 없지만 – 이와 같이 脾胃를 거슬리는 무서운 냄새를 맡아본 일이 없었던 一行은 모두 다 저도 모르게「행커치프」를 꺼내서 얼굴을 가리지 않을 수 없었습니다. 이는 아마도 피 묻고 뼈와 살이 한데 엉켜진 옷이나 신발을 태우는 냄새인 모양으로 조그마한 무덤처럼 쌓아놓은 속에서 하늘을 원망하고 사람을 원망하고 이 땅에 태어난 것을 원망하는 듯 누른 烟氣가 무겁게 무겁게 피어오르고 있는 것입니다. 그리고 우리 눈앞에는 섬거적에 쌓인 屍位한 柱와 下半身은 퍼렇게 멍이든 채 얼굴이 가려진 壯丁의 屍位가 그 옆에 누워 있었습니다. 또 조금 더 나가니까 홈팽이진 곳에 쇠다리를 놓고 그 위에 屍位를 태어버리고 난 후의 하ㅡ얀 頭蓄骨과 다리뼈와 잔뼈가 그대로 까만 잿 속에 들러나고 있었습니다.

C兄

우리는 머리를 숙여 이 無名한 犧牲者들의 冥福을 빌기에는 너무도 目前의 現實이 齷齪하고 慘酷하였습니다. 머리가 스스로 돌려지고 눈길이 저절로 避해지지 않을 수 없었습니다. 이 무슨 神의 作亂이며 이 무슨 惡魔의 所行입니까… 오래 그 자리에 머물러 설 수 없이 默默히 暗澹하고도 悲壯한 表情으로 이 자리를 떠나는 우리 가슴은 千斤萬斤으로 억누르는 단 하나의 切願!

『生命을 아끼자 사랑하자!』일 뿐 주검 위에 미움은 무엇이며 원수는 무엇입니까. 假使 사람을 죽인다하더라도 저렇듯 屍上加鞭은 類도 아닌 — 눈을 도려빼고 껍질을 베끼고 꼬챙이로 찌르고 칼로 살을 千 갈래 萬 갈래로 찢고 발기고 彈丸을 數없이 全身에 놓고도 또 오히려 不足하여 얼굴이나 全身에 기름을 뿌려서 불을 질러 태워버리는 등의 이번 叛徒의 殘虐無道한 殺戮에 對하여 그를 「天人共怒」라거니와 「鬼畜의 所行」이라거나 하는 말로 表現함으로써 足할 것입니까.

C兄

日本의 關東大震災나 尼港虐殺事件에도 비록 그들이 우리 원수였건만 그들에게 보낸 人類愛로서의 따뜻한 同情을 마음을 잊어버리지 않았으며, 제2차대전 때 「스탈린그라드의 悲劇」을 알고 마음 가운데 치미는 憐憫의 情을 禁할 수 없었던 우리 民族이요, 人間이었습니다. 우리가 日本에 反抗한 것은 그들의 虐政 때문인 것은 勿論 그들이 우리에게 無時로 加하고 있는 監視와 惡毒한 體刑에 대한 義憤이요, 正當한 忿怒였던 것입니다. 그런데 우리는 麗水에서 오십 남짓한 한 婦人이 하—얀 보따리를 안고 울부짖는 光景을 보았습니다. 그 婦人이 안고 있는 것은 自己의 姉從되는 31歲 난 女巡警이 이번 事件에 虐殺當한 그 遺骨과 그 위에 걸쳐진 「오—바」라는 것을 우리는 곧 알 수 있었습니다. 그리고 또 그 婦人의 입을 通하여 水産學校 生徒 6명이 찾아와 銃 열방을 놓아 虐殺했다는 것과 이 犧牲된 女人에게는 今年 여덟 살 나는 아들 하나가 있으며, 일찍이 寡婦로 獨促婦人會에서 活動하였던 愛國女性이었다는 것도 알게 되었습니다.

C兄

하늘을 向하여 울부짖고 同族을 向하여 哀訴하는 數千數萬의 遺家族이 가슴속에 엉기고 서리여 있는 억누를 수 없는 鬱憤과 冤恨!

『이 원수를 갚아 주시요!』하는 피 끓는 哀願에 우리 同族으로써 報答할 길이 무엇입니까. 그들을 慰勞하고 그들에게 새로운 生의 希望을 줄 수 있는 救護의 손길은 누가 뻗쳐줄 것입니까. 極度로 塗炭에 빠진 이 땅

이 겨레의 마음속에는 自己의 살아 나아갈 길을 以外에 또 다른 더 외롭고 더 괴롭고 더 슬프고 더 아픈 이웃사람에게 베풀어주는 慈悲의 손길은 바랄 수 없는 것입니까.

『다 같이 살고 다 같이 고생하고 다 같이 現在와 未來 앞에 뭉쳐서 서로 돕고 붙들고 부축하여 나아가자!』이 한마디 外에 또 무슨 잔소리가 있을 수 있겠습니까? (계속)

[55] 민국일보 1948.11.26.

麗水 順天 等 被亂地區 踏査記【4】
거리마다 屍體의 山 人民裁判에서 百余 名 銃殺 本社 特派員
趙璀欽

또한 새로 統一團合된 靑年團에는 過去 軍政時代 民族靑年團과 같이 國家的으로 □□育□해야 한다고 그들은 切實히 부르짖고 있는 것이다.

人民裁判

이른바 人民裁判의 光景을 장황이 詳述할 수는 없으나 叛軍暴徒들에게 死刑宣告를 받고 執行 前 1일의 差 或은 몇 時間 몇 分의 猶像로 요행히 國軍에게 救出당한 사람의 陳述을 綜合하여 一般에게 알려지지 않은 것만을 摘記해 보면, 人民裁判이란 허울이라도 뒤집어쓰고 죽은 사람은 이번 被害地方 全域을 通해 不過 백여 명 內外이고 그 밖의 2천 여 被殺者는 全部 各己 生殺無奪의 權限을 지닌 叛軍暴徒들에 의하여 個別的으로 혹은 集團的으로 虐殺당했던 것이다.

麗水나 順天의 집집마다 혹은 거리거리에서 屍體가 散亂했던 것은 이 때문인데, 이른바 人民裁判이란 것도 어린애 장난 같은 節次로써 簡單히 執行되었던 것이다. 所謂 人委 治安隊에서는 如何한 人物의 取調에 있어서는 去頭折尾하고 被告의 住所, 氏名, 職業만을 聽取한 다음 死刑言渡를 내리고 即時 處決했다는 것이다. 治安隊 取調委員에는 中等學校 教員들이 大活躍을 하여 自己 弟子뿐만 아니라 一般 良民들도 恣意的으로 斷罪했으며, 한편 順天警察署 搜査係 主任과 警官도 裁判에 加擔하여 右翼指導者들을 斷頭臺에 몰아넣었던 것이라 한다.

이번 暴徒에 警官 加擔者는 全 地區에서 3명이라는데 그 中 2명은 逮捕되었다고 하며 이밖에도 各 官公署에 潛入했던 左翼 프락치는 相當 多數에 오른다고 한다. 如何間 이들은 被告의 代名詞를 너 남 없이 一律的으로 「이 개새끼」, 「저 개새끼」 式으로 불러 徹頭徹尾 人間待遇를 拒否하였으며 같은 血統을 지닌 同族을 마치 「개」나 「도야지」와 다름없이 屠殺하였던 것이다.

이들의 殘忍性을 提示할 例證을 하나하나 들추어내자면 限이 없으나 順天署에서의 人民裁判에 있어서 일어난 事實을 하나만 紹介하면 바로 室外 마당에서는 叛軍暴徒에 의하여 銃殺이 連續的으로 施行되고 있고 天堂과 地獄의 道標를 가리키는 방안에서는 上述한 바와 같은 簡單明瞭한 超形式上의 人民裁判이 進行되고 있을 무렵 어떤 鬼神의 作態인지 「라디오」에서 音樂소리가 흘러나오니까 暴徒 側 治安隊員은 取調를 暫時 멈추더니 서로 껴안고 댄스를 하였다는 것인데 이를 目睹한 生存者의 말을 그대로 빌린다면 바깥에서 銃彈을 맞아 無한 市民이 大量으로 쓰러져 가는 事實보다도 人間의 生死가 區分되는 가장 切迫한 雰圍氣 가운데서 그들이 히히거리며 춤을 출 수 있다는 心理를 생각할 때 무어라 形言할 수 없는 悲慘한 戰慄이 등골에 스미더라는 것이다. 그들의 이러한 心理狀態는 도대체 어디서 緣由하는 것인가?

澎湃한 復興意慾

이렇듯 動物性 以下의 無慈悲하고 □惡한 人間精神의 斷面을 餘地없이 直視하고 난 叛亂地區의 良民들은 우선 財産의 灰진 혹은 損傷에서 받는

悲哀보다도 人間 不可信이란 憎惡한 悲哀가 더 굳세게 支配하고 있는 듯하였다. 그러나 마치 얼빠진 사람처럼 淇漠한 表情을 띤 그들에게 사람의 意慾마저 잃었다고 斷定할 수는 없었다.

불에 그슬리기만 한 不燃性의 金庫 따위가 을씨년스럽게 殘骸를 남기고 있을 뿐 完全히 □당한 麗水海岸通 一帶엔 이미 한두 채씩 바라고 집이 세워져가고 있었으며, 닻을 내렸던 배에도 거물을 여미고 돛을 고치는 漁夫들의 몸이 바쁘게 움직이고 있었다. 그러나 順天과 달라 露店의 開設은 눈에 띄지 않았다. 우리 一行이 麗水를 찾은 11월 3일이어서 開天節을 맞이한 麗水市民들은 麗水運動場에 모여 麗水復興市民大會를 열었다. 廢허 위에 물결치는 數많은 群衆의 손에든 太極旗, 그것은 다시금 일어서려는 팽배한 復興에의 意慾임에 틀림없었다. 同 大會席上 宋錫夏 麗水地區司令官이 警告한 바와 같이 麗水市民이 國軍의 大砲와 迫擊砲가 두려워서 이날 모임에 參加했을지도 모른다는 疑구가 一面의 正當性을 가지고 있다손 치더라도 그들이 眞實로 希求하는 安定에의 意慾은 불길처럼 그들의 圖上에 흘러 넘쳤었다.

[56] 서울신문 1948.11.26.

叛亂現地 見聞記 ⑨, 李軒求
實踐 없는 理想 뭉치고 참고 버티자!

C兄.

우리 一行이 光陽으로 向하려는 날 車便이 如意치 못하여 여러 時間을 焦燥히 지내고 있을 때 우리를 찾아준 젊은 將校 한 분이 있었습니다. 그는 일찍이 所謂 學兵으로 나갔다가 解放 後 左翼側 學兵同盟에 對抗하여 學兵團을 組織한 責任者인 熱熱한 靑年으로 暫時 鄕里의 老父母를 찾아 지내다가 또다시 家庭을 脫出하여 特別將校訓練을 받고 지난 10月에 優等生으로 卒業한 安 小尉였습니다. 그는 다른 軍人들과 달리 퍽 沈着하고 理性的인 靑年이었습니다. 나지막하나마 熱을 띤 그의 呼訴는 또한 이번 叛亂이 軍隊에서 일어난 것만큼 우리로 하여금 傾聽케 하는 바가 적지 아니했습니다. 여기에 인텔리 將校로서의 國民에 對한 要請을 簡單히 적어 보겠습니다.

오늘의 이 思想的 混亂을 克服할 수 있는 國家理念－民族理念의 具體的 表現이 必要합니다. 行動과 實踐을 떠난 理念－假令 人民을 爲한다던가 國家至上 民族至上이라던가 愛國愛族이라던가 하는 슬로간만을 가지고는 너무도 그것이 漠然하여서 이러한 非常事態를 收拾할 수 없습니다. 批判力이 없고 信念이 없는 까닭에 이번에 이와 같은 民族的 一大慘禍를 當한 것입니다. 나라를 爲하여 목숨을 바치겠다는 行動을 통한 信念으로서의 實踐이 없었습니다. 그러므로 우리는 더욱 軍人이나 靑年學生을 指導하는 確實한 民族理念 國家理念에서 가장 强力하고도 機敏하며 統一性을 가진 政治訓練이 必要합니다. 우리들에게 이것을 해주지 않고 銃과 武器를 준다는 것은 甚히 危險하고 憂慮할 事實입니다.

C兄.

이 말은 모든 一線將兵이 要望하는 바 『大韓民國을 爲하여 太極旗 아래에서 安心하고 榮光스러운 죽음을 죽게 해 달라!』는 말의 論理的 表現입니다. 이리하여 行動하지 않는 또 「슬로건」만을 가진 모든 靑年, 學生, 社會團體에 對한 不滿이 爆發되어가고 있으며 爲政當局의 時急한 民心收拾과 그 對策의 實現을 熱望하고 있는 것입니다. 무엇을 爲하여 싸우고 일하고 죽어야 하느냐 하는 質疑와 苦悶 속에 오래 □巡케 한다는 것은 이 國家와 이 民族을 그만큼 不幸과 屈辱 속에 이끌어 드리는 것이 될 것입니다.

C兄.

우리가 말없이 悲劇의 都市 麗水를 떠나려는 最後時間 저물어가는 夕陽을 등지고 「忠武公碑」를 찾기로 했습니다. 그 碑는 「統制李公水軍大捷碑」

였습니다. 日帝時代에는 倭政이 埋沒시켰던 것을 解放 後 麗水邑民의 精誠으로 再建된 것이라 합니다. 언뜻 「斜陽立馬吊忠碑」라는 先烈의 漢詩 一句가 머리를 스치고 지났습니다. 그러나 그 보다도 나의 視線에 띤 것은 그 앞으로 비켜져서 있는 三尺 미만의 短碣이었습니다. 이 碑는 萬曆 31년 建立으로 命名하여 「墮淚碑」요 그 碑文은 다음과 같았습니다.

『營下水卒爲統制使 李公舜臣立短碣 名曰墮淚蓋取襄陽人思羊祜而望其碑則淚必墮者也』

上記 碑文과 같이 李忠武公의 千秋에 빛날 殉國偉勳을 追慕한 나머지 그 下兵水卒들이 모여 이 短碣를 세우고 그 碑를 바라볼 때마다 殉忠의 눈물을 흘리었다는 것입니다.

C兄.

그러나 오늘의 이 叛亂이 完全히 지나간 이 都市에 數많은 犧牲된 英靈의 冤魂을 위하여 어느 누가 이 자리에 또다시 이런 悲劇이 일어나지 않도록 하는 뼈 속에서 우러나오는 한 줄의 글과 한 句의 詩를 지어 後世萬代의 子孫에게 傳하여 줄 것입니까?

아름다운 閑麗水道의 바다를 굽어보면서 우리는 또다시 凄切한 市街를 거쳐 歸路를 재촉했습니다.

뭉칩시다.

견딥시다.

버립시다.

이 세 마디를 이번 地□의 내 조그마한 마음의 선물로 兄에게 드리오며 또한 나의 알고 모르는 모든 同胞에게 드리는 寬容을 빌고자 하는 바입니다.(끝)

[57] 민국일보 1948.11.27.

麗水 順天 等 被亂地區 踏査記 完
意志薄弱한 官公吏 隱遁保身에 汲汲할 뿐   本社 特派員 趙雉欽

그러나 한편 일반 民衆은 말 할 나위 없고 官公吏 自身마저도 內心으로 보이지 않는 威脅에 戰戰兢兢하고 있는 것도 숨길 수 없는 事實이었고, 도대체 敵은 어디 잠伏하고 있으며 언제 어떤 慘禍를 가져올는지 알 수 없는 일이기 때문이다. 여기 구태여 그 이름은 밝히지 않거니와 어떤 地方 郡守는 우리 一行과 會見했을 때, 보통사람이 얼핏 보아서는 알아차릴 수 없는 保身準備를 하고 있었다. 즉 그는 洋服바지 속에 韓服바지를 껴입은 다음 대님까지 치고 있었으며 신발은 特히 낡은 運動靴를 신고 있었다. 날씨가 오히려 더운 편인데 肥大한 체구 속에 韓服을 껴입었다는 것은 分明 반徒가 萬若 襲擊한다면 洋服을 벗어 던지고 허술한 村夫子를 假裝하여 隱遁保身을 策하려 함에 틀림없는 일이었다.

이러한 危구와 不安狀態는 軍 自體의 內部에도 暗流하고 있었다. 寶城의 叛軍을 掃蕩할 目的으로 派遣된 某 部隊 內部에서는 頑强히 對抗하는 叛亂을 물리치고 겨우 寶城을 奪取했을 때, 某某 將校는 이들에 의하여 組織된 不穩兵士 수 명이 策動하여 同 部隊 幹部를 殺害하고 叛亂을 일으키려던 事實이 擧事 2時間 前에 發覺되어 多幸히 全 部隊의 運命이 安全함을 얻었다고, 그 部隊幹部는 苦衷을 披瀝하였으며, 그러므로 日帝의 □□進退에 神經質的 顧慮가 여간 浪費되는 것이 아니라고 말하였다.

그러나 以上과 같은 局限的인 特例가 全般的인 事態같이 誤認되어서는 안될 것이다. 一般으로는 「볼셰비키」에 無軌道한 殺戮과 奪去에 밑바닥 없는 恐怖와 憎惡를 느끼고 있는 것이 歷歷하였다.

그리하여 麗水 順天과 같은 言□를 □한 □慘한 人的 物的 被害를 입은 地區民家들로부터 奉先하여 오로지 合法的이며 愛國的인 建設만이 自己生存의 方式에 適合하다는 信念이 깃들어지게 된 것이다.

殺傷破壞의 根滅은 原子彈보다 强力한 政策

2차대전 中 交戰國이 입은 戰禍의 慘狀은 麗水의 그것보다 몇 십倍 몇 百倍나 더 할 것이다. 이러한 戰禍에 比할 수는 없지마는 麗水가 입은 □□는 우리들에게 많은 暗示를 던져 주었다. 숨은 어떤 碩學은 現代의 特徵을 가리켜 原子彈과 볼셰비키의 두 가지로 要約할 수 있다고만 하였다.

즉 現代世界 各國에 蔓延되어가면서 人間精神을 破壞하는 볼셰비즘과 이에 대한 防禦手段으로 製造되어 人間殺戮道具로서 점점 精巧化해가는 原子彈이 世界를 支配하고 있다는 것이다. 그럼으로 「볼셰비즘」이 殘忍無雙한 方法으로 □□할 수 없는 人間精神의 墮落을 强要할수록 原子彈이나 혹은 그 類似 破壞道具도 그에 正比例하여 精巧無比 해져서 드디어는 온 世界가 旋風의 渦中에 휩쓸릴 날이 닥치고 말 것이라는 것이다.

여하튼 우리가 目睹한 바에 의하여 明白히 證言할 수 있는 것은 「볼셰비즘」이 指向하는 世界는 徹頭徹尾 人間相互의 不信과 憎惡의 □□助長에 있다는 것이다. 우리는 이것을 어떻게 막아낼 것인가? 原子彈인가?

이번 避難地區 觀察次 서울을 떠난 錢鎭漢 社會部長官 車中에서 難局打開 根本方針에 關해 記者에게 非公式으로 다음과 같이 所感을 피력하였다.

첫째는 모든 政黨 社會團體가 民衆 속에 浸透하여 同苦同生해가며 啓蒙運動을 推進시켜야 한다는 것이고, 둘째는 大韓民國이 그 政策에 있어서 北韓보다 더 强力하게 左翼的 改革을 實施해야 한다는 것이다. 여기서 錢長官이 使用한 左翼的이란 말은 파쇼 「소비에트」나 傀儡的 政權 「北朝鮮人民共和國」의 그것처럼 人間을 □□獨裁의 질곡 속에 □일 機械化하는 「볼셰비즘」을 말하는 것이 아니라 어디까지든지 民族 大多數가 잘살기 위한 均等社會를 建設하는 것으로 다시 말하면 民族自主的 社會主義를 指稱한 것이다.

大韓民國의 前途에 가로놓인 許多한 難局 가운데 理念에 建設□立은 가장 緊急한 課題임을 다시 한 번 强調하고 政府의 覺醒을 要望하여 마지않는다.

[58] 동아일보 1948.11.30.

麗順雜感 (一). 高永煥

文敎部에서 主催한 『文人調査團』의 末席에 參與하여 麗水 順天 等 叛亂 地區에 直接 가서 叛亂 當時의 軍警民의 體驗談을 여러 角度로 들어보며 또는 實地의 狀況을 이모저모 살펴보고 새삼스럽게 한 번 더 놀라지 않을 수 없었다. 그것은 다름이 아니라 叛亂徒黨의 行패가 同胞를 殺傷한 方法 이 너무나 殘忍하고도 奸惡無雙한 까닭이다.

順天地區 戰鬪司令部 作戰參謀의 말에 依하면, 國軍으로서는 처음 行軍 하여 順天邑境에 들어올 때까지도 麗·順 地方의 叛亂徒黨에 對하여 그다 지 큰 敵愾心을 품지 않았다고 한다. 그는 單純한 軍警 間의 些少한 軋轢 에 不過하리라는 推測 下에서 砲火까지는 相交할 것 없이 無難히 鎭撫緩和 시킬 수 있으리라고 생각하였기 때문에 何等의 反感을 품지 않았다고 한 다. 그러나 順天邑에 들어와서 無數히 쌓여 있는 屍體들을 볼 때, 더욱이 한 屍體에 5, 60개 乃至 8, 90개의 彈痕이 있는 것이라든지 또는 銃殺한 뒤 에 눈알을 빼며 或은 사지를 자르며, 或은 배를 가르고, 五腸을 헤쳐버린 것 等等의 殘忍無雙한 虐行을 目睹하고는 누구의 指揮나 命令도 없이 將兵 을 勿論하고 叛亂徒黨에게 對한 敵愾心이 爆發되었다고 한다.

또 登校하는 學徒들에게 수십 명 學徒의 銃殺刑에 對한 感想이 어떠냐 고 물어보았더니 그들의 態度는 意外로 冷淡하였다. 아무 罪없는 사람들 을 그처럼 殘虐하게 죽인 者들이 銃殺當하는 것은 當然한 일인데 거기에 무슨 感想이 따로 있겠느냐는 對答들이었다. 이 『銃殺刑』에 對한 感想을 男女學生들에게 數3次 물어보았으나 大槪 以上과 같은 意味의 對答이었다. 이런 것 等으로써 推測하여 본다면, 叛亂徒黨의 行패가 얼마나 殘虐無道 하였든가를 可히 짐작할 수 있는 듯하다.

叛亂徒黨이 麗水에서 7일간 所謂 「人民共和國」 政治를 하는 동안에 所謂 『麗水人民報』라는 新聞까지 發行하였다는데 그것에는 「濟州討伐出動拒否

兵士委員會」의 聲明書가 發表되었다. 그 성명에는

『우리들은 朝鮮人民의 아들 勞動者, 農民의 아들이다. 우리는 우리들의 使命이 國土를 防衛하고 人民의 權利와 福利를 爲해서 生命을 바쳐야 한다는 것을 잘 안다. 우리는 濟州島 愛國人民을 無差別 虐殺하기 爲하여 우리들을 出動시키려는 直前에 朝鮮 사람의 아들로서 朝鮮同胞를 虐殺하는 것을 拒否하고 朝鮮人民의 福지를 爲하여 總蹶起하였다.

1. 同族相殘 決死反對

2. 美軍 卽時 撤退

라고 하였다.

그러면 『國土를 防衛하며 人民의 權利와 福利를 爲해서 生命을 바치는 것』으로써 使命을 삼으며 또는 『朝鮮사람의 아들로서 朝鮮同胞를 虐殺하는 것은 拒否하고 朝鮮人民의 福利를 爲하야 總궐起』하였고 또 『同族相殘 決死反對』를 聲明한 그들이 아무 罪 없는 同胞를 그처럼 악착스럽게 殺害한 것은 都大體 무슨 까닭인가.

[59] 동아일보 1948.12.1.
麗順雜感 (二), 高永煥

그들에게 아무 忌憚없이 對答하라고 하면 아마 그들은 서슴지 않고 自기네와 主義主張이 아주 다른 「反動分子」이기 때문에 容恕없이 處斷한 것이라고 答辯할는지 모를 것이다. 그렇다. 이번에 麗·順 等地에서 叛千徒黨에게 함부로 虐殺된 數千의 男女에게는 그들(叛逆徒黨)과 主義와 意見이서로 다른 것 外에는 아무런 私□도 무슨 罪도 全然 없는 事實上 良民들이다. 그러면 그 所謂 主義와 主張의 孰是孰非는 여기서 莫論키로 하자. 그리고 다만 平素에 信奉하는 主義가 다르며 主張하는 意見이 틀린다고 꼭 죽여야만 하며 또 죽어 마땅한 것인가. 萬一에 主義가 좀 다르다고 꼭 죽여 버려야 옳으며 意見이 틀린다고 맞아 죽어도 마땅하다는 論法이라면 이 世上에 穩全히 살 사람이 어디 있겠는가. 大凡 어떤 信條에 對한 主義나 事物에 對한 意見이란 父子 사이에도 꼭 같기가 어려운 것이며 兄弟 姉妹 間에도 틀리기[다르기] 쉬운 것은 人間의 常情이 아닌가.

그러므로 主義相異者의 排除 殺害를 是事하는 社會에서는 무엇보다도 먼저 骨肉相殘으로 民族이 全滅狀態에 이르지 않을 수 없을 것이며, 또는 汎博하게 말하자면 國民의 大多數가 儒敎를 信奉하는 中國이나 韓國 같은 나라에서는 佛敎나 基督敎의 信者들을 구경할 수 없을 것이며 反對로 印度나 美國 같은 나라에는 儒敎信徒의 그림자도 찾아 볼 수 없을 것이다.

더욱이 아직 世上의 是非善惡도 채 區別치 못하고, 이제 겨우 배우는 途中에 있는 어린 男女學徒들을 全然 터무니없는 거짓말로써 巧妙히 誘引하여 善良한 同族을 함부로 殺傷하며 財産을 破壞 或은 奪去케하는 것이 所謂『朝鮮人民의 아들 勞動者 農民의 아들』로서『人民의 權利와 福지를 爲해서 生命을 바치려고』勇敢스럽게『總蹶起한 그들의 使命』이란 말인가. 제 所謂『朝鮮 사람의 아들로서 朝鮮同胞를 虐殺하는 것을 拒否하고, 朝鮮人民의 福지를 爲하여 總蹶起하였다』는 派들이 良民同胞의 生命殺害, 財産의 破壞奪去를 함부로 한다는 것은 참으로 理解할 수 없는 수수께끼다. 그런 것이 所謂「進步的 民主主義」的 解釋이며 世界弱小民族의 解放을 宣傳自擔한 체하는 蘇聯式 方法인지는 모르겠다.

우리 겨레는 古來부터「東方禮儀國」民으로 自處해 왔었는데, 이번 麗·順地區에서 叛亂徒黨의 行패한 것을 본다면 우리가 果然「禮儀國」民의 子孫인가 하는 생각으로써 스스로 부끄러워하지 않을 수 없다. 再昨年 十月 大邱暴動 後 하ー지 中將이 어떤 機會에 말하기를『韓人들이 사람은 잘 죽여도 아직 사람을 먹지는 않는다』고 嘲弄하였다고 한다. 이는 무슨 뜻이냐 하면「韓人들이 저 南洋群島 中 솔로몬島의 食人種보다도 좀 더 野蠻」이라는 蔑視 侮辱의 말이 아닌가. 이번에는 外國人의 입에서 또 어떠한 侮

辱的 言辭가 나올 것인고.

우리 겨레는 近 40년간이나 倭賊에게서 가진 모욕, 虐待, 迫害를 남김없이 다 받아왔으면서도 그들이 敗戰으로 우리 땅에서 물러가게 될 때, 그 不共戴天之수의 뺨 한 번도 못 때리며 털끝 하나 건드리지 못하고, 아주 大國民의 襟度나 있는 것처럼 笑顔으로써 好送善別한 「禮儀國」民의 子孫, 우리 겨레로서 이제 아무 罪도 없는 同族의 피는 이처럼 惡毒하게 흘리게 하는고? 山明水麗한 「麗水」에서 人血이 成川하며 人心이 穩和하다는 「順天」에서 逆天行패가 이 지경에 이르렀다는 것은 참으로 痛哭을 하여도 시원치 않으며 長□을 하여도 마음이 풀리지 않을 뿐이다.

[60] 동아일보 1948.12.3.
麗順雜感 (三), 高永煥

다음에 麗水叛亂은 어째서 일어나게 되었는가. 그 原因에 對하여는 잠간 다음으로 미루고 먼저 이번의 麗水叛亂과 같은 民族的 不祥事를 다시는 되풀이 하지 않도록 하기 爲하여 그 對策에 對한 陸海軍 側과 教育者 側 意見을 들어보면 그 要約은 大略 다음과 같다.

陸海軍側의 意見

(1) 一般民衆의 思想을 善導하여 民族意識을 徹底히 涵養시킬 것.
(2) 軍隊에게는 主義思想 方面의 書籍을 嚴禁할 것.
(3) 오직 「誠忠報國」의 一念만 注入시키도록 專力할 것.
(4) 從來 軍警 間에 介在한 不和의 點을 삼除할 것 等이다.

順天 各 中學校長들의 意見

(1) 3年間 軍政 下의 文敎方針이 所謂 「不偏不黨」主義를 標방한 까닭에 어린 學徒의 政治的 利用을 防止하기가 困難하였으니 今後로는 政治의 路

線을 明示할 必要가 있다는 것.

(2) 不穩한 書籍을 一切로 禁止할 必要가 있다는 것.

(3) 敎員의 採用을 全國的으로 統一할 必要가 있다는 것— 卽 甲校에서 不穩分子라고 罷免된 敎員을 한 달도 못되어 乙校에서 다시 敎師로 採用하는 일이 絶對로 없도록 할 必要가 있다는 것.

(4) 學徒의 放校處分도 敎員의 採用과 마찬가지로 全國的으로 連絡統一하여야 하겠다는 것—卽 어떤 學校에서던지 한 번 退學處分 받은 學徒는 다른 學校에서 一切로 받지 않도록 全國的으로 連絡할 必要가 있다는 것.

等이다. 以上은 麗·順地區에 駐屯한 陸海軍의 幹都와 順天 各 中等學校長들의 不祥事 對策에 對한 意見인데 全然 同感되는 意見이다.

우에 列擧한 對策으로써 이번 爆發된 麗水叛亂의 原因도 짐작할 수 있다. 그러나 우리는 그런 不祥事의 將來 再發을 拔本塞源的으로 防止하기 爲하여 이번 叛亂의 原因을 좀 더 具體的으로 究明하여 볼 必要가 있는 줄로 생각한다.

麗水叛亂의 原因은 遠因과 近因 두 가지로 나누어서 볼 수가 있는데, 그 遠因으로 말하면 이미 軍政 下의 國防警備隊에서부터 깊이 뿌리박기 시작하였다고 할 수 있을 것이다. 當初 美軍政 下의 統衛部에서는 國防警備隊를 創設할 때에 그 質의 良否는 全然 不問에 붙이고 오로지 體格 年齡, 數効에만 置重하여 募集하였다. 그러므로 그 中에는 건방지게 제 自身도 잘 모르는 主義니 思想이니 하며 떠들고 돌아다니다가 警察의 注目을 받아 이리저리 避身하던 者 또는 平素에 浮荒하여 제 年輩의 靑年層에 歡迎을 받지 못하고 敬遠되던 不良漢 等이 많이 應募하였다. 말하자면 從來의 國軍隊員의 大多數는 어중이 떠중이의 烏合之衆이었다.

그러므로 優秀한 靑年들은 그들의 틈에 끼이기를 싫어하며 잘 應募하려고 아니하였다. 健全한 靑年이 즐겨 應募치 않으므로 뽑히는 者가 대개 缺點 있는 者들일 것은 無□한 일이다. 古來 中國에는 「好鐵不當釘」, 「好人不當兵」이라는 俗談이 있는데, 이 말은 卽 좋은 쇠는 못으로 되지 않으며,

좋은 사람은 兵丁으로 되지 않는다는 뜻이다. 다시 말하면 좋지 못한 쇠나 못으로 되며 좋지 못한 사람이나 兵丁으로 된다는 뜻이다. 돈 있고 勢力있는 者의 子與姪은 兵丁으로 나가지 않고, 微賤한 靑年만이 兵役에 뽑혀가는 中國에 있어서 있음직한 俗談인 듯하다.

그러나 軍政 下의 우리 國警隊員에게도 이 中國의「好人不當兵」이란 俗談이 꼭 符合되리만큼 그 質이 大體로 매우 劣等한 便이었다. 그러므로 世上에서는 國警隊라면『不穩派의 避身處』니 或은『不浪漢의 就職場』이니 하는 等의 名譽스럽지 못한 別名을 붙일 程度이었다.

그 大多數가 警察의 注目, 或은 제 年輩 間의 排斥으로 因한 避身 隱身한 者들이므로 警察이나 社會에 對하여 好感을 갖지 않고 있을 뿐만 아니라, 그들은 倭政時代에 兵丁들이 軍服만 입으면 언제나 제 마음대로 車도 타며 또 豪氣있게 뽐내는 等 못된 行휴를 많이 耳聞目睹하고 그것을 매우 부럽게 생각하든 터이었다. 그러므로 從來 國警隊員 中에는 걸핏하면『우리는 나라의 일을 하는 사람이라』는 말을 잘 하며 여러 가지의 行패를 함부로 하는 者가 적지 않았던 것이다.

그러므로 國警隊를 根本的으로 잘 肅淸 改編치 않으면 앞으로 어떠한 不祥事가 일어날런지 알 수 없다는 것은 萬口同聲의 憂慮이었다. 이처럼 처음부터 國警隊 안에서 不純한 病菌이 潛在하게 된 點에 對하여는 그것을 創設한 統衛部의 幹部들이 不察 疎忽히 한 責任을 지지 않으면 안 될 것이다.

[61] 동아일보 1948.12.4.
麗順雜感 (四), 高永煥

募集된 國警隊員의 質이 大體로 그처럼 低劣할지라도 한번「將來의 國

軍」으로 뽑은 以上에는 곧 思想을 統一시켜 健全한 民族意識을 鼓吹 涵養
시키기에 積極的으로 留意致念하였다면 「國軍」으로서의 質的 向上을 圖謀
할 수도 全然 없는 것은 아니었는데, 이 點에는 도리어 等閑히 하고 그저
軍器使用, 體格訓練, 戰術戰法 等 □에만 置重하고 指導하였다는 것은 아무
智覺 없는 어린아이들에게 銳利한 凶器를 쥐어준 것과 마찬가지의 危險千
萬한 일이었다. 이 點에 從來 統衛部의 失手가 있으며 不察이 큰 것이다.
그러므로 世人은 國警隊의 將來를 크게 憂慮했든 것이다.

　　그러나 우리 政府가 樹立된 뒤 國防部에서는 從來 國警隊의 큰 缺陷을
塾知할 터이며, 그 內部의 不純한 空氣를 徹底히 肅淸하여 根本的으로 改
編하지 않고 오착 外面의 看板만 「陸軍」으로 갈아 붙였다는 것은 國防部
의 첫째 失策이었다. 한 번 不純한 病菌이 血管 속에 적지 않게 侵入 混在
한 以上 그것이 早晩間 作奸成腫할 것은 免不得의 既定事實이라고 하겠지
마는 그것이 해必 麗水에서 곪아터지게 되었는가.

　　當局의 發表에 依하면, 麗水 第14聯隊長 吳 某가 反動의 嫌疑로 이미 問
招 中에 있고 其他의 異色分子들이 暗暗裡에 蠢動하는 눈치도 數月 前부터
채고 警戒 中이었다고 하니, 萬一 어떠한 嫌疑가 있었다면 卽刻으로 徹底
히 調査하여 肅淸의 大手術을 할 일이거늘 무엇 때문에 數 個月 間씩이나
「警戒」만하고 있었단 말인가. 이것이 國防部의 두 번째　失手다.

　　그리고 셋째의 過誤로는 그처럼 「警戒」할만한 嫌疑가 있는 聯隊의 兵士
를 濟州道 左翼討伐隊로 보내려고 한 것이다. 病을 고치는 데에는 間或 以
熱治熱하는 治療法이 奏效하는 수도 全然 없는 것은 아니로되 所謂 左派討
伐에 左派를 보내려고 한다는 것은 「討伐隊」를 보내려는 것이 아니라 그
「應援軍」을 보내주려는 것과 마찬가지의 어리석은 짓이다. 이는 곪으려
는 傷處에 더운 찜질을 하여 곪아터지기를 促進시키는 것과 마찬가지의
作用밖에 더 企待할 수 없는 일이다. 말하자면 이것이 麗水叛亂의 原因 中
의 近因이라고 할 수 있는 것이다.

　　그러면 軍隊의 叛亂에 民衆 側의 呼應者는 어찌 그리 많게 되었는가. 이

根本的 原因을 單刀直入的으로 말한다면, 이는 軍政 下 3年間에 充分히 理解 或은 消化도 못하면서도 함부로 沒收한 서투른 民主主義의 德澤이라고 할 수 있다. 3年間의 美軍政은 우리의 一般的 民度는 조금도 念頭에 두지 않고 그저 自己네만 標準 삼아가지고 美國式 民主主義를 直輸入하여 普及 實行케 하려고 하기 때문에 우리 民衆의 思想界는 統一이 못되며 따라서 社會의 狀態는 極度로 混亂해졌다.

萬一「하-지」將軍이 今春 來取하던 對韓政策과 聲明을 進駐 初부터 始終一貫하게 取하여 왔다면, 우리의 思想界는 진즉 統一되었으며 社會도 잘 安定되어 明朗하게 되었을 것이다. 그런데 這間에「하-지」軍政은 民主主義的 自由라는 美名 下에 右派의 行動을 擁護하는 체하면서도 左派의 放縱은 그대로 放任하여 두며, 한때는 共産主義의 跋扈를 抑制하는가 하면, 다시 또 民族陣營의 擡頭를 彈壓하는 等 그 眞意의 所在를 推測하기가 어려울 程度이었다. 쉽게 露骨的으로 말하자면,「하-지」軍政은 左黨의 放縱과 蠢動을 傍觀 乃至 助長하여 左右의 싸움을 붙여 놓고는 그것을 구경하려는 心算인 것 같이 보였다.

그러므로 近 40年間 倭賊의 奴예 生活에 民族意識을 송두리 채 去勢당하였으며, 또 民主主義的 自由의 眞意도 理解치 못하고 무엇이나 제 마음대로 하는 것을「自由」로 誤解하는 民衆은 各 自衛隊長 格으로 제멋대로 날뛰며 行進할 路線을 分明히 定하지 못하고, 日氣와 風勢를 보아서 或左 或右 或中으로 갈팡질팡하는 混亂事態에서 헤매게 되었다.

이에 倫理綱常을 헌신짝 내버리듯 하는 賣國徒黨은 터무니없는 甘言利說의 誘惑과 무시무시한「家族全滅」의 威脅으로써 □威併用하여 民衆의 머리를 흔들게 된다. 따라서 어리석은 民衆은 앉을 자리에 더욱 迷惑하여 左顧右면하며 之東走西에 머리가 겨를을 차릴 수가 없는 形便이었다. 이런 때에 38線이 터졌느니 人民軍이 서울을 비롯하여 各 都市를 다 占領하였느니 하는 엉터리를 宣傳에 平素 自己도 잘 모르는「思想」에 多少 感染된 얼간 主義者들은『옳다, 이제는 내 世上이다』하고 어기야 데기야 날뛰고 나서며 함부로 發惡 行패하게 된 것이다.

이에 우리는 이번 麗順叛亂에 民衆이 意外로 많이 加擔하게 된 것은 서투른 民主主義 餘波라고 아니할 수가 없다.

[62] 동아일보 1948.12.5.
麗順雜感 (五), 高永煥

다음에는 이번 叛亂에 무슨 까닭으로 男女學徒가 많이 加擔하게 되었는가. 이 點에서는 軍政 下의 文教部가 그 責任을 지지 않을 수 없을 것이다. 倭賊이 敗走한 뒤 倭人의 代身으로 教師의 자리를 채우기에 人員이 매우 不足하였던 것은 틀림없는 事實이었다. 웬만한 靑年은 모두 政治運動의 方面에 沒頭한 所致로 敎壇같은 것에는 눈도 떠보지 않으려는 傾向이었다. 따라서 敎員이 太不足한 판이라 누구든지 敎師를 志望만하면 그 資格의 適否나 學識의 淺深같은 것은 찬찬히 캐서 알아보려는 생각도 餘暇없이 그저 感之德之로 採用하였다. 한때의 社會狀態가 그러한 必然的 派生現象으로서 事實上 學徒보다 學識이 달린 者로서 敎壇에 올라서게 된 鐵面皮的 敎員도 적지 않다.

人格的으로나 學習上으로나 不足한 點이 많은 바이매 學徒의 排斥을 豫防하려는 얕은꾀로써 學徒의 歡心을 사려고 엉터리 수작을 羅列하기가 一手다. 卽 自己도 잘 알지 못하는 思想이야기, 主義解說을 하여준답시고 어물어물 時間을 넘기어 나간다. 그러므로 大凡 惡舊向新은 사람의 常情인데, 더욱이 아직 是非曲直도 제대로 잘 분간치 못하고 志氣未定한 어린애들인지라 「新思想」이란 말에 멋없이 陶醉하여 言必稱 「自由」를 부르짖으며, 무엇이나 제 마음대로 自行自止하는 것을 「自由」로 誤認하고, 걸핏하면 「學園의 民主化」나 떠들며 言語動作이 아주 傍若無人的이다.

따라서 學園 內의 風紀는 擧論할 수 없을 만큼 紊亂한 狀態다. 그러므로 甚至於 休學 放學 같은 것도 저희들의 마음대로 하려고 한다. 再昨年 겨울에는 서울 어떤 學校에서 敎師는 다 出席하였으나 學生은 하나도 오지 않아서 그 理由를 알아본 즉, 日氣가 너무 추우니 그만 放學하기로 學生들끼리 決定하였다는 것이다. 學徒의 所謂「自由」도 이 程度에 이르면 其他는 더 말할 것도 없는 일이다.

아직 대가리에 피도 덜 말랐다고 할 수 있는 어린것들의 行動이 더 말할 나위도 없이 放恣하게 된 것은 所謂 時代風潮의 餘波도 多少 作用한 바 있겠지마는, 그 大部分의 責任은 資格 不足한 얼간 敎師들의 서투른 自由主義的 思想의 鼓吹에 있다고 아니할 수 없다. 따라서 敎員의 採用을 함부로 認可한 文敎部의 不察도 決코 적다고 못할 것이다. 더욱이 學務行政에 可笑로운 것은 어떤 學校에 不순思想 嫌疑나 或은 不正行爲로 因하여 罷免된 敎員을 不純한 情實關係로 2, 3朔도 되기 前에 또 다시 다른 學校로 就職시키는 일이 非一非再로 있는 것이다. 참으로 可嘆할 事態가 아니고 무엇이랴.

以上으로써 麗水叛亂의 遠因과 近因을 대강 짐작하게 되었거니와 그 原因을 確實히 알게 됨으로써 不祥事 再發의 防止策도 自明하게 될 것이다. 그러나 여기서 맨 끝으로 한 가지 同胞의 反省을 크게 바라고 싶다. 우리 땅에 共産主義 社會를 實現하든지 社會主義 國家를 建設하든지 間에 그것은 우리 同胞끼리 좋은 낯으로써 잘 相議하여 民主主義 原則대로 □□的 決定할 일이요. 그렇게 同族끼리 서로 피투성이가 되어 싸우며 죽여 가며 억지로 하려고 할 것이 무엇인가. 우리 同族끼리도 넉넉히 解決할 수 있는 問題를 捨近取遠도 푼수가 있고 遠交近攻도 대종이 있지, 얼토당토 않는 오랑캐의 나라를「祖國」이라고 바쳐가며 핏줄이 같은 同胞를 怨수처럼 對하고 덤벼들며 날뛸 것이 무엇인가.

우리 同族끼리만도 먹고 살기에 넉넉지 못한 살림에 무슨 까닭으로 씨가 다른 오랑캐 놈들에게 가지각색으로 갖다 바쳐가면서 그놈의 종노릇을 하려고 精神 없이 날뛰는 것인가.

同胞여! 反省하자. 自覺하자. 그리하여 저 지긋지긋한 近 40年間 종놈살이의 굴레를 겨우 벗게 된 오늘날 우리끼리 和睦하게 自由스러운 生活을 좀 맛보도록 하자.(1948.12.4.)

[63] 한성일보 1948.12.19.
그 後의 麗順(1), 金洪燮

아무런 任務도 使命도 땀이 없이 當初의 豫定한바 조차도 아닌 채로 光州까지 대인 발길을 管區警察局長의 勸誘에 따라 叛亂 後의 麗水 順天에까지 뻗치기로 하였다.

요전번 內務部 某官의 38境界線의 視察談과 뒤이어 國防部 代辯人의 前書에 關聯된 談話를 比較 모색하면서 蘆嶺山脈의 通過에도 曖昧한 不安을 느낀 나로서는 우선 光州에 닿자 對하는 旣 未知의 面面에 모두 情을 느껴 安否를 물어주고 싶은 衝動을 받았다. 尙今 戒嚴令 下라 緊張狀態는 가릴 수 없었으나 태풍一過에 蘇生의 낯을 든 듯도 하여 보는 이에게 安堵의 感을 주었다.

『…한동안은 光州도 쏘가 되지 않나 하고 염려 되었소. 그 무렵 每日같이 作別하여 보낸 部下들이 이튿날이면 屍體가 되어 돌아오고 할 제 그때는 정말 아니 울고서 지낸 날이 없었소. 이젠 별일 없어 집에도 나가서 자고…』

廳長室 內 한구석에는 간략한 寢台가 놓여 있다.

이튿날 金 廳長의 配慮로 現地를 巡訪하기로 하였다.

『途中 變事가 생기거든 집으로 기별이나 해주시오』

『염려 말아. 죽지 않아요. 或 더러 車로 달릴 때 銃알이 날아오는 수도 있지만 좀체 잘 안 맞거든』

사실 그다지 不安은 느껴지지 않았다. 마침 上廳 中인 順天署長 S氏의
同行이었다.

三岐로 돌아 石谷을 얼마 아니 남겨놓고 車에 자그마한 故障으로 하여
잠시 쉬일 겨를이 있었다. 길 左右로 집 한 채씩이 있는 곳이다. 머무는
곳 안에 길 우엣 집에서 아래편 집으로 30 內外 되는 한 젊은이가 비껴갔
다. 손질 아니 한 머리에 초췌한 顔色 게다가 흘겨보는 눈초리가 殊常하
다면 殊常하다 할 만 하였다. 署長은 바로 隨員에 命令하여 檢索을 指揮하
였다.

(저런 게 叛徒라는 걸까?)

이런 의문을 무마하면서 가직이 다가서 光景을 엿보았다.

所持品으로 外內服 신발꺼정 綿密히 調査하였으나 이렇다한 證左는 업
고 마지막으로 발바당을 보았으나 亦是 信빙할만 材料는 얻지 못하였다.
S氏의 說明에 依하면, 그 者(叛徒)들은 오랜 동안 山으로 逃避行을 한 연고
로 대개 발바당이 들떠있다는 것이었다. 그럼직한 일이라고 나는 고개를
끄덕거리지 않을 수 없었다.

石谷도 지나 廣川에 다달았다. 有名한 松廣절로 들어가는 길 御口도 된
다. 順天도 가직하여 오는가 하여 차츰 긴장됨을 느낀다. 廣川을 조금 지
나다가 竹槍을 든 一團의 行列을 만났다. 그것은 義勇隊라 한다.

『□軍이 보면 쏘아 죽이겠는데. 腕章을 두르도록 해야겠군』

이건 S署長의 말이다. 나는 따라서 失笑하다가 아지 못하게 입을 다물
었다. 이것이 內戰의 實相인 것이다. 外敵의 偵察에는 두 눈으로서 足하지
만 腕章의 有無로 敵我가 區別되어 運動會 마당에서처럼 흥분 속에 꺼꾸
러져 가는 國內의 相극으론 열 눈으로도 몸의 安全을 期키 難한 것이다.
얼마 가다가 車는 또 쉬었다. 接峙라고 記憶되는 그 재 左右山峽에서는 그
간 屢次 反徒들의 出沒이 있었다고 한다.

『지금 저 山허리에서 反徒를 目擊하였다면 어떤 措置를 하시겠습니다.』

나의 이런 물음에 對하여 S氏는 平然히 對句하였다.

『銃器로서 挑戰해 온다면 應戰해야지요. 허지만 요즈음에는 完全히 戰意를 잃고 있습니다. 아마 彈丸도 人當 겨우 10餘 發에 不過할 것이고 해서 여간할 경우가 아니면 쏘질 않고 달아나 버립니다.』

S씨는 옆에 찬 拳銃을 쓰러보고 또 車에 備□한 機關短銃에다 눈을 주었다.

『挑戰해오지 않는다면 그냥 가서 署와 軍에 連絡해 가지고 出動케 해야지요. 하여간 이제는 正面으로 對抗해 오는 경우란 거의 없습니다. 대개 夕陽쯤 해서 山 밑 村落 같은 데에 나타났다가 그것도 짧은 時間 出頭했다가 쌀 같은 거나 뺏어 가지고 금방 移動하여 버립니다. 그 때문에 討伐에는 여간 힘이 들지 않습니다.』

『그들의 수효는 얼마나 됩니까.』

『順天 管內만 約 7, 80명으로 보고 있지요. 그리고 山間部落 같은데 出沒하는 數는 數 名씩도 2, 30명씩도 있습니다.』

『村民들의 態度는 어떠합니까.』

『그게 한때는 큰 支障이였지요. 금시 들어왔다가 나간 줄을 번연히 알고 묻는데도 그런 일이 없다고 잡아떼는 데야 어찌합니까. 後患을 두려워서 그랬는지―. 그래 啓蒙도 시키고 차츰 自覺들도 생겨서 近來에는 매우 달러졌습니다. 가사 反徒라도 한 두 사람쯤은 甘言으로 속여서 銃을 빼앗고는 部落民들이 달려들어서 새끼로 묶어가지고 끌고 오는 일도 더러 있으니까요.』

順天을 眼前에 보며 그동안 新聞에 傳人에 見聞하여서 아는 바를 總蹶起潤色을 하여 可及的 50日前 受難 當時의 順天을 꾸며 보기에 留意했으나 몇 번이나 그것은 徒勞에 끌었다. 그것은 눈앞에 보는 現地가 順命從天 너무나 安穩自若한 때문인가. 누누히 쌓였더란 屍體들도 이젠 다 자리를 잡아가고 고막을 찢던 銃소리도 昨今은 멀어져서 行人이 無心하면 路邊建物의 怪異할 彈적에나 若干 注目하면서 그저 스쳐지나 버림직도 하다.

[64] 한성일보 1948.12.21.

그 後의 麗順(2), 金洪燮

S氏로부터 이어 叔父를 죽였다. 사람의 (이하 6행 판독불가) 아니나 60發이나 총탄을 맞고서 죽은 사람 이야기 – 심장을 쏘아 단번에 絶命시키기□□□ 손발로부터 □□□□ 엉망진창에 (이하 4행 판독불가)

□□□ 自□古로 이에 비길만□이었는데 어느 地域에서 몇 번이나 있었던가를 더듬어 생각하고 朝鮮사람이 天性 이처럼 無慈悲하였던가를 默默히 想考하여 보았다.

우리끼리의 誤解와 損失은 이 뒤□ 때와 채울 길이 或이 있다 할지라도 外人에게 준 本意 아닌 失念은 어찌하나? 朝鮮사람은 根本 平和와 自由를 사랑하고 禮節과 文化를 尊重하고 한 것을 이루었던 □□에 꽃어 □□시킬 수 있겠는가 하는 國□來 主□가 空前의 强度를 가지고 마음을 누른다.

그렇지 않고 朝鮮사람은 今番의 麗順事變에서 보여준 現狀 그대로 一見 柔軟한 것 같으면서 한 번 □□의 間降을 엿보는 날에는 표狼같이 덤벼 自律과 秩序를 유린시켜 버리고 마는 그런 自然民族이었을까.

지난 밤 金 廳長의 說話가 생각이 난다. 『이번 反亂에 움직인 徒黨들은 所謂 무슨 主義者들이 아니고 순전한 「共産敎徒」들이거든. 그들은 마치 往時 天主敎徒들이 天堂을 想望하면서 즐겨 殉敎를 當하듯이 그와 똑같은 精神으로 나아가서는 蠻行 敢행하고 돌아서서는 犧牲者들이 된단 말이야. 그 者들의 銃殺당하는 마당에를 가보았는데 글쎄 눈앞에서 同胞들이 퍽퍽 쓰러지는 것을 보면서도 얼굴빛 하나 변치 않는단 말이오. 그리고선 人民共和國 萬세를 부르고서 죽어 넘어지거든.

그런데 知識人層 所謂 指導者級은 달라요. 그 者들은 정작 □한마당에 이르러서는 改過할 것이니 살려 달라고 그런단 말이야. 自己들이 盲□한 天堂 같은 人民共和國 사람마다 기와집에서 살고 農民에게는 또 따로 土地와 커다란 황소를 나눠주는 그런 樂土가 아마 自身들에게도 덜 믿어지나 보지』

共産敎徒들의 殉敎의 精神!! 나는 □□ 그 以上의 近似한 理路를 發見하지 못하고 말았다.

다섯 時가 거의 된 때다. 여水를 한 30里쯤 앞에 둔 자그마한 部落 사람더러 물으니 德陽이라 일러주었다.

금시 트럭에서 뛰어내리자 □烈하는 軍隊와 警察 合하여 約 30명이나 될까 機關銃과 彈藥이라고 認定되는 까만 箱子도 대여섯 그 옆에 놓았다.

肩章으로 □□을 代用한 젊은 將校가 긴 칼을 뽑아 어깨 바로 세우고서 烈烈하게 訓示한다. 『비록 敵의 彈丸이 비오듯 할지라도 指揮官의 命令이 있기까지는 絕對로 쏘아서는 아니 된다. 지금 時刻은 다섯시 2분』

사람들의 여기에 依하건대 約 15里에 武裝한 暴徒 約 30명이 出現하였다는 情報를 入手한 까닭이라 한다. 義勇團員이 機敏하게 協力하여 있고 其他 村民들은 求景삼아 모여들고 있었다. 애를 둘러멘 부인네, 아이들은 또 아이들대로 저희끼리 소근거리며 있었다. 討伐部隊가 進擊하여 갈 것으로 推定되는 方面에는 빨갛게 물든 가랑잎이 깊어가는 黃昏에 모호하여져 가고 있다.

『가다가 혹 山峽에서 反徒의 襲격이나 당한다면 어쩌나?』

그런 경우가 全然 豫想 아니 되는 것도 아니었다.

『銃彈이라도 날라든다면?』

不安보다 痛快를 더 많이 加味하여 이런 생각을 하며 돌아다보는 左便 먼 곳으로 白雲山의 완만한 輪廓이 흐릿하게 보인다. 近者 이 山을 둘러싸고 샅샅이 찾았으나 거기서는 即 所得은 없었다고 한다. 그리고 오늘 德陽에 出現한 徒黨은 智異山에서 압迫을 當한 □□의 最後的인 跳梁이 아닐까하는 소리도 들었다.

여水에의 마지막 고개를 넘어서자 우렁찬 진동 속에 한□ 또 한□ 또 — 武裝한 軍警을 실은 트럭이 범과 같이 쏘아 올라왔다. 高地는 아니 물어도 짐작할 만하다. □□□互의 感銘의 波動을 內면에 느끼면서 時急히 擇일을 要請하는 現實 앞에서 잠시 눈을 감았다.

骨肉相殘 그것은 잊지 말아야 할 일이다. 以□□□ 그것도 可及的 回避하고 싶은 일이다. 그러나 발등의 불도 꺼야하지 않으냐. 좌우간 이 □□은 □□해야 하지 않으냐.

偉人 아브라함·링컨으로 □여 □□된 米洲의 南北戰爭이 同族끼리 총칼을 겨누든 슬픈 史實이였음을 □때, 우리는 同時에 이 □役 戰爭史 中 □□드믄 명□의 □렸한 □亂이었다는 點을 □하여 參考하고 싶다. 그다□ □□한 □애의 □□도 가□자 못하면서 或間은 보이□ 이웃과 兄弟까지도 陰害하는 일도 有形無形□에 불□하려지 안 보이는 漠然한 □□□을 □□□□의 □□나 □□ 不分明 無責任한 □□으로 引用되는 일이 있다하면 □□과 □□이 이에서 지낼 리 있겠는가.

[65] 한성일보 1948.12.22.
그 後의 麗順(完), 金洪燮

運命은 항시 順從하는 이에게는 案內의 親切을 하지만 無視하는 이에게는 언제나 强要의 채찍을 내린다고 한다. 누가 來日 일을 안다 할지? 自慢은 愚라 科學은 短이랄까 明과 信과 □. 이것이 時下 渴望되는 指導者의 適格이 아닐까 愚察된다.

麗水다. 1,382戶가 불탄 地域. 별반 案內를 받지 않고도 서슴을 것이 없었다. 其餘는 □의 □을 避하기 爲하여 略하기로 한다.

警察司令部를 찾았다. 벌서 夜陰이건만 아직 退散하지 않은 人影을 여기저기서 볼 수 있었다. 한 老人네를 向해 따져 물었다.

『어찌 서 계십니까』

『이 안에 들어간 아들들만 내려 왔어요』

손에 보퉁이를 들었다. 아마 衣服인가보다.

아까의 S氏의 談話가 생각난다.

『내 同志들이 그놈들의 無慈悲한 銃탄에 지긋지긋한 辱을 當하고서 죽
어간걸 생각해서 처음에는 모조리 □□하게 다스려 주고 싶었더니 요새
와서는 그 흥분도 좀 식어져서 그렇게 아니라 될 수 있으면 그 놈들을 家
族까지 데려서 以北으로 보내주었다가 못 살겠오 하고 손을 들고 올 제
다시 땅마지기씩이나 주어서 받아들였으면 하는 생각도 납니다.』

이 말에서 나는 師範出身이라는 S氏의 一面貌와 아울러 이미 收拾段階
에 들어간 사태의 □□理에 있어 要緊한 한 示唆도 느꼈다.

時下문제의 對象은 금수畜生이나 外國人이 아니다. 一波萬波라 하거니
와 報復은 또 報復을, 反動은 더 큰 反動을 가져올 뿐일 것이다. □□의 □
심이어니와 未來의 保障을 어떻게 할 것인가.

나는 이미 鐵壁의 □□와 併行하여 中央方針 下의 豊盛한 政治力의 發動
의 時急함을 現地에서 느꼈다.

『百姓으로 하여금 失望하고 돌아서게 말라』

『光明과 呼吸할 수 있는 구멍을 갖게 하자』

『믿고 따라올 그 무얼 約束하자』

40年來 이 땅에는 政治랄 것이 없었다. 搾取와 欺瞞과 失望이 있을 뿐이
었다. 이제 또 무엇을 누구를 믿고 따라 나서라 하는 □□을 □□로서 抹
殺시켜 보일 것을 民國政府는 誠심껏 保障하여야 한다. 그것만이 共産敵
의 만행도 防止시킬 수 있을 것이다.

公私 間에 얻는 것보다 잃은 것이 더 많아서는 終局 滅絕에 그치고 말
것이다. 시방 現地는 軍에 軍紀隊에 무슨 情報員에 警察에 또 靑年團에 □
□하는 監察 아래 一般은 적지 않은 恐慌 속에 자며 깨며 하고 있다. 所謂
良民에 屬하는 사람일지라도 언제 누구에 私□ 其他로 因한 陰害를 입지
않으리라는 保障이 없기 때문이다.

이 事態가 安定된 後 一層 一線 特히 警察官을 爲始한 官僚는 民間과의
接觸에 있어서 格別 細心한 配慮가 있어야 할 것이다. 今番 叛亂 中 더욱

이 初期에 있어서 警察 其他에서 民間의 積極 協力을 얻지 못하였다는 事實은 그 한 反應이 아니었던가 싶다.

끝으로 地方의 中央에 對한 印象은 어떠한가. 그것은 거의 눈물겨울 지경이다. 그들은 믿는다. 中央當局의 技術과 財政과 誠實과 經濟 其他 全般을.

率直히 말하여 오늘 中央은 이 期待를 勘當할 만하다 할까 同情할 바가 없지 않음을 안다. 同時에 가릴 수 없는 유감스런 面도 또한 이를 어찌 止揚하기를 주저할 수 있으랴.

[66] 동광신문 1949.1.21.
暗黑에서 光明으로 눈물어린 歸順者의 回顧談
金在禧 記者 宣撫工作隊 從軍記 (1)

군에서는 철모르고 사지에 뛰어들어 산과 들에서 희망 없는 반항을 강제당하고 있는 반폭도에게 오직 하나의 살 길 – 귀순이라는 최후 행동으로써 그 생명을 무조건 보장하고 따뜻이 포용하겠다는 귀순공작을 전개중에 있음은 누보한 바이거니와 이번에 제1선으로 이 중대 사명을 띠고 출동한 宣撫工作隊의 일원으로써 수행하고 있는 본사 특파원 金在禧 기자로부터 다음과 같은 기록 제1신이 도착하였다.

『제5여단 特別선撫工作隊』의 일원이 된 기자는 1월 14일부터 관음사(觀音寺)에서 일행과 더불어 대장에게 절대 복종하여 임무를 완수하겠다는 서약서를 바치고 용의치 않은 임무에 비장한 각오를 새로이 하여 그날 밤의 잠도 채 이루지 못하고 16일 새벽부터 여장을 갖추고 출발을 대기하였다. 일행은 군경(軍警)을 비롯하여 도청 청년단체 사회단체 의과대학 도립병원 등을 망라하여 전원 百여 명으로 이를 수색대(搜索隊)와 계몽대(啓蒙隊)로 편성하였는데, 전자의 임무는 반도 수괴와 그의 잠복지를 탐지하는 동시에 계몽대의 원호를 사명으로 하며 후자는 순전한 선무공작대이다.

일행이 트럭에 몸을 실고 광주를 출발할 적은 상오 10시 40분 배꽃같이 하얀 눈이 살을 에일듯이 뺨을 친다. 동 11시 30분 화순(和順)경찰서 도착 관내 치안상황을 대개 묻고 다시 트럭에 뛰어올라 일로 보성으로 달렸다.

보성지구 전투사령부에 도착하니 벌써 선발대가 와있다. 우리 신문반은 즉시 사령관 정정순(鄭正淳) 대위를 에워싸고 전투상황과 반도의 동향을 물은 다음 경찰서에 서장 우판호(禹判鎬) 씨를 찾아가서 최근의 관내 치안상황을 묻고 16일부의 歸順促進報 편집에 착수하였다. 선무공작대장 이영규(李暎奎) 소령이 출발 시에 발표한 담화를 비롯하여 전투사령관 담, 경찰서장 담 등을 중심으로 대개 원고가 작성되자 경찰서에 가서 등사판을 빌려가지고 빈약하나마 이른바 (歸順促進報)는 동일 하오 11시에 창간(創刊)을 보게 되었다. 여관에 돌아가서 사방 7尺의 비좁은 방에 무려 다섯 명이 허리를 굽히고 다리를 포개가며 겨우 눈을 부치는 둥 마는 둥 한 사이에 벌써 날이 샜다. 여덟시에 본부(本部)로 집합하라는 소리를 듣고 일동이 이불을 차고 일어나자 간밤에 이웃방 남녀(男女)의 속살거린 소리에 잠을 못 잤다는 K군은『이런 놈의 從軍이 있느냐』고 자못 퉁명스럽게 이불을 무릅써버렸다. 그러나 조반을 급히 먹고 본부라는 안전여관(安全旅館)에 가보니 이번 공작대의 대장이요 귀순반병심사위원회 간사장인 이영규(李暎奎) 소령은 반갑게 맞아준다. 동 소령은 일견 야성적(野性的)인 성격을 소유하고도 인격의 대찬 맛을 보여주는 믿음직한 군인이다.『歸順促進』를 내보이니『生殺與奪의 權 내게 있다』는 자기 담화의 르포 에 아연하면서 너털웃음을 웃는다. 10시 30분에 보성을 출발하여 彌力面으로 약 20분 다다르니 국민학교 광장에는 벌서 수백 명의 면민이 오늘의 대회 소식을 듣고 모여들기 시작한다.

정각 11시가 되자 광장은 千여 명의 남녀노소로 만원을 이루었다. 반도의 끊임없는 출몰로 말미암아 공포의 구렁 속에서 허덕이던 그들은 이제 비로소 새로운 희망을 얻고자 빛나는 눈동자로서 우리 일행을 평화(平和)

의 사도(使徒)처럼 맞이한 것이다.

정각 11시에 장엄한 군악의 연주로 개식되자 공작대장 이 소령(이 少領)이 등단하여 내가 이번에 여기에 온 것은 산에 있는 반도들을 포용하고자 온 것이다 하는 개구 1번부터 피를 토하는 듯한 열변이 터져 나오자 군중은 숨소리도 없이 잠잠하여졌다.

『당신의 아들과 동생이 이 추운 눈 속에서 떨고 있는 모양, 당신들이 만약 불쌍하다 여기거든 하루바삐 귀순토록 하시오』하는 장면에 이르러서는 늙은 할머니의 훌쩍거리는 소리까지 났다.

그리고 얼마 전에 귀순했다는 金正龍(長興邑) 朴현仁(寶城 得양面 五峰里) 金正南(高興 道陽面 東鳳里) 4명의 눈물겨운 회고담은 간장(肝臟)을 에인듯하였다.

한편 교실에서는 광주 제5육군병원 주영현(朱永鉉) 중위를 대장으로 하는 의료반(醫療班)이 外科 齒科 陸軍 中尉 朴永奇 眼耳鼻科 醫學博士 박鴻均 內科 小兒科 陸軍 中尉 金起聲의 각 부분에 응하여 무료 진찰과 치료를 공개하였는데, 오후 4시까지에 치료를 받은 자는 무려 385명에 달하였다.

오늘 우리 보도반(報道班)을 제외한 계몽대 제1분대에 2분대와 그리고 수색대는 실질적인 계몽을 전개하고 철저한 수색의 사명을 완수하기 위하여 각 부락(部落)에 들어가서 오늘밤을 새우게 되었다.(제1신 15일 발)

[67] 경향신문 1949.2.1.

叛亂鎭壓 後에 麗水 順天地區 消息 上

叛徒 出沒을 防衛하는 勇敢한 "義勇隊"를 組織

전남반란사건은 진압이 된 지 어느덧 3개월이 지났다.

전남 22개 군(郡) 중 무안(務安)과 진도(珍島) 군민을 제외하고는 전체에 걸친 반란사건이 있던 만치 그 상처는 너무나 컸으므로 물론 그 복구에는 상당한 시일이 필요할 것이다. 그러나 3개월이 지난 오늘 부흥의 모습은 너무도 희박하며 현지의 당국자들은 아직도 각처에 출몰하는 반도와 이재민들에 대한 당면한 긴급사태를 수습하기에 허덕이고 있을 뿐이다. 이제 반란진압 후 사건 발생 현지의 그 뒤의 자최를 살펴보고자 기자는 여수 순천을 비롯한 각지를 답사하였다.

전남 여수(麗水) 순천(順天)에서 격멸당한 반도들은 지리산(智異山) 속에 근거를 두고 있었으나 그 후 추위와 굶주림에 견딜 수 없는 그들은 백운산(白雲山)을 거쳐 산등을 이용하여 벌교(筏橋)와 고흥(高興)지방 부근 산간부락에 출몰하고 있으며, 일부는 천봉산(天鳳山)과 천운산(天雲山) 산줄기를 타고 화순(和順)에 이르기까지 밤이면 산간벽지의 민가에 출몰하고 있다. 이들의 세력은 광주(光州) 제5여단 발포에 의하면 약 4백 명으로서 농가에서 약탈을 일삼으면서 양민들을 괴롭히고 있다. 즉 밤만 되면 국군과 경찰의 엄중한 수비선(守備線)을 교묘히 넘어와 민가에 양민들을 협박하고 식량과 농우(農牛)를 강탈하여 도주하고 있으며, 산중의 농민들은 반도의 협박으로 말미암아 공포심으로 그들에게 협력하고 있는 자들도 많다.

한편 반도들은 군경의 눈을 피하기 위하여 산중 어느 곳이나 보초를 두지 않은 곳이 없으며, 밤이면 군경이 그들을 토벌(討伐)하기 위하여 갈 때마다 봉화(烽火) 또는 전지(電池) 같은 것을 신호(信號)로써 산중으로 도망하고 있으며, 산중에는 「아지트」(洞窟)를 만들어 수십 명씩 잠복하고 밤이면 여전히 민가로 내려와 농민들을 괴롭히고 있는 것이 그들의 상습이다. 대체로 전남에 있어 군읍(郡邑) 소재지는 군경의 철벽같은 경비로 주민들은 안심할 수 있으나, 벌써 수십 리 떨어진 산간 속 면(面) 소재지로 들어가면 주민들은 반도들의 출몰과 이로 말미암아 받은 피해는 말할 수 없으며 불안한 매일을 보내고 있다. 이러한 현상인 만치 99억(億)원에 달하는 물적 피해와 수천 명을 돌파하는 인명피해를 입은 전남 일대가 신춘을 맞은 오늘 조금도 부흥의 빛을 보이지 않고 있음은 당연한 일일 것이다. 이러한 반도들의 출몰을 방지하기 위하여 당지 경찰에서는 의용단(義勇團)을 조직하여 반도와 폭도에 관한 정보(情報)와 연락 등 많은 성과를 거두고 있으니 불과 16세 된 소년도 의용단에 가입하여 죽창(竹槍)을 무기삼아 주야로 반도들과 싸우고 있는 실정은 눈물 없이는 볼 수 없다. 광주(光州) 교외로부터 화순(和順), 보성(寶城), 벌교(筏橋)에 이르기까지 죽창을 든 의용단원의 용감한 모습은 어디를 가나 발견할 수 있으며 국군과 경찰에 손색이 없이 반도를 격멸하고 국군과 경찰에 협력하고 있는 광경은 참으로 믿음직한 바 있었다.

[68] 동아일보 1949.2.1.

눈물겨운 軍警의 活動
民心收拾이 急先務 災地 住民 負擔이 過重

叛亂復舊地區를 찾아
求禮에서 本社 特派員 金鎭燮 發

반도들의 만행으로 전대미문의 지대한 참극을 빚어낸 지난 10월 20일 전남(全南)반란사건은 이 땅 겨레의 골수에 사무친 원한의 하나로 되어 있거니와 이 사건과 때를 같이하여 진압과 이 불안을 일소하고자 정의의 총칼을 뽑아들고 행동을 개시한 국군장병들의 수고도 어언간 3개월. 그동안 이 사건의 수습과 아울러 재해지 복구는 과연 어느 정도로 건설되어가고 있는지 국방부 보도과에서 파견된 전남재해지복구시찰반의 일원으로 기자는 이(李昌楨) 소령 인솔 하 전남에 발을 딛게 되었는데, 이곳 각 재해지 실정과 주민들의 부르짖음을 일일이 포착하여 일고하여 보기로 한다.

즉 작년 10월 19일부터 동란을 일으킨 반도들은 수일 동안에 전남 각지로 봉기한 지방폭도들과 규합하여 여수(麗水), 순천(順天), 광양(光陽), 구례(求禮) 등지를 점령하고 각 기관의 파괴와 중요물자의 약탈 또는 암살을 감행하여 일반 주민들을 전율케 하였으나, 용감무비한 제5여단사령부의 전격적인 진압전으로 반도들의 주력은 부서져 지금은 다만 지리산 연맥이 보성(寶城)군 사이 약 65킬로에 달하고 있는 것을 기화로 지리산 백무동을 근거로 한 수괴 김지회와 홍준석[홍순석]은 반란정치지도원 조(趙某, 30)와 북한 파견 전남유격대 총사령 박(朴鍾和, 23) 등의 지도 하 보성군 률로[율에], 봉래, 문덕지구를 중심으로 약 백여 명을 비롯하여 장성과 나주에서 60명, 조계산과 무산모후산 사이 150명, 화순 북면 80명, 옹용 50명, 함평 불각산[불갑산] 60명, 팔영산 80명 등이 소위 아지-트(岩穴)를 이용하고 반거하면서 매일같이 출몰하여 신경전을 주로 산간벽지에 분산되어 있는 양민들로부터 정보와 식량 무기의 은닉을 강요하고 있는 등 이곳 주민들의 불안이 아직 일소되지 않은 것은 피할 수 없는 사실이다. 이에 비추어 광주의 20연대와 남원 3연대 여수 15연대가 호응하고 이들에 대처하여 추격하여 매일같이 다대한 성과를 거두고 있으나 지리적 악조건으로 작전에 지장이 다소 있어 앞으로는 그들의 루-트를 두절시키는 적절한 방도로 산간벽지 주민들을 집단부락으로 일시 형성시켜 보호하는 동시에 민심수습책으로 지난 8일에는 군, 경도 각 지방유지 영화관, 군악대 등으로 선무기술공작대를 구성하여 각지를 순회하여 폭도들의 귀순을 촉구한 바 1월 달 중 약 1천 명에 가까운 폭도들이 귀순하였으며 이들 중 제1차로 광주YMCA에 86명을 수용시켜 교화중이나 이것 역시 성과도 있어 앞으로 더욱 확충할 것이라고 한다. 한편 군 당국은 아직 무력으로 대항하는 반도들을 늦어도 내달 말까지는 완전 소탕할 것이라고 말한다. 이 반란으로 약 99억에 가까운 피해를 입은 전남도에서는 재해지의 뒤처리로 생업자금 16억2천271만 원과 응급구호자금 18억1천3백만 원, 시설재건비 7억7천여만 원을 계상하고 정부융자로 요청하였으나, 다만 임시구호조치로 1억3천5백만 원을 받아 응급구호비와 사태수습비에 충당하였을 뿐, 아직 복구라는 것은 반도들의 출몰이 종지부를 찍지 않는 한 막연한 것이라고 보고 있다. 광주로부터 가장 심한 재해지의 실정을 보기 위하여 떠나려는 우리 일행의 주변을 두려워하는 광주 20연대장 위(위大善) 중령은 무장한 장병을 따르게 하며 가는 도중 이동(梨洞) 근방에서 약 50여 명의 반도가 출몰하여 추격 중에 있으니 주의하여 가라는 말에 다소 불안을 느꼈으나, 절대로 신명보호에 전력을 다하겠다는 씩씩한 김(金理周) 소위의 태도에 의지한 일행은 트럭으로 일로 가장 반도들의 출몰이 심한 보성군으로 향하였다. 도중 화순(和順)을 통과하여 능주(綾州)를 거처 보성군까지 약 60킬로에 달하는 곳을 달리는 동안 은은히 들려오는 총성과 산간지로부터 장사의 열을 짓고 반도들의 뒤를 따르는 경찰관들의 열렬한 행동도 엿볼 수 있었다.

부락 부락을 지날 때마다 죽창(竹槍)을 손에 반도들의 침해에 대처하여 철통같은 경비망을 치고 있는 12세로부터 50세에 가까운 의용단원들의 무거운 표정이 보는 사람들로 하여금 위협을 느끼게 하고 있다. 이 같은 험악한 사태에 처한 가운데서도 소량의 미곡을 싣고 공판장에 가는 농민들과 명랑한 학도들의 뒷모습도 기이하게 보인다. 해발 407고지의 명봉 예제고개를 불안한 마음으로 넘어 보성에 도달하니 주민들의 통행조차 찾아볼 수 없을 만치 이곳은 최선 병참기지의 문자 그대로이다. 그러나 군민들의 마음을 조금이라도 위로하여 주고자 당국자들의 노력으로 일가일등제도의 전력을 매일같이 배전하여 주는 동시 23일부터는 중등국민학교를 일제 개교하여 교육기관을 복구시키는 한편 영농자금융자를 전제로 대부하여 주고자 유지들로부터 저금의 장려와 상부에 7백여만 원의 융자금을 요구 중이라고 한다. 매일같이 3, 4차씩 당하는 반도들의 습격을 받고 있는 군의 입장으로서 당분간 재해부흥보다 사태수습으로 각 기능이 진공상태에 빠져있으나 미곡매상은 할당량 9만석 중 1할5부를 한도로 반도들의 약탈과 소실로 말미암아 앞으로의 매상이 매우 우려되고 있다 한다. 한편 군민들의 이구동성으로 요구하는 것은 경찰의 무력을 강화시켜 하루바삐 이 불안을 일소하고 이재당한 주민들의 구호를 시급히 하는 동시에 이재민 학도들의 학비금을 정부에서 보조하며 미곡매상을 전폐하여 달라는 것이다.

이윽고 벌교(筏橋)를 향하는 도중 보성군 앞산에서 일대 산악전이 벌어져 화연에 싸인 화산을 목격하면서 시국대책위원회의 무능력을 지적하는 벌교 읍민들의 원성을 들으면서 수백억 원의 건물을 회진으로 불사르고 허다한 인명을 살상한 여수로 트럭을 달리였다. 아직 눈에 잠긴 동삼이련만 노소를 불문하고 여름을 연상시키는 그들의 가련하고도 비참한 차림은 참극의 여파로 빚어진 이곳 주민들의 살림살이가 어떠한 경우에 처하고 있는가를 가히 짐작할 수 있었다. 전율에 떨던 여수는 제15연대가 진주한 이후로부터는 평화를 회복하여 계엄령이 21일부터 해제되자 당국으로서는 복구에 전력을 기울여 약 1만여 명에 1인당 쌀 3홉씩을 매일같이 무상으로 분배하여 주는 반면 부흥비로 22억4천만 원을 계상하고 정부에 그 7할을 나머지 3할을 자치제로 분담하여 활동을 개시하고 있으나 여의치 못하여 다만 치안에 주력을 두고 있는 형편이라고 한다. 그러므로 이재민들의 도외 전출자가 심하여 가는 것도 사실이며 재해지구에는 이재민들의 응급조치로 3백 개의 천막을 필요로 하였는데 부족으로 불과 20여개가 세워졌을 뿐이다.

교통면과 항만, 교육, 기타의 재건론도 대두된 모양인데, 예산관계로 공문(空文)화되어 이상론에 불과한 것이고, 일반민중의 절실한 요구는 첫째, 시가지계획이니 무슨 계획이니 떠들지 말고 의지할 거처와 먹을 것을 주되 남녀노소를 막론하고 구성한 의용단 또는 부인회를 해체하여 벌어먹을 수 있게 자유스러운 몸이 되도록 하여 달라는 것. 둘째, 은행은 일반 대부를 취급하여 상업자금을 융자하라. 셋째 정부구호금보다 이곳 실정을 파악하지 못하고 멋대로 떠드는 국회의원들의 실정보고와 정부 장관들이 좀 더 성의 있게 이곳 실정을 시찰하여 주지 않는 것을 보면 실로 민국정치가들이 아니다. 넷째, 매일같이 보낸다는 구호품은 받은 기억조차 없다. 같은 동족이라면 각 도민들이 솔선하여 성의를 보여 달라. 다섯째 만일 정부로서 피해복구비로 내어준다면 수년 후 모두 변상하여 줄 것이니 시급히 원조하여 달라는 것이다.

더구나 순천도 같은 실정으로 행정당국자들은 자치정신으로 이재지를 복구시키라는 상부의 지시방침인데 피해당한 것은 고사하고 사건 직후부터 오늘까지 군, 경 의용단 경비 등으로 약 1억 원을 소비하였는데, 이것은 모두 각 면민들의 할당으로 민심상조의 기분은 없고 오직 행사기분으로 흐르게 되는 것뿐더러 심지어는 군내 모 면에선 경찰관들 사이에서 매월 9천 원과 백미 1가마를 강요하는 폐단까지 있다. 한편 주민들은 말하기를 속칭 「낮사람」「밤사람」이라고 부르는 형편이라고 한다. 밤낮으로 격전을 전개하고 있는 구례(求禮)지방도 아직 벗어나지 못한 비상지구로 용감한 의용단원들의 희생자가 속출하고 있는 것을 일행은 목격하였다.

이곳에서 하루를 묵는 동안 반도들이 출몰한다는 화음새(화엄사) 근방 일대와 폭도들의 손으로 70여 호의 가옥이 소실된 효곡(孝谷)부락의 참경을 보았는데 안내하던 구례서장 말에 의하면 지리산 내에 있는 280여 부락은 모두 반도들의 강압으로 설마 가옥은 밤이 되어 은은히 들려오는 86미리 박격포와 기관총성은 밤이 새도록 그칠 줄을 모르고 암야를 진동하였는데 이튿날 아침에 김(金) 소위를 통하여 듣는바 수십 명의 반도가 구례읍 부근에 있는 마산면을 비롯하여 신월동 등지에 내습하여 격전하여 1명의 살상과 무기 탄약을 다수 압수하였다고 한다.

끝으로 이 같은 계엄지구에 있는 주민들은 총성에 면역되었는지 모두 죽창을 들고도 용감하게 군경토벌대에 솔선하여 가담하는가 하면 내로는 부녀들이 총동원되어 정보를 제공하는 등 그들의 눈부신 활동에는 스스로 머리가 수그러짐을 느꼈다. 이에 비추어 유감스러운 것은 아직 영감 때를 벗지 못하고 이상론만 키우는 당국책임자들의 무책임과 더불어 구호시책은 단에 올려놓고 공포에 떨며 사태수습에 전력을 기울이고 있는 군경에 치중하고 필요에 응하여 각 면을 통하여 매 면에 수천만 원씩을 매월 부담시켜 적어도 매호 60만 원 이하 수천 원을 부과하여 징수하는가 하면 밤이면 폭도들의 내습으로 식량을 약탈당하는 양민들은 모두 공포와 기아에

굶주리면서도 기계적으로 움직이기는 하나 당국자들은 좀 더 이 사정을 파악하여 물질적 구호보다 도민들에 끼치는 이 과중한 부담과 인적구성을 억제하는 한편 군경을 강화시켜 반도들이 반거하고 있는 무대를 하루바삐 소탕시킴으로써 이곳 주민들의 생계는 스스로 해결될 것으로 믿어진다.

[69] 자유신문 1949.2.1.

夜間의 叛徒 來襲 掠奪과 過重한 軍警 援護費로 苦痛
現地 住民은 政府의 積極 救濟 要望

麗順叛亂地의 復興面을 차아
順天서 30日 本社 特派원 李惠馥 發

▲ 各地 復興 狀況

▲ 麗水 – 수산도시 麗水는 이제 새로운 면모를 갖추려는 부흥 기운에 잠겨 있다. 반란 이후 선박의 자최를 볼 수 없던 港口 앞 바다에는 어선의 출입이 점차 빈번하여 가고 있으며, 재□변한 海岸通 일대 상가에는 흩어진 벽돌을 헤치고 빠락이 날로 늘어가고 있다. 그러나 10월 이래 3개월 동안에 漁獲期를 그대로 보냈기 때문에 수산업계의 타격이란 말할 수 없을 만큼 막대하다고 한다. 수산도시 麗水의 부흥을 위하여 우선 제빙시설의 복구, 해안창고의 신설이 요망되고 잇다.

▲ 順天 – 인명의 피해만이 심했으며 건물시설의 피해가 적었던 이곳은 완전히 평상상태로 돌아가고 있었다.

○ 叛亂地區 住民의 現況

지금 가장 비참한 생활을 하고 있는 것은 반란지구의 주민이며 그중에도 심한 것은 산악지대의 이재민들이다. 그들은 밤이 되면 반도의 습격으로 쌀과 옷을 뺏기고 낮이 되면 군경에게 반도의 습격을 보고할 의무를 진다.

만약 이것을 게을리 하면 폭도에게 가담을 한 혐의를 지고 투옥될 위험이 있다. 그뿐이랴. 이들은 반란과 더불어 각지에 결성된 非常時局對策委員會에서 지출하는 군·경 원호비의 일부분을 부담해야 된다. 최저 수백 원 정도의 헌금을 이미 3·4차, 5·6차씩 부담하였고 총탄에 시달려 생업을 이른 이들은 현금이 있을 리 없어 쌀로 혹은 계란으로, 도야지로 이러한 부담을 한다. 이제 全南道비상대책위원회에서는 이미 각 군별로 수천만 원씩의 비용을 분담 납부하도록 배당하였으며, 이것과 병행하여 각 군, 각 면, 각 동리마다 일일이 이러한 금액이 호별 새 등급으로 부과된다. 이것을 숫자적으로 표현하면 벌橋비상시국대책위원회에서는 반란 이후 3개월간에 2천4백만 원을, 또 順天에서는 군경 및 靑年단체에 제공한 쌀만 8만8천386石 등 이러한 費用이 3천만 원에 달하고 있다 한다. 이와 같이 막대한 금액이 군경원호費用으로 지출되기 때문에 이재민에게는 겨우 쌀을 외상으로 배급 주고 있는 정도 이외에 다른 구호방도가 없다 한다. 특히 작전상 부득이한 조치로 산간지대 부락은 군의 명령에 의하여 속속 부락민의 철거가 실시되고 있으므로 구례군 내에만 지난 5일 현재로 1만1천400여 명의 이재민이 생겨났다. 이에 좀 재력이 있는 지방민은 속속 안전한 도시에로 집중하고 있으며 그렇지 못한 자들도 농짝이나 옷 보따리를 둘러메 고향을 떠나고 있다. 반란 이전에 光州에서 한 間에 5만 원 정도이던 집값이 지금에는 20만 원씩이나 한다는 것은 이러한 것을 말하는 것이 아니고 무엇일까. 반란지구 주민은 국군의 진주와 경찰의 증원으로 생명이 유지되는 것을 감사하며 적극적 협력의 표현으로 자진하여 물질적인 원조를 하려 힘쓰고 있다. 간혹 이러한 기회에 한 몫 보려는 불순분자도 없지 않을 것이나 민중이 자진하여 군경에의 원호비용을 담당하게 되는 것은 무엇이며 참을 수 없는 고통인 줄 알면서 결코 적지 않은 물질적 원조를 하지 아니치 못하는 것은 무엇인가? 현지 주민은 말한다. 군경이 『회계』를 명확히 하지 않기 때문이라 한다. 재난지에 어디를 가든지 그들은 정말 못살겠다고 말한다. 그들은 『생명』만은 全南도만이 내놓을 것이니 국가적인 재정으로 이 군경 원호비

용을 담당하여 달라는 것이다. 여기 농민들은 또 한 가지 미곡공출이라는
고통이 있을 것임을 그들은 거듭 말하고 있다.

[70] 경향신문 1949.2.2.
叛亂鎭壓 後의 麗水 順天地區 消息

그들의 民心收拾이 急務
罹災民은 救濟施策을 기다린다

　전남 일대의 주민들은 군정에게 절대적인 신뢰감(信賴感)을 가지고 있
는 것은 현지에서 직감적(直感的)으로 깨달을 수 있다. 즉 당지 주민들은
군경에게 대하여 물자(物資)는 물론 생명까지 받쳐가며 대대적인 협력을
하고 있는 것이다. 반도들의 폭행으로 갖은 난관을 겪은 주민들은 국군의
위력을 알았으며 치안을 확보한 경찰의 노고를 깨달았을 것이다. 이번 사
건으로 인하여 보성(寶城)지방은 520호의 가옥이 소실당하였으며 이재민은
3천 명에 달하고 있으나 당지 시국대책위원회에서는 구호의 손을 펴지
못하고 있으며 구례(求禮)지방은 1만 3천여 명에 달하는 이재민들이 산중
에서 집을 잃고 추위에 떨고 있으나 그 해결책을 세우지 못하고 있다. 그
외에 이번 사건으로 막대한 손해를 입는 여수(麗水)로부터 순천(順天), 벌
교(筏橋), 고흥(高興), 광양(光陽), 곡성(谷城)에 이르기까지 대동소이하다
고 할 것이다. 보성(寶城)지구에 치안확보를 위하여 군경에게 협력하고
있는 의용단원은 2만 3천 명에 달하는데 이들은 밤낮을 가리지 않고 반도
진압을 위하여 위험한 산과 들로 폭도를 추격하고 있으나 헐벗은 옷을
입고 굶주림을 극복하고 싸우고 있는 현상이다. 여수(麗水)지구를 시찰
중인 전남도지사 이남규(李南圭) 씨는 도민들 대표하여 말하기를 반란사
건 이후 일(一)개 군(郡)의 부담은 수천만 원을 돌파하고 있으며 주민들의
물질적 부담이 많아 민심 수습에도 곤란한 점이 많다고 하며 전남도민들

은 생명을 받쳐 국가에 봉사함으로서 반란 후의 사태를 수습할 것이고 물질적 부담에 대하여서는 중앙당국에서 긴급한 대책이 없으면 안 될 것을 언명하고 있다. 미곡매상은 이제야 겨우 3할밖에 안 되는 전남지대인데 보성군 내 문도면(文道面)[문덕면] 부락 같은 곳에서는 폭도(3백 명)가 2일간에 걸쳐 1년간의 식량을 전부 소비하고 도주한 사실도 있었다 한다.

전남에 있어 가장 피해를 입은 곳은 여수(麗水)인 것이다. 1천여 명의 인명피해와 1천5백 호에 달하는 가옥을 소실한 여수는 1만여 명을 돌파하는 이재민들이 아직도 천막(天幕)=88戸와 토막(土幕) 속에서 떨고 있다. 60억 원에 달하는 손해를 입은 여수는 1억1천만 원에 불과한 구제금을 받았을 뿐이라 하니 구제의 대책은 한심할 뿐이다. 각지에 시국대책위원회는 있으나 모두 유명무실이다. 이재민뿐인 지방에서 구제금을 산출할 도리는 없고 중앙당국의 대책만을 학수고대하고 있을 뿐이다. 결국 전남일대는 국군에 의하여 반도는 격멸되었으며 경찰에 의하여 치안은 확보되고 있는 만큼 문제는 산간벽지에 이르기까지 민심수습이 급선무일 것이다. 그들에게 대한민국의 진의를 파악하게 하고 공산주의의 해독을 철저히 인식하게 하면 다시는 반란에 가담하지 않을 것이다. 당국은 반도들이 무력으로 민가에 들어가 약탈하는 외에 위협과 선동으로 소위 인공국(人共國)을 선전하고 민심을 현혹케 하는 실정에 대하여 시급히 효과적인 대책을 세워야 할 것이다. 한편 이재민들에게는 급속한 구제방책을 세우지 않는다면 사건의 뒤처리를 완전히 끝마치지 못할 것이다.(本社 特派記者 朴興燮 記)

[71] 동광신문 1949.5.10.
叛禍地 慰問記 (上) 高興의 慘狀을 보고
김재희(金在禧)

외빠진 僻地 高興郡에서 남모르게 實踐하는 軍警의 苦衷과 慘禍에 시달린 郡民을 慰勞하기 爲하여 社會局長 金喜誠 씨를 비롯한 우리 慰問團 一行이 高興郡廳에 到着하기는 지난 5일 하오 4시경에 마침 퍼붓는 雨天에도 불구하고 郡守 警長 以下 官民 多數가 苦待하였다는 듯이 반갑게 맞아주었다. 郡守 李相洛 氏로부터 官內의 被害狀況을 들어본바 叛亂 以後로 人命 殺傷이 무려 901명 家屋이 燒失된 것이 676戸 半燒된 것이 92이며, 家屋 衣類 及 現金이 略奪當한 것이 1억 2백16만4천 원 官公署 被害가 5천6백70만2천 원 時局對策費로 1억 5천만 원 總計 6억 5천만 원의 損害를 보았으며, 現在의 要求護 對象者는 3,541世帶 16,238명에 달한다 한다. 그런데 그날 우리 一行이 거쳐 온 同郡 南陽面 道路 一帶에는 電信柱 40여 개가 絶斷되었으며, 그날 밤 12시경에는 문득 非常『사이렌』이 울리더니 이윽고 銃소리가 連달아 들려왔다. 警察署로부터의 電話에 依하면, 近處에 暴徒 20명이 來襲하여서 公安主任 金萬壽 警衛가 目下 追擊 中에 있는데 벌써 3명을 射殺하고 카-빈 2정 M1 1정 實彈 15發을 押收하였다는 바 글자 그대로 무시무시한 雰圍氣 속에서 날을 새웠다.

날이 새여서 翌 6일 一行은 軍警의 護衛하에 叛禍가 尤甚하다는 占岩面으로 向하였다.

占岩面에 자리 잡고 있는 八影山은 海拔 6百미-터에 周圍가 30여 킬로나 되며 高興의 智異山이라고까지 불려지고 있는 險惡無比한 山인데 叛暴徒는 이 八影山에 占據하여 夜間을 利用해서만 間斷없이 出沒하여 良民을 脅迫하고 金品과 食量을 强要하다가 不應하면 反動部落이라는 □名 下에 住民을 殺害하고 放火를 敢行하므로 八影山 下 一帶의 11개 部落은 近 2백여 호가 燒失되었으며 住民의 太半이 또한 叛禍를 避하여 至近한 島嶼로 옮겨가서 1평 及 至 2평 되는 바람막이 草幕 밑에 紅爐點雪격의 救護物資로 僅僅히 延命을 이어나가고 있다 한다.

占岩國民學校에는 順天 15연대 所屬의 1個 中隊가 駐屯하고 있는데, 同中隊長 李善道 中尉의 말에 依하면, 現在 八影山에는 武裝暴徒와 非武裝 政治部隊를 합해서 不過 4, 50명밖에 안 되는데 그들이 至極히 惡質이어서

八影山에서 雲巖山으로 雲巖山에서 다시 八影山으로 이렇게 軍警의 作戰網을 避해 다니며 破壞와 細胞組織만을 일삼고 있다 한다.

우리 一行은 占岩國民學校에서 東南 12킬로 지점에 있는 蛇浦部落을 찾아갔다. 이 部落은 4월 4일 밤 3시경 殘忍無道한 叛徒의 손에 全燒되고 말았으며 區長과 義勇團長 等은 虐殺當하였다 한다(계속)

[72] 동광신문 1949.5.11.
叛禍地 慰問記 (下) 高興의 慘狀을 보고
김재희(金在禧)

우리가 車에서 내려 가지고 불타진 廢城을 이리저리 살피고 다닐 적에 한편 모퉁이 보리밭가에 두 사람의 老婆와 또 젊은 아낙네를 合하여 모두 네 명의 女人들이 넋 나간 사람처럼 우두커니 서서 일행을 바라보고 있었다. 일행이 가까이 걸어가서 어디서 무엇을 하러 왔느냐 하고 물은즉 모두가 前에 이 부락 사람들인데 自己들의 보리밭을 가꾸러 왔다는 것이다. 『당신들을 慰問하기 위해서 여기까지 社會局長님이 오셨습니다. 그리고 이번에 局長님은 당신들을 爲해서 많은 物資와 돈을 가지고 왔습니다』 하고 군수 李相洛 씨가 말하니 老婆 한 사람이

『아이구 감사하신 말씀입네다. 우리들을 어떻게 먹여살릴께라우』하고 두 눈에 눈물이 글썽거렸다. 불타진 廢城 허물어진 담 밑에는 그래도 봄은 와서 장다리꽃이 피어 흰나비 노랑나비 엉크러지고 이곳저곳에 우쭉우쭉 서 있는 감나무는 허망한 꿈을 追憶하는 듯 고요히 푸르러가고 있었다.

일행은 다시 車를 돌려 □亭里 部落을 거처가지고 蛇渡에서 배를 타고 羅老島로 저어갔다. 이 섬 저 섬에 2百 世帶가 넘는다는 罹災民을 다 볼 수 없으므로 玉大島란 적은 섬 하나를 찾아가니 波止場 모래밭 위에 바람

막이 草幕이 옹기종기 90餘 個나 엎어져 있었다. 草幕들이 어찌나 적고 낮은지 땅 위에 서서 보아도 산에서 다 내려다보는 것처럼 全部가 보였다. 萬若 그 속에서 사람이 안 나왔더라면 羊을 키운 집인지 돼지를 먹인 집인지 分間하지 못했으리라. 허리를 구부리고 草幕 속을 들여다보니 가마니나 거적을 깔았으며 파리떼는 와글와글하는데 어두침침한 저편 구석에 거울과 얼개빗이 놓여 있는 것을 보면 그래도 이런 精神에 얼굴보고 쓰다듬은 草幕이 있었더냐 싶어서 記者는 불현듯 가슴이 뭉클해졌다. 모두 고기 잡으러 가버리고 이 數만 남았다는 그들을 모래밭에 모여 놓고 社會局長은 마디마디 뼈가 저릴 慰問人事를 하였다. 失望에 지친 그들의 얼굴에도 感謝의 表情은 어리었다. 우두커니 서 있던 署長 金永台 氏는 문득 설움이 복받치는지 『여러분 이 지경이 웬일입니까. 그러나 걱정 마십시오. 절대로 걱정 마시요』하더니만 그만 눈물이 핑 돌고 목이 메여 말을 못하였다. 金 署長은 溫情 署長으로 郡民의 信望이 莫大하였다. 八字型 수염을 거꾸로 추겨 올려놓고 自稱 카이젤 수염이라 하여 意氣揚揚하게 한 그것은 威嚴뿐이지 카이젤과는 正反對로 絶對 惡하지 못하다는 것은 이미 周知의 事實인지 겨우 10才 以上되는 國民學校 兒童들까지 署長이 타고 간 車를 보고 함부로 태워달라고 손을 들며 反面에 中等學生 以上은 男女를 不問코 거리거리마다 敬禮를 부치는 것을 보면 그 信望을 可히 推測할 수 있었으며 特히 軍, 警, 郡의 三者가 서로 讓步的 雅量에서 一致된 點은 우리가 高興에서 얻은 最大의 印象이었다.

우리는 뒷머리를 뽑힌 듯한 生覺을 하여 玉大島 不幸한 同胞와 情別하고 뱃머리를 돌렸다. 머리를 들어 하늘을 쳐다보니 八影山 허리에 春色은 짙어가고 雲岩山 봉우리에 구름은 한가하였다.

찾아보기

편저자 약력

임송자

국립순천대학교 지리산권문화연구원 인문한국(HK)연구교수, 한국현대사 전공, 성균관대학교 사학과 문학박사, 성균관대학교 연구교수, 한국방송통신대학교 학술연구교수 역임.

저서로는 『대한민국 노동운동의 보수적 기원』(선인, 2007), 『시대를 앞서 간 사람들』(공저, 선인, 2014), 『한국의 노동조합과 노동운동의 역사』(선인, 2016) 등이 있으며, 논문으로는 「1961년 5·16 이후 국토건설사업과 국토건설단 운영 실태」, 「식민지 시기 땔감으로서 신탄과 연탄 이용의 변화과정」, 「여순사건과 시국수습대책위원회를 통해 본 정부와 국회의 갈등·대립」, 「1950년대와 1960년대 전반기 노동운동의 좌절과 도전」, 「총선거와 의정활동으로 본 지리산지구의 산청지역과 지역민(1948~1955년)」 등 다수가 있다.

지리산인문학대전10 기초자료10
지리산권 저항자료 선집

초판 1쇄 발행   2016년 10월 31일

엮은이 ㅣ 국립순천대·국립경상대 인문한국(HK) 지리산권문화연구단
　　　　　임송자
펴낸이 ㅣ 윤관백
펴낸곳 ㅣ 도서출판 **선인**

등록 ㅣ 제5-77호(1998.11.4)
주소 ㅣ 서울시 마포구 마포대로 4다길 4(마포동 324-1) 곳마루빌딩 1층
전화 ㅣ 02)718-6252 / 6257
팩스 ㅣ 02)718-6253
E-mail ㅣ sunin72@chol.com
Homepage ㅣ www.suninbook.com

정가   42,000원
ISBN   979-11-6068-006-5   94910
　　　　978-89-5933-920-4 (세트)

· 이 책은 2007년 정부(교육과학기술부)의 재원으로 한국연구재단의 지원을
　받아 수행된 연구임(KRF-2007-361-AM0015)

· 잘못된 책은 바꾸어 드립니다.